Jean Legallois

Jean Legallois

A course in conversational and business French

C. A. MILNER

LECTURER IN FRENCH
LOUGHBOROUGH UNIVERSITY
OF TECHNOLOGY

OXFORD UNIVERSITY PRESS

Oxford University Press, Ely House, London W. 1

GLASGOW NEW YORK TORONTO MELBOURNE WELLINGTON
CAPE TOWN IBADAN NAIROBI DAR ES SALAAM LUSAKA ADDIS ABABA
DELHI BOMBAY CALCUTTA MADRAS KARACHI LAHORE DACCA
KUALA LUMPUR SINGAPORE HONG KONG TOKYO

© *Oxford University Press 1971*

First published 1971
Reprinted 1975

Printed in Great Britain
at the University Press, Oxford
by Vivian Ridler
Printer to the University

Preface

All teachers of modern languages are faced with the problem of finding suitable material for the development of oral skills and nowhere does the problem appear more acute than immediately after the Ordinary Level of the G.C.E. In Colleges of Further Education, the Sixth Forms of Grammar and Comprehensive Schools, evening classes, non-specialist courses in Universities, the teacher is all too often confronted with students who possess but a hazy memory of the most important lexical and syntactic structures and hence lack self-confidence in oral work. It is to meet the requirements of these students that this book was designed.

The first aim of *Jean Legallois* is to develop oral proficiency while bearing in mind the needs of students obliged to prepare for written examinations. The texts are built around the visit of an English business-man to Paris and Lyons and it will be found that this central theme facilitates revision. (Any similarity between the firms portrayed in *Jean Legallois* and existing companies in the French and British textile indus-tries is entirely accidental!) The areas of vocabulary chosen are those particularly relevant to everyday social and commercial situations. At all times emphasis has been placed on colloquial and informal speech forms, as these often present the greatest difficulty to the non-native speaker.

The Course consists of 28 Units. Each Unit is composed of a basic text, which is alternately a RÉCIT (or interior monologue) and a DIA-LOGUE. Each text is accompanied by exercises.

The ORAL EXERCISES fall into five main groups:

EXERCISES (Structure Drills). The drills are designed to consolidate the student's mastery of the vocabulary and grammatical structures introduced in the Unit and in the immediately preceding Units. They are intended to reinforce and not to test. It is recommended that the teacher introduce the structure drills to the student before embarking on the tapes. In some exercises printed clues have been provided to avoid any possibility of confusion. The teacher's introduction, together with a rapid reading of the exercises, greatly improves the student's comprehension and confidence, allowing him to pay attention to intonation and accent as well as to the relevant grammatical structure.

The teacher will notice that the overwhelming majority of the drills are situational on two planes. Thus the required response is a natural reaction to the given stimulus in terms of meaning and at the same time the stimulus and response have a direct link with the text of the Units in which they appear. The mechanical drill has, however, been selected where it appeared most appropriate, for instance to reinforce a new tense. Many of the drills incorporate a fixed increment element.

QUESTIONS ET RÉPONSES. In these exercises the student hears a question followed immediately by the answer. The question is then repeated with a pause, in which the student supplies the answer previously heard. The correct answer is then given again with a pause for repetition. The Questions et Réponses serve to emphasize the main points of the Récit, while providing examples of different ways of asking and responding to questions.

THÈME ORAL. The student hears a phrase in English and is required to supply a French equivalent in the ensuing pause. He then hears a suggested French equivalent which he repeats. The text of each Thème Oral is based almost entirely upon the vocabulary and structures of the preceding Unit and this provides necessary revision. It has been found useful to set these passages for prose translation some time after they have been performed orally.

EXERCICES DE CONVERSATION. An actor repeats part of his role in the Dialogue, leaving pauses during which the student assumes the role of the other participant in the conversation. To guide the student's replies, clues are provided which may be referred to during the first attempts. The aim of the exercise is not to produce a parrot-like regurgitation of the text, but to encourage improvisation, always bearing in mind the message to be communicated. The Exercices de Conversation are in pairs, so that the student plays the part of both participants in the extract. Experience has shown that this exercise may be performed in class with pairs of students, who can be encouraged to extend their conversation (in French and within the framework of the Dialogue) beyond the span of the Exercice de Conversation. This exercise thus supplies the occasion for spontaneous oral expression.

QUESTIONS. The Questions are designed for the use of the student and not for the teacher. By attempting these questions the student will, to a certain extent, be able to assess his comprehension of the text and mastery of the new material presented. When a student finds that he is hesitant, he should refer to the text. It is clear that the Questions may be tackled in class by students working in pairs. Some might also be answered on paper.

The WRITTEN EXERCISES, which accompany DIALOGUE Units up to Unit 20, are prose translations constructed with the same aim as the Thème Oral passages. The later lessons include précis-writing, a letter, essays, and a report.

Each text is followed by a COMMENTAIRE explaining points of lexical and grammatical interest.

The INDICATIONS GRAMMATICALES deal with a limited number of grammatical and lexical points in greater depth than is possible in the Commentaires.

The VOCABULAIRE is not comprehensive and contains only words considered likely to cause difficulty to students.

THE TAPES

The text of the Récits and Dialogues is recorded at two speeds: normal native speed and 'exploded', i.e. with gaps to permit repetition or consecutive translation (Exercices de Prononciation). In the case of the longer Dialogues, the Exercice de Prononciation does not cover the whole conversation, but concentrates on that portion of the Dialogue which has not been presented as an Exercice de Conversation. Thus the PRESENTATION TAPE of Récit Units normally consists of:

Récit (normal native speed)
Récit or part of Récit ('exploded' version)
Questions et Réponses
Thème Oral

For Dialogue Units the pattern is:

Dialogue (normal native speed)
Dialogue or part of Dialogue ('exploded' version)
Two Exercices de Conversation

The STRUCTURE DRILL TAPES present the six structure drills which accompany each Unit, recorded in the four-phase manner.

The author wishes to express his enormous debt to his colleagues at Loughborough University of Technology, in particular to Mrs. Jacqueline Priestley and to MM. Alphonse Guhur, Jacques Montègre, Serge Simonetti, French lecteurs of the University who read the text and made many valuable suggestions. He is also grateful to the actors who produced the Presentation and Exercise tapes for their fine work. Thanks are also due to the University's computer which did much to facilitate the compilation of the vocabulary, and to the following individuals or institutions for permission to use copyright material:

I.N.S.E.E., Paris for the tables in Unit 21 (*Études et Conjoncture*, June, 1967);

The Times Publishing Company and Highland Distilleries Limited for the report in Unit 23;

Éditions du Seuil for *La Planification française* by P. Bauchet in Unit 24 and to the French Embassy in London for the Feuille de Maladie in Unit 25.

Contents

1 Monsieur Edwards   I

Récit dans lequel le lecteur fait la connaissance d'un des principaux personnages de notre histoire.

2 Notre Agence   9

Dialogue dans lequel Monsieur Edwards et son Directeur discutent d'un problème sérieux pour l'avenir de leur firme.

3 Mon Collègue   19

Récit dans lequel Monsieur Edwards nous parle de son ami Jim, chef du Service des ventes.

4 On Discute la Lettre   26

Dialogue dans lequel l'on considère une lettre qui semble ouvrir des perspectives intéressantes.

5 Préparatifs de Départ   36

Récit dans lequel Monsieur Edwards explique ce qu'il est obligé de faire avant de se rendre en France.

6 Au Téléphone   43

Dialogue dans lequel Monsieur Edwards avise la Société française de l'heure de son arrivée.

7 Jean Legallois   53

Récit dans lequel le lecteur fait la connaissance de Jean Legallois qui donne des détails sur la firme pour laquelle il travaille.

8 A Bord de l'Avion   60

Dialogue dans lequel l'on s'aperçoit qu'un voyage, même en avion, n'est pas sans inconvénients.

9 Mon Magnétophone   71

Récit dans lequel Monsieur Legallois nous indique comment il compte approfondir ses connaissances de l'anglais grâce à un moyen moderne.

10 L'Anniversaire de Monique   78

Dialogue dans lequel la femme de Monsieur Legallois reproche à son mari de ne pas avoir pensé à l'événement du jour.

11 Jeanine   87

Récit dans lequel le lecteur apprendra que la secrétaire de Monsieur Legallois est bien loin d'être parfaite.

12 Au Bureau   95

Dialogue dans lequel l'on voit les conséquences fâcheuses d'un manque d'ordre par trop évident.

13 Mon Chef   105

Récit dans lequel Jean Legallois nous fait un exposé sur ses relations avec son Directeur.

14 Un Malentendu   114

Dialogue dans lequel l'on assiste à l'accueil de Monsieur Edwards à la Société Filalaine, accueil pour le moins étrange.

15 On Part en Voiture   125

Récit dans lequel Monsieur Legallois nous fait part des difficultés qui attendent l'automobiliste dans la capitale française.

16 En Route pour le Sixième   134

Dialogue dans lequel Monsieur Edwards et Monsieur Legallois traversent Paris en auto à la recherche d'un hôtel.

17 Impressions sur Paris   146

Récit dans lequel Monsieur Edwards compare le Paris d'aujourd'hui avec celui de sa jeunesse.

18 A l'Hôtel   155

Dialogue dans lequel sont soulignées les difficultés de trouver une chambre à Paris pendant les jours de grève.

19 La Maison de Monsieur Legallois   168

Récit dans lequel nous apprenons les suites d'un héritage inespéré.

20 L'Arrivée chez les Legallois   177

Dialogue dans lequel Jean et Monique font les honneurs de la maison à leur visiteur anglais.

21 Le Lendemain   190

Récit dans lequel Monsieur Edwards pense avec nostalgie à son repas de la veille et nous révèle plus amplement le pourquoi de sa visite.

22 On Parle Affaires   203

Dialogue dans lequel nous sommes témoins d'un entretien entre Messieurs Tisserand et Edwards à propos de diverses questions commerciales et financières.

23 Les Problèmes du Directeur   217

Récit dans lequel M. Tisserand nous confie à cœur ouvert les ennuis d'un grand chef d'entreprise.

24 Chez Bonville   227

Dialogue dans lequel, en l'absence de M. Tisserand, Monsieur Edwards et son hôte s'entretiennent sur l'aménagement du Rhône et l'industrie viticole.

25 Le Budget Familial   243

Récit dans lequel Monique nous rappelle que joindre les deux bouts n'est pas toujours chose facile.

26 L'Entrevue   254

Dialogue dans lequel l'on assiste à la sélection d'un chef pour la succursale de Lyon.

27 La Déception de Robert   268

Récit dans lequel Monsieur Legallois exprime sa sympathie vu la délicate situation dans laquelle se trouve maintenant son ami Robert.

28 Entente Cordiale   278

Dialogue dans lequel le lecteur verra encore une fois que les affaires sont les affaires.

INDICATIONS GRAMMATICALES   291

Conjugation of avoir and être
Conjugation of Regular Verbs
Peculiarities of spelling in Regular Verbs
Conjugation of Irregular Verbs
Normal Word Order
Use of the Past Historic
Letter Writing
Use of the Subjunctive

VOCABULAIRE   305

1 Monsieur Edwards

Récit dans lequel le lecteur fait la connaissance d'un des principaux personnages de notre histoire

Je m'appelle Edwards, prénom Robert. Eh bien, vous pouvez prononcer Robert à la française si vous voulez. C'est pour faire plaisir à ma grand'-mère que j'ai pour nom Robert. C'est pour cela que je parle un français admirable. Elle est Française — une vraie! Vous ne la connaissez pas — c'est dommage. Son accent est assez amusant pour un Anglais. Elle habite pas loin de chez nous. Depuis la première guerre mondiale elle est en Angleterre mais elle garde toujours l'accent, une syllabe après l'autre avec le même accent tonique et les 'r' français. C'est très pratique une grand'mère française, surtout si elle aime faire la cuisine.

Mais oublions grand'mère! Moi, je ne suis pas Français. Anglais, né dans le Lancashire, je travaille pour mes péchés de l'autre côté des Pennines. Je ne sais pas pourquoi... mais me voici à Bradford. C'est la laine au lieu du coton. Je trouve ma situation pas mal du tout — chef du Service des achats. C'est donc moi qui dois acheter tout le nécessaire pour notre usine. Et je ne peux rien oublier, vous comprenez. Laine, colorants, toutes sortes de produits chimiques et même des machines — en un mot un peu de tout! De temps en temps je dois voyager pour visiter les clients de notre firme. Pardon, les fournisseurs, je dois dire. Cela n'arrive pas très souvent, mais j'aime bien quitter Bradford cinq ou six fois par an. Comme ça je ne m'ennuie pas — surtout si je dois voyager à l'étranger. Malheureusement cela n'est pas très fréquent. La plupart du temps je reste dans mon bureau à Bradford, près du téléphone, occupé à examiner les journaux techniques, les lettres, toute la paperasse ordinaire, quoi. Et de temps à autre le Directeur m'appelle pour discuter ses projets.

COMMENTAIRE

prénom Robert   *Christian name Robert*
              a surname   un nom de famille

à la française   *in the French way* (i.e. à la manière française)
    filer à l'anglaise   *to take French leave*
    homard à l'américaine   *lobster prepared in the American way*

C'est pour cela   *It is because of that that I...*
que je...   *It is through that that I...*
    syn. C'est à cause de cela que...

Elle est Française   *She's a Frenchwoman*

There are two main ways of expressing a person's NATIONAL-ITY:

Il est Français.   *or* C'est un Français.
Elle est Française.   *or* C'est une Française.

In the plural these become:

Ils sont Français.   *or* Ce sont des Français.
Elles sont Françaises.   *or* Ce sont des Françaises.

Note the following feminine forms:

un Italien	une Italienne
un Américain	une Américaine
un Danois	une Danoise
un Allemand	une Allemande
un Grec	une Grecque

Compare the use of capital letters in English and French.

Un <u>A</u>nglais en <u>F</u>rance parle souvent le <u>f</u>rançais avec un accent <u>a</u>nglais.

An <u>E</u>nglishman in <u>F</u>rance often speaks <u>F</u>rench with an <u>E</u>nglish accent.

In French only the words indicating the **person** and the **country** are written with **capital** letters.

c'est dommage   *it is a pity*

pas loin de chez   *not far from us*
nous   **chez** expresses   1. *at the house of*
    chez moi   *at home*
    chez lui   *at his house*
    2. *in the case of; with*

e.g. Chez les Français ce n'est pas du tout la même chose. *With the French it is quite different.*

depuis la première *since the First World War*
guerre mondiale Notice the translation from the point of view of the tense of the verb.
*Since the First World War she **has been** in England.*
Depuis son arrivée en Angleterre elle **habite** près de Bradford.
*Since her arrival in England she **has been** living near Bradford.*

NOTE.

C'est la première fois que je le vois.
*It's the first time **I've seen** him.*

Depuis que is used:

Depuis qu'elle est en Angleterre elle habite pas loin de chez nous.
Since she has been in England she has lived quite close to us.

It will be seen that **depuis** is followed by a **noun** and that **depuis que** is followed by a **clause**. In each case the English past tense is rendered by a verb in the present tense.

elle garde toujours l'accent	*she still retains the accent* *He always speaks English.* Il parle toujours l'anglais.
accent tonique	*stress*
oublions	*Let us forget* (Imperative). *Let us finish!* Finissons! *Let us wait a minute!* Attendons une minute!
né	*born* **naître** *to be born* p.p. **né** (***irr.***)
pour mes péchés (m.)	*for my sins* Do not confuse pécher *to sin* pêcher *to fish*
de l'autre côté de	*on the other side of* de ce côté-ci *on this side* (i.e. *over here*)
Me voici à Bradford	*Here I am in Bradford* Oh, la voici! *Oh, here she is!*
la laine au lieu du coton	*wool instead of, in place of, cotton* Au lieu de voyager il reste chez lui. *Instead of travelling he stays at home.*
	le lieu *the place* avoir lieu *to take place*
	La représentation a lieu à 9 h. *The performance takes place at 9 o'clock.*
pas mal du tout	*not bad at all* 'Je vous dérange?' 'Pas du tout!' (*or simply* Du tout!) '*Am I disturbing you?*' '*Not at all!*'
C'est donc moi qui dois...	*So it is I who must...; So I'm the one who must...*
	donc *therefore, so, consequently* Je pense donc je suis. *I think therefore I am.*
Je ne peux rien oublier	*I cannot forget anything* **ne... rien** *nothing*

When **rien** starts a sentence it is important not to forget the **ne** which comes immediately after **rien**.
Rien ne m'ennuie. *Nothing bores me.*

Rien may stand alone:
Qu'est-ce qui vous ennuie? Rien.

ne... personne *nobody, no one* is used in a similar way:
Je ne connais personne à Dijon. *I don't know anyone in Dijon.*

de temps
en temps

From time to time, occasionally

de temps à autre *from time to time* is used for events which occur less frequently.

laine, colorants

wool, dyestuffs

It would be normal to write **de la** laine, **des** colorants, but as these words are forming a list, the du, de la, and des may be omitted. Remember that the French equivalent of the English word

wool is	**de la** laine
cider	**du** cidre
friends	**des** amis
oxygen	**de l'**oxygène

les fournisseurs

the suppliers

fournir   *to supply*

je dois dire

I mean; I should say

Cela n'arrive pas
très souvent

That doesn't happen very often

Apart from the obvious meaning *to arrive* **arriver** has the sense of *to happen.*

arriver à faire quelque chose   *to manage to do something*

Je n'arrive pas à lire toutes les lettres.
I don't manage to read all the letters.

je ne m'ennuie
pas

I am not bored

s'ennuyer and s'appeler are **reflexive verbs**

je m'ennuie	je m'appelle
tu t'ennuies	tu t'appelles
il s'ennuie	il s'appelle
elle s'ennuie	elle s'appelle
nous nous ennuyons	nous nous appelons
vous vous ennuyez	vous vous appelez
ils s'ennuient	ils s'appellent
elles s'ennuient	elles s'appellent

Notice the position of the **ne... pas**
Je ne m'ennuie pas.
Elle ne s'appelle pas Francine.

There are peculiarities in spelling to be noticed with s'ennuyer and s'appeler (i *or* y, l *or* ll).
For further information see the *Indications Grammaticales*, p. 293.

je dois voyager

By now there have been several examples of verbs followed directly by the infinitive of another verb.

vous pouvez prononcer...	*you may pronounce...*
elle aime faire la cuisine	*she likes to cook*
... moi qui dois acheter	*... I who must buy*

je ne peux rien oublier	*I can't forget anything*
je dois dire	*I must say; I mean*
j'aime bien quitter...	*I like to leave...*

In the case of **devoir** and **pouvoir** the construction is like that of their English equivalents, i.e. the verb is followed immediately by the infinitive.

The question of whether a verb can be followed immediately by an infinitive or whether **à** or **de** must be used before the infinitive will require close attention. At times two constructions exist. Thus the French say both:

Elle aime à faire la cuisine   *and*   Elle aime faire la cuisine.

à l'étranger	*abroad*
occupé à examiner	*busy examining*
la paperasse	*red tape; a mass of paper*
le Directeur	*the manager; the director*
ses projets (*m.*)	*his plans*

EXERCICES

1

MODÈLE

| **Robert Edwards, est-il Français ou Anglais?** | **Il n'est pas Français — il est Anglais.** |
| **Et Mme Edwards?** | **C'est une Anglaise.** |

Choisissez toujours la seconde nationalité.

1. M. Ivanov, est-il Polonais ou Russe?
   Et Mme Ivanova?
2. M. Blot, est-il Suisse ou Français?
   Et Mme Blot?
3. M. Hank, est-il Canadien ou Américain?
   Et sa femme?
4. M. Li, est-il Japonais ou Chinois?
   Et Mme Li?
5. M. Wilson, est-il Écossais ou Anglais?
   Et Mme Wilson?
6. La grand'mère de Robert, est-elle Anglaise ou Française?
   Et son grand-père?
7. Brigitte, est-elle Italienne ou Française?
   Et son père?
8. La femme de M. Edwards, est-elle Allemande ou Anglaise?
   Et M. Edwards?

2

Remplacez les mots soulignés par **le, l', la,** *ou* **les** *selon le cas.*

MODÈLE

Il doit faire tout ce travail?   **Mais certainement, il doit le faire.**

1. Il doit acheter la laine?
2. Il doit acheter tous les colorants?
3. Il doit acheter les produits chimiques?
4. Il doit visiter les fournisseurs?
5. Il doit examiner les journaux techniques?
6. Il doit examiner toute la paperasse?
7. Il doit parler le français?
8. Il doit discuter un projet?

3

MODÈLE

Vous le comprenez, n'est-ce pas?   **Oh, je ne comprends rien, moi.**

1. Vous dites ça, n'est-ce pas?
2. Vous examinez les journaux, n'est-ce pas?
3. Vous les achetez, n'est-ce pas?
4. Vous les comprenez, n'est-ce pas?
5. Vous le faites, n'est-ce pas?
6. Vous l'entendez, n'est-ce pas?
7. Vous le prenez, n'est-ce pas?
8. Vous l'oubliez, n'est-ce pas?

4

MODÈLE

Elle garde toujours l'accent français.   **C'est vrai. Je ne sais pas pourquoi mais elle garde toujours l'accent français.**

1. Son accent est comique pour un Anglais.
2. Les Français prononcent les syllabes avec le même accent tonique.
3. Sa grand'mère aime faire la cuisine.
4. Il travaille de l'autre côté des Pennines.
5. C'est la laine au lieu du coton.
6. C'est lui qui doit acheter la laine.
7. Il doit acheter tout le nécessaire pour l'usine.
8. Le Directeur l'appelle pour discuter ses projets.

5

MODÈLE

Vous allez à l'usine, quoi, cinq fois par semaine?   **Oui, c'est bien ça. Je vais à l'usine cinq fois par semaine.**

1. Vous examinez les journaux, quoi, deux ou trois fois par semaine?
2. Vous dictez des lettres, quoi, tous les jours?
3. Vous discutez les projets du Directeur, quoi, de temps à autre?
4. Vous achetez des machines, quoi, une ou deux fois par an?

5. Vous parlez aux fournisseurs, quoi, plusieurs fois par mois?
6. Vous visitez les clients de la firme, quoi, sept ou huit fois par mois?
7. Vous voyagez à l'étranger, quoi, une ou deux fois par an?
8. Vous restez dans votre bureau, quoi, la plupart du temps?

6

MODÈLE

Il s'appelle Guillaume?   **Mais non, il ne s'appelle pas Guillaume!**

1. Vous vous appelez Jacques?
2. Elle s'ennuie ici?
3. Ils s'appellent Legaulois?
4. Ils s'ennuient en classe?
5. Elle s'appelle Ginette?
6. Il s'appelle Félix?
7. Vous vous ennuyez ici, Messieurs?
8. Il s'ennuie à mourir?

QUESTIONS ET RÉPONSES

1. Qui est-ce qui parle dans cette leçon?   C'est M. Edwards qui parle.
2. M. Edwards, il est Français?   Mais non, c'est un Anglais.
3. Où est-ce qu'il habite?   Il habite à Bradford, dans le Yorkshire.
4. Il est né à Bradford?   Non, il est né de l'autre côté des Pennines.
5. Sa grand'mère française, où est-ce qu'elle habite?   Elle habite pas loin de chez M. Edwards.
6. Et comment est-ce qu'elle parle?   Elle garde toujours l'accent français.
7. Elle est en Angleterre depuis longtemps?   Ah, oui, depuis la première guerre mondiale.
8. Qu'est-ce qu'il fait comme travail, M. Edwards?   Eh bien, il achète tout ce qui est nécessaire pour l'usine.
9. Par exemple?   Oh, par exemple, de la laine, des colorants, un peu de tout, quoi.
10. Et il reste toujours dans son bureau?   Pas toujours. Il doit voyager de temps en temps.

QUESTIONS

1. Quel est le prénom de M. Edwards?
2. Pourquoi est-ce qu'il a ce prénom?
3. Quelle est la nationalité de sa grand'mère?
4. Où est-ce qu'elle habite?
5. Votre grand'mère, elle habite loin de chez vous?
6. Elle a oublié son accent français, sa grand'mère?
7. Les Anglais, comment est-ce qu'ils trouvent cet accent?
8. Quelles sont les caractéristiques de l'accent français?

9. M. Edwards, il pense qu'il parle bien le français?
10. C'est à cause de quoi qu'il le parle bien?
11. Où est-il né, M. Edwards?
12. Et vous?
13. Où est-ce qu'il travaille?
14. Où travaillez-vous?
15. Quel est son rang dans sa firme?
16. Il aime sa situation, M. Edwards?
17. Qu'est-ce qui indique qu'il aime sa situation?
18. Qu'est-ce qu'il doit acheter?
19. M. Edwards, est-ce qu'il voyage beaucoup?
20. Les voyages à l'étranger, ils sont fréquents?
21. Combien de fois par an est-ce qu'il quitte Bradford?
22. Combien de fois par an quittez-vous la ville où vous habitez?
23. Voyagez-vous souvent à l'étranger?
24. Quels voyages est-ce qu'il aime surtout?
25. Pourquoi est-ce qu'il fait ces voyages?
26. Où est-il la plupart du temps?
27. Où êtes-vous la plupart du temps?
28. Qu'est-ce qu'il doit examiner pour son travail?
29. Le Directeur, est-ce qu'il appelle souvent M. Edwards?
30. Pourquoi est-ce que le Directeur l'appelle?

THÈME ORAL

We have a friend, Jim, * who also works * for our firm * in Yorkshire. * He lives * on the other side of the town, * not far from my grandmother's house * and from time to time * Jim and his wife * go to see her. * It doesn't happen * very often — * three or four times * a year. * My grandmother * quite likes their visits, * especially if Jim * talks about his work in Bradford * and his trips * abroad. * I don't know why * but nothing bores * my grandmother. * Jim has spoken French since * the war * — with a terrible English accent * most of the time * — (Sorry, Jim!) * — but my grandmother * finds it quite amusing * and it's very useful for Jim. * To please Jim * and his wife * she cooks * in the French way. * She's a real Frenchwoman * and she still likes * cooking.

2 Notre Agence

Dialogue dans lequel Monsieur Edwards et son Directeur discutent d'un problème sérieux pour l'avenir de leur firme

PERSONNAGES *Le Directeur*   SCÈNE *Dans le bureau du Directeur*
                M. Edwards

'De temps à autre le Directeur m'appelle pour discuter ses projets.' C'est ça que j'ai dit, n'est-ce pas? Eh bien, il l'a fait ce matin même. De quoi est-ce qu'on a parlé? Si j'ai bonne mémoire voilà plus ou moins ce qu'on a dit...

Le Directeur. Ah, bonjour Robert. Tout va bien?

M. Edwards. Pas mal, merci, Monsieur.

Le Directeur. Bon. J'ai quelque chose à discuter avec vous. Je voudrais avoir votre opinion sur un petit projet qu'on est en train de préparer.

M. Edwards. Un projet qui me concerne?

Le Directeur. En principe non. Il concerne plutôt le Service des ventes.

M. Edwards. Mais Jim, où est-il donc? Il n'est pas là?

Le Directeur. Attendez, onze heures et demie — il doit être en train d'arriver à Moscou.

M. Edwards. Ça, par exemple! Alors, votre projet, Monsieur.

Le Directeur. C'est encore assez vague. Question d'exportations. L'agence que nous utilisons en France, vraiment, ça ne va plus.

M. Edwards. Mais Jim est satisfait de leurs efforts pour notre compte, je crois?

Le Directeur. Il n'a pas eu le plaisir de lire cette lettre. Ils nous demandent une commission de 15 %.

M. Edwards. 15 % — ce sont des fous! Ou bien ils ne veulent plus de nous.

Le Directeur. C'est plutôt cela, je crois. Le tergal les intéresse plus que notre laine. Ils veulent être dans le vent. On est trop traditionnel pour ces messieurs-là.

M. Edwards. Alors, qu'est-ce que nous allons faire ? Chercher une autre agence ?

Le Directeur. Pas exactement. On va trouver une firme française dans la même branche que nous, une des meilleures, et nous allons utiliser sa chaîne de distribution, son Service des ventes.

M. Edwards. Mais qu'est-ce que nous avons à offrir, nous ? Ces gens-là ne vont jamais vendre nos tricots uniquement pour nos beaux yeux.

Le Directeur. Évidemment, mon vieux. Il y aura une commission, un pourcentage, comme avant. On va leur offrir un peu d'aide en matière de publicité. Comme ça on peut les contrôler un tout petit peu.

M. Edwards. Oh, c'est malin ça, mais où la trouver, cette firme ?

Le Directeur. Ah, c'est là où j'envisage que vous allez jouer votre rôle.

M. Edwards. Moi ? Comment ?

Le Directeur. Avec vos excellentes connaissances du français ! Le pauvre Jim, il paraît qu'il est assez fort en russe mais il parle le français comme une vache espagnole. Puis lui, il est à Moscou jusqu'à vendredi en huit.

M. Edwards. Bon, bon, je vais voir, Monsieur.

Le Directeur. Essayez de me préparer un petit rapport sur les dix premières sociétés là-bas, voulez-vous. Donnez-le à ma secrétaire dans trois jours. Ça va ?

M. Edwards. Oh, ce n'est pas aussi facile que ça, vous savez. Trois jours ? Non. Dans une semaine.

Le Directeur. Eh bien, entendu. Dans une semaine. Allez, au revoir et bon amusement !

COMMENTAIRE

j'ai dit	*I said; I have said*	dire
il l'a fait	*he did it; he has done it*	faire

These two verbs have irregular past participles. You will recall that there are three main ways of forming the past participle in French:

discuter   j'ai discuté
choisir   j'ai choisi
attendre   j'ai attendu

Unfortunately there are exceptions. For a fuller treatment see the table of irregular verbs, p. 294.

ce matin même	*this very morning*

même is used:

1. Même le Directeur ne sait pas tout.
   Even the Director does not know everything.
2. Toujours la même difficulté, les mêmes problèmes.
   Always the same difficulty, the same problems.
3. Moi-même, nous-mêmes, vous-même.
   Myself, ourselves, yourself.
4. In a variety of idiomatic expressions.

De quoi est-ce qu'on a parlé?	*What did we talk about?*

quoi is used:

1. With **de, à, avec** and other prepositions in questions, in which case it replaces **que**.

   Thus: **Que** dites-vous? but **De quoi** parlez-vous? (One talks *about* something. i.e. parler **de** quelque chose. The **de** cannot be left out in the question, but **quoi** must be used instead of **que**).

   e.g. A **quoi** pensez-vous? *What are you thinking of?* (penser **à** quelque chose)
   Avec quoi écrivez-vous? *What are you writing with?*

2. **Quoi?** A rather abrupt demand for further information. *What?*
3. Very often **quoi** is the equivalent of the almost meaningless *you know* in English.

   Me voilà occupé à examiner les journaux techniques, les lettres, toute la paperasse ordinaire, quoi.

on is basically *one* as in:
On peut aller en France en avion ou en bateau.
One may go to France by plane or boat.

It is used increasingly to avoid what are felt to be clumsy forms of the verb.

Si j'ai bonne mémoire	*If I remember rightly*
Tout va bien?	*Everything all right?*

aller is sometimes used when English would use or imply *to be*.

Comment allez-vous?	*How are you?*
Je vais bien, merci.	*I am well, thanks.*

Je voudrais avoir votre opinion	*I want to have your opinion, I should like to have your opinion.*

Je veux is felt to be rather emphatic and hence *I want* is often rendered by **je voudrais** which is more polite.

qu'on est en train de préparer	*that we are just working out*

en train de faire quelque chose   *in the act of doing something*

In English one can stress the fact that an action is going on at a particular time by using what is known as the continuous form of the verb.

I eat   I am eating

In French where emphasis is felt to be necessary **en train de** is used.

Je suis en train de manger.

The sequence of events in French is:
Je suis sur le point de faire quelque chose.
I am about to do something.
Je suis en train de faire quelque chose.
I am doing something.
Je viens de faire quelque chose.
I have just done something.

Un projet qui me concerne?	*A plan which concerns me?*

qui te concerne (*you*)	qui nous concerne (*us*)
qui le concerne (*him*)	qui vous concerne (*you*)
qui la concerne (*her*)	qui les concerne (*them*)

En principe   *As a rule; in theory*
en définitive   *in a word, in short*

plutôt   *rather; more like*

Il n'est pas là?   *Isn't he here?*

là often means *here* as well as *there*.
Jean, où es-tu? — Je suis là.
John, where are you? — Here I am.

onze heures et demie   *half past eleven*

TIME is expressed:

Il est deux heures	2.00
Il est deux heures dix	2.10
Il est deux heures et quart	2.15
Il est deux heures et demie	2.30
Il est trois heures moins vingt	2.40
Il est trois heures moins le quart	2.45

Note the spelling:
deux heures et demie
but midi et demi, minuit et demi

Ça, par exemple!   *Good gracious!*

An exclamation of surprise which has no connection with any example, real or imaginary.

pour notre compte (*m.*)   *on our behalf; on our account*

Il n'a pas eu le plaisir de lire   *He's not had the pleasure of reading*
eu   past participle of avoir (**irr.**)

15 %	Written **quinze pour cent.**
ce sont des fous!	*they're mad!* (lit. *They are madmen*)
	Singular: un fou, une folle.
	ce sont is the plural of c'est.
Ils ne veulent plus de nous	*They don't want to have anything more to do with us*
le tergal	A brand of synthetic fibre
être dans le vent	*to be up to date, to be 'with it'*
	syn. être à la page
ces messieurs-là	*those gentlemen*

ce monsieur *this* or *that*	cette auto
ce monsieur-**ci** *emphasis* **this**	cette auto-ci
ce monsieur-**là** *emphasis* **that**	cette auto-là
ces messieurs *these* or *those*	ces autos
ces messieurs-**ci** *emphasis* **these**	ces autos-ci
ces messieurs-**là** *emphasis* **those**	ces autos-là

une des meilleures	*one of the best*

Jim a un **bon** projet, le Directeur a un **meilleur** projet mais moi, j'ai **le meilleur** projet.
J'ai une **bonne** auto, Jim a une **meilleure** auto mais le Directeur, lui, a **la meilleure** auto.

good, better, best

nos tricots (*m.*)	*knitted goods; jerseys, jumpers*
pour nos beaux yeux	*to please us*
contrôler	check, *supervise*, occasionally *control*
	le contrôle des passeports *passport examination*

Notice also that **demander** means only to **ask.**
to demand exiger.

malin	*cunning, sly*
c'est là où	*it is there that*
fort en russe	*good at Russian*
	faible **en** italien *bad at Italian*
il parle le français comme une vache espagnole	i.e. *badly*
vendredi en huit	*a week on Friday*
	huit jours *a week*
	une quinzaine *a fortnight*
là-bas	*over there* (hence in this case *in France.*)

EXERCICES

1

MODÈLE

Le Service des ventes — vous en savez quelque chose?   **Non, je voudrais avoir votre opinion sur le Service des ventes.**

1. Le projet qu'on est en train de préparer — vous en savez quelque chose?
2. L'agence qu'ils utilisent — vous en savez quelque chose?
3. Les exportations vers la France — vous en savez quelque chose?
4. Leurs efforts pour notre compte — vous en savez quelque chose?
5. Les dix premières sociétés en France — vous en savez quelque chose?
6. La publicité de cette firme — vous en savez quelque chose?
7. La commission qu'ils nous demandent — vous en savez quelque chose?
8. Les idées de son Directeur — vous en savez quelque chose?

2

Vous allez entendre l'heure qu'il est. Ajoutez simplement deux heures.

MODÈLE

Il est midi et quart.   **Il est deux heures et quart.**

1. Il est dix heures vingt du soir.
2. Il est neuf heures moins le quart.
3. Il est cinq heures et demie.
4. Il est trois heures dix.
5. Il est une heure moins vingt.
6. Il est dix heures moins vingt-cinq du matin.
7. Il est sept heures moins vingt-cinq.
8. Il est six heures treize.

3

MODÈLE

Trouvez une firme française dans cinq jours.   **Alors, trouvez-la dans une semaine!**

Non, dans une semaine, Monsieur.

1. Lisez cette lettre dans cinq minutes.
   Non, dans un quart d'heure, Monsieur.
2. Écrivez un rapport dans deux jours.
   Non, dans trois jours, Monsieur.
3. Finissez le rapport dans trois jours.
   Non, dans une semaine, Monsieur.
4. Préparez le projet dans deux heures.
   Non, dans deux jours, Monsieur.
5. Trouvez une autre firme dans trois jours.
   Non, dans une semaine, Monsieur.
6. Contactez l'agence dans quatre jours.
   Non, dans cinq jours, Monsieur.
7. Faites tout ce travail dans une semaine.
   Non, dans une quinzaine, Monsieur.
8. Préparez le déjeuner dans une heure.
   Non, dans deux heures, Monsieur.

4

MODÈLE

Cela concerne M. Edwards ou le Service **Cela concerne plutôt le Service des ventes,**
des ventes? **je crois.**

Choisissez toujours la deuxième possibilité.

1. Ils discutent les ventes ou les projets du Directeur?
2. Ils parlent des achats ou des exportations?
3. La commission demandée par l'agence est raisonnable ou élevée?
4. L'agence s'intéresse à la laine ou au tergal?
5. On va utiliser la même agence ou chercher une autre firme?
6. Notre Société va utiliser leur Service des achats ou leur chaîne de distribution?
7. La firme française va nous vendre ses tricots ou vendre nos produits?
8. Il trouve cette leçon dure ou facile?

5

MODÈLE

On est trop traditionnel pour ces **Mais, on n'est jamais trop traditionnel**
messieurs-là. **pour ces messieurs-là. Jamais!**

1. Jim est là.
2. Jim discute ses projets avec moi.
3. Jim prépare des rapports pour moi.
4. Il m'offre un peu d'aide.
5. Il parle un français correct.
6. Jim reste dans son bureau à Bradford.
7. Il examine la paperasse ordinaire.
8. Jim refuse un verre de bière.

6

MODÈLE

Qui va avoir le plaisir de lire la lettre? **Oui, c'est bien Jim qui va avoir le plaisir**
Jim? **de lire la lettre.**

1. Qui va préparer le projet? M. Edwards et le Directeur?
2. Qui va écrire le petit rapport? M. Edwards?
3. Qui va vendre leurs tricots? Cette agence?
4. Qui va leur offrir un peu d'aide? La firme anglaise?
5. Qui va jouer son rôle maintenant? Le chef des Achats?
6. Qui va rester à Moscou jusqu'à vendredi? Jim?
7. Qui va recevoir le rapport dans une semaine? La secrétaire?
8. Qui va apprendre toutes ces expressions françaises? Vous?

EXERCICE DE CONVERSATION — 1

Vous allez entendre la voix du Directeur qui répète le rôle qu'il vient de jouer dans le
dialogue. C'est à vous de prendre le rôle de M. Edwards. A droite vous trouverez cer-
tains mots, qui pourront vous être utiles.

Le Directeur	Bon. J'ai quelque chose à discuter avec vous. Je voudrais avoir votre opinion sur un petit projet qu'on est en train de préparer.
M. Edwards	— me concerne ?
Le Directeur	En principe non. Il concerne plutôt le Service des ventes.
M. Edwards	Mais Jim — pas là ?
Le Directeur	Attendez, onze heures et demie — il doit être en train d'arriver à Moscou.
M. Edwards	Ça — Alors.
Le Directeur	C'est encore assez vague. Question d'exportations. L'agence que nous utilisons en France, vraiment, ça ne va plus.
M. Edwards	— Jim est satisfait — je crois.
Le Directeur	Il n'a pas eu le plaisir de lire cette lettre. Ils nous demandent une commission de 15 %.
M. Edwards	— des fous — ils ne veulent plus.
Le Directeur	C'est plutôt cela, je crois. Le tergal les intéresse plus que notre laine. Ils veulent être dans le vent. On est trop traditionnel pour ces messieurs-là.
M. Edwards	nous allons faire ? — une autre agence ?
Le Directeur	Pas exactement. On va trouver une firme française dans la même branche que nous, une des meilleures, et nous allons utiliser sa chaîne de distribution, son Service des ventes.
M. Edwards	— nous avons à offrir — jamais — nos tricots — yeux.
Le Directeur	Évidemment, mon vieux. Il y aura une commission, un pourcentage, comme avant. On va leur offrir un peu d'aide en matière de publicité. Comme ça on peut les contrôler un tout petit peu.
M. Edwards	— malin — où — ?
Le Directeur	Ah, c'est là où j'envisage que vous allez jouer votre rôle.
M. Edwards	?

EXERCICE DE CONVERSATION—2

Maintenant vous prendrez le rôle du **Directeur.**

M. Edwards	Un projet qui me concerne ?
Le Directeur	En principe — le Service des ventes.
M. Edwards	Mais Jim, où est-il donc ? Il n'est pas là ?
Le Directeur	Attendez — à Moscou.
M. Edwards	Ça, par exemple ! Alors, votre projet, Monsieur.
Le Directeur	— vague — exportations — l'agence — vraiment —
M. Edwards	Mais Jim est satisfait de leurs efforts pour notre compte, je crois.
Le Directeur	— le plaisir de lire — une commission —
M. Edwards	15 % — ce sont des fous ! Ou bien ils ne veulent plus de nous.
Le Directeur	— plutôt — le tergal — être dans le vent — trop —
M. Edwards	Alors, qu'est-ce que nous allons faire ? Chercher une autre agence ?
Le Directeur	— exactement — trouver — branche — meilleure — utiliser — distribution — son Service —
M. Edwards	Mais qu'est-ce que nous avons à offrir, nous ? Ces gens-là ne vont jamais vendre nos tricots uniquement pour nos beaux yeux.
Le Directeur	Évidemment — un pourcentage — leur offrir — publicité — on peut les contrôler —
M. Edwards	Oh, c'est malin ça, mais où la trouver, cette firme ?
Le Directeur	— c'est là — jouer —

QUESTIONS

1. Qui est-ce qui voudrait avoir l'opinion de M. Edwards ?
2. Sur quoi est-ce qu'il voudrait avoir son opinion ?
3. Cela arrive souvent que le Directeur l'appelle ainsi ?
4. Qui est-ce que ça concerne en principe, le projet ?

5. Pourquoi est-ce que le Directeur ne le discute pas avec Jim?
6. Mais où est-il donc, Jim?
7. Qu'est-ce qu'il fait en Russie, le chef du Service des ventes?
8. Revenons au projet. Pourquoi doit-on préparer ce projet?
9. En quoi est-ce qu'il consiste, le projet?
10. Pourquoi est-ce qu'on n'est plus satisfait de l'agence française?
11. Pourquoi est-ce que l'agence demande 15 %?
12. Pourquoi est-ce que la laine n'intéresse plus cette agence?
13. Quelle sorte de firme est-ce qu'on va chercher?
14. Le Directeur veut utiliser un des services de la firme française, n'est-ce pas?
15. La firme anglaise, qu'est-ce qu'elle produit?
16. Comment est-ce qu'on va payer la firme française?
17. Et qu'est-ce qu'on va offrir à la firme francaise?
18. Pourquoi?
19. Quel rôle est-ce que M. Edwards va jouer?
20. Pourquoi est-ce lui qui va trouver cette firme?
21. Jim, quelles connaissances a-t-il de la langue russe?
22. Et de la langue française?
23. Jim, pourquoi ne va-t-il pas écrire le rapport?
24. Alors, qui va écrire le rapport?
25. Le Directeur, pour quand est-ce qu'il le veut, ce rapport?
26. Pourquoi est-ce qu'il proteste, M. Edwards?
27. Alors pour quand est-ce qu'il va le préparer?
28. Quelle heure est-il quand le Directeur termine la conversation?
29. Pourquoi est-ce qu'il la termine si brusquement?
30. Quand il part, le Directeur, qu'est-ce qu'il dit à M. Edwards?

THÈME

Occasionally I like to forget my technical journals and all the paperwork. Let's forget the wool and the chemicals and the firm's suppliers too. Especially our firm's suppliers. I don't find my job at all bad, you know, but quite often those gentlemen bore me and instead of wanting to buy all the things our factory requires, I think of my friend Jim who is in Exports, in the Sales Department, I mean. He never has to stay too long in his office in Bradford. He can visit the clients abroad, supervise the work of our agencies in Denmark,[1] Germany, and even the United States. If I remember rightly he is arriving in Russia this very morning. Excellent! Unfortunately when he isn't here I have to do his work, like this report. And I must finish it within a week. Really, it's no good!

[1] See p. 20.

3 Mon Collègue

Récit dans lequel Monsieur Edwards nous parle de son ami Jim, chef du Service des ventes

Jim n'est pas là — 'Il doit être en train d'arriver à Moscou.' Ça ne m'étonne pas du tout, ça. Quand il y a du travail à faire il n'est jamais là, mon cher collègue Jim. Donc c'est moi qui ai le petit rapport à écrire. Qu'est-ce que vous voulez, ça fait partie du métier, les rapports. Mais pourtant c'est Jim qui s'occupe de toutes les ventes à l'étranger, pas moi! Au lieu de rédiger ce rapport, qu'est-ce qu'il fait? Ça alors! Je voudrais bien savoir ce qu'il est en train de faire en ce moment là-bas en Russie. Vodka et caviar sont beaucoup plus importants pour lui que les commandes qu'il essaie d'obtenir. C'est pour bien manger et pour avoir des billets de cabaret gratuits qu'il est dans les Ventes. Ah, dans ce service-là ils sont tous les mêmes, il me semble. Je trouve ça curieux — le Directeur ne s'en aperçoit pas.

Attendez un instant. On m'appelle. C'est toujours comme ça ici au bureau. Le moment où je me mets à penser, à faire un travail sérieux, on veut me parler. Et d'ordinaire, c'est pour un rien. Excusez-moi. Je suis à vous dans un petit moment.

Voilà, c'est fait. Vous êtes toujours là? Bon! Ça a été fort intéressant — en plus ça va me faciliter l'existence un peu. Plus de rapports à écrire, pas pour le moment en tout cas. Le Directeur m'a donné une lettre à lire. Elle vient de France, d'une société textile dans la même branche que nous. J'en ai déjà entendu parler — c'est pas mal comme firme. 'Filalaine' qu'elle s'appelle. Attendez, voici leur lettre — vous pouvez y jeter un coup d'œil, si vous le voulez. Ils veulent se procurer de la laine par notre intermédiaire. Passer un accord avec nous. Ce n'est pas bête pour eux, ça. Je ne sais pas encore ce que le chef en pense mais je vais l'apprendre bientôt. Il m'a prié de me présenter à son bureau dans un quart d'heure. Voyons, hé, il est presque temps. Bon, j'y vais.

COMMENTAIRE

Qu'est-ce que vous voulez?	lit. *What do you want?* Often used, as here, in the sense of *Well, anyway...* or *What do you expect?*

ça fait partie du métier, les rapports	*reports are part of the job*
	faire partie de qc. *to be part of sg.*
	le métier *profession, trade; loom*

pourtant	*however*
	syn. cependant

s'occupe de	*looks after, is in charge of*

rédiger ce rapport	*draft this report*
	le rédacteur en chef *the editor*
	la rédaction *the editorial board of a newspaper; the composition, essay*

ce qu'il est en train de faire	*what he's doing*

en ce moment	*at this moment* (i.e. *at the present time*)
	à ce moment *at that moment* (in the **past** or **future**).

en Russie	*in Russia*

en meaning *in* or *to* is used with countries whose names are feminine as indeed the majority are.
la France, en France; *l'Angleterre,* en Angleterre; *l'Allemagne,* en Allemagne; *la Belgique,* en Belgique.

au meaning *in* or *to* is used where the name is masculine.
le Japon, au Japon; *le Danemark,* au Danemark; *le Portugal,* au Portugal; *le Brésil,* au Brésil.

NOTE.

aux États-Unis	*in, to the U.S.*
aux Indes	*in, to India* (*also* en Inde)

To indicate **from** when speaking of a country **de, du** or **des** are used.
Ces lettres viennent **de** France, **du** Japon, **des** États-Unis.

les commandes	*the orders*
	la commande *the order*
	les commandes *the orders; the controls* (*of an aeroplane, car*)

gratuit	*free* i.e. *without cost*

il est dans les Ventes	*he is in the Sales Department*

le Directeur ne s'en aperçoit pas	*the director doesn't notice it*

	s'apercevoir **de** qc. *to perceive* (*through the intelligence*)
	apercevoir qc. *to notice* (*through the senses*)
	un aperçu *a glimpse; an outline*

Je me suis aperçu très vite de sa générosité.
I quickly noticed his generosity.
Soudain il a aperçu un bateau à l'horizon.
Suddenly he noticed a boat on the horizon.

le moment où...   *the moment that...*
Le jour **où** je suis allé à Marseille.
The day (that) I went to Marseilles.
Un jour **que** j'allais au Havre...
One day when I was going to Le Havre...

je me mets à   *I begin to think*
penser   se mettre **à** faire qc.   *to set about doing sg., to start to do sg.*

Je suis à vous   *I shall be with you*

en plus   *in addition, into the bargain*

Plus de rap-   *No more reports to write*
ports à écrire

Compare Plus de rapports à écrire. ***No more*** reports...
         Encore des rapports à écrire. ***More*** reports...

J'en ai déjà   *I've already heard of it*
entendu parler

c'est pas mal   *it's not a bad firm* (i.e. Ce n'est pas...)
comme firme   In everyday speech **ne** is often omitted.

vous pouvez y   *you can have a look at it*
jeter un coup
d'œil

par notre   *through us*
intermédiaire

passer un accord *to make an agreement*

bête   *stupid*

Je ne sais pas   *I don't yet know **what** the boss thinks about it*
encore ce que le
chef en pense

Distinguish between **penser à** and **penser de**

Pensez-vous **à** lui?   *Are you thinking of him?* (i.e. Is he in your mind?)

Que pensez-vous **de** lui?   *What do you think of him?* (i.e. What is your opinion of him?)

apprendre   *to learn* also *to teach* (**irr.**)
Il lui apprend à nager.   *He teaches him to swim.*
Je leur apprends les   *I teach them maths.*
mathématiques.

Il m'a prié de...   *He asked me to...*
prier quelqu'un **de** faire qc.
Elle le prie de sortir.   *She asks him to go out.*

il est presque   *it is almost time*
temps

EXERCICES

1

MODÈLE

Vous voulez y jeter un coup d'œil?   **Eh bien, vous pouvez y jeter un coup d'œil si vous le voulez.**

1. Vous voulez essayer d'obtenir des commandes?
2. Il veut se procurer de la laine chez nous?
3. Vous voulez vous mettre au travail?
4. Ils veulent passer un accord?
5. Il veut s'occuper des ventes à l'étranger?
6. Vous voulez lui parler dans un quart d'heure?
7. Vous voulez savoir ce qu'il en pense?
8. Elle veut apprendre le nom de la société française?

2

MODÈLE

De quoi est-ce que vous vous occupez? Des commandes?   **Oui, c'est ça. Je m'occupe des commandes.**

1. De quoi est-ce qu'il s'occupe? Des ventes à l'étranger?
2. De quoi est-ce qu'il s'occupe? De tout?
3. De quoi est-ce qu'elle s'occupe? De toute la paperasse?
4. De quoi est-ce que vous vous occupez? Des lettres?
5. De quoi est-ce qu'elle s'occupe? De son pauvre mari?
6. De quoi est-ce que vous vous occupez? Des machines?
7. De quoi est-ce qu'ils s'occupent? De vos problèmes?
8. De quoi est-ce qu'il s'occupe? Du fonctionnement des machines?

3

MODÈLE

Dites-moi   **Dites-moi ce qu'il en pense.**

1. On ne m'a pas dit
2. Je voudrais savoir
3. Oh, ce n'est pas clair
4. Mais, je ne comprends pas bien
5. Ça m'étonne énormément
6. J'ai oublié
7. Dites-moi encore une fois
8. Maintenant je comprends parfaitement

4

Remplacez les mots soulignés par **en.**

MODÈLE

C'est lui qui s'occupe de cela?   **Mais oui, c'est bien lui qui s'en occupe.**

1. C'est elle qui s'étonne de tout cela?
2. C'est lui qui n'a pas entendu parler du nouveau projet?

3. C'est Jim qui reçoit des billets <u>gratuits</u>?
4. C'est lui qui n'est pas satisfait de <u>leurs efforts pour nous</u>?
5. C'est le Directeur qui ne s'aperçoit pas <u>du problème</u>?
6. C'est elle qui vous a prié <u>d'y jeter un coup d'œil</u>?   *qui m'*
7. C'est vous qui devez essayer d'obtenir <u>des commandes</u>?   *moi*
8. C'est M. Edwards qui va s'occuper de <u>cela</u>?

5

MODÈLE

La Russie l'intéresse plus que l'Italie.   **Pourtant au lieu d'aller en Russie il va**
                        il   **souvent en Italie.**

1. L'Allemagne m'intéresse plus que le Danemark.
2. L'Espagne vous intéresse plus que le Portugal.
3. Le Canada l'intéresse plus que les États-Unis.   *elle*
4. Le Ghana les intéresse plus que le Nigéria.   *ils*
5. La Grèce m'intéresse plus que la Yougoslavie.
6. La Norvège vous intéresse plus que le Pays de Galles.
7. La Chine les intéresse plus que l'Écosse.   *elles*
8. Le bar nous intéresse plus que le laboratoire de langues.

6

MODÈLE

Bon, n'écrivez pas ce rapport.   **Plus de rapports à écrire? Excellent!**

1. Bon, ne considérez pas ces problèmes.
2. Bon, ne prenez pas ces médicaments.
3. Bon, ne mangez pas ces sardines.
4. Bon, ne portez pas ces valises.
5. Bon, ne cherchez pas une agence.
6. Bon, ne faites pas ce travail.
7. Bon, ne faites pas ces exercices pour le moment.
8. Bon, n'écoutez pas la bande.

QUESTIONS ET RÉPONSES

1. Où est Jim quand il y a du travail à   Il n'est jamais là.
   faire?
2. M. Edwards, que voudrait-il savoir?   Il voudrait savoir ce que Jim est en train
                          de faire en Russie.
3. Cela l'étonne d'apprendre que Jim est   Mais non. Il ne s'en étonne pas du tout.
   à Moscou?
4. Quand M. Edwards se met à penser,   On veut lui parler.
   qu'est-ce qui arrive?
5. Pourquoi est-ce qu'il dit que ça a été   Parce que maintenant il n'a plus de
   fort intéressant?   rapport à écrire.
6. D'où vient la lettre?   Oh, elle vient d'une société textile.

7. Mais de quel pays ? — Elle vient de France.
8. De quoi est-ce qu'on parle dans la lettre ? — On parle d'un accord.
9. Un accord avec qui ? — La société française veut faire un accord avec la société anglaise.
10. Pour quoi faire ? — Pour se procurer de la laine par l'intermédiaire de la firme anglaise.

QUESTIONS

1. Jim, où doit-il arriver bientôt ?
2. Qu'est-ce qui l'intéresse en Russie à votre avis ?
3. Qu'est-ce qu'il fait pour sa firme ?
4. Comment sont-ils dans le Service des ventes ?
5. Le Directeur, est-ce qu'il s'en aperçoit ?
6. Quand est-ce qu'on appelle M. Edwards d'ordinaire ?
7. Quand on veut lui parler, est-ce pour quelque chose d'important ?
8. Qu'est-ce qui a été fort intéressant ?
9. Qu'est-ce qu'il a fait chez le Directeur ?
10. D'où vient-elle, cette lettre ?
11. Comment est-ce que la lettre va lui faciliter l'existence un peu ?
12. M. Edwards n'a plus de rapports à écrire — vous semble-t-il qu'il en est content ?
13. La société française, M. Edwards en a entendu parler ?
14. C'est une bonne firme ?
15. Comment est-ce qu'elle s'appelle ?
16. La firme française, comment veut-elle se procurer de la laine ?
17. Pourquoi est-ce qu'ils veulent se procurer de la laine ?
18. Qu'est-ce qu'on fabrique avec la laine ?
19. Et avec le coton ?
20. M. Edwards, est-ce qu'il trouve la proposition de la maison française intelligente ?
21. M. Edwards, sait-il ce que le Directeur en pense ?
22. Comment va-t-il savoir l'opinion de son chef sur la lettre ?
23. M. Edwards, que doit-il faire dans un quart d'heure ?
24. Que va-t-il faire chez le Directeur, à votre avis ?
25. Trouvez-vous le travail du Service des achats plus intéressant que le travail du Service des ventes ?
26. Quel attrait est-ce qu'il a pour vous, le Service des ventes ?
27. Et le Service des achats ?
28. M. Edwards, est-il un peu jaloux de Jim ?
29. Pourquoi ?
30. Qu'est-ce que le Directeur va dire à M. Edwards ? Évidemment vous ne savez pas encore mais imaginez !

THÈME ORAL

Robert Edwards — I must speak to him * this afternoon. * I want his opinion * about a little scheme * we're working out. * In theory * it doesn't concern * his department * but after all * he is quite good at French * so he can have * the pleasure of explaining * this letter from 'Filalaine'. * Do you know * our agency in France * is asking us for * 15 per cent commission? * Fifteen per cent! * They're mad! * Obviously * they won't sell our products * just to please us * but this * is really stupid. * It's a pity. * They have done a lot for us, * those people * — it's one of the best agencies * in this field * but they don't want to have anything more to do with our jerseys, * it seems. * We are * just a bit too traditional, * I suppose. * Really I must soon find * another agency, * or rather * a good French textile firm. * We can give them * a little help * with the advertising * if they want * and then we'll use * their Sales Department.* Wait a minute, * it's almost twenty-five past three. * I asked Robert * to come and see me * at half past three. * Oh, here he is!

4 On Discute la Lettre

Dialogue dans lequel l'on examine une lettre qui semble ouvrir des perspectives intéressantes

---

PERSONNAGES *Le Directeur* SCÈNE *Le bureau du Directeur*
            M. Edwards

Quelle surprise formidable — je vais en France dans moins d'une semaine! Vive la Société Filalaine! Comment cela se fait-il? Eh bien, je suis entré chez le Directeur et nous avons relu la lettre.

'Alors, Robert, expliquez-moi ceci, voulez-vous?' m'a-t-il dit.

M. Edwards. Comment? Que voulez-vous, Monsieur?

Le Directeur. Vous voyez, cette lettre — j'ai compris l'essentiel mais il reste certains mots qui m'échappent.

M. Edwards. Bon, je vais vous les expliquer. Arrêtez-moi si vous n'arrivez pas à saisir le sens, oui?

Le Directeur. D'accord. Allez-y.

M. Edwards. 'Monsieur le Directeur, J'ai l'honneur de m'adresser à vous par la présente afin de vous soumettre une proposition de collaboration entre nos deux Maisons.'

Le Directeur. Ah! Quel jargon! 'Afin de' — n'est qu'une autre façon de dire 'pour', n'est-ce pas?

M. Edwards. Oui, c'est ça. '... une proposition de collaboration entre nos deux Maisons, plus précisément, entre les Services des achats respectifs.' Vous comprenez?

Le Directeur. Oui, je crois. Ils veulent travailler avec nous, n'est-ce pas?

M. Edwards. Exactement. Alors, 'Depuis longtemps nous sommes peu satisfaits de notre approvisionnement en laine brute d'origine australienne et nous avons... ' Pas de difficultés, Monsieur?

Le Directeur. Merci, ça va bien jusqu'ici.

M. Edwards. '... et nous avons étudié la possibilité de nous en procurer par l'intermédiaire de votre Société.'

Le Directeur. ... 'la possibilité de nous en procurer', *et cætera.*

M. Edwards. Oh, cela veut dire tout simplement qu'ils veulent acheter leur laine brute chez nous, à notre compagnie, quoi.

Le Directeur. Ah, hmm. Ah, oui. Je vois. Et les conditions? Pas de précisions encore, hein?

M. Edwards. Euh, non, pas encore. Tenez, Monsieur, je continue. 'Si vous jugez ce projet d'association digne de votre considération, veuillez nous informer de votre décision dans le plus court délai, afin de...'

Le Directeur. Ah, qu'est-ce qu'ils entendent par là? Mon dieu! La langue commerciale française — à vrai dire c'est un parler bien curieux.

M. Edwards. 'dans le plus court délai'? Ça signifie 'aussitôt que possible', 'au plus vite,' quoi. Vous y êtes?

Le Directeur. Oui, maintenant. Et ensuite? 'Afin de...'

M. Edwards. 'afin de nous permettre de vous fournir des renseignements plus amples sur notre Maison.'

Le Directeur. Ils vont donc nous donner des détails sur leur firme?

M. Edwards. Oui. C'est ce qu'ils disent. 'Je vous prie de croire, Monsieur, à ma très haute considération.' Signé, Gustave Tisserand, Président-Directeur général. Voilà, c'est tout.

Le Directeur. Bien. Merci, Robert. J'ai compris. Alors, qu'en pensez-vous?

M. Edwards. Ce que j'en pense? Eh bien, je ne sais pas trop. Ça peut être intéressant si vous voulez...

Le Directeur. Intéressant? Mais bien sûr c'est intéressant! C'est très intéressant, je vous assure. Vous ne savez donc pas grand'chose au sujet de Filalaine?

M. Edwards. Oh si. Un peu.

Le Directeur. C'est une société fort dynamique qui a fait des progrès remarquables ces dernières années. Jim m'en a parlé plusieurs fois.

M. Edwards. Oh oui, il doit bien la connaître, lui qui voyage tant.

Le Directeur. Tenez, vous allez parler avec Filalaine. Vous comprenez, je ne peux pas envoyer Jim — il est toujours en Russie, mais vous? Une petite randonnée en France, hein? Parler un peu avec M. Tisserand? Qu'en dites-vous, Robert?

M. Edwards. Eh, Monsieur, un voyage à Paris? Bon, bien volontiers.

Le Directeur. Voyons, le combien sommes-nous aujourd'hui? Le 14? Bon. Vous pouvez partir le 19, non? Pas de problèmes du point de vue famille?

M. Edwards. Oh, non. Je ne crois pas.

Le Directeur. Allez, filez maintenant! Nous allons en parler plus longuement demain. Hmm, association avec Filalaine, avec Tisserand — ça peut être très intéressant.

COMMENTAIRE

Vive la Société Filalaine!	*Long live the Filalaine Company!* Vive le roi! Vive de Gaulle!
Comment cela se fait-il?	*How does that come about?*
je suis entré chez le Directeur	*I went to the Director's office*

Several very common verbs form perfect tenses with **être** instead of **avoir**.

J'ai regardé. *but* Il est arrivé.

The commonest are:

je suis venu	venir	*to come*
tu es allé	aller	*to go*
il est arrivé	arriver	*to arrive*
elle est partie	partir	*to set off, depart*
nous sommes entrés	entrer	*to go in, to come in*
vous êtes sorti	sortir	*to go out, to come out*
ils sont montés	monter	*to go up, to come up*
elles sont descendues	descendre	*to go down, to come down*
je suis resté	rester	*to stay, remain*
tu es retourné	retourner	*to go back*
il est mort	mourir	*to die*
elle est née	naître	*to be born*
nous sommes tombés	tomber	*to fall*

Most verbs formed from the above are also conjugated with **être**.

vous êtes rentré	rentrer	*to go in again; return home*
ils sont devenus	devenir	*to become*

Note the endings in the above examples.

The past participle agrees with the subject as below:

Vous êtes sorti hier, n'est-ce pas?	*referring to* one male
Vous êtes sortie hier, n'est-ce pas?	,, ,, one female

Vous êtes sortis hier, n'est-ce pas? *referring to* more than one male;
males and females
Vous êtes sorties hier, n'est-ce pas?   ,,   ,, more than one female

compris   past participle of comprendre (*irr.*)

il reste certains   *there are still some words*, lit. *there remain some words*
mots

il reste   *there remains, there remain*
il y a   *there is, there are*
il est essentiel de *it is essential to*

These are known as impersonal expressions and the **il** stands for
there or **it** in English.
e.g. *It is raining.*   Il pleut.

Arrêtez-moi   *Stop me*

saisir le sens   *grasp the meaning*

D'accord   *Agreed; O.K.*

Allez-y!   *Get on with it! Off you go!*
Vas-y (**tu** form).

par la présente   *in this letter, hereby* (commercial jargon)

soumettre   *to submit* (like mettre) (*irr.*)

notre   *our supplies of raw wool*
approvisionne-
ment en laine
brute

jusqu'ici   *up to now*

cela veut dire que *that means that*

acheter leur laine *to buy their raw wool from our company*
brute à notre   Ils achètent cela **à** M. Blum.   *They buy that from M. Blum.*
compagnie

Pas de précisions *No precise details yet, eh?*
encore, hein?

Compare Voici **des** précisions. Pas **de** précisions.
J'ai **des** problèmes. Il n'a pas **de** problèmes.

After an expression indicating a negative, i.e. **ne plus, ne pas, ne
jamais, des** meaning *some* is replaced by **de.** Des is also replaced
by **de** after *expressions of quantity* even when they are quite
imprecise.

un kilo de pommes   *a kilo of apples*
énormément de poires   *an enormous amount of pears*
beaucoup de citrons   *a lot of lemons*

Note however bien **des** citrons which means exactly the same
as beaucoup **de** citrons.

digne de   *worthy of*

veuillez nous   *please inform us; be so good as to...*
informer   **veuillez nous informer** is much more polite than **informez-nous.**

Qu'est-ce qu'ils   *What do they mean by that?*
entendent par là ?   **entendre** can be used to mean *to hear; to understand; to intend, to mean.*

à vrai dire   *really*

un parler   *a jargon; a form of language; a dialect*

                        Compare la langue française   *the French language*
                                   Quel langage!   *What language !*

délai   *a period of time; a delay*
                        sans délai   *forthwith*
                        a delay   un retard

Vous y êtes ?   *Do you follow ?*

Je vous prie de   *Yours faithfully*
croire, Monsieur,
à ma très haute
considération

Président-Direc-   *Managing Director*
teur général

bien sûr   *of course*

grand'chose   *much* (used occasionally instead of **beaucoup** after a negative)

Oh, si.   *Oh, yes.*
                        si is used instead of *oui* when answering a question which contains
                        a negative. Thus:
                        Vous ne savez pas beaucoup de français? Mais si!
                        Vous n'avez jamais de difficultés, vous? Oh, si!

qui a fait des   *which has made remarkable progress*
progrès   In French one often meets the plural of abstract nouns where
remarquables   English uses the singular.
                        des informations *information*
                        Aux bons soins de M. Blum   *Care of M. Blum (c/o)*

ces dernières   *in recent years*
années

lui qui voyage   *he who travels so much*
tant

une petite   *a little trip*
randonnée   faire une randonnée en auto   *to go for a car ride*

Bon, bien   *Good, with great pleasure.*
volontiers.   volontiers   *willingly*
                        la volonté   *the will*
                        volontaire   *voluntary; self-willed, obstinate.*

Le combien sommes-nous aujourd'hui?	*What is the date today?*
du point de vue famille	*from the point of view of your family* (i.e. du point de vue de la famille)
Allez, filez maintenant!	*All right, off you go now!* (coll.) Cette voiture file très vite. *That car is going very fast.* filer *to spin*
plus longuement	*at greater length; more fully*

EXERCICES

1

MODÈLE

Ils vous ont donné des précisions?   **Non. Pas de précisions encore.**

1. Vous avez des nouvelles?
2. Vous avez des détails?
3. Vous trouvez des difficultés?
4. Il a des problèmes?
5. Elle a reçu des lettres?
6. Ils ont posé des questions?
7. Ils ont fait des propositions?
8. Vous avez fait des erreurs?

2

MODÈLE

Ils ne veulent plus travailler avec nous?   Mais si, ils veulent travailler avec nous.
*Quand il y a le mot **jamais** dans la question, employez **souvent** dans votre réponse.*

1. Il ne quitte jamais Bradford?
2. Il ne visite pas souvent des fournisseurs?
3. Il ne va jamais à l'étranger?
4. Le Directeur ne lui parle pas de ses projets?
5. Il ne doit jamais traduire du français?
6. Ils ne proposent pas un accord?
7. Ils n'ont pas écrit en français?
8. Vous n'avez pas fini cet exercice?

3

MODÈLE

**'Sans délai' — ça veut dire   C'est ça! 'Sans délai' c'est une autre
aussitôt que possible', n'est-ce pas?   façon de dire 'aussitôt que possible'.**

1. 'J'entends' — ça veut dire 'je comprends', n'est-ce pas?
2. 'Afin de' — c'est la même chose que 'pour', n'est-ce pas?

3. 'Se procurer' — ça signifie 'obtenir', n'est-ce pas?
4. 'Un projet' — ça veut dire 'un plan', n'est-ce pas?
5. 'Véritablement' — c'est la même chose que 'vraiment', n'est-ce pas?
6. 'Un parler' — ça signifie 'un langage', n'est-ce pas?
7. 'Collaborer' — ça veut dire 'coopérer', n'est-ce pas?
8. 'Terminez l'exercice' — ça signifie 'finissez l'exercice', n'est-ce pas?

4

MODÈLE

**Elle est en Angleterre, voyons, depuis la   Mais oui, évidemment, elle est en Angleterre
première guerre mondiale, n'est-ce pas?   depuis la première guerre mondiale.**

1. Il est dans cette classe, voyons, depuis le commencement de l'année scolaire, n'est-ce pas?
2. Il étudie le français, voyons, depuis plusieurs années, n'est-ce pas?
3. Il a certains problèmes, voyons, depuis toujours, n'est-ce pas?
4. Il fait des efforts, voyons, depuis un certain temps, n'est-ce pas?
5. Il commence à faire des progrès, voyons, depuis la semaine dernière, n'est-ce pas?
6. Il trouve les leçons moins difficiles, voyons, depuis quelques jours, n'est-ce pas?
7. Il est dans cette salle, voyons, depuis un bon quart d'heure, n'est-ce pas?
8. Il donne les bonnes réponses, voyons, depuis une dizaine de minutes, n'est-ce pas?

5

Formulez la question

MODÈLE

**Veuillez m'expliquer ce que je dois   Qu'est-ce que je dois répondre?
répondre.**

1. Veuillez me dire ce que cela signifie.
2. Veuillez m'expliquer ce que cela veut dire.
3. Veuillez me dire ce qu'ils entendent par là.
4. Veuillez m'expliquer ce que vous êtes en train de faire.
5. Veuillez me dire ce qu'il en pense.
6. Veuillez m'expliquer ce que vous allez répondre.
7. Veuillez me dire ce qu'ils veulent acheter.
8. Veuillez m'expliquer ce que nous allons leur fournir.

6

MODÈLE

Il y a encore des mots qui lui échappent?   Oui, il reste bien des mots qui lui échappent.

1. Il y a toujours des phrases à expliquer?
2. Il y a encore des propositions à leur soumettre?
3. Il y a toujours des possibilités à considérer?
4. Il y a encore des détails à étudier?
5. Il y a encore des renseignements à leur fournir?
6. Il y a toujours des conditions à examiner?
7. Il y a toujours des progrès à faire?
8. Il y a encore des leçons à apprendre?

EXERCICE DE CONVERSATION—1

Vous allez entendre la voix de M. Edwards qui répète le rôle qu'il vient de jouer dans le dialogue. C'est à vous de prendre le rôle du **Directeur.**

M. Edwards	'... et nous avons étudié la possibilité de nous en procurer par l'intermédiaire de votre Société.'	
Le Directeur		possibilité
M. Edwards	Oh, cela veut dire tout simplement qu'ils veulent acheter leur laine brute chez nous, à notre compagnie, quoi.	
Le Directeur		— Et les conditions — précisions —?
M. Edwards	Euh, non, pas encore. Tenez, Monsieur, je continue. 'Si vous jugez ce projet d'association digne de votre considération, veuillez nous informer de votre décision dans le plus court délai, afin de... '	
Le Directeur		— par là — commerciale — à vrai dire — curieux!
M. Edwards	'... dans le plus court délai?' Ça signifie 'aussitôt que possible', 'au plus vite,' quoi. Vous y êtes?	
Le Directeur		— maintenant —
M. Edwards	'afin de nous permettre de vous fournir des renseignements plus amples sur notre maison.'	
Le Directeur		— des détails — ?
M. Edwards	Oui. C'est ce qu'ils disent. 'Je vous prie de croire, Monsieur, à ma très haute considération.' Signé, Gustave Tisserand, Président-Directeur général. Voilà, c'est tout.	
Le Directeur		— Compris — Alors — ?
M. Edwards	Ce que j'en pense? Eh bien, je ne sais pas trop. Ça peut être intéressant si vous voulez...	
Le Directeur		Intéressant ? — assure — au sujet —?
M. Edwards	Oh si. Un peu.	
Le Directeur		— fort dynamique — remarquables — Jim — plusieurs —

EXERCICE DE CONVERSATION — 2

Et maintenant vous prendrez le rôle de **M. Edwards.**

Le Directeur	Merci, ça va bien jusqu'ici.
M. Edwards	'— étudié — procurer — intermédiaire.'
Le Directeur	'... la possibilité de nous en procurer et cætera.'
M. Edwards	Oh — tout simplement — acheter — laine — compagnie —
Le Directeur	Ah, hmm. Ah, oui. Je vois. Et les conditions? Pas de précisions encore, hein?
M. Edwards	— pas encore — continue — 'Si — digne — veuillez — décision — délai — afin —'
Le Directeur	Ah, qu'est-ce qu'ils entendent par là? Mon dieu! La langue commerciale française — à vrai dire c'est un parler bien curieux!
M. Edwards	— 'délai' — signifie — Vous?
Le Directeur	Oui, maintenant. Et ensuite? 'Afin de...'
M. Edwards	'— permettre — fournir — plus amples —'
Le Directeur	Ils vont donc nous donner des détails sur leur firme?
M. Edwards	— ils disent — 'Je vous prie — considération' — Signé — voilà —
Le Directeur	Bien. Merci, Robert. J'ai compris. Alors, qu'en pensez-vous?
M. Edwards	Ce que — ? — trop — peut — si —
Le Directeur	Intéressant? Mais bien sûr c'est intéressant! C'est très intéressant, je vous assure. Vous ne savez donc pas grand'-chose au sujet de Filalaine?
M. Edwards	— Un peu.
Le Directeur	C'est une société fort dynamique qui a fait des progrès remarquables ces dernières années. Jim m'en a parlé plusieurs fois.
M. Edwards	— il doit — tant.

QUESTIONS

1. La surprise, c'est quoi?
2. Il en est content, M. Edwards?
3. Qu'est-ce qui révèle sa satisfaction?
4. Qu'a-t-on fait dans le bureau du Directeur?
5. Le Directeur, il a compris la lettre?
6. Quand le Directeur ne saisit pas le sens, qu'est-ce qu'il doit faire?
7. L'auteur de la lettre, à qui est-ce qu'il s'adresse?
8. Quelle proposition est-ce qu'on soumet au Directeur?
9. Quel problème se pose à la société française?
10. Quelle possibilité le Directeur français a-t-il étudiée?
11. A qui veut-il acheter de la laine?
12. Quelle est l'origine de cette laine?
13. Si le Directeur de la société anglaise approuve le projet, que doit-il faire?
14. Si on approuve le projet, que va fournir le Directeur français?
15. Quel est le titre précis de l'auteur de cette lettre?
16. Avec quelle formule est-ce qu'il termine la lettre?
17. Le Directeur, est-ce qu'il a déjà entendu parler de M. Tisserand?
18. M. Edwards, qu'est-ce qu'il sait au sujet de Filalaine?
19. M. Edwards et son Directeur n'ont pas la même réaction en entendant cette proposition. Comment cela se fait-il?
20. Le Directeur, qu'est-ce qu'il sait au sujet de Filalaine?
21. Jim, lui, a-t-il entendu parler de cette firme française?
22. Comment cela se fait-il?
23. Le Directeur, qu'est-ce qu'il propose pour M. Edwards?
24. Dans quel but?
25. M. Edwards, en est-il satisfait?
26. Dans combien de jours va-t-il partir?
27. M. Edwards et le Directeur, que vont-ils faire demain?
28. Le Directeur, quel aspect de la proposition l'intéresse surtout?
29. Donnez une phrase caractéristique du jargon commercial.
30. Et une autre.

THÈME

Jim's wife often talks to us about her husband. She would like to know exactly what he does when he is over there in Europe. It seems to us that she's not very satisfied with his job. Really, that doesn't surprise me at all. She has been saying for a long time that he is never there when she wants a little help to make her life easier in the house. She has heard about the vodka and the caviare but she has to stay in England and look after their house and the children. She doesn't quite understand that all these free cabaret tickets are essential for men like Jim who try to get orders for our jerseys abroad. Women are all the same!

5 Préparatifs de Départ

*Récit dans lequel Monsieur Edwards explique ce qu'il
est obligé de faire avant de se rendre en France*

Voilà! Vous voyez, je vous l'avais bien dit — je vais en France. Ça a
été arrangé bien vite, n'est-ce pas? Il est comme ça, le Directeur. Il a des
idées qui lui trottent dans la tête et soudain il entrevoit l'occasion de les
réaliser, de faire quelque chose. Alors, il est comme un gamin. Quand il
se met dans la tête de réaliser un projet, il n'y a que ça au monde pour lui.
Et quel enthousiasme! Voilà! Donc, moi, je vais à Paris.

Il m'a dit de téléphoner à Filalaine, et je l'ai fait assez promptement,
croyez-moi. Je me réjouis à l'idée d'une semaine à Paris — loin des
enfants qui hurlent et me demandent de faire leurs devoirs le soir quand
je rentre du bureau, épuisé. Et puis une absence de sept, huit jours, en
somme, ça vous fait du bien. Le retour à la famille est si agréable. Pas
comme Jim qui voyage sans cesse. Voyager tout le temps, ça je ne peux
pas le supporter. Sa femme n'en est pas très contente non plus, à ce
qu'elle en dit.

Mais j'ai bien des préparatifs à faire avant de partir. Pourtant faire un
voyage d'affaires n'est pas du tout comme de passer des vacances à
l'étranger. C'est bien moins compliqué, je trouve. En principe du moins.
On a une secrétaire pour faire le travail sérieux — s'informer des correspondances, contacter l'agence de voyages, consulter les horaires,
arranger les logements et les déplacements, vous procurer les devises, les
chèques de voyage. On n'a plus qu'à signer les documents. C'est vrai que
je dois retrouver mon passeport, descendre la vieille valise toute poussiéreuse depuis ma dernière expédition et puis faire ma valise. Hmm,
faire ma valise, c'est le moyen le plus sûr de provoquer une dispute avec
ma femme. 'Mais, qu'est-ce que tu as fait de mes chemises propres?'
'Mais, je te les ai remises tout à l'heure, chéri.' 'Mais ma chère, elles ne
sont pas là maintenant, regarde.'... et ainsi de suite. Puis il y a mon
complet gris. Chaque fois que je voyage ce complet se trouve au net-
toyage et donc jamais à sa place dans la garde-robe. Mais le voyage va

être moins pénible qu'avant. La dernière fois j'ai dû voyager avec une centaine d'écoliers en proie au mal de mer. Quelle traversée! Cette fois je prends l'avion, et le plus important de tout — ce n'est pas moi qui vais payer les repas en France.

COMMENTAIRE

je vous l'avais bien dit	*I told you so*
des idées qui lui trottent dans la tête	*ideas running around in his head*
il entrevoit	*he glimpses* **entre** at the beginning of a verb may suggest the idea of *partly*. e.g. entr'ouvrir *to half-open*
l'occasion (*f.*)	*the opportunity; the bargain* saisir l'occasion de faire quelque chose *to take the opportunity to do something* une voiture d'occasion *a second-hand car*
réaliser	*to put into effect, to realize* (in the financial sense) Il a réalisé sa maison. (i.e. sold it for cash) Occasionally through the influence of English on the French language **réaliser** is used to mean *realize* in the normal English sense. To render **to realize** use se **rendre compte de qc.** Vous vous en rendez compte? *Do you realize?*
un gamin	*a small boy, a kid*
Quand il se met dans la tête de	*When he takes it into his head to*
Je me réjouis à l'idée de...	*I am delighted at the idea of; I'm looking forward to...*
qui hurlent	*who yell* hurler *to howl, roar, yell*
épuisé	*exhausted* épuiser *to exhaust, to use up*
en somme	*in short*
supporter	*to bear, to put up with*
non plus	*neither* **non plus** conveys the idea of *neither* after a negative and comes at the end of the sentence. M. Edwards n'est pas Français et son Directeur n'est pas Français non plus.

In cases such as:
He is neither very clever nor very stupid.
one must use **ne... ni... ni.**
Il n'est ni très habile ni très stupide.

à ce qu'elle en dit	*from, according to, what she says (about it)*
avant de partir	*before setting off* **avant de + infinitive**
faire un voyage d'affaires	*going on a business trip*

Notice how in these two examples the English *-ing* (present participle) is expressed in French by the infinitive.
Thus:
passer des vacances à l'étranger
spending holidays abroad

s'informer des correspondances	*finding out about the connections*
les horaires (*m.*)	*the timetables*
les logements et les déplacements	*the accommodation and the travel*
les devises (*f.*)	*currency*
On n'a plus qu'à signer les documents	*One has only to sign the papers*
descendre la vieille valise	*bring down the old suitcase* **vieille** *fem.* of **vieux**
poussiéreuse	*dusty* la poussière *dust*
faire ma valise	*packing my case*
le moyen le plus sûr de provoquer une dispute	*the surest way of causing a row*

Note the progression   un moyen sûr   *a sure way*
                        un moyen plus sûr   *a surer way*
                        le moyen le plus sûr *the surest way*

mes chemises propres (*f.*)	*my clean shirts*

NOTE mes propres chemises   *my **own** shirts*

Je te les ai remises	*I handed them to you* **remettre** past participle **remis.** (like mettre) (**irr.**)
et ainsi de suite	*and so on*
Chaque fois	*Each time*

Notice the various renderings of the word *time* in French:

Do you know the time?
Savez-vous l'heure qu'il est?
Have you time?
Avez-vous le temps?
How many times have you been there? Three times.
Combien de fois est-ce que vous y êtes allé? Trois fois.

ce complet se trouve au nettoyage	*this suit is at the cleaner's* **se trouver** means no more than *to be.* nettoyer *to clean*
une centaine d'écoliers	*about a hundred school children* The ending **-aine** added to a number conveys the idea of *approximately.*

une dizaine	*about 10*
une quarantaine	*about 40*
une cinquantaine	*about 50*

However	un millier	*about a thousand*
	une douzaine	*a dozen*

en proie au mal de mer	*victims of seasickness*
les repas (*m.*)	*the meals*

EXERCICES

1

MODÈLE

Qui est-ce qui fait le travail sérieux?   **Mais on a une secrétaire pour faire le travail sérieux.**

1. Qui est-ce qui contacte l'agence de voyages?
2. Qui est-ce qui arrange les logements?
3. Qui est-ce qui consulte les horaires?
4. Qui est-ce qui s'informe des correspondances?
5. Qui est-ce qui vous procure les devises?   (*qui nous*)
6. Qui est-ce qui prépare les documents de voyage?
7. Qui est-ce qui demande les renseignements?
8. Qui est-ce qui fait le travail pendant votre absence?   (*pendant mon*)

2

M. Edwards compare sa vie à celle de Jim. On va vous dire une chose qu'ils font tous les deux. Jugez si M. Edwards le fait **plus souvent** *ou* **moins souvent** *que Jim.*

MODÈLE

Jim va au cabaret.   **Moi, je vais au cabaret moins souvent que lui, je vous assure.**

1. Jim reste à Bradford.
2. Jim fait des voyages d'affaires.
3. Jim est avec sa famille.
4. Jim entend hurler les enfants.

5. Jim s'occupe des ventes.
6. Jim parle le russe.
7. Jim boit de la vodka.
8. Jim reçoit des billets de théâtre gratuits.

3

MODÈLE

Quand vous faites votre valise vous pro-   **Oui, c'est le moyen le plus sûr de pro-**
voquez une dispute avec votre femme,   **voquer une dispute avec ma femme.**
n'est-ce pas?

1. Quand vous passez vos vacances à l'étranger vous avez bien des choses à faire, n'est-ce pas?
2. Quand on fait des devoirs pour ses enfants on s'épuise, n'est-ce pas?
3. Quand on s'informe des correspondances on perd beaucoup de temps, n'est-ce pas?
4. Quand on consulte les horaires on a des problèmes, n'est-ce pas?
5. Quand vous prenez l'avion vous arrivez en retard, n'est-ce pas?
6. Quand vous traversez la Manche en bateau vous avez le mal de mer, n'est-ce pas?
7. Quand on doit payer les repas en France on perd vite son argent, n'est-ce pas?
8. Quand on mange en France on grossit, n'est-ce pas?

4

MODÈLE

Vous aimez voyager sans cesse?   **Ah, voyager sans cesse — ça, je ne peux**
                                           pas le supporter!

1. Vous aimez traverser la Manche avec des écoliers?
2. Vous aimez faire votre valise?
3. Vous aimez faire un voyage d'affaires?
4. Vous aimez payer les repas en France?
5. Vous aimez provoquer une dispute?
6. Vous aimez passer les vacances à la maison?
7. Vous aimez discuter des projets avec votre chef?
8. Vous aimez faire des erreurs?

5

MODÈLE

Vous n'allez pas à Berlin, je le sais bien,   **Non, je ne vais pas à Moscou non plus.**
mais allez-vous à Moscou?

1. Vous ne prenez pas le bateau, je le sais bien, mais prenez-vous le train?
2. Vous ne voyagez pas par le train, je le sais bien, mais voyagez-vous en autobus?
3. La secrétaire ne descend pas votre valise, je le sais bien, mais retrouve-t-elle votre passeport?
4. Le Directeur ne va pas en France, je le sais bien, mais téléphone-t-il à Paris?
5. Il n'aime pas les écoliers en proie au mal de mer, je le sais bien, mais aime-t-il les enfants qui hurlent?
6. M. Edwards ne se procure pas les devises, je le sais bien, mais se procure-t-il les chèques de voyage?

7. Il ne trouve pas sa chemise à sa place, je le sais bien, mais y trouve-t-il son complet?

8. Vous ne faites pas d'erreurs, je le sais bien, mais prononcez-vous mal le français?

6

MODÈLE

Le chef entrevoit l'occasion de réaliser   **Puis il n'a plus qu'à les réaliser.**
ses idées.

Employez toujours des pronoms, comme dans cet exemple. On remplace **le chef** *par* **il,** *et* **ses idées** *par* **les.** *Les mots à remplacer sont soulignés.*

1. Pour la négociation il trouve qu'il est nécessaire d'envoyer Robert là-bas.

2. Le voyage demande énormément de choses à préparer.   *(Puis il...)*

3. Il dit à sa secrétaire d'arranger les logements.   *(Puis elle...)*

4. Et d'acheter les billets.   *(Puis elle...)*

5. Il reste le passeport à retrouver.   *(Puis il...)*

6. Avant le voyage M. Edwards doit faire sa valise.

7. Avant de partir il dit au revoir à ses enfants.   *(...leur dire...)*

8. Et après le voyage il va retrouver sa famille.

QUESTIONS ET RÉPONSES

1. Le Directeur, quand est-il encore comme un gamin? — Quand il se met dans la tête de réaliser un projet.

2. Je ne comprends pas de quelle façon il est alors comme un gamin. — C'est son enthousiasme. Il n'y a que le projet qui compte pour lui.

3. Où est le rapport entre son enthousiasme et le voyage à Paris? — C'est à cause de son enthousiasme que le voyage a été arrangé si vite.

4. Qu'est-ce qui indique que tout a été arrangé bien vite? — Monsieur Edwards a téléphoné à Filalaine au lieu d'écrire une lettre.

5. Pourquoi est-ce que M. Edwards l'a fait si promptement? — Il se réjouit à l'idée d'une semaine à Paris.

6. Pourquoi donc en est-il si content? — Il est père de famille — ses enfants l'épuisent.

7. Comment ça? — Ils lui demandent sans cesse de faire leurs devoirs.

8. C'est tout? — Mais non, ils hurlent et il ne peut pas le supporter.

9. Donc, il n'aime pas beaucoup sa famille? — Oh, mais si. Cependant une semaine à Paris, ça vous fait du bien.

10. Mais pourquoi est-ce qu'il n'y va pas plus souvent? — Le prix des logements et des repas est trop élevé.

QUESTIONS

1. M. Edwards, qu'a-t-il fait pour contacter Filalaine?
2. Qu'est-ce qu'il pense du voyage qu'il va faire?
3. Qu'est-ce qui vous indique que M. Edwards aime bien sa famille?
4. Il y a une autre indication, n'est-ce pas?
5. Qu'a-t-il à faire avant de partir?
6. Faire un voyage d'affaires, c'est comme passer des vacances à l'étranger?
7. Qu'est-ce qui est plus compliqué, les vacances à l'étranger ou les voyages d'affaires?
8. Comment cela se fait-il?
9. Avant de voyager qui doit-on contacter?
10. Et que doit-on arranger?
11. Pour s'informer des correspondances, qu'est-ce qu'on doit consulter.?
12. Trouvez une autre façon de dire 'l'argent étranger'.
13. Quel est le moyen le plus sûr de garder son argent quand on voyage à l'étranger?
14. Si la secrétaire fait tout le travail sérieux, qu'est-ce qu'il reste à faire?
15. Mais il y a assurément d'autres préparatifs à faire avant de partir?
16. Où est-ce qu'il garde son passeport? Imaginez!
17. Et vous?
18. Pourquoi est-ce que la valise est poussiéreuse?
19. Où est-ce qu'il garde sa vieille valise? Imaginez!
20. Qu'est-ce qui arrive quand M. Edwards fait sa valise?
21. Expliquez pourquoi ils se disputent, lui et sa femme.
22. Quel est le moyen le plus sûr de provoquer une dispute dans votre famille?
23. De quelle couleur est le costume de M. Edwards?
24. Donnez une autre façon de dire 'un complet'.
25. Pourquoi est-ce que M. Edwards ne retrouve plus son complet gris?
26. D'ordinaire où est-ce qu'il se trouve, ce complet?
27. Il va voyager par le bateau cette fois?
28. Et la dernière fois — avec qui a-t-il dû faire la traversée?
29. Pour M. Edwards, l'aspect le plus important de ce voyage, c'est quoi?
30. Qui va donc payer tout cela?

THÈME ORAL

Well, * in less than a week * I'm going abroad! * I don't yet know * what Sara thinks * but from what she usually says, * she won't be very happy about it. * She is going to look after * all the firm's suppliers. * If there is something * which is beyond her, * for example, * if she doesn't manage to * understand the meaning of an order, * she can apply to my colleagues * for more information. * She has to submit * the difficult problems * concerning[1] our supplies of chemicals * to our managing director. I must say * that I'm very satisfied * with her progress. * From the point of view of her work * there are not many problems left.

[1] concernant

6 Au Téléphone

Dialogue dans lequel Monsieur Edwards avise la Société française de l'heure de son arrivée

PERSONNAGES *M. Edwards*   SCÈNE *Le bureau de M. Edwards*
Sara
La secrétaire
M. Tisserand

M. Edwards. Dites, Sara, je voudrais ce numéro à Paris. Société Filalaine.

Sara. Alors, c'est le même que l'autre jour, Carnot quelque chose, non?

M. Edwards. Oui, en effet. Vous faites des progrès, Mademoiselle.

Sara. Flattée, Monsieur. Vous voyez, je l'avais noté là. Donnez-moi deux minutes, Monsieur, s'il vous plaît.

M. Edwards. D'accord. Je suis à côté.

Sara. Monsieur Edwards! Monsieur Edwards!

M. Edwards. Oui?

Sara. Vous avez la communication!

M. Edwards. Allô, allô, Société Filalaine?

La secrétaire. Oui, oui, Monsieur. Ici Société Filalaine. Vous désirez?

M. Edwards. Ici Edwards de Woolware. Passez-moi Monsieur Tisserand, s'il vous plaît.

La secrétaire. Monsieur... ?

M. Edwards. Monsieur Tisserand, Président-Directeur général.

La secrétaire. Ah, Monsieur Tisserand. Impossible, Monsieur! Il est en conférence avec les chefs de Service. Impossible de le contacter, je regrette. Au revoir, Mon...

M. Edwards. Ne coupez pas! C'est urgent. Vous ne pouvez pas me passer Monsieur Tisserand?

La secrétaire. Complètement impossible, Monsieur.

M. Edwards. Vous pouvez lui communiquer un message, n'est-ce pas?

La secrétaire. Mais naturellement, Monsieur. Ne quittez pas. Restez à l'écoute, Monsieur.

M. Edwards. Oh, qu'est-ce qu'elle peut bien faire maintenant — elle cherche son crayon et son bloc-notes, sans doute.

La secrétaire. Allô, Monsieur. Je vous écoute.

M. Edwards. Dites à M. Tisserand que M. Edwards de la Société Woolware téléphone pour confirmer que...

La secrétaire. Monsieur Edou... Voulez-vous épeler les noms, Monsieur.

M. Edwards. Oh, ça alors! Bon. E comme Eugène, D comme Désiré, W comme, comme, double v, quoi, A comme Anatole, R comme Raoul, oui, oui, Raoul, Désiré, Suzanne. Edwards.

La secrétaire. Bien, Monsieur Edvardes de la Société...

M. Edwards. Woolware. Double v, O comme Oscar, deux fois, L comme Louis, double v...

La secrétaire. Hé, vous aimez bien les double v, vous autres Anglais, non?

M. Edwards. Plaît-il?

La secrétaire. Oh, rien, Monsieur. Double v.

M. Edwards. Anatole, Raoul, Eugène. Woolware.

La secrétaire. Voulvaire.

M. Edwards. Bon. Dites à Monsieur Tisserand que Monsieur Edwards de Woolware va arriver à Paris, le lundi 19.

La secrétaire. Arrivera à Paris, le lundi... Monsieur, attendez une seconde. Tenez, les chefs de Service quittent justement le bureau de Monsieur Tisserand. Restez à l'écoute.

M. Edwards. Diable! Ça va nous coûter cher, ce petit coup de téléphone.

M. Tisserand. Allô, allô! Ici Tisserand. C'est au Directeur de Woolware que je parle?

M. Edwards. Non, Monsieur. C'est Edwards, Edwards — chef des Achats. C'est moi qui viens à Paris discuter votre proposition d'association en matière de...

M. Tisserand. Parfait, parfait! C'est vous qui m'avez parlé l'autre jour, non?

M. Edwards. Justement. C'est pour vous dire que j'arrive le 19 vers une heure, treize heures, quoi. Je prends l'avion de onze heures. De Londres. Je compte me rendre directement à Filalaine — donc vers une heure. Ça vous convient?

M. Tisserand. Oui, parfait, parfait. Attendez un moment! Le 19 — c'est lundi, n'est-ce pas? Nom d'un chien!

M. Edwards. Vous dites?

M. Tisserand. Oh, pardon! Ça ne va pas! Lundi je suis à Roubaix. J'ai à m'entretenir avec le comptable.

M. Edwards. Alors... Est-ce que je dois remettre ma visite?

M. Tisserand. Remettre votre visite? Non, non, non, non, non. A votre arrivée demandez notre chef des Achats, Pingueville.

La voix de la secrétaire au loin. Monsieur Tisserand, Monsieur Tisserand, Monsieur Pingueville commence son congé demain, vous savez.

M. Tisserand. Allô, allô! Ne quittez pas! Écoutez! Pingueville ne sera pas là. Des raisons de famille. Alors vous devez vous adresser à Monsieur Legallois.

M. Edwards. Bien! Je vais m'adresser à Monsieur Legallois.

M. Tisserand. C'est ça. Jean Legallois — sous-chef du Service des achats, un brave type. Je le mettrai au courant de l'affaire. Vous n'aurez pas de problèmes. Entendu?

M. Edwards. Entendu, Monsieur. J'arrive le 19 vers une heure. Je m'adresse au sous-chef des Achats, M. Legallois. Bien, excellent.

M. Tisserand. Parfait, parfait. On se rencontrera le 20, oui?

M. Edwards. Bon, le 20 alors. Au revoir, Monsieur Tisserand.

M. Tisserand. Oui, c'est ça — le 20. Allez, au revoir, Monsieur Edwards.

COMMENTAIRE

je l'avais noté là	*I had jotted it down there*
en effet	*indeed; that's right*
à côté	*close by, not far away*
Vous avez la communication!	*You're through!*
Passez-moi M. Tisserand	*Let me speak to M. Tisserand*

passer has a multitude of meanings

Je vais passer chez lui demain.	*I shall call on him tomorrow.*
J'ai passé par là aussi.	*I've been through that stage too.*
Tous les jours je passe devant le cinéma.	*Every day I pass the cinema.*
Il passe pour intelligent.	*He is said to be intelligent.*

se passer

Qu'est-ce qui se passe?	*What is happening?*
Le vendredi il se passe de viande.	*On Fridays he does without meat.*

Impossible de le contacter	*It is impossible to reach him*
Ne coupez pas! Restez à l'écoute!	*Hold the line!*
lui communiquer un message	*give him a message*
Qu'est-ce qu'elle peut bien faire maintenant?	*What on earth can she be doing now?* As you will have noticed **bien** lends emphasis. In English this emphasis often requires a phrase.
son bloc-notes	*her note-pad*
Dites à M. Tisserand	*Tell Monsieur Tisserand* dire **à** qn. **de** faire qc. demander **à** qn. **de** faire qc.

Eugène   To prevent confusion when spelling words over the telephone the P. et T. recommend the use of the following code:

A	Anatole	I	Irma	R	Raoul
B	Berthe	J	Joseph	S	Suzanne
C	Célestin	K	Kléber	T	Thérèse
D	Désiré	L	Louis	U	Ursule
E	Eugène	M	Marcel	V	Victor
É	Émile	N	Nicolas	W	William
F	François	O	Oscar	X	Xavier
G	Gaston	P	Pierre	Y	Yvonne
H	Henri	Q	Quintal	Z	Zoé

double v   *W*

This letter only occurs in words borrowed from other languages. It should usually be pronounced as in the language from which the word was taken. Thus:

le wagon   (v)
le week-end   (w)
le wattman   (w) *driver of an electric train or tram.*

Ça vous convient?	*Does that suit you?*
Plaît-il?	*Pardon?*
le lundi 19	*Monday the 19th.*
justement	*just; precisely, exactly, just so*
un coup de téléphone	*a 'phone call*
en matière de	*concerning*
l'avion de onze heures	*the eleven o'clock plane*

N.B. There is no apostrophe before **onze** or **onzième**.

Je compte me rendre directement	*I intend to go directly*

Nom d'un chien! (An oath)

Lundi je suis à Roubaix.	*On Monday I'm at Roubaix.*

Distinguish between:
Lundi je vais à Roubaix.   *On Monday I'm going to Roubaix.*
Le lundi je vais à Roubaix. *On Mondays I go to Roubaix.*

J'ai à m'entretenir avec le comptable	*I have to talk to the accountant*

remettre ma visite	*put off my visit*

remettre *to put back; hand (over); to put off.*

commence son congé demain	*starts his leave tomorrow*

un jour de congé   *a day off*

vous devez vous adresser à Monsieur Legallois	*you must get in touch with M. Legallois*

S'adresser au concierge.   *Apply to the concierge.*

vers une heure	*about one o'clock*

Il marche vers la gare.   *He is walking towards the station.*

Je le mettrai au courant de l'affaire	*I shall inform him about the business*

EXERCICES

1

MODÈLE

C'est la secrétaire qui s'en occupe.   Donc, je dois m'adresser à la secrétaire,
                          je   je suppose.

Gardez toujours l'expression je suppose

1. Le Directeur peut vous mettre au courant.
2. Les sous-chefs vont lui donner les renseignements nécessaires.   **il**
3. L'agence de voyages va arranger tout ça.   **nous**
4. Ça, c'est l'affaire de Pingueville.   **il**
5. C'est sa femme qui peut me l'expliquer.
6. Les secrétaires savent ce genre de chose.   **ils**
7. Pour avoir ces informations, j'ai à m'entretenir avec le comptable.
8. Le chef du service va le mettre au courant.   **il**

2

MODÈLE

Vous lui avez expliqué ça?   **Pas encore. Mais je lui expliquerai ça bientôt, vous pouvez en être sûr!**

1. Vous le leur avez dit, mes amis?
2. Ils l'ont fait?
3. Elle l'a entendu?
4. Il a été occupé ces temps-ci?
5. Vous l'avez eu?
6. Elles l'ont choisi?
7. Vous l'avez fini, Madame?
8. Vous avez recommencé l'exercice, Madame?

3

Mettez au passé composé.

MODÈLE

Ils parlent au téléphone.   **Ils ont parlé au téléphone.**

1. M. Edwards appelle sa secrétaire.
2. Elle n'oublie pas le numéro à Paris.
3. Il lui fait des compliments.
4. Elle fait des progrès.
5. Elle répond 'flattée'.
6. M. Edwards et sa secrétaire ne parlent pas longtemps.
7. Il demande à la secrétaire française de lui passer M. Tisserand.
8. Elle cherche son crayon pour noter le message.
9. Les chefs de service confèrent avec le Président-Directeur général.
10. Ils finissent leur conférence.
11. Puis les chefs quittent le bureau de M. Tisserand.
12. La secrétaire passe M. Tisserand à M. Edwards.
13. M. Tisserand et M. Edwards discutent la visite à Paris.
14. M. Edwards entend distinctement ce que dit M. Tisserand.
15. Il est content de sa conversation avec Filalaine.
16. Ce coup de téléphone coûte diablement cher.

4

MODÈLE

Trouvez-moi ce numéro!   **Oui, d'accord, je vous trouverai ce numéro, Monsieur.**

1. Passez-moi le Président-Directeur général!
2. Dites-moi ce qu'il est en train de faire!
3. Ne coupez pas!
4. Attendez-moi un instant!
5. Dites-lui que je suis là!
6. Mettez-le au courant de l'affaire!
7. Rencontrez-moi le 19!
8. N'oubliez pas ce que je vous ai dit!

5

MODÈLE

Vous allez m'attendre ici, n'est-ce pas?   Eh bien, attendez-moi donc ici!

1. Vous allez me passer M. Tisserand, n'est-ce pas?
2. Vous allez lui communiquer le message, n'est-ce pas?
3. Vous allez lui dire que je suis à l'écoute, n'est-ce pas?
4. Vous allez leur expliquer pourquoi je téléphone, n'est-ce pas?
5. Vous allez m'épeler votre nom, n'est-ce pas?
6. Vous allez vous adresser au sous-chef du Service des achats, n'est-ce pas?
7. Vous allez le mettre au courant, n'est-ce pas?
8. Vous allez vous rendre directement à Filalaine, n'est-ce pas?

6

*Répondez à ces questions en remplaçant les mots soulignés par un pronom, le, l',
la, les selon le cas.*

MODÈLE

**Je ne peux pas contacter M. Tisserand.   En effet, il est impossible de le contacter.
Comment donc? Est-ce impossible?**

1. Je ne peux pas trouver son numéro.

   Comment donc? N'est-ce pas possible?
2. Vous ne pouvez pas interrompre leur conférence.

   Comment donc? N'est-ce pas nécessaire?
3. On ne peut pas déranger les chefs de Service.

   Comment donc? Est-ce défendu?
4. Il ne peut pas prononcer votre nom.

   Comment donc? Est-ce difficile?
5. Il ne peut pas remettre sa visite à Roubaix.

   Comment donc? Est-ce tout à fait impossible?
6. Vous ne pouvez pas rencontrer M. Pingueville demain.

   Comment donc? Est-ce hors de question?
7. Vous ne pouvez pas voir le Directeur le 19.

   Comment donc? N'est-ce pas pratique?
8. Je ne peux pas refaire tous ces exercices.

   Comment donc? Est-ce ennuyeux?

EXERCICE DE CONVERSATION—1

*Vous allez entendre la voix de M. Edwards qui répète le rôle qu'il vient de jouer dans
le dialogue. C'est à vous de prendre le rôle de* **M. Tisserand.**

M. Edwards   C'est Edwards, Edwards — chef des
Achats. C'est moi qui viens à Paris
discuter votre proposition d'association en matière de...

M. Tisserand		Parfait — l'autre jour ? —
M. Edwards	Justement. C'est pour vous dire que j'arrive le 19 vers une heure, treize heures, quoi. Je prends l'avion de onze heures. De Londres. Je compte me rendre directement à Filalaine — donc vers une heure. Ça vous convient ?	
M. Tisserand		Oui, — moment — lundi —
M. Edwards	Vous dites ?	
M. Tisserand		— pardon ! — Roubaix — le comptable —
M. Edwards	Alors... Est-ce que je dois remettre ma visite ?	
M. Tisserand		— visite ? non — demandez — Pingueville.
La voix de la secrétaire au loin	Monsieur Tisserand, Monsieur Tisserand, Monsieur Pingueville commence son congé demain, vous savez.	
M. Tisserand		Allô ! — pas là — famille — vous devez —
M. Edwards	Bien ! Je vais m'adresser à Monsieur Legallois.	
M. Tisserand		Jean — sous-chef — brave — au courant — problèmes.
M. Edwards	Entendu, Monsieur. J'arrive le 19 vers une heure. Je m'adresse au sous-chef des Achats, M. Legallois. Bien, excellent.	
M. Tisserand		Parfait — le 20.
M. Edwards	Bon, le 20 alors. Au revoir, M. Tisserand.	
M. Tisserand		— le 20 — M. Edwards.

EXERCICE DE CONVERSATION—2

Et maintenant vous prendrez le rôle de **M. Edwards.**

M. Tisserand	Allô, allô. Ici Tisserand. C'est au Directeur de Woolware que je parle ?	
M. Edwards		Non — Edwards — moi — discuter — en matière de...
M. Tisserand	Parfait, parfait ! C'est vous qui m'avez parlé l'autre jour, non ?	
M. Edwards		Justement — dire — treize — l'avion — Londres. Je compte — Filalaine — donc Ça — ?

M. Tisserand	Oui, parfait, parfait. Attendez un moment! Le 19 — c'est lundi, n'est-ce pas? Nom d'un chien!
M. Edwards	— ? —
M. Tisserand	Oh, pardon! Ça ne va pas. Lundi je suis à Roubaix. J'ai à m'entretenir avec le comptable.
M. Edwards	— remettre ? —
M. Tisserand	Remettre votre visite? Non, non, non, non, non. A votre arrivée demandez notre chef des Achats, Pingueville.
La voix de la secrétaire au loin	Monsieur Tisserand, Monsieur Tisserand, Monsieur Pingueville commence son congé demain, vous savez.
M. Tisserand	Allô, allô! Ne quittez pas! Écoutez! Pingueville ne sera pas là. Des raisons de famille. Alors vous devez vous adresser à Monsieur Legallois.
M. Edwards	— Je vais —
M. Tisserand	C'est ça. Jean Legallois — sous-chef du Service des achats, un brave type. Je le mettrai au courant de l'affaire. Vous n'aurez pas de problèmes? Entendu?
M. Edwards	J'arrive — le 19 — sous-chef — bien —
M. Tisserand	Parfait, parfait. On se rencontrera le 20, oui?
M. Edwards	Bon. — M. Tisserand.

QUESTIONS

1. Qui est Sara?
2. A qui est-ce qu'il veut téléphoner, M. Edwards?
3. Pourquoi est-ce que Sara connaît le numéro?
4. Qu'est-ce qui indique qu'elle est assez intelligente?
5. Elle a dit quelque chose qui donne l'impression que M. Edwards ne l'effraie pas — quoi?
6. Sara l'a mis directement en communication avec M. Tisserand?
7. M. Edwards demande à la secrétaire de Filalaine de faire quelque chose — quoi?
8. Pourquoi n'a-t-elle pas noté son message sans délai?
9. Elle vous semble plus intelligente que la secrétaire de M. Edwards?
10. Qu'est-ce que M. Edwards doit faire avec les noms?
11. Comment savez-vous que la secrétaire possède des connaissances de l'anglais assez limitées?
12. Qu'est-ce que vous avez remarqué sur sa façon de prononcer les noms anglais?
13. Que doit-elle dire à M. Tisserand?

14. M. Edwards peut enfin parler avec M. Tisserand. Comment cela se fait-il?
15. En parlant au téléphone que dit-on pour indiquer que la conversation continue? Donnez deux phrases.
16. Quand est-ce que M. Edwards arrivera à Paris?
17. Quel avion prendra-t-il?
18. A quelle heure compte-t-il arriver aux bureaux de Filalaine?
19. Il visitera la tour Eiffel avant de se rendre à Filalaine?
20. M. Tisserand, qu'a-t-il à faire lundi?
21. Que demande M. Edwards alors?
22. En parlant de M. Pingueville M. Tisserand oublie quelque chose — quoi?
23. Donc à qui s'adressera-t-il, M. Edwards?
24. M. Legallois — comment va-t-il savoir que M. Edwards lui rendra visite?
25. Racontez tout ce que la secrétaire de M. Edwards a fait au cours de cette leçon.
26. Racontez tout ce que M. Edwards a fait. Commencez avec la phrase 'Il a demandé à sa secrétaire de...'.
27. Racontez tout ce que la secrétaire de Filalaine a fait.
28. Racontez tout ce que M. Tisserand va faire.
29. Racontez tout ce que M. Edwards va faire.
30. Avez-vous jamais eu des difficultés en essayant de téléphoner?

THÈME

Each time he goes on a trip, Robert is just like a little boy, you know. What enthusiasm! He's going to spend a day or two in Paris and it'll do him good, I think. At home the children are always screaming and it exhausts him when he comes home from the office. I can very well understand why he's delighted at the idea of going abroad! Of course it means that I have to pack his suitcase for him — but it's much less complicated like that. Last time I asked him to look after it and he forgot to take his clean shirts. I also told him to take his grey suit and two days after his departure I found it as usual in its place in the wardrobe. Robert asks his secretary to get him his traveller's cheques and to arrange for the accommodation and travel — in short to do all the interesting work. Unfortunately I'm not his secretary. I'm only his wife and I'm the one who has to pack the old dusty suitcase!

7 Jean Legallois

Récit dans lequel le lecteur fait la connaisance de Jean Legallois qui donne des détails sur la firme pour laquelle il travaille

Permettez-moi de me présenter. Je m'appelle Jean Legallois et évidemment, je suis citoyen français. Je viens d'avoir trente-six ans. Ma femme, Monique, a deux ans de moins que moi. Elle est de taille moyenne, 1m.58. Elle a les cheveux bruns et les yeux noirs. Type méditerranéen. Récemment elle a eu peur de grossir. Et même elle a cessé de manger des raviolis qu'elle adore. Nous avons deux gosses. François, notre fils, âgé de 13 ans. Lui, il sera bientôt aussi grand que moi. Ce n'est plus un bébé. Il pèse soixante-deux kilos — le gaillard! Avec ma petite fille Suzanne, c'est pas pareil. Elle ressemble plutôt à sa mère. Elle n'a que 10 ans mais déjà elle a acquis toutes les façons de faire de Monique et les mêmes idées fixes que toutes les femmes. Quand elle se fâche, elle a précisément le même ton sec que sa mère. Moi, bien sûr, elle me traite de croûlant. C'est son âge, vous comprenez, qui l'empêche d'apprécier ses parents comme ils le méritent. Et comme ils se battent, François et elle!

Quant à ma profession, je suis depuis quinze ans employé de la Société Filalaine, siège social, boulevard de Courcelles, dans le XVIIᵉ, en face du Parc Monceau. Ce n'est pas mauvais comme situation. Il y a presque 3 ans on m'a promu sous-chef du Service des achats. La Maison a quatre usines en province. Trois dans la région Roubaix-Tourcoing et une dans le Midi, pas loin de Saint-Rémy de Provence. Je dis usines, ce sont plutôt des filatures.

La société est assez bien connue dans le monde de la laine. Elle a été fondée en 1873 par le grand-père du type qui est actuellement P.D.G. Autrefois ce n'était qu'une petite entreprise familiale mais dans les années soixante elle a vraiment évolué à grands pas. On emploie maintenant 500 personnes, à quelque chose près. Pas toutes à Paris, mais réparties entre les quatre filatures et la succursale de Lyon.

COMMENTAIRE

Permettez-moi de me presenter	*Allow me to introduce myself* permettre à qn. **de** faire qc. Je **lui** permets **d'**entrer. Il ne permet pas à son fils **de** fumer des cigarettes.
je suis citoyen français	*I am a French citizen* Note the omission of the article in French.
Je viens d'avoir trente-six ans	*I am just 36* Je **viens de** faire la connaissance de M. Legallois. *I **have just** got to know M. Legallois.*
deux ans de moins que	*2 years less than* deux ans de plus que... *2 years more than...*
Elle est de taille moyenne	*She is of average height* la taille *size; waist.*
Elle a les cheveux bruns	*She has brown hair*

There are two main ways of describing a person's PHYSICAL CHARACTERISTICS.

With avoir
Il a le nez pointu et le regard perçant.
He has a pointed nose and a penetrating glance.

With à
C'est un homme au nez pointu et aux lèvres énormes.
He's a man with a pointed nose and enormous lips.

elle a eu peur de	*she has been afraid of*
grossir	*to put on weight*
un gosse	*a child, a kid* (coll.)
Il pèse	*He weighs* peser *to weigh* le poids *the weight*
le gaillard	*the lad*
c'est pas pareil	*It is different* (i.e. ce n'est pas pareil) pareil, pareille *similar; alike; equal.*
Elle ressemble plutôt à sa mère	*She is more like her mother* ressembler à qn., qc. Il ressemble à un éléphant. Je ne **lui** ressemble pas du tout.
elle a acquis	*she has acquired* acquérir (*irr.*)
les façons de faire	*the ways of doing things*
idées fixes	*fixed ideas, obsessions; prejudices*
Quand elle se fâche	*When she is angry* se fâcher *to get angry*
le même ton sec	*the same dry tone of voice*

elle me traite de...	*she treats me as a...* Ce livre traite de la Révolution française. *This book deals with (is about) the French Revolution.*
croûlant	*an old fogey; a has-been* (often applied by the young to anyone over 20)
qui l'empêche d'apprécier	*which prevents (stops) her appreciating* empêcher qn. **de** faire qc.
comme ils le méritent	*as they deserve* Often **le** has to be used where there is no English equivalent. Vous savez ce qu'il a dit? Oui, je le sais. (*Yes, I know.*) Je vous l'avais déjà dit. (*I told you already.*) Je vais le faire, s'il le veut. (*... if he wants.*)
ils se battent	*they fight* **se battre** p.p. **battu** (*irr.*)
Quant à	*As for, with regard to*
je suis depuis quinze ans employé	*for fifteen years I have been an employee* Note the absence of the equivalent of the article as in Je suis citoyen français.
siège social	*head office*
dans le XVIIe	dans le dix-septième (i.e. *in the 17th arrondissement*) For administrative purposes, including postal addresses, Paris is divided into districts known as **arrondissements**. le premier *1st* le second, deuxième *2nd* le troisième, etc. *3rd*
en face du Parc Monceau	*opposite the Parc Monceau*
Il y a presque 3 ans	*Almost 3 years ago*
on m'a promu sous-chef...	*I was promoted Deputy Head...* promouvoir (*irr.*) is normally followed by the name of the post to which a person is promoted. NOTE avoir de l'avancement *to be promoted*
assez bien connu	*quite well known*
actuellement	*at the present time* **actuel** must not be confused with *actual* in any of its forms. à l'heure actuelle *at this time* les actualités *newsreels* *actually* réellement, effectivement, à vrai dire
P.D.G.	Président-Directeur général
Autrefois	*Formerly*
dans les années soixante	*in the sixties*
elle a évolué à grands pas	*it has developed rapidly*

à quelque chose près	*or thereabouts*
	syn. ou peu s'en faut
réparties entre	*distributed among, shared between*
	répartir (conj. with AVOIR)
les quatre fila- tures et la succursale	*the four spinning-mills and the branch office*

EXERCICES

1

MODÈLE

Ah! Voici Monsieur Legallois!   **Permettez-moi de vous présenter Monsieur Legallois.**

1. Ah! Voici Mademoiselle Jeanine!
2. Ah! Voici Monsieur Edwards!
3. Ah! Voici Monsieur Blum!
4. Ah! Voici le capitaine Pierre de la Charre!
5. Ah! Voici un collègue, le docteur Charon!
6. Ah! Voici un de mes amis, Guillaume Leblanc!
7. Ah! Voici la cousine de ma femme, Ginette Gérard!
8. Ah! Voici Monsieur Legallois, sous-chef du Service des achats!

2

MODÈLE

**Permettez-moi de vous présenter Mon-   Enchantée, Monsieur!
sieur Legallois.**

Dans cet exercice vous direz Madame *ou* Mademoiselle *selon le cas. Si vous ignorez l'état civil d'une femme, dites toujours* Madame.

1. Permettez-moi de vous présenter Mlle Jeanine.
2. Permettez-moi de vous présenter M. Edwards.
3. Permettez-moi de vous présenter M. Blum.
4. Permettez-moi de vous présenter le capitaine Pierre de la Charre.
5. Permettez-moi de vous présenter un collègue, le docteur Charon.
6. Permettez-moi de vous présenter un de mes amis, Guillaume Leblanc.
7. Permettez-moi de vous présenter la cousine de ma femme, Ginette Gérard.
8. Permettez-moi de vous présenter M. Legallois, sous-chef du Service des achats.

3

MODÈLE

**Vous avez trente-six ans, n'est-ce pas?   Oui, c'est bien ça. Je viens d'avoir trente-
six ans.**

1. Vous commencez la septième leçon, n'est-ce pas?   (*Je*)
2. Nous lisons du français, n'est-ce pas?   (*Nous*)
3. Vous faites la connaissance de la famille Legallois, n'est-ce pas?   (*Je*)
4. J'entends parler de Monique pour la première fois, n'est-ce pas?   (*Vous*)
5. L'entreprise évolue à grands pas, n'est-ce pas?

6. Elle se fâche un petit peu, n'est-ce pas?
7. Il a eu de l'avancement, Monsieur Legallois, n'est-ce pas?
8. Vous terminez cet exercice, n'est-ce pas?   (*Je*)

4

MODÈLE

Elle déteste grossir, tante Mireille, je   **Oui, comme vous le dites, elle a vraiment**
crois?   **peur de grossir.**

1. Elle déteste voyager en avion, tante Mireille, je crois?
2. Elle déteste parler anglais, tante Mireille, je crois?
3. Elle déteste être traitée de croûlante, tante Mireille, je crois?
4. Elle déteste le Marché Commun, tante Mireille, je crois?
5. Elle déteste les voitures de sport, tante Mireille, je crois?
6. Elle déteste traverser Paris en Métro, tante Mireille, je crois?
7. Elle déteste révéler son âge véritable, tante Mireille, je crois?
8. Elle déteste les souris, tante Mireille, je crois?

5

MODÈLE

Elle a cessé de manger ses raviolis.   **Elle ne va plus manger ses raviolis? Hmm,**
                                              on verra!

1. Il a cessé de massacrer le français.
2. Nous avons cessé de fumer des Gauloises.   (*Vous*)
3. Il a cessé de regarder la télévision tous les soirs.
4. J'ai cessé de me fâcher quand ma femme m'irrite.   (*Vous*)
5. Elle a cessé de traiter son frère d'imbécile.
6. Leurs parents ont cessé d'acheter ces disques-là.   (*Ils*)
7. J'ai cessé de conduire ma mobylette trop vite.   (*Vous*)
8. J'ai cessé d'étudier ce chapitre.   (*Vous*)

6

MODÈLE

A mon avis, Suzanne est trop jeune pour   **Ah! C'est donc son âge qui l'empêche**
apprécier ses parents.   **d'apprécier ses parents.**

1. Je crois que François est beaucoup trop jeune pour conduire une voiture.
2. A mon avis François est trop jeune pour acheter des cigarettes.
3. Je pense que Suzanne est trop petite pour faire du ski nautique.
4. Je crois que grand-père est trop vieux pour jouer au rugby à treize.
5. Je pense qu'il est trop âgé pour faire des randonnées de 100 km en vélo.
6. A mon avis François est trop jeune pour boire l'apéritif dans un bar.
7. Je crois que grand'mère est trop vieille pour monter à bicyclette.
8. Je pense que tante Mireille est trop vieille pour s'occuper de ses propres affaires.

QUESTIONS ET RÉPONSES

1. Quelle est la nationalité de Jean   Il est citoyen français.
   Legallois?

2. Quel âge a-t-il ?
Il a trente-six ans.

3. Et sa femme, Monique, quel âge a-t-elle ?
Elle a deux ans de moins que lui, donc trente-quatre ans.

4. Comment est-elle ?
Elle a les cheveux bruns et les yeux noirs.

5. De quoi est-ce qu'elle a peur ?
Elle a peur de grossir.

6. François, le fils, comment est-il ?
Il sera bientôt aussi grand que son père.

7. A qui est-ce qu'elle ressemble, Suzanne ?
Elle ressemble à Mme Legallois.

8. Comment est-ce que Suzanne parle quand elle se fâche ?
Elle parle du même ton sec que sa mère.

9. Depuis combien de temps est-ce que Jean travaille pour la société Filalaine ?
Il travaille pour eux depuis quinze ans.

10. Où se trouve le siège social de la société ?
Le siège social est boulevard de Courcelles, Paris XVIIᵉ.

11. Et les filatures ?
Il y en a trois dans la région Roubaix-Tourcoing et une dans le Midi.

12. Combien d'employés et d'ouvriers y a-t-il ?
Il y en a 500 à quelque chose près.

13. Où sont-ils, tous ces gens ?
Ils sont à Paris, dans les filatures et à la succursale de Lyon.

QUESTIONS

1. Quelle est votre nationalité ?
2. Quel est votre âge ?
3. Êtes-vous de grande taille ou de petite taille ?
4. De quelle couleur sont vos cheveux ?
5. Et vos yeux ?
6. Vous êtes fils unique ?
7. Combien avez-vous de frères et sœurs ?
8. Vos parents, combien d'enfants ont-ils alors ?
9. Suzanne, c'est la sœur jumelle de François ?
10. Combien pesez-vous ?
11. Quel est le poids de votre père approximativement ?
12. A qui ressemblez-vous dans votre famille ?
13. Avez-vous les mêmes opinions que votre père ?
14. Avez-vous les mêmes façons de faire que vos parents ?
15. Vous fâchez-vous souvent ?
16. Qu'est-ce qui vous irrite ?
17. Vos études, vous les traitez à la légère, avec une certaine indifférence ?
18. Quelle est votre profession actuelle ?
19. Quelle profession voudriez-vous exercer à l'avenir ?
20. Depuis quand êtes-vous dans cette pièce ?
21. Depuis quand étudiez-vous le français ?
22. Jean Legallois, quelle est sa profession ?
23. Comment savez-vous qu'il est apprécié dans la Maison ?
24. Depuis combien de temps est-il sous-chef du Service des achats ?
25. Où se trouve le siège social de la société — dans le Midi ou dans le Nord ?

26. Comment savez-vous maintenant que c'est une assez grande entreprise?
27. Nommez un centre de l'industrie textile dans le nord de la France.
28. A quelle époque est-ce qu'elle a vraiment évolué, la Société Filalaine?
29. Qu'est-ce qui vous indique qu'on n'emploie pas exactement 500 personnes?
30. De quoi avez-vous peur?

THÈME ORAL

Our present managing director * is called Gustave Tisserand. * He's about forty-four years old * — that means * he's eight years older * than I am. * He has fair hair * and blue eyes. * He's rather like his father * who was managing director before him. * It's a family firm, * of course, * but I think he deserves * his new job all the same. * He's[1] the one * who promoted me * Deputy Head of the Purchasing Department * three years ago. * Very often * it is impossible to reach him * if one wants to talk to him. * He divides his time * between the head office, * the branch office and the spinning mills, * you understand. * He never takes any leave. * When he's in the Paris office * he's always in conference * with the Heads of Department * or else * he's telephoning[2] * to one of the mills * he's just been visiting. * If I want to have his opinion * I have to ask his secretary * to give him a message * and really, * that's not very practical. * I don't like continually putting off * the discussion of important plans.

[1] C'est.
[2] en train de.

8 A Bord de l'Avion

*Dialogue dans lequel l'on s'aperçoit qu'un voyage,
même en avion, n'est pas sans inconvénients*

PERSONNAGES *M. Edwards*
Une dame
Son fils, Henri
Un monsieur
L'hôtesse de l'air

SCÈNE *A bord d'une Caravelle d'Air France*

Ce matin j'ai fait Bradford-Londres par le train, puis de la gare au terminus de la BEA en taxi, ensuite jusqu'à l'aéroport en car. On a contrôlé mes billets, mes bagages, mon passeport — tout. On vous fatigue avant l'envol avec tout ça. Enfin, me voilà à bord. Presque une heure de repos devant moi.

Dame. Cette place est libre, Monsieur? Vous permettez?

M. Edwards. Hé, hé, pardon Madame, vous dites?

Dame. Cette place n'est pas occupée?

M. Edwards. ... occupée, euh, non, Madame.

Dame. Bon. Henri. Mets-toi là. Qu'est-ce que tu attends? Mais, assieds-toi donc!

Henri. Mais maman...

Dame. Monsieur, voudriez-vous avoir la bonté de me mettre ce petit paquet dans le filet. C'est un petit chapeau que j'ai acheté à Londres. La tentation était trop forte, vous comprenez.

M. Edwards. Oui, oui, Madame. Avec plaisir.

Dame. Merci infiniment, Monsieur.

Henri. Mais maman, je ne peux rien voir. Il y a une place de libre, là-bas, près de la fenêtre.

Dame. Reste tranquille, Henri, veux-tu! Excusez-moi, Monsieur, les gosses...

M. Edwards. Je sais, Madame.

Dame. Ouf! J'étouffe. Quelle chaleur ici à bord! Ça vous assomme. Il doit y avoir un truc à régler. Où est-ce que ça peut bien être? Oh, c'est au-dessus de la tête de Monsieur.

Henri. Maman, je veux voir les avions. Tu m'as promis!

Dame. Silence un instant, Henri! Monsieur!

M. Edwards. Madame?

Dame. Je ne vous dérange pas?

M. Edwards. Pas du tout, Madame.

Dame. Voudriez-vous me régler la climatisation un petit peu. Il fait si chaud ici à bord.

M. Edwards. La climatisation?

Dame. Oui, juste au-dessus de votre tête, Monsieur. Vraiment, après les courants d'air dans ces interminables corridors — on risque d'étouffer.

M. Edwards. Comme ça? Ça vous va maintenant, Madame?

Dame. C'est mieux. Je peux respirer. Merci bien, Monsieur.

Henri. Maman, je veux voir les 'jets'. Tu me l'as promis et je ne vois rien d'ici.

Dame. Oh, mon pauvre chéri. Je te l'avais promis. Maman n'est pas si cruelle. Monsieur!

M. Edwards. Oh, excusez-moi, Madame. J'allais dormir.

Dame. Pardon, Monsieur. Je ne veux pas vous importuner mais... pourriez-vous descendre mon chapeau?

M. Edwards. Votre chapeau, Madame? Ah, oui, oui, oui, votre paquet.

Dame. Oui, mon chapeau. Vous comprenez, le petit — il se passionne pour les avions et je lui avais promis de...

M. Edwards. Oui, oui. Je comprends parfaitement, Madame. Au revoir! (Et bon débarras!) Enfin — un peu de calme!

La voix au haut-parleur. Le commandant Fouchet vous souhaite la bienvenue à bord de la Caravelle 'Poitou.' Nous atteindrons notre prochaine escale, Paris Orly, dans une heure et nous volerons à une altitude de 3 000 mètres. Veuillez placer vos bagages à main sous les sièges. Les passagers sont priés de bien vouloir attacher leur ceinture de sécurité et de ne plus fumer jusqu'après le décollage. Merci!

M. Edwards. De rien.

Monsieur. Vous permettez, Monsieur? Il n'y a personne ici, non? Bon, merci. Vous comprenez, il y avait un gosse à côté de moi. Il parlait sans arrêt.

M. Edwards. Oui, ça arrive.

Monsieur. Vous voyagez souvent par avion?

M. Edwards. Pratiquement jamais, mais cette fois j'ai décidé de prendre l'avion. Pour me reposer un peu.

Monsieur. Pour vous reposer un peu? Hmm. Bonne chance, mon ami! Se reposer à bord d'un avion — jamais de la vie!

M. Edwards. Pourtant on a des fauteuils réglables, la climatisation réglable... on peut tout régler à volonté plus ou moins, n'est-ce pas?

Monsieur. Si vous étiez aussi expérimenté que moi! Vous savez ce qui va arriver?

M. Edwards. Oui. Je vais m'allonger et dans une heure on sera à Paris.

Monsieur. Dans deux minutes cette charmante personne va vous offrir un bonbon.

M. Edwards. Hé, un bonbon?

Monsieur. Oui Il y a deux raisons. D'abord ça vous empêche de penser aux dangers du décollage.

M. Edwards. Et puis?

Monsieur. On souffre moins de la pression de l'air si on suce quelque chose. C'est pour les oreilles.

M. Edwards. Ah oui. Il me semble que j'en ai entendu parler.

Monsieur. Dix minutes après on vous proposera une petite collation.

M. Edwards. Mais je n'ai pas faim. J'ai mangé à Londres.

Monsieur. Ça ne fait rien, mon vieux. Dix minutes après on vous donnera l'occasion d'acheter des cigarettes hors taxe.

M. Edwards. Je fume la pipe, moi. Et j'ai acheté du tabac avant le départ — hors taxe aussi.

Monsieur. Et puis ce sera des journaux et des hebdomadaires.

M. Edwards. Moi, je vais dormir!

Monsieur. Et enfin ce sera la descente sur Paris.

M. Edwards. C'est incroyable. Mais excusez-moi, je vais essayer quand même.

Monsieur. Allez, bonne chance, mon ami.

(*On entend la mise en marche des réacteurs*)

L'hôtesse. Monsieur désire un bonbon? Un bonbon, Monsieur?

COMMENTAIRE

jusqu'à l'aéro-port	*to the airport* jusqu'à *until; up to*
en car	*by coach*
avant l'envol	*before take-off*
devant moi	*ahead of me*
Mets-toi là!	*Sit down there!* *syn.* Assieds-toi là! The **tu** form is used as a child is being addressed.
voudriez-vous avoir la bonté de... ?	*would you be so kind as to...?* Voudriez-vous *Would you* (*please*) The conditional tense of vouloir as in je **voudrais** and **voudriez-vous** is more polite than the present.
le filet	*the rack, luggage rack; net*
une place de libre	*a seat vacant*
tranquille	*quiet, still*
J'étouffe	*I'm suffocating*
Quelle chaleur...!	*How hot it is...!* la chaleur *heat* Il fait chaud. *It is hot.* le froid *cold* Il fait froid. *It is cold.*
Ça vous assomme	*It knocks you over* assommer *overpower, overwhelm; bore*
Il doit y avoir	*There must be*

It is necessary to be able to use the expression **il y a** in the various tenses and in the infinitive.

il y avait	*there was, there were*
il y a eu	*there has been, there have been*
il y aura il va y avoir	*there will be, there is going to be*
il y avait eu	*there had been*
il y aurait	*there would be*
il y aurait eu	*there would have been*

un truc	*a thing, a what's it, a device* (*coll.*) *syn.* un dispositif; un machin (*coll.*)
régler	*regulate* réglable *adjustable*
au-dessus de	*above* au-dessous de *below, under*
Tu m'as promis!	*you promised me!* **promettre** to promise promettre qc. **à** qn *to promise so sg.* promettre **à** qn. **de** faire qc. *to promise so to do sg.*

Je ne vous dérange pas?	*I'm not disturbing you?*
la climatisation	*the air-conditioning*
les courants d'air	*the draughts*
on risque d'étouffer	*one is in danger of suffocating*
Ça vous va...?	*Does that suit you...?* Ce chapeau vous va bien. *That hat suits you.*
J'allais dormir	*I was going to go to sleep*
vous importuner	*to be a nuisance to you; to disturb you*
pourriez-vous descendre mon chapeau?	*Could you get my hat down?* **pourriez-vous** is more polite than **pouvez-vous.**
il se passionne pour	*he is mad on* passionnant *exciting*
bon débarras!	*good riddance!*
vous souhaite la bienvenue	*welcomes you*
Les passagers sont priés de bien vouloir...	*Passengers are kindly requested to...*
leur ceinture de sécurité	*their safety belts* Note that the French use the singular, as each passenger has *one* safety belt.
le décollage	*the take-off* *syn.* l'envol Un avion décolle, puis il atterrit. atterrir *to land* un atterrissage *a landing*
Il parlait	*He was talking* **parlait** is in the IMPERFECT TENSE which is used to describe:

1. *States in the past* — J'étais très content ce jour-là.
   That day I was very happy.
2. *A continuing action in the past* — Le soleil brillait.
   The sun was shining.
3. *An action which has been repeated* — J'allais souvent chez lui.
   I often used to go to his house.

FORMATION OF THE IMPERFECT TENSE

Present	nous donn<u>ONS</u>, nous finiss<u>ONS</u>, nous attend<u>ONS</u>
Imperfect	je donn<u>AIS</u>, tu finiss<u>AIS</u>, il attend<u>AIT</u>, nous donn<u>IONS</u>, vous finiss<u>IEZ</u>, ils attend<u>AIENT</u>.

There are no exceptions apart from **être, j'étais**

à volonté	*at will*

Si vous étiez aussi expérimenté que moi!	*If you were as experienced as I am!* NOTE une expérience **an experiment** as well as *an experience*
Je vais m'allonger	*I am going to stretch out* When using a reflexive verb in the infinitive the reflexive pronoun must be appropriate to the person who is performing the action. The infinitive in this case is usually written ***s'allonger*** but note how it is used: tu vas <u>t'</u>allonger il, elle, on va <u>s'</u>allonger nous allons <u>**nous**</u> allonger vous allez <u>**vous**</u> allonger ils, elles vont <u>s'</u>allonger
on suce	*one sucks* sucer *to suck*
une petite collation	*a little snack*
hors taxe	*duty-free* *a tax* un impôt, une taxe
des hebdomadaires (*m.*)	*weeklies, magazines* hebdomadaire *weekly* quotidien *daily* mensuel *monthly* annuel *yearly*
quand même	*all the same* syn. tout de même
la mise en marche	*the starting-up* mettre un moteur en marche *to start an engine*
des réacteurs	*of the jet engines* un avion à réaction = un jet.

EXERCICES

1

Vous allez entendre certaines phrases. Mettez-les tout simplement à l'imparfait. Notez bien que ce ne sont pas des questions.

MODÈLE

Vous attendez le décollage.   **Vous attendiez le décollage.**

1. Il y a un enfant à côté de lui.
2. Les gens parlent sans arrêt.
3. Le Monsieur est plus expérimenté que M. Edwards.
4. Il fait chaud à bord.
5. M. Edwards va dormir.
6. Nous n'allons pas très souvent à Paris.
7. Nous espérons décoller sans danger.

8. Vous n'êtes jamais content de voyager en avion.
9. Je choisis toujours une place près de la fenêtre.
10. Certains passagers n'aiment pas parler pendant le vol.

2

MODÈLE 1

Il y a quelque chose à lire ce soir?   **Non, mais il y aura quelque chose à lire demain.**

MODÈLE 2

C'est fini déjà?   **Non, mais ce sera fini demain.**

1. Il y a des lettres à écrire ce soir?
2. C'est arrangé déjà?
3. Il y a du travail à faire ce soir?
4. C'est fait déjà?
5. Il y a des choses à discuter ce soir?
6. C'est réglé déjà?
7. Il y a des décisions à prendre ce soir?
8. C'est décidé déjà?

3

MODÈLE

La tentation était trop forte.   **J'espère que la tentation ne sera pas trop forte la prochaine fois.**

1. Il y avait des courants d'air dans les corridors.
2. La chaleur à bord l'a assommé.
3. Une dame l'a importuné.
4. Il y avait un enfant mal élevé à côté de lui.
5. L'hôtesse de l'air lui a offert un bonbon.
6. Il a souffert de la pression de l'air.
7. C'était un voyage désagréable.
8. On a contrôlé ses bagages à la douane.

4

MODÈLE

Il y a des 'jets' à l'aéroport de Londres?   **Assurément! Il doit y avoir des 'jets' à l'aéroport de Londres.**

1. Il y a un restaurant au terminus de la BEA?
2. Il y a toutes sortes de formalités à remplir avant l'envol?
3. Il y a quelque chose à contrôler avant l'embarquement?
4. Il y a une hôtesse pour vous conduire à votre place?
5. Il y a des fauteuils réglables dans les avions qui font Paris-Londres?
6. Il y a des ceintures de sécurité dans les avions?
7. Il y a des revues à lire à bord?
8. Il y a une petite collation pendant le vol?

5

Vous voulez paraître poli et bien élevé.
Vous pensez: *Mais vous dites:*

Mettez ce paquet dans le filet!   **Voudriez-vous avoir la bonté de mettre ce**
                                            paquet dans le filet?

1. Restez là un instant!
2. Montrez-moi votre billet!
3. Réglez la climatisation!
4. Descendez ce paquet!
5. Parlez anglais!
6. Mangez ce bonbon!
7. Trouvez une autre place!
8. Éteignez votre cigarette!

6

MODÈLE

Il veut s'asseoir à côté d'elle, lui, n'est-   **Mais, je veux m'asseoir à côté d'elle, moi**
ce pas? Et vous?   **aussi!**

1. Il compte se rendre à Paris le 19, lui, n'est-ce pas? Et vous?   (*je*)
2. Ils ont décidé de se présenter au bureau demain, eux, n'est-ce pas? Et elle?
3. Elle va s'ennuyer ferme pendant le voyage, elle, n'est-ce pas? Et nous? (*nous*)
4. Ils doivent s'adresser au comptable, eux, n'est-ce pas? Et moi?   (*vous*)
5. Nous allons nous entretenir avec eux demain, nous, n'est-ce pas? Et vous? (*je*)
6. Il doit s'en informer immédiatement, lui, n'est-ce pas? Et moi?   (*vous*)
7. Nous voulons nous rendre à Paris, nous, n'est-ce pas? Et vous, mes amis? (*nous*)
8. Nous comptons nous reposer un peu maintenant, nous, n'est-ce pas? Et
   vous, mes amis?   (*nous*)

EXERCICE DE CONVERSATION—1

Vous allez entendre la voix du Monsieur dans l'avion qui répète le rôle qu'il vient de
jouer dans le dialogue. C'est à vous de prendre le rôle de **M. Edwards.**

Monsieur	Vous voyagez souvent par avion?	
M. Edwards		Pratiquement — cette fois-ci — décidé — me reposer.
Monsieur	Pour vous reposer un peu? Hmm Bonne chance, mon ami! Se reposer à bord d'un avion — jamais de la vie!	
M. Edwards		Pourtant — fauteuils — réglable — tout — plus —.
Monsieur	Si vous étiez aussi expérimenté que moi! Vous savez ce qui va arriver?	
M. Edwards		— m'allonger — une heure — Paris.
Monsieur	Dans deux minutes cette charmante personne va vous offrir un bonbon.	

M. Edwards		Hé — ?
Monsieur	Oui. Il y a deux raisons. D'abord ça vous empêche de penser aux dangers du décollage.	
M. Edwards		?
Monsieur	On souffre moins de la pression de l'air si on suce quelque chose. C'est pour les oreilles.	
M. Edwards		— Il me semble — parler.
Monsieur	Dix minutes après on vous proposera une petite collation.	
M. Edwards		— faim — à Londres.
Monsieur	Ça ne fait rien, mon vieux. Dix minutes après on vous donnera l'occasion d'acheter des cigarettes hors taxe.	
M. Edwards		— la pipe — du tabac — aussi.
Monsieur	Et puis ce sera des journaux et des hebdomadaires.	
M. Edwards		Moi—

EXERCICE DE CONVERSATION—2

Et maintenant vous prendrez le rôle du **Monsieur.**

M. Edwards	Cette fois-ci j'ai décidé de prendre l'avion. Pour me reposer un peu.	
Monsieur		Pour — chance — à bord — jamais —
M. Edwards	Pourtant on a des fauteuils réglables, la climatisation réglable... on peut tout régler à volonté plus ou moins, n'est-ce pas?	
Monsieur		Si — expérimenté — moi! — savez — ?
M. Edwards	Oui. Je vais m'allonger et dans une heure on sera à Paris.	
Monsieur		— deux — charmante — un bonbon.
M. Edwards	Hé, un bonbon?	
Monsieur		— raisons — penser —décollage.
M. Edwards	Et puis?	
Monsieur		On souffre — pression — suce — oreilles.

M. Edwards	Ah oui. Il me semble que j'en ai entendu parler.	
Monsieur		Dix — collation.
M. Edwards	Mais je n'ai pas faim. J'ai mangé à Londres.	
Monsieur		— rien — dix — l'occasion — taxe.
M. Edwards	Je fume la pipe, moi. Et j'ai acheté du tabac avant le départ — hors taxe aussi.	
Monsieur		— journaux. —
M. Edwards	Moi, je vais dormir!	
Monsieur		— La descente —

QUESTIONS

1. Comment a-t-il fait le voyage à l'aéroport?
2. Qu'est-ce qu'on a contrôlé?
3. Qu'est-ce qu'elle lui demande, la dame?
4. Elle est seule, cette dame?
5. Où voulait-il s'asseoir, Henri?
6. Pourquoi?
7. M. Edwards, que doit-il faire pour la dame?
8. Quelle tentation était trop forte pour la dame?
9. Il fait froid à bord de l'avion?
10. Comment est-ce qu'on peut régler la température dans un avion?
11. Où est-ce qu'ils étaient, ces courants d'air?
12. Pourquoi est-ce que la dame décide de changer de place?
13. Henri, le trouvez-vous poli et bien élevé?
14. Où était-elle, la place libre?
15. La dame et son fils s'asseyent près de la fenêtre. Que fait M. Edwards?
16. Qu'est-ce qu'il entend alors?
17. Le commandant de l'avion, qu'est-ce qu'il souhaite aux passagers?
18. A quelle altitude est-ce qu'on volera ce jour-là?
19. Les passagers sont priés de faire quoi?
20. Pourquoi est-ce que le monsieur vient s'asseoir à côté de M. Edwards?
21. Pour quelles raisons est-ce que M. Edwards a décidé de prendre l'avion cette fois-ci?
22. C'est la première fois que le monsieur voyage en avion, vous croyez?
23. M. Edwards, qu'est-ce qu'il comptait faire pendant le vol?
24. Pourquoi est-ce qu'on donne un bonbon aux passagers avant l'envol?
25. Il n'a pas profité de l'occasion d'acheter des cigarettes hors taxe — pourquoi?
26. Pourquoi est-il défendu de fumer au décollage?
27. A l'atterrissage, les passagers seront priés de faire quoi?
28. Décrivez tout ce qui a empêché M. Edwards de dormir.
29. Vers la fin de la bande on a entendu un bruit curieux — c'était quoi?
30. Expliquez tout ce qu'on fait quand on voyage en avion.

THÈME

Henri and his mother went off to see the aeroplanes and after that the flight was less painful. One could smoke and eat and one practically never had time to look out of the windows. Of course I couldn't rest either. In an aeroplane if one is of average height it is impossible to stretch out. I could also hear the noise of the jet engines all the time. Fifty-five minutes after take-off we were landing at Orly. It's unbelievable. We went out of the plane and into the terminal with its endless corridors and draughts. We were asked to show our passports and then we had to wait for our luggage. I could still notice the effects[1] of the air pressure in my ears. Finally we were allowed to go into the coach. There were some empty seats but at the last moment Henri came and sat down beside me. He was still suffering from air-sickness.[2] The temptation to get out and wait for another bus was very strong, believe me!

[1] les effets.
[2] le mal de l'air.

9 Mon Magnétophone

Récit dans lequel Monsieur Legallois nous indique
comment il compte approfondir ses connaissances de
l'anglais grâce à un moyen moderne

L'autre jour j'ai acheté un magnétophone. Vous savez, c'est un truc sur lequel on fait passer des bandes. La jeunesse utilise le magnétophone un peu comme le transistor. Enregistrer de la musique populaire et faire passer la bande du matin jusqu'au soir — c'est tout ce qu'ils font avec ces beaux appareils, les imbéciles. Tandis qu'avec moi, ce n'est pas le cas. Moi, je dois apprendre l'anglais. C'est pour le travail, vous comprenez. Il nous arrive assez souvent des représentants de sociétés étrangères et eux, d'ordinaire, ne savent balbutier qu'une dizaine de mots en français. Il paraît que l'enseignement des langues vivantes n'est pas formidable dans les autres pays non plus. Je vais donc enregistrer des bulletins d'informations et des discours à la radio anglaise et je les repasserai jusqu'à ce que j'arrive à tout comprendre. Pas bête, non? D'ailleurs, les microsillons coûtent cher et moi, j'aime tant la musique classique.

Ainsi donc, je me suis acheté un magnétophone — un très beau modèle, trois vitesses, reproduction acoustique supérieure, garantie valable six mois. Le type dans le magasin m'a accordé un rabais de dix pour cent — à titre exceptionnel. Une bonne affaire, quoi?

Quand je suis rentré le soir à la maison, le magnétophone sous le bras — figurez-vous la manière dont Monique m'a reçu.

'Eh, chéri, qu'est-ce que tu as là? Tu t'es vraiment souvenu de mon anniversaire cette année? Oh, mon petit chou, comme tu es gentil...'

Alors j'ai dû lui expliquer que c'était uniquement pour perfectionner mon anglais, que je l'avais obtenu à un prix avantageux et que je n'avais nullement l'intention d'enregistrer du Bloch ou du Bartok qu'elle a en horreur. En ce qui concerne l'anniversaire de Monique, je dois avouer que c'était la première fois depuis l'année dernière que j'y pensais!

COMMENTAIRE

un magnéto-phone	*a tape-recorder*
un truc sur lequel	*a device on which* **lequel, lesquels** **laquelle, lesquelles** translate **which** after prepositions. Thus: La radio à laquelle j'ai entendu cela est à lui. *The radio on which I heard that is his.* Les livres parmi lesquels il avait passé toute sa vie étaient fort poussiéreux. *The books among which he had spent all his life were very dusty.* NOTE with **à**, lequel becomes: Le livre **auquel** il fait allusion. Les livres **auxquels** il fait allusion. La voiture à **laquelle** il fait allusion. Les voitures **auxquelles** il fait allusion. *The book he is referring to*, etc. Similarly with **de**, lequel becomes **duquel, desquels, de laquelle** and **desquelles.**
on fait passer des bandes (*f.*)	*one plays tapes* faire passer des disques (*m.*) *to play records*
La jeunesse	*The young* (lit. *youth*) Si jeunesse savait; si vieillesse pouvait. (*Proverb*)
Enregistrer	*To record* un enregistrement *a recording* *to break the record* battre le record
beaux appareils	*fine machines* un appareil *a device; a camera*
Tandis qu'avec moi	*Whereas with me*
ce n'est pas le cas	*it isn't the case*
balbutier	*to stammer, mumble* *syn.* bredouiller bégayer *to stutter*
Il paraît que	*It appears that* paraître *to appear* (like connaître) p.p. **paru** (*irr.*)
l'enseignement	*the teaching; education* enseigner qc. à qn. enseigner à qn. à faire qc.
des langues vivantes	*of modern languages*
des discours (*m.*)	*speeches*
D'ailleurs	*Besides; moreover*
les microsillons (*m.*)	*long-playing records* un sillon *a track;* *a groove;* *a furrow*

j'aime tant la musique classique	*I am so fond of classical music*
trois vitesses (*f.*)	*three speeds*
valable	*valid*
Le type	*The fellow, chap* (coll.)
m'a accordé un rabais	*gave me a discount* accorder *to give, to grant* s'accorder *to agree*
à titre exceptionnel	*i.e. a special offer* un titre *a title; a qualification*
Une bonne affaire	*A bargain*
figurez-vous	*imagine* se figurer qc. = s'imaginer qc.
Tu t'es vraiment souvenu de mon anniversaire	*You really remembered my birthday* se souvenir **de** qc. = se rappeler qc. rappeler *to remind*
mon petit chou	*darling* (lit. *my little cabbage*)
comme tu es gentil	*how nice you are*
j'ai dû lui expliquer que	*I had to explain to her that* **dû** p.p. of devoir (***irr.***)
je n'avais nullement l'intention de	*I had absolutely no intention of*
qu'elle a en horreur	*that she detests* avoir qc. en horreur *to detest sg.*
En ce qui concerne	*As for* *syn.* quant à
je dois avouer	*I must admit* avouer = admettre
la première fois depuis l'année dernière que j'y pensais	*the first time since last year that I had thought of it* Elle est en Angleterre depuis l'année dernière. **Present tense.** *She has been in England since last year.* Il était en Amérique depuis sa jeunesse. **Imperfect tense.** *He had been in America since his youth.*

EXERCICES

1

Répondez à ces questions en remplaçant les mots soulignés par: **le, la, l'** *ou* **les.**

MODÈLE

Vous avez acheté ce magnétophone?   **Oui, je l'ai acheté.**

1. Les jeunes achètent les disques de musique populaire?
2. Votre femme déteste la musique classique?
3. Son ami a fait passer la bande?
4. Il portait le magnétophone sous le bras?
5. Il va repasser les bandes?
6. Vous allez apprendre le français?
7. Jean a complètement oublié l'anniversaire de sa femme?
8. Il doit recevoir les représentants?
9. Il est facile d'apprendre les langues vivantes?
10. Vous savez qu'un magnétophone est un truc sur lequel on fait passer des bandes?

2

Répondez à ces questions en remplaçant les mots soulignés par **y.**

MODÈLE

Il demeure à Londres maintenant?   **Oui, il y demeure maintenant. Ne le saviez-vous donc pas?**

1. Jean travaille-t-il à Paris?
2. Il cherche une bonne situation à la Société Filalaine?
3. On achète des transistors dans ce magasin?
4. Arrivez-vous à comprendre le texte?
5. Il reçoit les étrangers dans son bureau?
6. Est-ce qu'on emploie environ 500 personnes dans l'entreprise?
7. Jean est entré dans le magasin d'électricité?
8. Vous allez souvent en France?
9. Pensez-vous souvent à l'argent?
10. Vous avez répondu à ces questions?

3

Répondez à ces questions en remplaçant les mots soulignés par des pronoms.

MODÈLE

Vous voulez des cigarettes?   **Mais certainement j'en veux.**

1. Vous avez enregistré du Bartok?
2. Vous avez l'intention d'enregistrer autre chose?
3. Il a écouté des émissions anglaises?

4. Les jeunes gens achètent beaucoup de disques?
5. Est-il content du rabais qu'il a obtenu?
6. Est-ce qu'il a parlé des représentants à sa femme?
7. Est-ce que Jean reçoit des représentants au bureau?
8. Vous avez entendu de la musique populaire?
9. Est-ce que le professeur se sert d'un magnétophone?
10. Vous souvenez-vous de la leçon précédente?

4

Répondez aux questions suivantes en remplaçant les mots soulignés par **lui** *ou* **leur** *selon le cas.*

MODÈLE

Vous avez parlé récemment à votre   **Oui, je lui ai parlé récemment.**
frère?

1. Suzanne, ressemble-t-elle à sa mère?   (*Oui, elle...*)
2. A-t-il expliqué à sa femme ce qu'il veut faire?
3. Monique, va-t-elle pardonner à son mari?   (*Oui, elle...*)
4. Est-ce que Jean veut parler en anglais aux représentants?   (*Oui, il...*)
5. Est-ce qu'il parle en français aux Anglais?
6. Il a offert le magnétophone à ses enfants?
7. C'est ce vendeur qui a accordé un rabais à Jean?
8. Les magasins, font-ils un rabais à certains clients?
9. Vous parlez souvent à vos parents?
10. Jean, va-t-il expliquer à Monique pourquoi il se l'est acheté?   (*Oui, il...*)

5

Mettez les phrases suivantes au passé composé.

MODÈLE

Deux représentants viennent à Paris   Deux représentants sont venus à Paris
parler affaires.   parler affaires.

1. Les deux messieurs sortent de leur hôtel.
2. Ils vont au siège social d'une société importante.
3. Ils y arrivent à l'heure.
4. Ils restent un instant à penser devant le bureau.
5. L'un d'eux retourne à son hôtel, car il a oublié des documents.
6. Il rentre à hôtel, et les retrouve.
7. Puis il repart pour se rendre au bureau.
8. Il monte dans un taxi.
9. Il en descend au bout de cinq minutes.
10. Enfin les deux messieurs entrent dans le bureau.

6

Répondez aux questions en employant le **passé composé** *au lieu du futur. Ajoutez le mot* **déjà.**

MODÈLE

Vous me les achèterez?   **Mais non, je vous les ai déjà achetés!**

1. Vous les verrez?   (*je*)
2. Vous m'en parlerez?   (*je*)
3. Ils le leur expliqueront?
4. Il nous l'obtiendra?
5. Elle le lui dira?
6. Cela vous coûtera cher?
7. Tu leur en parleras?   (*je*)
8. Je lui en donnerai?   (*vous*)
9. Vous nous en apporterez?   (*je*)
10. Elles vous l'achèteront?

QUESTIONS ET RÉPONSES

1. Qu'est-ce que c'est qu'un magnéto-phone?

C'est une machine sur laquelle on fait passer des bandes.

2. Qu'est-ce qu'ils font avec les magnéto-phones, les jeunes?

Ils enregistrent de la musique populaire.

3. Pourquoi est-ce que Jean a acheté un magnétophone?

Pour l'aider à apprendre l'anglais.

4. Comment ça?

Il doit parler à des représentants anglais.

5. Mais pourquoi ne leur parle-t-il pas en français?

D'ordinaire ils ne savent balbutier qu'une dizaine de mots en français.

6. Quelle sorte de musique est-ce qu'il préfère écouter?

Il préfère écouter de la musique clas-sique.

7. Pourquoi pense-t-il qu'il a fait une bonne affaire?

On lui a accordé un rabais de dix pour cent.

8. Quand sa femme a vu le magnéto-phone qu'est-ce qu'elle a pensé?

Elle a pensé que c'était une jolie surprise pour elle.

9. Pourquoi est-ce qu'elle s'attendait à quelque chose?

Parce que c'était son anniversaire ce jour-là.

10. Monique, s'intéresse-t-elle à la mu-sique moderne?

Disons plutôt qu'elle l'a en horreur.

QUESTIONS

1. Qu'est-ce que c'est qu'un magnétophone?
2. A quoi ça marche, un magnétophone —à l'électricité ou au gaz?
3. En avez-vous un?
4. Savez-vous où il y a un magnétophone?
5. Qu'est-ce qu'on fait avec un magnétophone?
6. Pourquoi est-ce que les jeunes s'achètent des transistors?

7. En avez-vous un? Pourquoi?
8. Nommez deux langues vivantes.
9. Le latin, c'est une langue vivante ou une langue morte?
10. Quel genre de musique préférez-vous?
11. Préférez-vous écouter des bulletins d'informations ou des discours à la radio?
12. A la télé, quelles émissions vous intéressent le plus — les films de 'cowboys' ou les dramatiques?
13. Où prenez-vous d'ordinaire vos informations — dans un journal, à la T.V. ou à la radio? Pourquoi?
14. Qu'est-ce qui coûte le plus cher — un bon magnétophone ou un transistor?
15. La garantie pour le magnétophone est valable pour combien de temps?
16. Quel mot dans le texte veut dire 'parler peu distinctement'?
17. Quel est le rôle d'un représentant?
18. Caractérisez les connaissances linguistiques des représentants à qui M. Legallois a affaire.
19. Et les connaissances de M. Legallois dans ce domaine.
20. A quel titre Jean a-t-il eu un rabais?
21. Cette remise, à combien s'élève-t-elle?
22. Le premier titre universitaire accordé en France c'est la licence. A quoi est-ce que ça correspond en France, le B.A. anglais?
23. Quels titres universitaires possédez-vous?
24. Quelle était l'intention de Jean en achetant le magnétophone?
25. Uniquement cela? Vous en êtes sûr?
26. Quel truc, quel genre de gadget, est le plus à la mode en ce moment, à votre avis?
27. Un passeport français, c'est valable pour combien de temps? Quinze ans ou trois ans?
28. Pourquoi est-ce que Jean traite les jeunes d'abrutis?
29. Est-ce qu'elle adore la musique classique, Monique?
30. Donnez autant de détails que possible sur le magnétophone.

THÈME ORAL

When it comes to tape recorders * I must admit * that I'm not yet * very experienced. * Today in the shop * was the first time * I had tried one. Now I'm at home * and I don't remember * all the explanations. * In the shop * they sell them, * — that's all they do. * Then the chap explains very quickly * how one plays the tape * and then it's 'Goodbye, Sir!' * However, it cost me a lot, * this tape recorder, * so I must use it * — to learn English, * of course. * There must be * a news bulletin in English * on the radio. * Good, now I've found one! * If only the children * would be good enough to keep quiet * I think that I'd manage * to understand it. * 'I say children! * You promised * not to talk any more. * I don't disturb you * when you try to work, * so, a little silence, * if you please!'

10 L'Anniversaire de Monique

Dialogue dans lequel la femme de Monsieur Legallois reproche à son mari de ne pas avoir pensé à l'événement du jour

PERSONNAGES *Jean Legallois*
              Monique

SCÈNE *Chez les Legallois*

Monique. Eh, chéri, qu'est-ce que tu as là? Tu t'es vraiment souvenu de mon anniversaire cette année? Oh, mon petit chou, comme tu es gentil...

Jean Legallois. Euh, non. Ce n'est pas pour ton anniversaire.

Monique. Hé, qu'est-ce que c'est donc? Fais voir!

Jean Legallois. C'est un magnétophone.

Monique. Un magnétophone? Toi, un magnétophone? Tu n'as pas besoin d'un magnétophone, toi! Ah, je comprends! C'est pour ta sacrée musique, non?

Jean Legallois. Oh, mais non, chérie. Je vais apprendre l'anglais.

Monique. Qu'est-ce que tu racontes là? A ton âge?

Jean Legallois. Doucement. Tu sais qu'on a des représentants anglais qui arrivent sans savoir parler le français. Il faut que quelqu'un s'en charge — et d'ordinaire c'est moi, tu le sais bien.

Monique. Mais comment est-ce que tu vas apprendre l'anglais avec ça?

Jean Legallois. Ben, j'enregistrerai les émissions de la B.B.C. et puis je les repasserai plusieurs fois et forcément je finirai par me le rentrer dans la tête.

Monique. Et tu vas apprendre l'anglais comme ça? Tu dois être tombé sur la tête! Je te connais, mon gars. Tu l'écouteras trois fois au maximum et puis — pouf, fini! A moins que tu n'enregistres du Blonk ou du Bartonk ou... je ne sais quoi!

Jean Legallois. Mais chérie, je t'assure que tu te trompes. Cette fois-ci, je ferai des efforts. Je te le jure.

Monique. Jure si le cœur t'en dit. C'est mon anniversaire aujourd'hui et toi, qu'est-ce que tu fais? Monsieur s'achète un magnétophone. Où as-tu pris l'argent? Dis-moi ça, hein. Où?

Jean Legallois. Écoute, chérie. Calme-toi un peu. On m'a fait un prix avantageux, très avantageux même. Je ne pouvais pas le laisser passer. Une occasion comme celle-ci ne se présente pas souvent.

Monique. Et que m'as-tu acheté comme cadeau d'anniversaire? Montre-le donc! Tu n'es pas capable d'avoir oublié, hein?

Jean Legallois. Mais la jupe que tu t'es achetée jeudi dernier? Où est-elle donc? Ce n'est pas un cadeau, ça?

Monique. Monsieur a la mémoire bien courte. Monsieur sait très bien que je ne l'ai pas achetée. C'est toi-même qui disais que c'était une dépense inutile, cette jupe. Et puis 'il était plus urgent de réparer l'embrayage de la voiture'. Et moi? Ceinture! Plus de cadeau!

Jean Legallois. Puisque c'est ainsi, chérie, je vais rapporter le magnétophone dès demain matin et je te la paie, ta jupe.

Monique. Non, chéri, que va penser le marchand? Ce sont des choses qui ne se font pas!

Jean Legallois. Ah, ben oui. Mais j'essayerai quand même.

Monique. Non, en fin de compte ta carrière passe avant ma jupe et puis nous pourrons enregistrer les enfants. Les gosses, ça change et on oublie si vite leur façon de parler, le ton de leur voix.

Jean Legallois. Bon. J'ai une idée. Allons fêter ton anniversaire au restaurant. C'est à un bon kilomètre d'ici — c'est tout. On en aura pour une dizaine de minutes à pied. Tu sais, la voiture — pas question pour aujourd'hui! La réparation n'est pas encore terminée — elle est toujours en panne.

Monique. Toi alors!

COMMENTAIRE

Comme tu es gentil	*How nice you are!*
Fais voir!	*Show me!*
Tu n'as pas besoin de	*You don't need*

avoir besoin de qc.	*to need sg.*
avoir raison	*to be right*
avoir tort	*to be wrong*

avoir chaud	*to be hot*
avoir froid	*to be cold*
avoir faim	*to be hungry*
avoir soif	*to be thirsty*
avoir honte	*to be ashamed*
avoir envie de faire qc.	*to feel like doing sg.*

ta sacrée musique
your damned music
la musique sacrée   *sacred music*

Doucement
All right! All right! (lit. *gently, softly*)

sans savoir parler le français
without knowing how to speak French
sans is followed by the infinitive whereas **without** is followed by the present participle.
sans rien faire   *without doing anything*
sans trop protester   *without protesting too much*

Il faut que quelqu'un s'en charge
Someone must..., It is necessary that someone look after them
se charger **de** faire qc.   *to be responsible for doing sg.*
se charger **de** qc.   *to look after sg.*

les émissions (*f.*) *the broadcasts*

forcément
inevitably, necessarily
forcément often conveys the idea of **bound to**

je finirai par me le rentrer dans la tête
I shall finally knock it into my head
finir par faire qc.   *finally to do sg.*
commencer par faire qc.   *to start off by doing sg.*
Je commencerai par mettre le magnétophone en marche.
I shall begin by putting the tape-recorder on.

Two other verbs are used in this way with **par**:
débuter   *to begin*
terminer   *to finish*

Tu dois être tombé sur la tête!
You must be daft!

mon gars
my lad
NOTE   The *r* is not sounded.

à moins que tu n'enregistres...
unless you record...

je ne sais quoi   *something or other*

tu te trompes
you are wrong
syn. tu as tort
se tromper **de** livre   *to take the wrong book*

Je te le jure
I swear (it)
jurer   *to swear*
un juron   *an oath*

si le cœur t'en dit	*if you feel like it*
	le cœur *the heart*
	apprendre qc. par cœur *to learn something by heart*

| le laisser passer | *miss it* |

Une occasion comme celle-ci	*A chance (a bargain) like this*
	un livre comme celui-ci (celui-là)
	a book like this (that)
	des livres comme ceux-ci (ceux-là)
	books like these (those)
	des voitures comme celles-ci (celles-là)
	cars like these (those)

| la jupe | *the skirt* |

| un cadeau | *a present* |

| a la mémoire bien courte | *has a very short memory* |

une dépense inutile	*a useless expense*
	dépenser de l'argent *to spend money*
	passer du temps *to spend time*

| réparer l'embrayage | *repair the clutch* |

| Ceinture! | lit. *belt*. Here it conveys the idea that Monique has to tighten her belt, to deprive herself of something. |

dès demain matin	*first thing to-morrow morning*
	dès is rendered in English in a variety of ways:
	dès aujourd'hui *this very day*
	dès sa jeunesse *since his childhood*
	dès l'abord *from the outset*
	dès qu'il sera là *as soon as he is there*

| des choses qui ne se font pas! | *things which aren't 'done'!* |

| en fin de compte | *when all is said and done* |

fêter	*celebrate*
	un jour de fête *a holiday*
	C'est sa fête aujourd'hui
	It's his name day today (i.e. the day of the saint whose name a person bears and a cause for celebration).

C'est à un bon kilomètre d'ici	*It's just over a kilometre from here*
	NOTE the use of à when indicating distance:
	Il est assis à deux mètres de vous.
	He is sitting 2 yards away from you.

| On en aura pour une dizaine de minutes à pied | *It'll take 10 minutes to walk there* |

| en panne | *not working, broken down* |
| | une panne   *a breakdown; a failure* (mechanical, electrical, etc.) |

EXERCICES

1

MODÈLE 1

Il vous a parlé d'abord, n'est-ce pas?   **Oui, il a commencé par me parler.**

Commencer par

1. Elle a salué Jean à son arrivée, n'est-ce pas?
2. Elle a cru que le magnétophone était pour elle, n'est-ce pas?
3. Il lui a parlé de son nouvel appareil, n'est-ce pas?
4. Elle s'est moquée de lui, n'est-ce pas?
5. Elle l'a accusé de dépenser de l'argent inutilement, n'est-ce pas?

MODÈLE 2

Elle a maigri après tous ses efforts, n'est-ce pas?   **Oui, elle a fini par maigrir après tous ses efforts.**

Finir par

6. Il s'est souvenu de l'anniversaire de sa femme, n'est-ce pas?
7. Il a cédé, le pauvre Jean, n'est-ce pas?
8. Ils ont enregistré les voix de leurs enfants, n'est-ce pas?
9. Elle lui a pardonné, n'est-ce pas?
10. Ils sont allés au restaurant à pied, n'est-ce pas?

2

Répondez aux questions suivantes en remplaçant les mots soulignés par des pronoms tels que: **moi, toi, lui, elle, nous, vous, eux, elles.**

MODÈLE

Vous pensez souvent à votre mère?   **Mais oui, je pense souvent à elle.**

1. Vous allez le faire pour votre cousine?
2. Il a passé une quinzaine chez les Legallois?
3. Monique ira au restaurant avec Jean?
4. Monique aime passer chez ses amies?
5. Elle est assise à côté de vous?
6. Pense-t-elle rapporter le magnétophone chez le marchand?
7. Parlez-vous anglais avec les étrangers?
8. Vous croyez que le professeur s'intéresse beaucoup aux étudiants qui ont la mémoire courte?
9. Tu vas y renoncer à cause de moi, chéri?
10. Vous viendrez avec Jean et moi?

3

MODÈLE

Versailles est à combien de kilomètres de Paris? A 12 ou à 19 km?   **Versailles est à 19 kilomètres de Paris.**

Choisissez toujours la deuxième possibilité.

1. Marseille est à combien de kilomètres de Paris? A 690 ou à 790 km?

2. Lyon est à combien de kilomètres de Paris? A 367 ou à 467 km?
3. Nice est à combien de kilomètres de Paris? A 600 ou à 900 km?
4. Bruxelles est à combien de kilomètres de Paris? A 188 ou à 288 km?
5. Bordeaux est à combien de kilomètres de Paris? A 466 ou à 566 km?
6. Calais est à combien de kilomètres de Paris? A 180 ou à 280 km?
7. Madrid est à combien de kilomètres de Paris? A 1 069 ou à 1 269 km?
8. Genève est à combien de kilomètres de Paris? A 408 ou à 508 km?
9. Rome est à combien de kilomètres de Paris? A 1 274 ou à 1 474 km?
10. Strasbourg est à combien de kilomètres de Paris? A 353 ou à 453 km?

4

*Mettez les phrases ci-dessous au **passé composé**.*

MODÈLE

J'aurai envie de le faire.   **J'ai eu envie de le faire.**

1. Il en aura grand besoin.
2. Elle obtient cela pour presque rien.
3. Je ne croirai pas un traître mot de son histoire.
4. Nous serons incapables de le faire sur-le-champ.
5. Vous comprendrez cela facilement.
6. Il y aura une catastrophe épouvantable.
7. Ils décideront de nous accompagner en ville.
8. Elles vous diront cela trois fois au minimum.
9. Elle mettra sa jupe neuve.
10. Cela sera fort surprenant.

5

MODÈLE

Tu es sale.   **Oh, là, là! Comme tu es sale!**

1. Il est beau.
2. Elle est belle.
3. Il est gentil.
4. Elle est méchante.
5. C'est merveilleux.
6. Ton appartement est chouette.
7. Il est insupportable.
8. Jeanine est bête.
9. Cette voiture est splendide.
10. Cette jeune dame est chic.

6

MODÈLE

On m'a dit que vous vous êtes rendu au   **Oui, effectivement je me suis rendu au**
bureau de bonne heure.   **bureau de bonne heure.**

1. On m'a dit que vous vous êtes promené un peu en ville.   (*je*)
2. On m'a dit que vous vous êtes décidé à acheter un magnétophone.   (*je*)
3. On m'a dit que vous vous êtes dépêché de rentrer chez vous.   (*je*)
4. On m'a dit que vous ne vous êtes pas rappelé que c'était son anniversaire. (*je*)
5. On m'a dit que vous vous êtes disputés, Monique et vous.   (*nous*)

6. On m'a dit qu'elle s'est moquée de vous. *(elle)*
7. On m'a dit que vous vous êtes fait des excuses. *(nous)*
8. On m'a dit que vous ne vous êtes pas souvenus de la réparation de l'embrayage.
   (nous)
9. On m'a dit que vous vous êtes offert un repas gastronomique. *(on)*
10. On m'a dit que vous vous êtes bien amusés au restaurant, vous et Monique.
    (nous)

EXERCICE DE CONVERSATION—1

Vous allez entendre la voix de Monique qui prend le rôle qu'elle vient de jouer dans le dialogue. C'est à vous de prendre le rôle de **Jean Legallois.**

Monique Mais comment est-ce que tu vas apprendre l'anglais avec ça?

Jean Legallois
— j'enregistrerai — B.B.C.
— repasserai — forcément
— dans la tête.

Monique Et tu vas apprendre l'anglais comme ça? Tu dois être tombé sur la tête! Je te connais, mon gars. Tu l'écouteras trois fois au maximum et puis — pouf, fini! A moins que tu n'enregistres du Blonk ou du Bartonk ou je ne sais quoi!

Jean Legallois
— chérie — tu te trompes — cette fois-ci — efforts — jure.

Monique Jure si le cœur t'en dit. C'est mon anniversaire aujourd'hui et toi, qu'est-ce que tu fais? Monsieur s'achète un magnétophone. Où as-tu pris l'argent? Dis-moi ça, hein. Où?

Jean Legallois
Écoute — un peu — un prix avantageux — même — le laisser passer — une occasion — se présente —

Monique Et que m'as-tu acheté comme cadeau d'anniversaire? Montre-le donc! Tu n'es pas capable d'avoir oublié, hein?

Jean Legallois
— la jupe — jeudi dernier? — où? — un cadeau?

Monique Monsieur a la mémoire bien courte. Monsieur sait très bien que je ne l'ai pas achetée. C'est toi-même qui disais que c'était une dépense inutile, cette jupe. Et puis 'il était plus urgent de réparer l'embrayage de la voiture'. Et moi? Ceinture! Plus de cadeau!

Jean Legallois	Puisque — chérie — rapporter — dès demain matin — paie —

EXERCICE DE CONVERSATION — 2

Et maintenant vous prendrez le rôle de **Monique.**

Jean Legallois	Ben, j'enregisterai les émissions de la B.B.C. et puis je les repasserai plusieurs fois et forcément je finirai par me le rentrer dans la tête.
Monique	— comme ça? — la tête — mon gars — trois fois — fini — à moins que — quoi!
Jean Legallois	Mais chérie, je t'assure que tu te trompes. Cette fois-ci, je ferai des efforts. Je te le jure.
Monique	— le cœur — mon anniversaire — toi — tu fais — Monsieur — magnétophone l'argent — dis-moi — ?
Jean Legallois	Écoute, chérie. Calme-toi un peu. On m'a fait un prix avantageux, très avantageux même. Je ne pouvais pas le laisser passer. Une occasion comme celle-ci ne se présente pas souvent.
Monique	Et que — comme cadeau — ? — Montre-le — capable — ?
Jean Legallois	Mais la jupe que tu t'es achetée jeudi dernier? Où est-elle donc? Ce n'est pas un cadeau, ça?
Monique	mémoire — courte — sait très bien — disais — dépense inutile — il était plus urgent — l'embrayage — cadeau!
Jean Legallois	Puisque c'est ainsi, chérie, je vais rapporter le magnétophone dès demain matin et je te la paie, ta jupe.
Monique	Que va penser — ? — des choses — ?

QUESTIONS

1. Qu'est-ce qu'elle pensait, Monique, au retour de son mari?
2. Avait-elle raison?

3. Qu'est-ce que vous pensez d'un homme qui oublie l'anniversaire de sa femme? Est-ce gentil de sa part?
4. Pourquoi est-ce qu'ils se disputent, Jean et Monique?
5. Selon Monique pourquoi est-ce que son mari l'a acheté, ce magnétophone?
6. Et selon Jean?
7. Et quelle est votre opinion à vous sur cette question?
8. De quoi est-ce qu'il doit se charger au bureau?
9. Expliquez la façon dont il pense apprendre l'anglais.
10. Que répond Monique qui indique qu'elle n'accepte pas du tout cette explication?
11. Qu'est-ce qui mène Monique à dire 'Tu l'écouteras trois fois au maximum et puis — pouf, fini!'? Imaginez.
12. Il y a quelque chose qui montre que Monique ne s'intéresse pas beaucoup à la musique — quoi?
13. Pourquoi s'est-il mis à parler du prix?
14. Monique, qu'a-t-elle fait jeudi dernier?
15. Jean approuvait cet achat?
16. Pourquoi?
17. Vous trouvez Jean un peu égoïste?
18. Qu'est-ce qui empêche Jean de rapporter le magnétophone?
19. Quelle idée vient à l'esprit de Monique?
20. Et de Jean?
21. Expliquez la différence entre un café français et un 'café' en Angleterre.
22. Racontez l'histoire des deux leçons précédentes du point de vue de M. Legallois.
23. Et maintenant racontez-la du point de vue de sa femme, Monique.
24. Qu'est-ce que vous avez remarqué en ce qui concerne le caractère de Monique?
25. Et en ce qui concerne Jean?
26. Relisez l'exercice No. 6 puis racontez l'histoire de ce qu'elles ont fait, ces deux personnes.
27. A quelle heure vous êtes-vous levé hier?
28. Où est-ce que vous vous êtes promené hier?
29. Nommez une chose que vous vous êtes achetée récemment.
30. Comment vous êtes-vous amusé hier?

THÈME

Four years ago I managed to remember to buy something for my wife's birthday. Just imagine her surprise! The first time for years! I must admit that it wasn't I who remembered it, but my secretary. You see five years ago I forgot the date as usual and I had no intention of repeating my error. Besides I don't like the way Monique gets angry and treats me like an idiot when she expects to receive a present and she doesn't get one. It's frightful! So this time I explained the situation to my secretary and asked her to remind me a week before the date of Monique's birthday — and she did. At midday, before going back to the office I went to a shop and bought a really fine present. I was even given a discount of 5 per cent. At last I was able to give Monique something on the day of her birthday. It was perfect! But recently I've had two or three different secretaries and it's not been the same. They can't remember dates either!

11 Jeanine

Récit dans lequel le lecteur apprendra que la secrétaire de Monsieur Legallois est bien loin d'être parfaite

Au bureau la vie n'est pas toujours rose. Vous vous demandez pourquoi? Eh bien, c'est la faute de ma secrétaire. 'Secrétaire', c'est un bien beau titre pour elle, Jeanine! C'est une jeune fille qui n'a pas acquis la moindre notion de l'ordre ni de la discrétion. Elle est assez jeune, elle n'a que vingt ans et elle est tout récemment sortie d'une espèce de collège pour la formation de sténodactylos. C'est comme ça qu'elle est devenue 'secrétaire'. Si seulement elle savait taper les lettres à la machine sans faire un tas de fautes, moi, je serais bien content. C'est bien rarement que cela lui arrive, croyez-moi! Depuis le jour où elle est entrée dans notre Maison elle y est parvenue trois fois tout au plus. Et sa voix perçante de petite snob qui me tape sur les nerfs!

Vous savez comment ça se passe chez nous. Les sous-chefs de Service n'ont pas de bureau à eux. Pas de fleurs, pas même de tapis. Les fleurs sont réservées à Monsieur le Directeur lui-même. Donc, nous autres sous-chefs devons partager une salle minuscule. Et avec les secrétaires, ce qui est encore pire. Voilà ce qui me rend la vie insupportable. Ces jeunes filles, ça se maquille sans cesse et ça bavarde interminablement sur tout ce qui n'a pas d'intérêt.

'Dis, Jeanine, tu es allée danser avec Louis, dimanche soir, au "Chat Noir"? Vraiment?' — ou bien — 'Ah, tu ne te rends pas compte à quel point Louis est gentil — et drôlement beau avec ça! Il me sort dans la DS de son père. Le vieux, tu dois le savoir quand même, il est propriétaire d'une grosse usine à Issy-les-Moulineaux. Oh, tu n'as pas vu leur appartement! Avenue de Neuilly — à deux pas du Bois de Boulogne. Ah, c'est d'un luxe..., ma chère. Tout confort, grand standing évidemment!' Et patati et patata! Ça continue pendant des heures.

Quel bavardage insensé! Personnellement je me fiche entièrement de ce qu'elle fait le dimanche, matin ou soir, et encore plus de son cher petit ami, Louis.

COMMENTAIRE

La vie n'est pas toujours rose	*Life isn't always marvellous*
Vous vous demandez pourquoi?	*You wonder why?* se demander *to wonder*
la faute de	*the fault of*
la moindre notion	*the slightest idea*
une espèce de collège	*a sort of college* Note the use of **espèce** in insults: Espèce d'imbécile! *You idiot!*
la formation de sténodactylos	*the training of shorthand typists*
elle est devenue 'secrétaire'	*she has become a secretary*
elle savait taper des lettres à la machine	*she could type letters; she knew how to type letters.* **savoir faire qc.** *to be able to do sg.* (i.e. to know an art or possess a skill) **pouvoir faire qc.** *to be able to do sg.* (i.e. to be physically capable or to have permission) Je sais nager mais je ne peux pas nager toute la journée. *I can swim but I cannot swim all day.* Je sais jurer mais je ne peux pas jurer en classe. *I know how to swear but I'm not allowed to swear in class*
sans faire un tas de fautes	*without making heaps of mistakes*
je serais	*I should be* je serais *I should be, I would be*, is in the CONDITIONAL TENSE. Once the future forms of the irregular verbs have been learned, the conditional presents no problems.

FORMATION OF CONDITIONAL TENSE

Add the endings of the IMPERFECT TENSE to the stem of the future tense. Compare the future and conditional below:

Future		*Conditional*		
	je donnerai		je donnerAIS	donner
	tu finiras		tu finirAIS	finir
	il attendra		il attendrAIT	attendre
	nous voudrons		nous voudrIONS	vouloir
	vous aurez		vous aurIEZ	avoir
	ils seront		ils serAIENT	être

elle est entrée dans notre Maison	*she joined our firm* **entrer** is almost always followed by **dans** or, occasionally, **à**.
elle y est parvenue	*she has succeeded in doing it* parvenir **à** faire qc. *to succeed in doing sg.*
qui me tape sur les nerfs!	*which gets on my nerves!*
comment ça se passe	*how things are* (lit. *happen*) Qu'est-ce qui se passe? *What's going on?*
Les fleurs sont réservées à	*The flowers are reserved* **for**
nous autres sous-chefs	*we assistant managers* nous autres Anglais *we English* vous autres Français *you French*
minuscule	*minute* NOTE une lettre majuscule *a capital letter* une lettre minuscule *a small letter*
ce qui est encore pire	*which is even worse*
Voilà ce qui me rend la vie insupportable	*That is what makes my life unbearable* *Compare* Le Directeur l'a fait chef de Service. *The manager made him head of department.* Cela l'a rendu content. *That made him happy.*

chef is a *noun*, content is an *adjective*. Use **faire** with *nouns* and **rendre** with *adjectives*.

ça se maquille	*they put on make-up* le maquillage *make-up*
ça bavarde	*they chatter* N.B. **ça** normally refers to *things* but in informal conversation it may also apply to people, implying disapproval.
tu ne te rends pas compte à quel point Louis est gentil	*You don't realize how nice Louis is* **gentil**; (*f.*) **gentille** is as overworked a word as *nice*.
drôlement beau	i.e. *extremely handsome* drôle *comic, odd*

Il me sort dans la DS de son père	*He takes me out in his father's DS.* (an expensive Citroën model)
à deux pas du bois de Boulogne	i.e. *just by the Bois de Boulogne* un pas *a pace*
tout confort, grand standing	*all amenities, high class*
Et patati et patata!	*And so on and so forth!*
Quel bavardage insensé!	*What senseless chatter!* sensible *sensitive, touchy* sensé, raisonnable *sensible*
je me fiche entièrement de...	*I don't care a hang about...* Je m'en fiche! *I don't care!*

EXERCICES

1

MODÈLE

M. Edwards a parlé avec le Directeur?   Mais je vous ai déjà expliqué que M. Edwards avait parlé avec le Directeur.

1. M. Tisserand a écrit à Woolware?
2. On a décidé d'envoyer M. Edwards en France?
3. Il a parlé au téléphone avec Legallois?
4. Ils ont arrangé le rendez-vous au téléphone?
5. M. Edwards a pris l'avion?
6. Une dame l'a beaucoup dérangé?
7. Vous avez fait la connaissance de Jean avant cette leçon?   *nous*
8. Vous n'avez pas entendu parler de Jeanine avant cette leçon?   *vous*

2

MODÈLE

Nous devons partager une salle minus-   Je me demande pourquoi nous devons cule.   Je partager une salle minuscule.

1. Les sous-chefs de Service n'ont pas de tapis.   **Ils**
2. Monsieur le Directeur a toutes les fleurs.   **Nous**
3. Les jeunes filles bavardent interminablement.   **Nous**
4. La secrétaire ne sait pas taper des lettres à la machine.   **Vous**
5. Jeanine se maquille sans cesse.   **Le Directeur**
6. La vie n'est pas toujours rose.   **Vous**
7. Jeanine fait un tas de fautes.   **Jean**
8. Je ne suis pas Directeur de notre société.   **Je**

3

MODÈLE

Ma vie est insupportable, vous savez.   **Et voici ce qui me rend la vie insupportable, c'est que...**

1. Ma vie est gaie, vous savez.
2. Ma vie est pleine d'intérêt, vous savez.
3. Ma vie est passionnante, vous savez.
4. Ma vie est merveilleuse, vous savez.
5. Ma vie est si triste, vous savez.
6. Ma vie est si heureuse, vous savez.
7. Ma vie est si peu intéressante, vous savez.
8. Ma vie est si ordinaire, vous savez.

4

MODÈLE

Il n'a pas pensé à ses amis.   **Oui, figurez-vous, il a vidé la bouteille sans**
Et il a vidé la bouteille, vous dites?   **penser à ses amis!**

1. Il n'a pas pensé à sa femme.
   Et il est sorti avec sa secrétaire, vous dites?
2. Il n'a pas songé au Directeur.
   Et il est arrivé tard au bureau, vous dites?
3. Jeanine n'a pas pensé à son travail.
   Et elle a bavardé toute la journée, vous dites?
4. Tante Mireille n'a regardé ni à droite ni à gauche.
   Et elle a traversé la grand'rue, vous dites?
5. Elle ne se soucie pas de la circulation.
   Et elle se promène en ville, vous dites?
6. Elle ne pense pas aux dangers qu'elle court.
   Et elle fait toujours cela, vous dites?
7. Elle ne s'est pas rendu compte du risque.
   Et elle est passée devant un camion en marche, vous dites?
8. Elle n'est pas consciente de sa bêtise.
   Et elle a insulté le conducteur de camion, vous dites?

5

MODÈLE

Comme je voudrais savoir taper des   **Moi, heureusement, je sais taper des let-**
lettres à la machine!   **tres à la machine.**

1. Comme je voudrais savoir monter à bicyclette!
2. Comme je voudrais savoir nager!
3. Comme je voudrais savoir parler anglais!
4. Comme je voudrais savoir jouer du piano!
5. Comme je voudrais savoir jouer au tennis!
6. Comme je voudrais savoir faire du ski!
7. Comme je voudrais savoir faire de la voile!
8. Comme je voudrais savoir grimper aux arbres!

6

MODÈLE

Mais si elle savait taper des lettres à la machine?		Si elle savait taper des lettres à la machine, je serais bien content, ça va sans dire.
	je	

1. Mais s'il cessait de pleuvoir?   nous
2. Mais s'il n'y avait pas de brouillard?   ils
3. Mais s'il commençait à faire beau?   elle
4. Mais si Jeanine trouvait une autre situation?   je
5. Mais si sa femme ne se fâchait pas?   M. Legallois
6. Mais si la voiture marchait?   Monique
7. Mais si elle ne parlait jamais plus de Louis?   tout le monde
8. Mais si tante Mireille ne descendait pas chez nous si souvent?   nous

QUESTIONS ET RÉPONSES

1. Pourquoi est-ce que la vie au bureau n'est pas toujours rose? — C'est la faute de sa secrétaire.

2. Jeanine, est-elle discrète? — Mais non, elle n'a pas la moindre notion de la discrétion.

3. Quel âge a-t-elle, Jeanine? — Elle n'a que vingt ans.

4. Comment est-elle devenue secrétaire? — Elle est allée dans une espèce de collège pour la formation de sténodactylos.

5. Qu'est-ce qu'elle fait quand elle tape des lettres? — Elle fait toujours des fautes.

6. Combien de fois est-elle parvenue à taper des lettres sans fautes? — Trois fois tout au plus.

7. Pourquoi est-ce que Jean Legallois n'a pas de bureau à lui? — Il n'est que sous-chef de Service.

8. Où travaillent les sous-chefs de Service? — Ils travaillent ensemble dans une salle minuscule.

9. Les secrétaires, qu'est-ce qu'elles font? — Elles se maquillent sans cesse et bavardent interminablement.

10. A quoi est-ce qu'elle s'intéresse, Jeanine? — Elle ne s'intéresse qu'à son ami Louis.

11. Le père de Louis, qu'est-ce qu'il fait? — Il est propriétaire d'une usine à Issy-les-Moulineaux.

12. Qu'en pense Jean Legallois? — Il s'en fiche.

QUESTIONS

1. Comment est-elle, la vie au bureau?
2. A qui est-ce la faute?
3. Est-ce que Jeanine mérite le titre de secrétaire?
4. Alors, pourquoi pas?

5. Quelle espèce de formation professionnelle est-ce qu'elle a reçue, Jeanine?
6. Qu'est-ce qui arrive quand elle tape les lettres?
7. Sait-elle taper des lettres à la machine depuis longtemps?
8. Sur quel ton est-ce qu'elle parle?
9. Et Jean, est-ce qu'il aime entendre parler Jeanine?
10. Les sous-chefs de Service, ont-ils leur bureau personnel?
11. Pourquoi est-ce que le Directeur ne partage pas une salle?
12. Est-ce que les fleurs sont réservées aux sous-chefs?
13. Alors, leur bureau, comment est-il décoré?
14. Les jeunes filles, qu'est-ce qu'elles font pour paraître belles?
15. Qu'est-ce qui rend la vie insupportable à M. Legallois?
16. Pourquoi est-ce qu'elles bavardent, les secrétaires de la Filalaine?
17. Les jeunes filles que vous connaissez, de quoi est-ce qu'elles parlent?
18. Donnez une autre façon de dire 'sans cesse'.
19. Qu'est-ce qu'on demande à Jeanine?
20. C'est quoi, le 'Chat Noir'?
21. C'est qui, Louis?
22. Jeanine, qu'est-ce qu'elle pense de Louis?
23. Le père de Louis n'est pas un homme pauvre — à quoi le savez-vous?
24. Où demeure-t-il, Louis?
25. Décrivez l'appartement du père de Louis.
26. Le père de Louis, quelle est sa profession?
27. Jean, est-ce qu'il s'intéresse à tout ce que raconte Jeanine sur sa vie privée?
28. M. Legallois, s'intéresse-t-il à Louis?
29. Êtes-vous parvenu à comprendre toutes ces questions?
30. Expliquez ce que vous savez du caractère et des intérêts de Jeanine.

THÈME ORAL

It's quite rare for Jeanine * to think about her work * at the office. * All she does * is talk about Louis * and the fine career * he has ahead of him. In the last resort * she doesn't give a hang for Filalaine. * That's why * she hasn't the slightest idea * of the art of typing. * If only she married[1] him * and left our office * I'd be very happy. * There must be * hundreds of girls in Paris * who really know how to work * without chatting all the time. * It seems that * Jeanine isn't forced * to come to work for us. * According to what she says * her parents give her a lot of money. *

She must buy herself * a new skirt * every week * and she brings them back to the office * to stop the other typists from working * too. * It's always a bargain. * 'You see, Francine, * I couldn't miss it!' * And then she's always going to restaurants * to celebrate her birthday * or Louis' birthday * or something or other. * At her age! * If only * she'd stop telling us * all she does! * She doesn't realize * how[2] unbearable her chatter is * for the Deputy Heads of Departments, * who, in our firm, * have to share the office * with her and her friends.

[1] se marier avec
[2] combien. *Translate as though the English were* '... how much her chatter is unbearable'.

12 Au Bureau

*Dialogue dans lequel l'on voit les conséquences
fâcheuses d'un manque d'ordre par trop évident*

PERSONNAGES *Monsieur Legallois*   SCÈNE *Dans le bureau de M. Legallois*
                 Jeanine

M. Legallois. Dites, Jeanine!

Jeanine. Monsieur?

M. Legallois. Cette lettre qu'on a reçue il y a, voyons, trois semaines. Je
ne la retrouve plus. Ne sauriez-vous pas par hasard ce qu'elle est
devenue?

Jeanine. Mais de quelle lettre parlez-vous donc, Monsieur?

M. Legallois. Celle de la Société Woolgoods.

Jeanine. Oh, cette firme anglaise! Vous m'avez dit que je pouvais en
enlever le timbre pour mon petit frère. Je m'en souviens.

M. Legallois. Bon, bon. C'est bien ça. Elle annonçait l'arrivée prochaine
de leur représentant et j'ai bien l'impression qu'il pourrait arriver
aujourd'hui même.

Jeanine. Ça se peut. Moi, je n'en sais rien.

M. Legallois. Quand même, vous vous rappelez que je vous l'ai remise
pour la classer, n'est-ce pas?

Jeanine. Attendez! Je l'ai sous la main. Voyons... Une minute... Je
regarde dans le classeur. Voyons, voyons... Société Thonville à
Marseille. Non, ce n'est pas ça. Société Blanqueville à Roubaix, non
plus. Établissements Mandline, teintureries à Châteauroux. Non!

M. Legallois. Une seconde, ma chère. Celui-là, c'est le classeur de l'année
64. C'est inscrit, là, sous votre nez. Regardez!

Jeanine. Oh, comme je suis bête! Ce remaniement des meubles — j'ai
du mal à m'y faire. Ces soi-disant experts! Ils viennent ici me mettre
tout sens dessus-dessous... et par-dessus le marché, ils prétendent me

faciliter la tâche avec tout ça. L'efficacité à l'américaine — c'est de la blague! Louis — c'est mon ami, vous savez. Il a passé deux semaines là-bas. A ce qu'il dit, ce qu'ils y font, c'est un tas de...

Monsieur Legallois. Oh, zut alors! Louis! Louis! Louis!

Jeanine. Mais, M. Legallois!

Monsieur Legallois. Jeanine! Jeanine! Ayez tout simplement la bonté de me chercher la lettre, voulez-vous! Ce type peut arriver d'un moment à l'autre.

Jeanine. Oh, laissez-moi du temps, je vous en prie. Vous n'êtes pas aux pièces! Enfin, voici le classeur de cette année. Société... Pouf! Rien. Une minute. Ah, sur les rayons peut-être.

Monsieur Legallois. Bon. Mais pressez-vous donc un peu — il est déjà dix heures et demie, nom d'une pipe! Il sera là dans un instant, cet Anglais, et il faut absolument que je sois au courant avant son arrivée. Il le faut, vous entendez!

Jeanine. Monsieur, je le regrette. Êtes-vous bien sûr que vous me l'avez remise, cette lettre?

Monsieur Legallois. Ma-de-moi...

Jeanine. C'est ça! C'est ça! J'ai une idée — les tiroirs!

Monsieur Legallois. Allez-y! Cherchez donc — et vite!

Jeanine. Minute, minute, minute! Tiens, le rouge à lèvres que j'avais perdu — et moi qui avais accusé la Francine de me l'avoir emprunté sans me le demander. Ah... qu'est-ce qu'elle va penser de moi?

Monsieur Legallois. Jeanine!

Jeanine. Oh, pardon, j'allais vous oublier, M. Legallois!

M. Legallois. Mais dites, ce bout de papier sous votre machine à écrire. Faites voir!

Jeanine. Où ça? Ah! Ça par exemple! Elle s'était glissée sous la machine. Ah! Qui l'aurait crue là?

M. Legallois. Pas vous évidemment!

Jeanine. Voilà, Monsieur, votre lettre. Je vous l'avais bien dit que je l'avais sous la main. Un peu de patience, c'est tout ce qu'il faut.

M. Legallois. Oh, peuh!

COMMENTAIRE

| Ne sauriez-vous pas par hasard...? | *Do you happen to know...?* |
| le hasard | *chance, fate* |

ce qu'elle est devenue	*what has become of it* (i.e. the letter)
	Je ne sais pas ce qu'il est devenu.
	I don't know what has become of him.

je pouvais en enlever le timbre	*I could take off the stamp*
	enlever *to take off; to remove* (including clothes)

l'arrivée prochaine	the impending arrival
	l'année prochaine *next year*
	le lendemain *the next day*

qu'il pourrait arriver	*that he could arrive*
	Compare with **je pouvais en enlever le timbre**. In both cases the English equivalent was ***could*** but in French one must distinguish between **pouvais** i.e. the *imperfect tense*, where the action happened in the past, and **pourrait** i.e. *the conditional tense* where the action had not yet taken place at the time of speaking.

classer	*to file*

Je l'ai sous la main	*I have it near at hand*
	faire qc. à la main *to do sg. by hand.*

teintureries (*f.*)	*dye-works*
	teindre *to dye* (like craindre) p.p. **teint** (*irr.*)
	le teinturier *dyer*

inscrit	*written*
	inscrire *to write down* (like écrire)

Ce remaniement des meubles	*This moving around of the furniture*

j'ai du mal à m'y faire	*I find it hard to get used to it*
	syn. J'ai de la difficulté à m'y habituer
	se faire à qc. *to get used to sg.*
	s'habituer à qc. ,, ,, ,,

soi-disant	*so-called*

sens dessus-dessous	*upside down; the wrong way round*

par-dessus le marché	*into the bargain*

ils prétendent me faciliter la tâche	*they claim to make my job easier*
	prétendre faire qc. *to claim to do sg.*
	to pretend to do sg. faire semblant de faire qc.
	une tâche *a task, a job*
	Do not confuse with **une tache** *a spot, a stain*

L'efficacité (*f.*)	*efficiency*
	le rendement *the efficiency of a machine; output, yield.*

c'est de la blague	*it's a joke*
un tas de...	i.e. un tas de bêtises une bêtise *a piece of stupidity*
zut alors!	*dash it all! bother!*

Ayez...!	*Have...!* (Imperative)
	The imperative forms of **avoir** and **être** are irregular.
	    aie sois
	    ayons soyons
	    ayez soyez

d'un moment à l'autre	*any time*
Vous n'êtes pas aux pièces!	*You're not on piece-work!* i.e. *You're not paid by results!*
les rayons	*the shelves* le rayon *shelf; department in a large store*
Mais pressez-vous donc	*But hurry up* se presser = se depêcher s'empresser **de** faire qc. *to hurry to do sg.*
nom d'une pipe	A mild oath
il faut... que je sois	*I must be* **falloir** (*irr.*) **il faut que** is followed by the Subjunctive. See below.
les tiroirs (*m.*)	*the drawers*
le rouge à lèvres	*lipstick* **à** often conveys the idea of **for** Thus une bouteille de lait *a bottle of milk* but une bouteille à lait *a milk bottle* i.e. a bottle used for milk.
qui avais accusé la Francine de me l'avoir emprunté	*who had accused Francine of having borrowed it* accuser qn. **de** faire qc. emprunter qc. **à** qn.
la Francine	The **la** indicates a degree of familiarity.
Elle s'était glissée	*It* (i.e. the letter) *had slipped*
Qui l'aurait crue là?	*Who would have thought it there?* **cru** p.p. of croire (*irr.*)
crue	This text contains several examples of the agreement of the past participle of a verb with its direct object when the direct object comes before the past participle in the sentence. Cette lettre qu'on a reçue... (agreeing with **lettre** (*f.*)) Je vous l'ai remise... (**l'** stands for **la lettre**) Qui l'aurait crue là? (as above)

Notice also:

Quelles lettres avez-vous lues?
Voici les livres que j'ai lus.

With most verbs this agreement of the past participle with the preceding direct object does not, of course, necessitate any difference in pronunciation.

THE SUBJUNCTIVE

1. The Subjunctive forms of the verb are used, usually in subordinate clauses, after certain expressions indicating a **desire**, an **emotion, uncertainty, necessity, purpose, preference, commands.**

2. The formation of the **Present Subjunctive**. The stem of the **nous** form of the Present Tense + the endings **e, es, e, ions, iez, ent.**

Thus: **nous donnons**   **nous finissons**

Il faut que je donne   On veut que je finisse
   ,,   tu donnes   ,,   tu finisses
   ,,   il donne   ,,   il finisse
   ,,   nous donnions   ,,   nous finissions
   ,,   vous donniez   ,,   vous finissiez
   ,,   ils donnent   ,,   ils finissent
I have to give, etc.   *They want me to finish*, etc.

nous attendons

On défend que j'attende
   ,,   tu attendes
   ,,   il attende
   ,,   nous attendions
   ,,   vous attendiez
   ,,   ils attendent
I'm forbidden to wait, etc.

3. Happily most verbs are regular in the way they form the Subjunctive. The following however are irregular:

ALLER   (j'aille, nous allions, ils aillent)
                Voulez-vous que j'y **aille**?
                Do you want me to go there?

AVOIR   (j'aie, il ait, nous ayons, vous ayez, ils aient)
                Je m'étonne qu'il **ait** osé s'exprimer ainsi.
                I'm astonished that he dared to express himself that way.

BOIRE   (je boive, nous buvions, ils boivent)
                Approuve-t-elle que tu **boives**?
                Does she approve of your drinking?

DEVOIR   (je doive, nous devions, ils doivent)
                C'est dommage qu'il vous **doive** autant que ça.
                It's a pity he owes you as much as that.

ÊTRE   (je sois, il soit, nous soy**ons**, vous soyez, ils soient)
              Venez avant qu'il ne **soit** trop tard.
              Come before it is too late.

FAIRE   (je fasse, etc.)
              Il est temps que je le **fasse**.
              It is time for me to do it.

MOURIR   (je meure, nous mourions, ils meurent)
              Je crains qu'il ne **meure**.
              I fear he is dying.

POUVOIR   (je puisse, etc.)
              Croyez-vous qu'elle **puisse** épouser un homme pareil?
              Do you think she can marry a man like that?

PRENDRE   (je prenne, nous prenions, ils prennent)
              Il n'est pas nécessaire qu'il le **prenne** maintenant.
              He hasn't got to take it now.

RECEVOIR   (je reçoive, nous recevions, ils reçoivent)
              J'irai le voir à moins que je ne **reçoive** sa lettre demain.
              I shall go to see him unless I receive his letter tomorrow.

SAVOIR   (je sache, etc.)
              Pas que je **sache**.
              Not that I know of.

VENIR   (je vienne, nous venions, ils viennent)
              Je lui téléphonerai pour qu'il **vienne** me voir.
              I'll ring him so that he will come and see me.

VOULOIR   (je veuille, nous voulions, ils veuillent)
              Je ne pense pas qu'il **veuille** nous menacer.
              I don't think he wants to threaten us.

NOTE the **nous** and **vous** forms of the Present Subjunctive of **avoir** and **être**.

nous **ayons**	nous **soyons**
vous **ayez**	vous **soyez**

EXERCICES

1

MODÈLE

Vous l'avez sous la main? Ce n'est pas possible!   **Voilà! Je vous l'avais bien dit que je l'avais sous la main. Regardez!**

1. Je n'ai pas la moindre notion de l'ordre? Ce n'est pas possible!
2. Ma stupidité vous rend la vie insupportable? Ce n'est pas possible!
3. Je ne sais pas taper une lettre à la machine sans faire un tas de fautes? Ce n'est pas possible!
4. Le type peut arriver d'un moment à l'autre? Ce n'est pas possible!
5. Vous m'avez remis les documents hier? Ce n'est pas possible!
6. La feuille de papier se trouve sous la machine à écrire? Ce n'est pas possible!
7. Cette lettre annonce l'arrivée de leur représentant? Ce n'est pas possible!
8. Un peu de patience, c'est tout ce qu'il faut? Ce n'est pas possible!

2

*Mettez les phrases ci-dessous au **plus-que-parfait**.*
Écoutez bien les modèles.

Il l'a fait très rapidement.	Il l'*avait* fait très rapidement.
Il y est entré doucement.	Il y *était* entré doucement.
Il s'est acheté un parapluie.	Il s'*était* acheté un parapluie.

1. J'ai entendu un bruit fort curieux.
2. Je me suis habillé en deux minutes.
3. Mes parents sont sortis de la maison.
4. Nous avons fait le tour de la maison.
5. Nous avons passé beaucoup de temps à chercher partout.
6. Ma sœur a distingué une forme noire sur le toit.
7. Un chat est monté sur notre toit.
8. Il n'a pas pu descendre.
9. Nous sommes allés chercher une échelle.
10. On a voulu l'aider à descendre.
11. Le chat est resté là à nous regarder.
12. Puis il s'est sauvé à toute vitesse.
13. Cela nous a beaucoup étonnés.
14. Nous sommes rentrés à la maison.
15. En dix minutes nous nous sommes endormis de nouveau.

3

MODÈLE

Lui, il est allé en Afrique, vous savez.   Mais oui, il y a trois ans il a passé deux
mois en Afrique.

1. Moi, je suis allé à Paris, vous savez.   *vous*
2. Nous, nous sommes allés à Moscou, vous savez.   *vous*
3. Vous, vous êtes allés en Allemagne, n'est-ce pas, Messieurs ?   *nous*
4. Lui, il est allé aux États-Unis, vous savez.
5. Nos voisins, eux, sont allés en France, vous savez.
6. Tante Mireille, elle est allée chez les Legallois, vous savez.
7. Vous, vous êtes allé au bord de la mer, n'est-ce pas ?   *je*
8. Moi, je suis allé en Espagne près de la frontière portugaise, vous savez. *vous*

4

MODÈLE

Il voudrait que je sois au courant avant   Alors vous voyez, il faut absolument que
son arrivée.   je sois au courant avant son arrivée.

1. Il voudrait que Jean le fasse lui-même.
2. Il voudrait que nous arrivions à temps.
3. Il voudrait que vous soyez là avant elle.
4. Il voudrait qu'on retrouve la lettre immédiatement.
5. Il voudrait qu'elle se maquille avant d'arriver au bureau.
6. Il voudrait que je fasse un peu de travail ce soir.
7. Il voudrait que vous me prêtiez 100 F.
8. Il voudrait que je trouve quelque chose à boire après cette leçon.

5

MODÈLE

Il a passé deux mois en Afrique.   Oui. Comme je vous disais tout à l'heure,
Et si j'ai bonne mémoire il a vendu des   il a passé deux mois en Afrique à vendre
étoffes, n'est-ce pas?   des étoffes.

1. J'ai passé deux semaines à Paris.
   Et si j'ai bonne mémoire vous avez discuté de ce problème avec mon chef, n'est-ce pas?
2. Nous avons passé une semaine à Moscou.
   Et si j'ai bonne mémoire vous avez visité tous les musées, n'est-ce pas?
3. Tante Mireille est restée trois semaines à Vichy.
   Et si j'ai bonne mémoire elle a fait la cure, n'est-ce pas?
4. Tante Mireille a passé une quinzaine de jours chez les Lebrun.
   Et si j'ai bonne mémoire elle s'est disputée avec tout le monde, n'est-ce pas?
5. Je suis resté quatre jours à Marennes.
   Et si j'ai bonne mémoire vous avez dégusté des huîtres, n'est-ce pas?
6. Louis a passé un mois aux États-Unis.
   Et si j'ai bonne mémoire il a mangé des biftecks énormes, n'est-ce pas?
7. Jeanine est restée une quinzaine de jours sur la Côte d'Azur.
   Et si j'ai bonne mémoire elle a fréquenté des gens bien curieux, n'est-ce pas?
8. Hier elle a perdu toute l'après-midi.
   Et si j'ai bonne mémoire elle cherchait une lettre, n'est-ce pas?

6

MODÈLE

Il pourrait arriver d'un moment à l'autre.   J'ai bien l'impression qu'il pourrait ar-
                                                 river d'un moment à l'autre.

1. La lettre a été perdue.
2. La lettre perdue annonçait l'arrivée d'un représentant de la Société Woolgoods.
3. La lettre était dans le classeur.
4. Ma secrétaire ne sait pas où elle l'a mise.
5. Elle ne retrouvera jamais la lettre perdue.
6. Ma secrétaire s'intéresse plus à son rouge à lèvres qu'à mes lettres.
7. Jeanine se fiche un peu de son emploi.
8. Jeanine a plus de chance qu'elle ne le mérite.
9. Le Directeur va la renvoyer un de ces jours.
10. Je ne serais pas désolé si les choses en venaient là.

EXERCICE DE CONVERSATION—1

Vous allez entendre la voix de Jeanine qui répète le rôle qu'elle vient de jouer dans le dialogue. C'est à vous de prendre le rôle de **Monsieur Legallois.**

Jeanine   Monsieur...?

M. Legallois   Cette lettre — il y a — re-
                                                 trouve — Ne sauriez-vous
                                                 — elle est devenue?

Jeanine	Mais de quelle lettre parlez-vous donc, Monsieur?	
M. Legallois		Celle —
Jeanine	Oh, cette firme anglaise! Vous m'avez dit que je pouvais en enlever le timbre pour mon petit frère. Je m'en souviens.	
M. Legallois		Bon — annonçait l'arrivée — l'impression — pourrait arriver —
Jeanine	Ça se peut. Moi, je n'en sais rien.	
M. Legallois		— Vous vous rappelez — remise — classer —?
Jeanine	Attendez! Je l'ai sous la main. Voyons... Une minute... Je regarde dans le classeur. Voyons, voyons... Société Thonville à Marseille. Non, ce n'est pas ça. Société Blanqueville à Roubaix, non plus. Établissements Mandline, teintureries à Châteauroux. Non!	
M. Legallois		Une seconde — classeur — '64 — inscrit — nez — !
Jeanine	Oh, comme je suis bête! Ce remaniement des meubles — j'ai du mal à m'y faire. Ces soi-disant experts! Ils viennent me mettre tout sens dessus-dessous... et par-dessus le marché, ils prétendent me faciliter la tâche avec tout ça. L'efficacité à l'américaine — c'est de la blague! Louis — c'est mon ami, vous savez. Il a passé deux semaines là-bas. A ce qu'il dit, ce qu'ils y font, c'est un tas de...	
M. Legallois		—!— Louis!
Jeanine	Mais, M. Legallois!	
M. Legallois		Jeanine — la bonté — la lettre — ce type — un moment —

EXERCICE DE CONVERSATION — 2

Et maintenant vous prendrez le rôle de **Jeanine.**

M. Legallois	Dites, Jeanine,...	
Jeanine		... ?

M. Legallois	Cette lettre qu'on a reçue il y a, voyons, trois semaines. Je ne la retrouve plus. Ne sauriez-vous pas par hasard ce qu'elle est devenue?	
Jeanine		— quelle lettre —?
M. Legallois	Celle de la Société Woolgoods.	
Jeanine		—firme — enlever — frère — souviens.
M. Legallois	Bon, bon. C'est bien ça. Elle annonçait l'arrivée prochaine de leur représentant et j'ai bien l'impression qu'il pourrait arriver aujourd'hui même.	
Jeanine		— se peut — rien.
M. Legallois	Quand même, vous vous rappelez que je vous l'ai remise pour la classer, n'est-ce pas?	
Jeanine		— sous la main — Je regarde — Voyons — Société Thonville — Non — Société Blanqueville — teintureries à —
M. Legallois	Une seconde, ma chère. Celui-là, c'est le classeur de l'année '64. C'est inscrit, là, sous votre nez. Regardez!	
Jeanine		— bête! — ce remaniement — du mal — experts — sens dessus-dessous... et par-dessus — ils prétendent — l'efficacité — la blague! Louis — Il a passé — ce qu'il dit — un tas de...
M. Legallois	Oh, zut alors! Louis! Louis! Louis!	
Jeanine		— !
M. Legallois	Jeanine! Jeanine! Ayez tout simplement la bonté de me chercher la lettre, voulez-vous! Ce type peut arriver d'un moment à l'autre.	
Jeanine		Laissez-moi — prie — aux pièces — cette année — Société — les rayons —

QUESTIONS

1. Cet incident, où est-ce qu'il se déroule?
2. Quelle lettre est-ce qu'il cherchait, Jean?
3. Au début qu'est-ce qu'il demande à Jeanine?
4. Jeanine s'est souvenue de la lettre — pourquoi?

5. La lettre, qu'est-ce qu'elle annonçait?
6. Jean, se souvenait-il parfaitement du contenu de cette lettre?
7. Et Jeanine?
8. Pourquoi Jean avait-il remis la lettre à Jeanine?
9. Est-ce qu'elle a cherché la lettre dans le bon classeur?
10. Le remaniement des meubles dans le bureau, qui l'a fait?
11. Dans quel but?
12. Jeanine en est contente?
13. Du point de vue de Jeanine, qu'est-ce qu'ils font, les experts?
14. Louis a passé deux semaines dans un certain pays étranger — lequel?
15. Il a été fort impressionné de sa visite là-bas?
16. Qu'est-ce qu'il y a fait à votre avis?
17. Jean, est-ce qu'il s'intéresse aux opinions de Louis?
18. Pourquoi est-ce que Jean lui demande une deuxième fois de chercher la lettre?
19. A quoi est-ce que vous jugez que M. Legallois commence à se fâcher?
20. Jeanine vous paraît une jeune fille impertinente? Donnez vos raisons.
21. Expliquez l'expression, 'Vous n'êtes pas aux pièces'.
22. L'Anglais, quand est-ce qu'il pouvait arriver à leurs bureaux?
23. Cette lettre, pourquoi est-elle importante pour M. Legallois?
24. Où est-ce qu'elle l'a cherchée après avoir examiné les classeurs et les rayons?
25. Enfin Jeanine a découvert une chose qu'elle croit très importante — quoi?
26. De quoi est-ce qu'elle avait accusé Francine?
27. Où est-ce qu'elle était pendant tout ce temps, cette lettre?
28. Et comment est-ce qu'elle était arrivée là?
29. Racontez ce petit incident du point de vue de Jeanine.
30. Et du point de vue de Jean.

THÈME

I'll never forget that day. M. Tisserand, our boss, had invited a firm of American-style experts to inspect our office. He explained to us all that it was part of his plan to make our work easier. 'Think of all the time one can lose each week because a filing cabinet is too far away from a typist's desk or because a shelf is too low! We must change all that. Two gentlemen will be coming here tomorrow morning. Let them ask you questions and try to help them. You must remember that it's only in order to help *you* that they're coming.' What a joke!

They came at about a quarter to ten — two young fellows who'd scarcely left college. They introduced themselves and announced that they'd only come to help us. Well, it wasn't the first time we'd heard that. I'd decided to examine some old letters that morning so I asked Jeanine to get them for me from the filing cabinet. Immediately they started to ask no end of questions[1] — how was she going to get to the filing cabinet: in what way had she filed the letters; was she going to walk behind or in front of M. Létourneau's desk; how was she going to hand me them? They spent nearly an hour talking about the filing cabinet and the letters and prevented Jeanine and me from doing anything. Then in the afternoon they rearranged the furniture, turned everything upside down, and asked some other questions — did Jeanine like dancing; would she go to the cinema that night; what was she going to do at the weekend?

[1] des questions à n'en plus finir.

13 Mon Chef

*Récit dans lequel Jean Legallois nous fait un exposé
sur ses relations avec son Directeur*

N'allez pas croire que c'est uniquement Jeanine qui me rend la vie
ennuyeuse au bureau. N'oublions pas notre Directeur, Monsieur Gustave
Tisserand. Il faut quand même avouer que celui-là, c'est un type dynamique. Depuis qu'il exerce ses fonctions il a tout transformé dans la
Société Filalaine. Accroissement de la production de 32% en quatre ans
(sous le régime de feu son père, les ventes avaient baissé de 8 % pendant
la seule année '61), modernisation de fond en comble des filatures avec
contrôles incessants de la qualité, publicité, étude du marché: bref, tout
l'essor récent de l'entreprise, c'est à lui seul que reviennent l'honneur et
la gloire. Chapeau! Et les voyages d'affaires qu'il a faits — 80 000 km.
en deux ans et puis tout dernièrement il s'est mis à parler d'une éventuelle
coopération avec une société anglaise analogue, de la location d'un
ordinateur, de l'informatique et de... peuh, je ne sais quoi encore.
  Mais notre Directeur possède certaines manières qui ne cessent de
m'étonner et de m'embêter. De m'embêter surtout. C'est notamment
son fier dédain pour tout ce qui lui paraît être menu détail. Eh bien,
étant simple sous-chef de Service, ma journée se passe à mettre de l'ordre
dans les menus détails de M. le Directeur. La sienne est consacrée à
l'étude des larges perspectives, de la haute finance, de la politique
extérieure, de la fiscalité, des chiffres de la production, et de ses graphiques. Il a un amour fou pour les graphiques, ce type-là. Graphiques des
ventes, un pour chaque région de France, bien entendu, graphiques de
l'évolution du prix d'achat de toutes les matières premières, de la répartition de la main-d'œuvre, *et cætera et cætera*. Les murs de son bureau
sont tout garnis de graphiques à n'en plus finir. Moi, je préfère le papier
peint — c'est plus reposant.
  Mais vous vous demandez sans doute de quelle façon mon chef me
rend la vie un peu énervante. Je dois admettre que je suis un type
méthodique. Pas brillant, mais méthodique et je n'aime pas beaucoup

qu'on vienne interrompre le fil de ma pensée pour me demander si ma femme se porte bien ou l'opinion du fiston sur son lycée. Ça, il me l'a demandé Dieu sait combien de fois. Et des réponses il s'en fiche, évidemment. C'est à peine s'il sait le nom de François. Cela fait partie de sa modernisation, tout ça. Question de rapports avec le personnel, l'art de diriger une entreprise au 20ᵉ siècle, quoi. Ah oui, M. le Directeur, vous savez empêcher vos gens de travailler, de faire le boulot pour lequel ils sont payés. Ce qui me déconcerte le plus ce sont les représentants allemands et anglais. Lui, il les invite à inspecter notre Maison — ça inspire confiance aux clients, on n'a rien à cacher, on est tous bons copains. Il les invite à mon insu, bien entendu. Puis, il passe dans mon bureau et c'est... 'Hé, mon vieux! Ça va? Madeleine se porte bien? Oh, pardon, c'est Monique, n'est-ce pas? Bon, parfait, parfait! Dites, j'ai un Anglais qui va venir tout à l'heure. De la Société Woolgoods ou Woolware ou quelque chose de semblable, hein. Une société très moderne, une des toutes premières dans la branche là-bas. Je veux qu'on le reçoive très gentiment, vous comprenez? Montrez-lui un peu la ville aussi — ils aiment ça, les Anglais. Pas de questions, hein? Bon. Allez, à tantôt.'

'Pas de questions, hein?' Il a claqué la porte avant de me donner le temps de répondre quoi que ce soit. C'est son genre. Pour lui la différence entre Woolgoods et Woolware, ce n'est qu'une bagatelle, un menu détail. C'est une bonne chose que je sois méthodique dans mon travail, moi. Je sais pertinemment que c'est le représentant de Woolgoods qui va venir et j'ai pris la précaution de relire leur lettre que ma secrétaire a failli perdre. Les menus détails — il faut bien qu'il y ait quelqu'un pour s'en occuper, crénom de nom!

COMMENTAIRE

celui-là	*that one*, i.e. an emphatic way of saying *he*
Depuis qu'il exerce ses fonctions	*Since he's taken on the job*
Accroissement de la production de 32 %	*Increase in production of 32 %*

NOTE   Almost all nouns ending in **-ment** are masculine.

accroître	*to increase*	p.p. **accru** (*irr.*)
croître	*to grow*	p.p. **cru** (*irr.*)
la croissance	*growth*	
increase **by** *10 %*	accroître, augmenter **de** 10 %	

feu son père	*his late father*
les ventes avaient baissé **de** 8 %	*sales had fallen by 8 %*

de fond en comble	*from top to bottom* (lit. *from bottom to top*) Ça, c'est le comble! *That's the end!*
publicité (*f.*)	*advertising*
étude du marché	*market research* une étude *a study* un étudiant *a student*
bref	*in a word*
l'essor (*m.*)	*rise, progress*
Chapeau!	i.e. Chapeau bas! *I take my hat off to him!*
dernièrement	*recently*
une éventuelle coopération	*the possibility of co-operation* **eventual** in English suggests inevitability. **éventuel** merely indicates that a possibility exists.
analogue	*similar, of like nature*
la location d'un ordinateur	*hiring a computer*
l'informatique (*f.*)	*information-retrieval*
qui ne cessent de m'étonner et de m'embêter	*which continually astonish and irritate me*
notamment	*in particular, especially*
son fier dédain	*his proud contempt* la fierté *pride*
tout ce qui lui paraît être menu détail	*everything that he thinks a trivial detail*
étant simple sous-chef de Service	*being a mere assistant head of department* **étant** present participle of **être** **ayant** present participle of **avoir**
la sienne	*his* i.e. *his day* Ce classeur c'est le mien. Le sien est là. *This file is mine. His is there.*

mine	le mien	la mienne	les miens	les miennes
yours	le tien	la tienne	les tiens	les tiennes
his, hers, its	le sien	la sienne	les siens	les siennes
ours		le/la nôtre		les nôtres
yours		le/la vôtre		les vôtres
theirs		le/la leur		les leurs

NOTE
It is considerably easier to say **à moi, à nous, à eux,** *etc.*

consacré à	*devoted to*
la politique extérieure	*foreign policy*

la fiscalité
the financial system
le fisc   *the Exchequer, the Inland Revenue*

chiffres de la
production
production figures
le chiffre   *the figure, the number*
Note the various renderings of *number*:
Pour indiquer **le numéro** de la salle on a mis **le chiffre** 7 sur la
porte.
J'ai **un nombre** d'amis à Paris.

graphiques du
prix d'achat de
toutes les mati-
ères premières
graphs of the purchase price of all the raw materials

la répartition de
la main-d'œuvre
the disposition of the labour force
NOTE   un manœuvre   *an unskilled worker*
          une manœuvre   *a manœuvre*

tout garnis de
graphiques à
n'en plus finir
covered with no end of graphs
garnir   *to furnish with, to provide with*

le papier peint   *wallpaper*

énervante   *tiring*

je n'aime pas
beaucoup qu'on
vienne inter-
rompre
I don't much like people coming to interrupt
Subjunctive after a verb indicating EMOTION.

le fil de ma
pensée
my train of thought (lit. *thread*)

ma femme se
porte bien
my wife is well
Comment vous portez-vous? = Comment allez-vous?

l'opinion du
fiston
my son's opinion (coll.)

à peine   *scarcely, hardly*

rapports avec le
personnel
staff relations

au 20ᵉ siècle   *in the 20th century*

le boulot   *work* (coll.)

Ce qui me dé-
concerte le plus
What puts me out most

cacher   *to hide*

on est tous bons
copains
we're all good friends (coll.)

à mon insu   *unknown to me*

quelque chose de
semblable
something like that

Je veux qu'on le reçoive très gentiment	*I want him to be treated very well* (lit. *nicely*) Subjunctive after a verb indicating a WISH.
à tantôt	*see you later*
Il a claqué la porte	*He slammed the door* claquer des mains = applaudir
quoi que ce soit	*anything*
C'est son genre	*It is typical of him*
une bagatelle	*a triviality*
C'est une bonne chose que je sois méthodique	*It is a good job that I am methodical* Subjunctive after an expression indicating a JUDGEMENT.
Je sais pertinemment que	*I know full well that*
que ma secrétaire a failli perdre	*that my secretary almost lost* faillir faire qc. *almost to do sg.*
il faut bien qu'il y ait quelqu'un	*there has to be someone* Subjunctive after il faut que which indicates NECESSITY.
crénom de nom!	*for heaven's sake!*

EXERCICES

1

MODÈLE

Inspecter notre Maison.   inviter Le Directeur invite les représentants étrangers à inspecter notre Maison.

1. Discuter leurs problèmes avec moi.   **encourager**
2. Admirer tous ses graphiques.   **inviter**
3. Exposer leurs opinions sur une éventuelle coopération.   **obliger**
4. Étudier certains de ses projets.   **aider**
5. Révéler les intentions de leur firme.   **obliger**
6. Visiter une des filatures en province.   **aider**
7. Examiner la qualité de nos produits.   **encourager**
8. Prendre un Pernod avec lui.   **inviter**

2

Vous allez juger de l'attitude du Directeur à l'égard de certains aspects de son travail. Dites si ces aspects lui plaisent ou lui déplaisent.

MODÈLE

L'essor récent de notre firme — qu'en pense votre chef?   L'essor récent de notre firme lui plaît énormément à ce qu'il en dit.

1. Les graphiques qui garnissent ses murs — qu'en pense votre chef?

2. L'augmentation des frais généraux — qu'en pense votre chef?
3. Tout ce qui lui paraît être menu détail — qu'en pense votre chef?
4. Les formulaires qu'il doit remplir pour le fisc — qu'en pense votre chef?
5. Les innovations qu'il a introduites dans votre compagnie — qu'en pense votre chef?
6. Le coût des matières premières — qu'en pense votre chef?
7. L'idée de coopérér avec une société anglaise analogue — qu'en pense votre chef?
8. L'attitude de certaines de ses employées, telle Jeanine — qu'en pense votre chef?

3

MODÈLE

Et puis il y a l'accroissement de la production.   **Ah oui, l'accroissement de la production lui pose pas mal de problèmes, j'en suis persuadé.**

1. Et puis il y a le coût sans cesse croissant de la publicité.
2. Et puis il y a la politique extérieure des pays en voie de développement.
3. Et puis il y a la hausse des prix des matières premières.
4. Et puis il y a la baisse récente des ventes outre-Manche.
5. Et puis il y a la consommation croissante d'électricité.
6. Et puis il y a l'augmentation des frais généraux.
7. Et puis il y a les tarifs douaniers en Amérique du Sud.
8. Et puis il y a le fisc.

4

MODÈLE

trente-six ans
Est-ce que Jean a trente-huit ans?   **Oh ça, non! Il n'a que trente-six ans.**

1. **62 kilos**
   François, est-ce qu'il pèse 80 kilos?
2. **les disques**
   Suzanne, est-ce qu'elle apprécie ses parents?
3. **sous-chef**
   Jean, est-il chef du Service des achats?
4. **les rapports avec le personnel**
   M. le Directeur, s'intéresse-t-il à la santé de Monique?
5. **du Pernod**
   Le chef de Jean, il boit du lait avec ses visiteurs?
6. **une bagatelle**
   Pour le Directeur, la différence entre Woolgoods et Woolware, c'est important?
7. **son art de diriger une entreprise**
   Le patron, est-ce qu'il passe son temps à perfectionner son anglais?
8. **son ami Louis**
   Et Jeanine, est-ce qu'elle s'intéresse à la modernisation des filaturés?

5

MODÈLE 1

Qu'est-ce qu'il fera à l'avenir?   Mais vous savez bien ce qu'il fera à l'avenir!

MODÈLE 2

Qu'est-ce qui l'embête au bureau?   Mais vous savez bien ce qui l'embête au bureau!

1. Qu'est-ce qui se passe?
2. Qu'est-ce qui est arrivé au bureau hier?
3. Qu'est-ce qu'il faudra faire demain?
4. Qu'est-ce qu'il y avait dans cette boîte-là?
5. Qu'est-ce qui l'empêche de venir?
6. Qu'est-ce qu'il a?
7. Qu'est-ce qui l'a impressionné le plus aux États-Unis?
8. Qu'est-ce qu'elle va regarder à la télévision ce soir?
9. Qu'est-ce qu'on jouera au cinéma la semaine prochaine?
10. Qu'est-ce qui vous trouble maintenant?
11. Qu'est-ce qu'il a répondu au Directeur?

6

MODÈLE

Une des toutes premières sociétés dans la branche.   Il s'est mis à parler d'une des toutes premières Sociétés dans la branche.

1. Leurs problèmes.
2. Sa famille à lui.
3. Ses rapports avec le personnel.
4. Un type qui allait venir tout à l'heure.
5. Son appartement tout confort.
6. Sa merveilleuse secrétaire.
7. Ce qu'il allait faire le dimanche.
8. Un tas de choses peu intéressantes.

QUESTIONS ET RÉPONSES

1. Pourquoi est-ce que Jean dit 'chapeau'?

Il reconnaît que le Directeur a réalisé des améliorations importantes.

2. Quelles améliorations?

La modernisation des usines, par exemple.

3. Et les autres? Sur quoi est-ce qu'elles portent?

Elles portent sur l'accroissement de la production, la publicité, l'étude du marché, et ainsi de suite.

4. C'est tout ce qu'il fait, le Directeur, moderniser l'entreprise?

Oh ça, non! Il a fait pas mal de voyages d'affaires aussi.

5. Qu'est-ce que vous entendez par là?

Eh bien, 80 000 km en deux ans, c'est un type dynamique.

6. Donc, le patron n'a que des vertus? — Pas exactement. Il a certaines manières qui embêtent les gens.

7. Comment ça? — C'est qu'il leur pose des questions sans écouter les réponses.

8. Mais pourquoi est-ce qu'il agit ainsi? — Il veut de bons rapports avec le personnel, mais il a trop à faire.

9. Trop à faire? — Évidemment — ne me posez pas de questions ridicules! Je vous l'ai déjà expliqué.

10. Doucement, doucement! Pourquoi vous fâchez-vous? — Ah! Vous m'interrogez toujours et j'en ai marre.

QUESTIONS

1. C'est seulement Jeanine qui embête M. Legallois au bureau?
2. Le Directeur, comment est-ce qu'il fait preuve de dynamisme?
3. Jean, vous paraît-il dynamique? Pourquoi?
4. La production à la Filalaine — comment a-t-elle évolué ces derniers temps?
5. Caractérisez le progrès de la firme sous la direction du père du chef actuel.
6. Quelles innovations ont été introduites récemment dans la maison?
7. M. Legallois en est responsable?
8. Pourquoi est-ce que le Directeur a fait tant de voyages?
9. Quel est le dernier de ses projets dont Jean a entendu parler?
10. Comment est-ce que le Directeur passe sa journée?
11. Et Jean?
12. Et vous-même? En quoi est-ce qu'elle consiste, votre journée?
13. Et la journée de votre supérieur?
14. Qu'est-ce qu'ils indiquent, les graphiques qui garnissent les murs du bureau du Directeur?
15. Pouvez-vous expliquer pourquoi le Directeur s'intéresse tellement aux graphiques?
16. Savez-vous pourquoi le Directeur s'occupe de la fiscalité?
17. Qu'est-ce que vous entendez par la 'répartition de la main-d'œuvre?'
18. Comment est-ce que M. Tisserand rend la vie un peu énervante à Jean?
19. Comment est-ce que Jean se décrit dans ce texte?
20. Qu'est-ce qui indique que Jean s'intéresse à son travail, qu'il aime sa situation?
21. En parlant de la femme de Jean M. Tisserand se trompe de nom et dit Madeleine au lieu de Monique. Comment expliquez-vous cela?
22. Pourquoi est-ce que la visite des représentants allemands et anglais déconcerte Jean?
23. Pourquoi est-ce que M. Tisserand les invite, tous ces représentants?
24. Jean, que doit-il faire avec l'Anglais qui va arriver tout à l'heure?
25. Mettez-vous à la place du Directeur. Comment est-ce que vous auriez annoncé la visite de ce représentant à M. Legallois? Qu'est-ce que vous auriez dit?
26. Comment concevez-vous l'art de diriger une entreprise au 20e siècle en ce qui concerne le personnel?
27. Dans ses rapports avec Jean le Directeur fait certaines erreurs sur le plan psychologique. Lesquelles?

28. Jean, quels traits de caractère a-t-il révélés en parlant ainsi de M. Tisserand?
29. Résumez ce que Jean pense de son Directeur.
30. Devinez ce que M. Tisserand pense de Jean.

CHIFFRES ET DATES

Vous allez entendre des chiffres et des dates. Notez-les sur un bout de papier.

14 Un Malentendu

*Dialogue dans lequel l'on assiste à l'accueil de
Monsieur Edwards à la Société Filalaine, accueil pour
le moins étrange*

PERSONNAGES *Jean Legallois*   SCÈNE *L'action se passe dans le bureau de*
             Jeanine   *M. Legallois.*
             M. Edwards

Jeanine. M. Legallois!

Jean Legallois. Quoi? Qu'est-ce qu'il y a?

Jeanine. Un coup de fil du concierge. Un représentant quelconque est
arrivé et monte vous voir. Oh, sapristi! Encore du travail en perspective!

Jean Legallois. Ah, ce doit être l'Anglais...

Jeanine. Tenez, le voilà qui arrive déjà! Par ici, Monsieur.

M. Edwards. Merci bien, Mademoiselle. Ah! Bonjour, Monsieur! C'est
bien à la Société Filalaine que j'ai l'honneur de m'adresser?

Jean Legallois. Certainement, Monsieur. Notre société est heureuse de
vous accueillir. Très heureuse. Je suis tout à fait au courant de votre
visite. Vous savez, à la Filalaine, on s'attend à ce que notre future
coopération soit, comment dirais-je, des plus fructueuses.

M. Edwards. Et nous également. Je suis si confus de me présenter ainsi
en fin d'après-midi mais je n'ai pas pu, comme prévu, prendre l'avion
de onze heures. Puis, à mon arrivée à Paris, il y avait un embouteillage
monstre entre l'aéroport et la ville.

Jean Legallois. Vraiment, vous jouez de malchance. Mais, rassurez-
vous! Nous étions prévenus de votre visite. D'ailleurs, vous êtes là
pour quelques jours.

M. Edwards. Oui, mais je tenais à faire une rapide apparition à vos
bureaux aujourd'hui même, ne serait-ce que pour aborder...

Jean Legallois. Aborder! Il n'en est pas question! Vous venez tout simplement nous confirmer votre coopération. C'est ça, Monsieur, n'est-ce pas?

M. Edwards. A vrai dire, Monsieur, la Maison ne m'envoie que pour une enquête préalable.

Jean Legallois. Sans blague! Il me semble que nos sociétés sont en pourparlers depuis un certain temps et vous étiez censé nous rendre visite pour transmettre un avis favorable.

Jeanine. M. Legallois. Je peux vous communiquer la lettre. Référence AB 3092. Ça me revient maintenant.

Jean Legallois. Merci. Je n'ai pas besoin de cette lettre — je me souviens parfaitement bien du contenu, Mademoiselle.

M. Edwards. C'est bizarre ça, car à notre dernière entrevue, mon chef m'a chargé de vous contacter en vue de discuter les tout premiers pas. Ce sont là ses propres mots. Ce matin même, il me l'a confirmé une nouvelle fois.

Jean Legallois. Les tout premiers pas! N'exagérons pas! Il s'agissait d'une étroite coopération sur le plan des ventes à l'étranger, utilisation réciproque de débouchés tant en France qu'en Angleterre, unification des achats de matières premières, bref, quasiment une fusion d'intérêts!

M. Edwards. Une fusion d'intérêts sans discussions préalables! Ça non, c'est inconcevable! D'autant plus que nous venons d'absorber un de nos compétiteurs anglais et la réorganisation durera quelque temps encore, je vous assure. Non, non, non, non, non, vous devez vous tromper, Monsieur.

Jean Legallois. Comment me tromper? Vous représentez la Société Woolgoods, siège social, Brassgate 9, Huddersfield, chiffre d'affaires l'an dernier, tenez... 235 000 livres sterling, firme très respectée. Spécialités: pullovers en...

M. Edwards. Mais tout s'explique! Voilà pourquoi nous n'étions pas sur la même longueur d'onde. Moi, je n'ai rien à voir avec Woolgoods.

Jean Legallois. Comment? Que dites-vous là?

M. Edwards. Mais, vous confondez. Moi, mais je suis chef du Service des achats de la Société Woolware de Bradford. Votre Directeur a voulu profiter de l'expérience de notre Maison dans le marché de la laine brute anglaise. C'est à nous deux d'élaborer un accord éventuel, votre chef du Service des achats étant absent pour des raisons de famille.

Jean Legallois. Oui, c'est vrai. C'est que sa femme attend son troisième... Sans blague! Vous êtes autrement mieux renseigné que moi sur les intentions de Filalaine. Je n'en reviens pas. Attendez un moment, s'il vous plaît, Monsieur. Jeanine!

Jeanine. Monsieur?

Jean Legallois. Cherchez dans le classeur — un dossier Woolware, s'il en existe un.

Jeanine. Inutile de le chercher. Le voilà. La secrétaire du Directeur, Francine, vous l'a apporté quand vous étiez sorti tout à l'heure. Elle a dit que vous en auriez besoin, car...

Jean Legallois. Et vous ne m'avez rien dit!

Jeanine. J'ai bien essayé, Monsieur, mais...

Jean Legallois. Suffit, pas d'histoires! (*Il lit dans le dossier.*) Monsieur, mes excuses. Vous avez raison. C'est donc vous M. Edwards! Ah, je vois! Si seulement on m'avait prévenu je vous aurais épargné cette pénible discussion.

M. Edwards. Oh, ce n'est rien. Des fois cela arrive chez nous aussi. Rassurez-vous!

Jeanine. Monsieur Legallois!

Jean Legallois. Quoi? Qu'est-ce qu'il y a encore?

Jeanine. Francine vous a laissé un petit message de la part du Directeur. Le voici. C'est pour vous dire qu'il n'est plus question de coopérer avec Woolgoods. Ils viennent de faire faillite, paraît-il.

Jean Legallois. Et vous ne m'avez pas averti, nom d'un chien!

Jeanine. Mais, vous m'avez dit de ne pas vous interrompre, Monsieur, alors...

Jean Legallois. Oh, malheur! Quelle vie! Avec n'importe quel autre chef et n'importe quelle autre secrétaire, je serais, mais, l'homme le plus heureux du monde!

COMMENTAIRE

un coup de fil	=un coup de téléphone
un représentant quelconque	*some representative or other*
Oh, sapristi! Encore du travail en perspective!	*Oh, blow it! More work in the offing!* REMEMBER Plus de travail *No more work*
accueillir	*to welcome* (**irr.**) un accueil chaleureux *a warm welcome*
on s'attend à ce que... [soit]	*we expect that...* Verbs followed by **à ce que** usually take the subjunctive. e.g. veiller à ce que... *to see to it that...*

des plus fructueuses	*most fruitful*
comme prévu	*as planned*
à mon arrivée	*on my arrival*
	Almost all nouns ending in -ée are feminine.
	Common exceptions le musée *museum*
	le lycée *grammar school*
un embouteillage	*a traffic jam*
vous jouez de malchance	*you are having bad luck*
	syn. vous tombez mal
Nous étions prévenus de votre visite	*We knew about your visit in advance*
	prévenir *to inform, to give notice of, to warn*
je tenais à faire une rapide apparition	*I made a point of dropping in for a moment*
	tenir à faire quelque chose *to insist on doing something*
ne serait-ce que pour	*if only to*
aborder	*to broach*
une enquête préalable	*a preliminary inquiry*
Sans blague!	*You don't say!; You're not kidding!*
nos sociétés sont en pourparlers depuis...	*our companies have been engaged in discussions for...*
vous étiez censé	*you were supposed to*
un avis favorable	*a favorable decision*
	un avis *an opinion; a notification*
le contenu	*the contents*
à notre dernière entrevue	*at our last interview*
en vue de discuter	*with a view to discussing*
ses propres mots	*his very words* (lit. *his own words*)
	ma propre main *my own hand*
	ma main propre *my clean hand*
Il s'agissait d'une étroite coopération	*It was a question of close co-operation*
	il s'agit de *it is a question of*
	(An impersonal expression.)
sur le plan des ventes à l'étranger	*in the field of overseas sales*
un débouché	*an outlet*
tant en France qu'en Angleterre	*both in France and England* (lit. *as much in France as in England*)

quasiment une fusion d'interêts	*almost a merger*
D'autant plus que	*Especially as, all the more so as*
chiffre d'affaires	*turnover*
livres (*f.*)	**£**
	un livre *a book*
	une livre *a pound* (*lb.*); *a pound sterling* (**£**)
la même longueur d'ondes	*the same wavelength*
Je n'ai rien à voir avec	*I'm nothing to do with*
Vous confondez	= Vous vous trompez
	confondre *to make a mistake; mingle*
C'est à nous deux d'élaborer	*It is up to the two of us to work out*
autrement mieux renseigné	*far better informed*
	autrement usually means *differently; otherwise*
Je n'en reviens pas	*I cannot get over it*
Suffit	i.e. Cela suffit. *That is enough!*
	suffire *to suffice* p.p. **suffi** (**irr.**)
	suffisant *sufficient; conceited*
pas d'histoires!	*no excuses!*
je vous aurais épargné	*I would have spared you*
	épargner son argent *to save one's money*
	une Caisse d'Épargne *a savings bank*
de la part de	i.e. *from*
	de la part de often means *on behalf of*
faire faillite	*to go bankrupt*
	faire banqueroute suggests dishonesty is involved
Et vous ne m'avez pas averti	*And you did not warn me*
	avertir *to warn*
	un avertissement *a warning*
	an advertisement une réclame
vous m'avez dit de ne pas vous interrompre	*you told me not to interrupt you*
	ne and **pas**, **ne** and **rien**, **ne** and **plus**, **ne** and **jamais** appear together **before** an infinitive.
	J'aime **ne pas** arriver tard au bureau.
	J'ai l'intention de **ne rien** boire ce soir.
	Elle a décidé de **ne plus** boire avant de conduire une auto.
	Elle a promis de **ne jamais** m'oublier.
	But Je propose de **n'**insulter **personne**.
Oh, malheur!	*Oh, woe!*
	un malheur *a misfortune*
	le bonheur *happiness*

n'importe quel	*any* (lit. *no matter what*)	
n'importe quelle	n'importe quand	*any time*
	n'importe où	*anywhere*
	n'importe qui	*anyone*
	n'importe comment	*anyhow*
	n'importe lequel	*no matter which* (among several things)
	n'importe quoi	*anything*
also n'importe		*it does not matter*

EXERCICES

1

MODÈLE

Que pourriez-vous manger?   **Oh, je pourrais manger n'importe quoi!**

1. Qui pourriez-vous rencontrer?
2. Quand pourriez-vous le rencontrer?
3. Où pourriez-vous le rencontrer?
4. Comment pourriez-vous y aller?
5. Que pourriez-vous faire après cela?
6. Dans quel café pourriez-vous boire quelque chose?
7. Laquelle de ces deux marques de bière pourriez-vous prendre?
8. Je ne trouve pas que vous soyez un type décidé.   *Attention!*

2

MODÈLE 1

Je veux qu'ils attendent ici.   **Dites-leur d'attendre ici!**

MODÈLE 2

Je ne veux pas qu'ils attendent ici.   **Dites-leur de ne pas attendre ici!**

1. Je ne veux pas qu'ils s'en aillent.
2. Je veux qu'elle soit là dès neuf heures.
3. Je ne veux pas qu'ils abordent la discussion ce matin même.
4. Je veux qu'il m'en envoie tout de suite.
5. Je veux qu'ils élaborent un accord provisoire.
6. Je veux qu'elle me le remette aujourd'hui même.
7. Je ne veux pas qu'ils signent le contrat définitif au stade où ils en sont.
8. Je ne veux pas qu'il prenne l'avion de onze heures sans passer me voir.
9. Je ne veux pas que Jeanine vienne interrompre le fil de ma pensée.
10. Je veux qu'elles finissent leur commérage immédiatement.

3

MODÈLE

Croyez-vous que nous aurons une journée tranquille?   **Oui, je m'attends à ce que nous ayons une journée tranquille.**

1. Vous croyez qu'un Anglais arrivera tout à l'heure?

2. Selon vous ce sera le représentant de la Société Woolgoods?
3. Vous croyez qu'il en sera prévenu?
4. Et qu'il sera parfaitement au courant de la situation?
5. Donc selon vous il vous transmettra un avis favorable?
6. Pensez-vous que Jeanine vous remettra le message du Directeur?
7. Croyez-vous que cette affaire sera vite éclaircie?
8. Pensez-vous que vous réussirez à donner les bonnes réponses?   *...nous...*

4

MODÈLE

Il lui était impossible de prendre l'avion   **Hélas, il n'a pas pu prendre l'avion de onze**
de onze heures.   **heures.**

1. Il lui était impossible d'éviter un retard de deux heures.
2. Il lui était impossible d'arriver à temps à Filalaine.
3. Il leur était impossible de se faire comprendre pendant le premier quart d'heure.
4. Il m'était impossible de saisir quoi que ce soit.
5. Il m'était impossible de saisir le sens de ce qu'il disait.
6. Il nous était impossible de nous entendre.
7. Il m'était impossible d'ignorer que c'était le représentant de Woolware.
8. Il leur était impossible de me prévenir à temps.

5

MODÈLE 1

Je veux que Jeanine fasse cela.   **Faites cela, Jeanine!**

MODÈLE 2

Je ne veux pas que Jeanine fasse cela.   **Ne faites pas cela, Jeanine!**

1. J'exige qu'elle m'explique le problème immédiatement.
2. Je voudrais qu'elle ait la bonté de m'informer de ce qui se passe.
3. Je ne voudrais pas que vous teniez compte de ce qu'elle vient de vous dire.
4. J'insiste pour que François nous laisse tranquilles.
5. Il faut que Suzanne réduise le volume de son électrophone.
6. Je voudrais qu'on le punisse.
7. Je défends qu'on me dérange pendant que je travaille.
8. Je n'ai pas envie qu'on m'en donne davantage.
9. J'exige qu'on n'ouvre pas mon courrier avant mon arrivée au bureau.
10. Je ne veux pas qu'on le mette là.
11. Je défends qu'on me parle en mauvais français.
12. Je voudrais que vous sachiez ceci par cœur à l'avenir.

6

MODÈLE

Hier on a discuté une fusion d'intérêt   **Hier il s'agissait d'une fusion d'intérêt**
avec la Société Woolgoods.   **avec la Société Woolgoods.**

Faites attention — employez le temps convenable!

1. En ce moment on discute la coopération sur le plan des ventes à l'étranger.
2. Hier on a parlé de l'utilisation des débouchés tant en France qu'en Angleterre.
3. Demain on discutera de pourparlers avec une société allemande analogue.

4. Hier on a parlé de contacter la firme française en vue de discuter nos projets.
5. Aujourd'hui on s'attaque au projet de l'unification des achats de matières premières.
6. Demain on considérera la question d'élaborer un accord sur le plan des achats.
7. A tout moment on tâche de ne pas faire faillite.
8. Maintenant vous êtes sur le point de refaire cet exercice.

EXERCICE DE CONVERSATION—1

Vous allez entendre la voix de M. Legallois qui répète le rôle qu'il vient de jouer dans le dialogue. C'est à vous de prendre le rôle de **M. Edwards.**

Jeanine	Par ici, Monsieur.	
M. Edwards		Merci — C'est bien — m'adresser?
Jean Legallois	Certainement, Monsieur. Notre société est heureuse de vous accueillir. Très heureuse. Je suis tout à fait au courant de votre visite. Vous savez, à la Filalaine, on s'attend à ce que notre future coopération soit, comment dirais-je, des plus fructueuses.	
M. Edwards		Et nous — me présenter — après-midi — prévu — prendre l'avion — mon arrivée — embouteillage — entre l'aéroport —.
Jean Legallois	Vraiment, vous jouez de malchance. Mais, rassurez-vous! Nous étions prévenus de votre visite. D'ailleurs, vous êtes là pour quelques jours.	
M. Edwards		— faire une rapide apparition — aborder
Jean Legallois	Aborder! Il n'en est pas question! Vous venez tout simplement nous confirmer votre coopération. C'est ça, Monsieur, n'est-ce pas?	
M. Edwards		— La Maison — une enquête préalable.
Jean Legallois	Sans blague! Il me semble que nos sociétés sont en pourparlers depuis un certain temps et vous étiez censé nous rendre visite pour transmettre un avis favorable.	
Jeanine	M. Legallois. Je peux vous communiquer la lettre. Référence AB 3092. Ça me revient maintenant.	

Jean Legallois   Merci. Je n'ai pas besoin de cette lettre — je me souviens parfaitement bien du contenu, Mademoiselle.

M. Edwards

— bizarre — entrevue — vous contacter — les tout premiers pas — ses propres mots — l'a confirmé —.

Jean Legallois   Les tout premiers pas! N'exagérons pas! Il s'agissait d'une étroite coopération sur le plan des ventes à l'étranger, utilisation réciproque de débouchés tant en France qu'en Angleterre, unification des achats de matières premières, bref, quasiment une fusion d'intérêts!

M. Edwards

— sans discussions — c'est — ! — D'autant plus que — nos compétiteurs anglais — durera — encore — vous tromper —

Jean Legallois   Comment me tromper? Vous représentez la Société Woolgoods, siège social, Brassgate 9, Huddersfield, chiffre d'affaires l'an dernier, tenez... 235 000 livres sterling, firme très respectée. Spécialités: pullovers en...

M. Edwards

— s'explique — voilà pourquoi — longueur d'onde — rien — avec Woolgoods.

EXERCICE DE CONVERSATION—2

Et maintenant vous allez prendre le rôle de **Jean Legallois.**

M. Edwards   Merci bien, Mademoiselle. Ah! Bonjour, Monsieur! C'est bien à la Société Filalaine que j'ai l'honneur de m'adresser?

Jean Legallois

Certainement — Notre société — accueillir — courant de — on s'attend à ce que — fructueuses.

M. Edwards   Et nous également. Je suis si confus de me présenter ainsi en fin d'après-midi mais je n'ai pas pu, comme prévu, prendre l'avion de onze heures. Puis, à mon arrivée à Paris, il y avait un embouteillage monstre entre l'aéroport et la ville.

Jean Legallois — jouez de malchance — prévenus — quelques jours.

M. Edwards Oui, mais je tenais à faire une rapide apparition à vos bureaux aujourd'hui même, ne serait-ce que pour aborder...

Jean Legallois Aborder! — question — nous confirmer — n'est-ce pas?

M. Edwards A vrai dire, Monsieur, la Maison ne m'envoie que pour une enquête préalable.

Jean Legallois Sans blague! — Il me semble — en pourparlers — censé — visite — transmettre —

Jeanine M. Legallois. Je peux vous communiquer la lettre. Référence AB 3092. Ça me revient maintenant.

Jean Legallois Merci — besoin — parfaitement —

M. Edwards C'est bizarre ça, car à notre dernière entrevue, mon chef m'a chargé de vous contacter en vue de discuter les tout premiers pas. Ce sont là ses propres mots. Ce matin même, il me l'a confirmé une nouvelle fois.

Jean Legallois Les tout — ! — ! — Il s'agissait — ventes à l'étranger — utilisation réciproque — en France — unification — une fusion —.

M. Edwards Une fusion d'intérêt sans discussions préalables! Ça non, c'est inconcevable! D'autant plus que nous venons d'absorber un de nos compétiteurs anglais et la réorganisation durera quelque temps encore, je vous assure. Non, non, non, non, non, vous devez vous tromper, Monsieur.

Jean Legallois Comment — ? Vous représentez — siège social — chiffre d'affaires — 235 000 — Spécialités —.

QUESTIONS

1. Comment est-ce que Jeanine sait qu'un représentant va venir?
2. M. Edwards, qu'est-ce qu'il a demandé à son arrivée?
3. Est-ce que M. Legallois savait que c'était M. Edwards qui devait venir?
4. Au début, pourquoi est-ce que M. Edwards s'excuse auprès de M. Legallois?
5. Qu'est-ce qui l'a empêché d'arriver plus tôt au bureau?
6. C'est une très courte visite que M. Edwards va faire?

7. Qu'est-ce que M. Edwards tenait à faire le jour de son arrivée?
8. Pourquoi tenait-il à faire cela?
9. Selon M. Legallois, quelle est la raison de la visite de M. Edwards en France?
10. Et la vraie raison pour laquelle il y a été envoyé?
11. Jeanine, que veut-elle faire avec la lettre?
12. Quelle réaction est-ce que cela provoque chez M. Legallois?
13. Pourquoi est-ce qu'il réagit ainsi?
14. Qu'est-ce que vous auriez dit à Jeanine si vous aviez été dans la situation de M. Legallois?
15. Qu'est-ce qu'il a été chargé de faire, le représentant anglais?
16. Pourquoi une telle coopération était-elle tout à fait inconcevable pour la société anglaise?
17. Que savez-vous sur la société Woolgoods?
18. Pourquoi est-ce que Jean et son visiteur anglais n'étaient pas sur la même longueur d'onde?
19. Le chef du Service des achats de Filalaine n'a pas pris part à ces discussions — pourquoi?
20. Quand est-ce que Francine a apporté le dossier Woolware?
21. Pourquoi est-ce que M. Legallois aurait eu besoin de ce dossier?
22. Pourquoi est-ce que M. Legallois n'avait pas vu le dossier Woolware?
23. Le message du Directeur à M. Legallois, qu'est-ce qu'il contenait?
24. Qui est responsable de ce malentendu?
25. Si vous aviez été Jeanine dans une pareille situation, qu'est-ce que vous auriez fait?
26. Pourquoi n'était-il plus question de coopérer avec Woolgoods?
27. Acceptez-vous entièrement le jugement que M. Legallois a porté sur Jeanine au cours des leçons?
28. Qu'est-ce que vous pensez de la façon dont Filalaine est organisée?
29. Que proposeriez-vous pour éviter de tels malentendus à l'avenir?
30. Décrivez un malentendu dans lequel vous avez été impliqué vous-même.

THÈME

Recently the organization of our office has been making my life miserable. I should perhaps start off by explaining who is responsible — our dynamic managing director, of course! I've not yet learned the art of sharing a tiny room with secretaries who haven't the slightest idea of how to spell a word of more than one syllable or with colleagues who devote hours to the study of football or something similar. Football and tennis — I couldn't care less! I have colleagues who scarcely know what the graphs that cover our walls mean, let alone all the never-ending details of foreign policy and taxation which are so important for a business like ours. At times I wonder how we've been able to increase the production figures by 7 per cent, modernize the firm from top to bottom, and even inspire confidence in our clients. Unknown to me there must be someone looking after all these problems. It is a good thing that I'm not the only one to be methodical in his work, who knows how to prevent the staff from interrupting his train of thought.

15 On part en Voiture

Récit dans lequel Monsieur Legallois nous fait part des difficultés qui attendent l'automobiliste dans la capitale française

Ça alors! Lui, c'était donc Mister Edwards de la Société Woolware. Bien. Nous avons très vite abordé l'essentiel, comme il convient de faire, après ce fâcheux malentendu — la faute de Jeanine comme toujours. Et puis, soudain, il était 6h. 20, et il fallait lui trouver un logement quelque part. Pas difficile à Paris, évidemment. Mais le 17e, ce n'est pas le quartier des hôtels. Il m'a paru assez gentil, sensiblement du même âge que moi et, ce que j'ai apprécié surtout, c'est qu'il parlait, Dieu merci, nettement plus de français que la plupart des représentants qu'on nous envoie. Ah, si seulement je pouvais m'exprimer en anglais avec autant de facilité! Enfin, j'ai proposé de l'accompagner pour lui trouver une chambre. Ça lui a plu énormément. De toute façon c'est ce soir que Monique reçoit quelques-unes de ses anciennes camarades de lycée pour faire une partie de bridge. Ces jours-là, moi, dans la mesure du possible, je cherche à rentrer tard. Les discussions qui suivent infailliblement chaque partie m'énervent presque autant que les disques tapageurs de mon aîné.

Pour éviter de prendre le Métro je l'ai conduit dans ma voiture — c'est plus pratique pour les bagages. Du moins, c'est ce que je croyais. Erreur! Je n'avais pas tenu compte de la grève des cheminots. Certes, la R.A.T.P. fonctionnait toujours, mais sur certaines lignes de banlieue on avait supprimé de nombreux trains. Conséquence — tout le monde était venu au travail en auto — et en auto-stop, bien sûr. Et inévitablement, le spectacle habituel — les rues encombrées, les accrochages et tous les cent mètres, des piétons et des automobilistes qui s'engueulent, prêts à en venir aux mains. C'est au moment des grèves qu'on découvre avec effroi combien de nos citoyens possèdent leur bagnole personnelle. Qu'est-ce que vous voulez? Il y en a trop! Tant que dure la grève, vous voilà prisonnier de la circulation — vous n'arrivez presque jamais à passer en troisième. A chaque carrefour, avec ou sans feux, il y a au moins cinq minutes d'arrêt. Et à l'Étoile ou à la Concorde — mieux vaut garer la voiture et partir à pied que de s'y aventurer un jour pareil.

Ce qu'il y a de plus comique pour les visiteurs au flegme britannique, à ce qu'on raconte, ce sont les flics. Ça rappelle le cinéma des années vingt. Ces messieurs au képi et au large sourire qui embellissent nos brochures touristiques à l'étranger sont transformés en autant de démons frénétiques. Le beau sourire a fait place à une grimace peu attrayante et le bras gesticulant qui tient la matraque atteint une vitesse inouïe. Et pour les oreilles ce n'est pas agréable non plus. Surtout si vous êtes doué pour la musique comme moi. Les coups de sifflet qui ne servent qu'à vous crisper, partent comme les coups de feu d'une mitraillette. Il ne faut certainement pas contrarier nos agents de police parisiens ces jours-là, eux, qui se froissent pour un rien! Le moindre manque de respect ou la moindre étourderie et l'un d'eux pourrait vous flanquer un P.V., c'est-à-dire une amende, une contravention, quoi. Et voilà quinze cents balles de perdues stupidement — de quoi se payer pas mal de choses. Donc, si vous êtes à Paris, méfiez-vous des jours de grève! Il vaut mieux faire un détour, et même de plusieurs dizaines de kilomètres, ou bien attendre que la grève se termine pour vous déplacer. Nous, nous n'avions pas le choix! Il ne pouvait pas coucher dans mon bureau quand même, le représentant de la Société Woolware de Bradford! D'ailleurs, on y est déjà bien trop à l'étroit dans ces sacrés locaux de Filalaine.

COMMENTAIRE

comme il convient de faire	*as is fitting; as is right and proper* convenable *suitable, fitting, appropriate*
fâcheux	*annoying* se fâcher = se mettre en colère *to lose one's temper*
il fallait lui trouver	*it was necessary to find him* NOTE Il a fallu, il fallait, il faudra, il faudrait **falloir**, an impersonal verb, may be used in three ways. Il faut changer de train à Lyon. Il nous faut changer de train à Lyon. Il faut que nous changions de train à Lyon. **il faut que** is followed by the Subjunctive, as is **il est nécessaire que**.
Il m'a paru assez sympathique	*He seemed quite pleasant*
sensiblement	*clearly; perceptibily*

Ça lui a plu	*That pleased him*
	NOTE
	Il a plu. *It rained.* **(pleuvoir)**
	Il m'a plu. *It pleased me.* **(plaire)**
De toute façon	*Anyhow*
quelques-unes	*some* (pronoun)
	Quelques-uns de ces livres sont en allemand.
	Some of these books are in German.
ses anciennes	*her old* (i.e. *former*) *school friends*
camarades de	un ancien soldat *a former soldier*
lycée	un soldat ancien *an ancient soldier*
une partie de	*a game of bridge*
bridge	NOTE
	The game of bridge is her favourite pastime.
	Le **jeu** de bridge est son passetemps favori.
dans la mesure	*as far as possible*
du possible	
je cherche à	*I try to return home late* (lit. *seek to*)
rentrer tard	
Les discussions	*The arguments which follow*
qui suivent	suivre p.p. **suivi** (***irr.***)
m'énervent pres-	*tire me almost as much as...*
que *autant* que...	
	Elle parle **plus** que lui.
	She talks **more** *than he does.*
	Il parle **autant** que son camarade.
	He talks **as much** *as his friend.*
	Je parle **moins** que lui.
	I talk **less** *than he does.*
les disques tapa-	*my eldest child's noisy records*
geurs de mon	
âiné	
je l'ai conduit	*I drove him*
	conduire *to drive* (***irr.***)
	conduite à gauche *left-hand drive*
	un conducteur *a driver*
Je n'avais pas	*I had not taken account of*
tenu compte de	tenir compte de qc. *take sg. into consideration*
la grève des	*the strike of the railway workers*
cheminots	faire la grève; être en grève *to be on strike*
	un gréviste *a striker*
Certes	*Admittedly*

La R.A.T.P.	*Paris Independent Transport Authority*
(Régie Autonome	**Régie** is often used to indicate a state-controlled enterprise,
des Transports	e.g. Régie Renault; Régie Française des Tabacs.
Parisiens)	sous la régie de *under the management of*

certaines lignes   *some suburban lines*
de banlieue (*f.*)   un banlieusard   *a resident of the suburbs*

on avait sup-   *many trains had been cancelled*
primé de nom-   Notice the use of **on** to render a passive construction in English.
breux trains   supprimer = annuler

de nombreux   When the adjective comes before the noun **de** is used instead
trains   of **des**.
   Ce sont **des** voitures excellentes.
   Ce sont **de** bonnes voitures.

en auto   *by car*
   Generally to indicate a means of transport **en** is used.
   BUT
   à pied ; à cheval ; à bicyclette ;
   also **par avion, par le train** exist as alternatives to en avion, en train.

en auto-stop   *by hitch-hiking*

le spectacle   *the familiar scene*
habituel   un spectacle   *a show*

les rues encom-   *congested streets, small accidents*
brées, les
accrochages

tous les cent   *every hundred yards*
mètres

des piétons   *pedestrians*

qui s'engueulent,   *shouting insults at each other, ready to come to blows*
prêts à en venir   **engueuler** is somewhat impolite.
aux mains

leur bagnole   *their own car* (coll.)
personnelle

Tant que dure   *As long as the strike lasts*
la grève

passer en troi-   *change into third gear*
sième   la boîte de vitesses   *the gear box*

A chaque carre-	*At each cross-roads, with or without traffic lights*	
four, avec ou	le feu	*fire*
sans feux	les feux de circulation	*traffic lights*
	brûler les feux	*drive through the lights*
	a head-light (car)	un phare

cinq minutes   *a five minutes' stop*
d'arrêt

mieux vaut garer la voiture	*it is better to park the car* mieux vaut = il vaut mieux valoir p.p. **valu** (***irr.***)
flegme britannique (*m.*)	*British imperturbability*
les flics	*the police* (coll.)
au képi	*with their képis* (policeman's peaked cap)
une grimace peu attrayante	*a rather unattractive scowl*
sont transformés en autant de démons	*are changed into so many demons*
a fait place à	*is replaced by* faire place à *to give place to; to give way to* remplacer *to take the place of*
la matraque	*the truncheon*
une vitesse inouïe	*an amazing* (lit. *unheard-of*) *speed*
doué pour la musique	*musically gifted*
les coups de sifflet	*the whistle blasts*
les coups de feu d'une mitraillette	*the shots of a sub-machine gun*
qui se froissent	*who take offence* froisser qn. *to give offence to so.*
la moindre étourderie	*the slightest thoughtlessness*
pourrait vous flanquer un P.V.	*could slap a fine on you* (coll.) = infliger une contravention. See below.
une amende	*a fine*
une contravention	i.e. *take your name and address* (lit. *an infringement*) dresser une contravention à qn.; dresser un P.V. (procès-verbal) à qn. *to take down particulars* (a prelude to a fine)
quinze cents balles de perdues	*1,500 francs lost* (coll.)
de quoi se payer	*enough to pay for* (lit. *the wherewithal*)
méfiez-vous des jours de grève	*be on your guard against days when there are strikes* se méfier **de** qn. *to distrust so.*
attendre que la grève se termine	*to wait for the strike to finish* **attendre que** + Subjunctive *to wait for something to be done*

bien trop à   *much too cramped*
l'étroit

locaux (*m.*)   *premises*

EXERCICES

1

MODÈLE

**Les gens sont venus au travail en Métro,   Moi, au contraire, je suis venue au travail
et vous?   voiture   en voiture.**

1. Je me suis rendu au bureau à bicyclette, et vous?   **pied**
2. Jeanine y est arrivée en autobus, et vous?   **mobylette**
3. M. le Directeur est descendu en province en taxi, et vous?   **auto-stop**
4. Il y a pas mal de gens qui sont rentrés chez eux par le train, et vous?   **moto**
5. Les touristes sont retournés chez eux en avion, et vous?   **bateau**
6. Hier il y avait des gens qui se sont promenés en aéroglisseur, et vous?   **canoë**
7. Les étudiants ont regagné Paris en car, et vous?   **vélo**
8. Les ouvriers agricoles se sont rendus aux champs à cheval, et vous?   **camion**

2

MODÈLE

**Méfiez-vous du virage! Ralentissez!   Oui, vous avez raison, il vaut mieux ralen-
                                             tir.**

 1. Méfiez-vous du passage à niveau! Regardez des deux côtés!
 2. Méfiez-vous du carrefour! Arrêtez-vous!
 3. Méfiez-vous du camion en face! Mettez-vous en code!
 4. Méfiez-vous de la fourgonette à l'arrêt! Allez un peu à gauche!
 5. Méfiez-vous du passage clouté! Freinez!
 6. Méfiez-vous du sens unique! Faites marche arrière!
 7. Méfiez-vous du type qui va nous doubler! Accélérez!
 8. Méfiez-vous du motard! Serrez à droite!
 9. Méfiez-vous du type qui va nous doubler! N'accélérez pas!
10. Méfiez-vous de tante Mireille! Ne la renversez pas!

3

MODÈLE

**Vous avez oublié comment il s'appelle,   Oui, malheureusement, je ne me rappelle
n'est-ce pas?   plus comment il s'appelle.**

1. Vous avez oublié où il habite, n'est-ce pas?
2. Vous ne savez plus où vous l'avez rencontré?
3. Ni la couleur de son complet?
4. Vous ignorez s'il se portait bien?
5. Et vous avez oublié les projets qu'il a proposés?
6. Les intentions de sa firme aussi?
7. Sans doute vous ignorez ce qu'il est devenu?
8. Donc, vous ne savez rien du tout à son sujet?

4

Vous allez entendre l'opinion d'une personne sur deux choses. Par exemple Les microsillons me plaisent beaucoup, *et* Les concerts symphoniques me plaisent beaucoup
aussi. *Vous allez joindre ces deux phrases en employant* **autant que, plus que** *ou* **moins
que.** *Donc:*

MODÈLE

Les microsillons me plaisent beaucoup.   **Les microsillons me plaisent autant que les**
Les concerts symphoniques à la radio me   **concerts symphoniques à la radio.**
plaisent beaucoup aussi.

1. Les actualités me plaisent beaucoup. Les concerts symphoniques à la radio me
   plaisent beaucoup aussi.
2. Les allocutions politiques à la T.V. m'intéressent peu, mais les reportages du
   Tour de France m'intéressent énormément.
3. J'aime assez bien les voyages en train, mais j'aime beaucoup mieux les voyages
   en paquebot.
4. Il déteste les embouteillages et il déteste aussi les rues encombrées.
5. Les jours fériés lui plaisent beaucoup. Les jours ouvrables ne lui plaisent pas trop.
6. M. Legallois aime les visiteurs étrangers qui parlent français. Il n'aime pas
   beaucoup ceux qui ne parlent que leur langue à eux.
7. Les arrêts à chaque feu l'irritent et l'attente à chaque carrefour l'irrite aussi.
8. Au bureau Jeanine l'embête et le Directeur l'embête également.

5

MODÈLE

les jours de grève   **Il y a des accidents de la route les jours de
                                   grève.**

1. si on n'utilise pas le rétroviseur.
2. quand les rues sont tout encombrées.
3. si les gens essaient de rouler trop vite.
4. si les chauffeurs ne font pas attention à la circulation.
5. quand on est trop impatient.
6. en hiver à cause du verglas et du brouillard.
7. si on ne respecte pas la limitation de vitesse.
8. pendant les vacances sur la N 7.
9. si on a trop bu.
10. quand on s'endort au volant.

6

Employez le temps convenable.

MODÈLE

J'arrive à Paris.   Hier   **Hier, je suis arrivé à Paris.**

1. Il vient à votre bureau.   **Avant-hier**
2. Il vient à votre bureau.   **Après-demain**
3. Je rentre tard.   **Il y a deux jours**
4. Nous descendons dans un hôtel à Paris.   **L'année passée**
5. Vous tombez sur la tête.   **La semaine dernière**
6. Je n'y suis pas allé aujourd'hui.   **Demain**

7. Nous reviendrons tard.
8. Vous sortez pour l'accueillir.
9. Je pars de grand matin.
10. Ils viennent à notre rencontre.
11. Ils reviennent vous voir.
12. Vous sortez sans me prévenir.
13. Vous rentrez sans mot dire.
14. Vous repartez pour ne jamais remettre les pieds chez eux.

Lundi dernier
Le lendemain matin
La veille
La dernière fois
Le 9 décembre 1964
La veille au soir
Le surlendemain

Deux jours plus tard

QUESTIONS ET RÉPONSES

1. Que fallait-il trouver pour M. Edwards?

Il fallait lui trouver un logement quelque part.

2. M. Edwards, est-ce qu'il avait des connaissances de français?

Mais oui, il parlait plus de français que la plupart des représentants étrangers.

3. Pourquoi est-ce que Jean a proposé de le conduire dans sa voiture?

Parce qu'il le trouvait un type assez aimable et il voulait l'aider.

4. Et c'est là, la seule raison?

Euh, non! Jean voulait rentrer tard à la maison ce jour-là.

5. Mais comment cela se faisait-il?

C'est que sa femme avait invité quelques-unes de ses amies à jouer au bridge chez les Legallois.

6. Je ne vois pas le rapport! Expliquez-moi!

Eh bien, ces dames se disputent après chaque partie et Jean ne peut pas le supporter.

7. Qu'est-ce qui les a retardés quand ils cherchaient un hôtel?

C'était un jour de grève et énormément de Parisiens étaient venus au travail en auto.

8. Et qu'est-ce qui s'ensuit alors?

Il se produit des embouteillages, des accrochages et des disputes entre piétons et automobilistes.

9. Comment réagissent les agents de police parisiens?

Ils deviennent plus sévères et agitent rapidement le bras pour accélérer la circulation.

10. Quels dangers y a-t-il pour l'automobiliste ces jours-là?

Il y a le risque de retards et d'accidents.

11. Et qu'est-ce que vous conseillez alors?

Éviter Paris à tout prix les jours de grève.

12. Mais cela arrive souvent?

Malheureusement cela arrive encore de temps en temps.

13. Et qu'en pense Jean Legallois?

Il en a marre, évidemment.

14. Et vous?

Je pense qu'il exagère un peu, quand même.

QUESTIONS

1. Jean et M. Edwards, ont-ils perdu beaucoup de temps avant de parler sérieusement?
2. Qu'est-ce qui a retardé leurs discussions?

3. Après ces discussions, que fallait-il faire?
4. Cela paraissait-il difficile?
5. Il y a beaucoup d'hôtels dans le 17ᵉ?
6. Quel âge a-t-il, M. Edwards?
7. Quelle impression avait-il, Jean, de M. Edwards?
8. Qu'est-ce qui a plu énormément à M. Edwards?
9. C'est seulement par amitié que Jean a proposé de l'emmener chercher un hôtel?
10. Pourquoi est-ce que Jean cherche à rentrer tard certains jours?
11. Les parties de bridge, est-ce tout ce qui l'énerve chez lui?
12. Comment est-ce qu'ils se sont rendus à l'hôtel?
13. Pourquoi ça?
14. Jean s'est trompé, comment?
15. Qui est-ce qui faisait la grève ce jour-là?
16. Quels étaient les effets de cette grève en ce qui concerne les trains?
17. Et du point de vue de la circulation en ville?
18. Les gens qui possèdent leur voiture personnelle, qu'est-ce qu'ils font quand il y a une grève des chemins de fer?
19. On roule vite à Paris, les jours de grève?
20. Qu'est-ce qui arrive aux carrefours un jour pareil?
21. Est-il prudent de passer par la Place de la Concorde ces jours-là?
22. Les agents de police, comment est-ce qu'ils paraissent aux yeux des Anglais?
23. Qu'est-ce qu'ils rappellent aux Anglais, les agents de police les jours de grève?
24. Comment sont-ils, les agents de police, tels qu'on les voit dans les réclames touristiques?
25. Leur beau sourire, qu'est-il devenu un tel jour?
26. Qu'est-ce qui vous casse les oreilles les jours de grève?
27. A quels dangers est-ce qu'on s'expose si l'on contrarie un agent de police?
28. Qu'est-ce qui empêchait Jean de faire un détour qui éviterait le centre de Paris?
29. Comment est-on dans les bureaux de Filalaine?
30. Quelle était l'origine de cette grève? Imaginez!

THÈME ORAL

That's what happens * when people think only * of the broad view, * and when the head of a firm * isn't on the same wavelength * as his staff. * He's done a stupid thing * once more * — and it doesn't surprise me at all. * I'm so embarrassed! * A foreign visitor * from one of the foremost companies * in his country, * a company with a huge turnover * and we receive him * as if he was * any old representative. * It's unthinkable * — he'd already let us know his time of arrival. * There was I, * talking about Woolgoods, * and he's nothing to do with them! * It's especially silly * as that firm * has just gone bankrupt. * It's strange, you know. * We've been negotiating with them for * quite a while * — it was my job * to write the letters. * I can remember them all * perfectly. * And now it seems to me that * all our efforts * have been useless. * What a life! * I can't get over it! * And then there are still * the traffic jams * before I get home! *

16 En Route pour le Sixième

Dialogue dans lequel Monsieur Edwards et Monsieur Legallois traversent Paris en auto à la recherche d'un hôtel

---

PERSONNAGES *Monsieur Legallois*   SCÈNE *Dans la voiture de M. Legallois*
         M. Edwards

M. Edwards. Ah, c'est celle-là, votre voiture?

Jean Legallois. Oui, c'est bien celle-ci, la gris clair.

M. Edwards. Une Renault, n'est-ce pas? Vous la trouvez bien?

Jean Legallois. Oh, pas mal du tout. Ça fait un peu 'boîte à savon', la 4L, mais on peut la garer assez facilement. D'ailleurs, vous allez voir. Prenez place à l'avant.

M. Edwards. Merci.

Jean Legallois. Non, non, non, non, à droite. Bon, en avant! Partons!

M. Edwards. En direction de... ?

Jean Legallois. On pourra d'abord essayer le VIᵉ.

M. Edwards. Le sixième?

Jean Legallois. Oui, le sixième arrondissement, du côté de la Sorbonne. Il ne vous est pas inconnu, je crois.

M. Edwards. Ah, je comprends. Eh oui, c'est là où j'étais, ça fait une dizaine d'années déjà.

Jean Legallois. Bon, le chemin le plus court, ce serait par la Concorde, mais à mon avis un jour comme aujourd'hui, il est plus prudent de rejoindre directement les Quais.

M. Edwards. Pour éviter ces sacrés embouteillages?

Jean Legallois. Justement. On passera juste devant l'Aérogare des Invalides — vous vous y reconnaîtrez sans peine.

M. Edwards. Oh, oui, c'est là en effet que je suis arrivé tout à l'heure. J'y ai... (*Un grincement de pneus se fait entendre.*)

Jean Legallois. Oh, le salopard! Et le code — qu'est-ce qu'il en fait, ce drôle d'individu? Ouf, on l'a échappé belle!

M. Edwards. Il a failli nous rentrer dedans.

Jean Legallois. Oh, la vache! Il aurait pu nous emporter l'aile avant-gauche.

M. Edwards. Mais la priorité à droite, je croyais que c'était obligatoire en France.

Jean Legallois. Bien sûr, on devrait toujours la respecter, mais des chauffards de cette espèce, on en rencontre bien souvent par ici.

M. Edwards. Dites, qu'est-ce qu'il avait sur la vitre arrière, 'Priorité au s...'

Jean Legallois. 'Priorité au sourire' — Peuh! C'est de la rigolade. Les gens apposent ça pour se donner bonne conscience. Ça ne les empêche pas de vous engueuler pour autant!

M. Edwards. Cela ne m'étonne pas du tout.

Jean Legallois. Tenez, regardez, on approche de la tour Eiffel, là sur votre droite. Vous y remarquerez les antennes de la T.V.

M. Edwards. Oui, oui, je vois.

Jean Legallois. Il n'y a pas longtemps une de ses sections a été littéralement arrachée par une rafale de vent.

M. Edwards. Il n'y avait personne en dessous?

Jean Legallois. Heureusement que non. Pour toute la soirée on a été privé d'émissions, voilà tout.

M. Edwards. Ça n'a rien de tragique si vos programmes n'ont pas plus d'intérêt que les nôtres.

Jean Legallois. C'est bien vrai, ça. La T.V., c'est pour les gosses et les retraités. De vieux films de cowboy à n'en plus finir.

M. Edwards. En France vous n'avez qu'une chaîne, n'est-ce pas? Et pas de réclames, de publicité, je veux dire?

Jean Legallois. Oh, depuis un certain temps on dispose de deux chaînes — toutes deux sous le contrôle de l'O.R.T.F., bien sûr.

M. Edwards. L'O.R.T.F. — qu'est-ce que c'est que ça?

Jean Legallois. C'est un organisme de l'État, vous savez, Office de Radiodiffusion Télévision Française. Ça correspond à la BBC chez vous. Et pas tellement de publicité, pour le moment, du moins. Sauf dans le Nord et les Alpes Maritimes, les départements limitrophes, quoi. Là les gens ont la chance de capter les émissions des stations commerciales étrangères, paraît-il.

M. Edwards. L'Angleterre est une île. Ça n'arrive que très rarement chez nous. Au fait, où est-ce qu'on est maintenant? Pourquoi est-ce qu'on a dû s'arrêter?

Jean Legallois. Regardez, vous n'avez pas vu cette file de cars. On est bloqué sur place. Je pensais éviter la circulation du Pont de la Concorde. J'ai eu beau emprunter le Boulevard des Invalides — on n'est pas plus avancé.

M. Edwards. Je vois bien!

Jean Legallois. Et tout simplement pour ces sacrés touristes.

M. Edwards. Il y a donc quelque chose de spécial à voir par ici?

Jean Legallois. Ah, oui, les Invalides — le Tombeau de l'Empereur.

M. Edwards. Oh, votre prodigieux petit caporal corse, Napoléon.

Jean Legallois. C'est ça! Je suivrai le Boulevard de Montparnasse puis, rue de Vaugirard, on s'engagera à gauche pour parvenir à proximité du Luxembourg. Et là, on n'aura pas de peine à vous trouver une chambre.

M. Edwards. Attention, ce panneau droit devant vous. 'Déviation à 100 mètres'. Ça veut dire que la route est barrée, non?

Jean Legallois. Mince alors! On doit être en train de réparer les conduites d'eau ou de gaz. A moins que ce ne soit des travaux de réfection de la chaussée.

M. Edwards. On va donc être obligé de suivre les indications.

Jean Legallois. Justement. Ce sera un petit détour mais cela nous épargnera de rebrousser chemin.

M. Edwards. Oh, mais tant pis. Un peu de patience, c'est tout ce qu'il faut. Pourvu que je ne vous retarde pas trop. Après m'avoir déposé vous avez encore quelques kilomètres à faire, sans doute.

Jean Legallois. Ne vous faites pas de soucis. Ma femme est habituée depuis longtemps à ce que je rentre tard et surtout les soirs où elle joue au bridge. D'ailleurs, je l'ai déjà avertie par téléphone avant notre départ.

M. Edwards. Oh, le bridge — le fléau de la vie moderne, vous ne trouvez pas?

Jean Legallois. Si alors. Cette manie de jouer aux cartes — c'est la décadence totale de la vie sociale.

M. Edwards. Précisément.

Jean Legallois. Vous savez, en France on a toujours respecté énormément l'art de la conversation, la conversation spirituelle, quoi, intellectuelle, si vous voulez.

M. Edwards. Ce qu'on appelle chez nous l'art de parler pour ne rien dire, en quelque sorte.

Jean Legallois. Tandis qu'avec le bridge on n'ose plus jamais rien dire.

M. Edwards. Ça, c'est le cas des experts!

Jean Legallois. Ou bien il y a des altercations à n'en plus finir.

M. Edwards. Et Mme Legallois, elle est experte?

Jean Legallois. Jusqu'à un certain point sans doute. Mais jamais elle ne parviendra à imposer le silence aux copines qui viennent jouer avec elle. J'en ai marre, vous l'imaginez bien.

M. Edwards. Je vous plains, Monsieur. La mienne ne s'intéresse qu'au tricot.

Jean Legallois. Vous en avez de la veine. Voilà, on y est. Hôtel Jean Bart — le brave héros de Dunkerque.

M. Edwards. Quoi, en 1940?

Jean Legallois. Non, en 16... quelque chose, contre les Anglais. Mais ne vous inquiétez pas. Vous y serez bien et là, au moins, on ne vous volera pas.

M. Edwards. Excellent, je vous reverrai à vos bureaux demain matin à 10 heures. Ça vous convient?

Jean Legallois. Parfait, mais j'entre avec vous, ça va de soi.

M. Edwards. En ce cas, allons-y!

COMMENTAIRE

la gris clair	*the light grey one* NOTE that compound adjectives of colour, e.g. dark brown, light brown, do **not** agree with the noun to which they refer. Vous aimez cette jupe bleue? Non, je préfère la jupe vert foncé *(dark green)*.
une Renault	Names of cars are feminine.
Ça fait un peu 'boîte à savon'	*It looks a bit like a soap-box*
ça fait une dizaine d'années	=il y a une dizaine d'années
éviter	*to avoid*
Un grincement de pneus	*a screech of tyres*
le salopard!	*the swine!*
le code	le code de la route *the Highway Code* rouler en code *to drive with dipped lights*

on l'a échappé belle	*we've had a narrow escape, a close shave*
nous rentrer dedans	*to bang into us*
Oh, la vache!	=Oh, le salopard!
l'aile avant-gauche	*the front left mudguard*
la priorité à droite	i.e. the law giving the right of way to traffic approaching from the right
des chauffards (*m.*)	*road-hogs* un chauffeur *a driver*
la vitre arrière	*the rear window*
Priorité au sourire	*Priority to the smile* (A reference to a campaign urging drivers to show courtesy and tolerance instead of insisting on their rights regardless of the consequences to other drivers.)
C'est de la rigo-lade!	*It's a huge joke!* C'est rigolo. *It's funny* (coll.)
Les gens apposent ça	*People stick that on*
pour autant	*none the less*
les antennes (*f.*)	*the aerials*
a été littérale-ment arrachée	*was literally torn off* arracher *to snatch; to pull up*
une rafale de vent	*a gust of wind*
en dessous	*underneath; below*
privé d'émissions	*without broadcasts* priver de *to deprive of*
les retraités	*retired people; old age pensioners* prendre sa retraite *to retire*
on dispose de	i.e. *we have* disposer **de** qc. *to have sg. at one's disposal* *to dispose of sg.* se débarrasser **de** qc.
réclames	*advertisements* faire de la réclame pour qc. *to advertise sg.*
sauf	*except*
les départements limitrophes	*the 'départements' near the borders*
capter	*to pick up* capter *to obtain* (often implying illegality)

J'ai eu beau emprunter...	*I have gone on the Boulevard des Invalides for nothing* avoir beau faire qc. *to do sg. in vain* **emprunter** *to borrow*, is also to be found in the sense of *to take* when speaking of a road or street.
par ici	*round here* Par ici, Monsieur! *This way, sir!*
On s'engagera à gauche	*we'll turn to the left* s'engager **à** faire qc. *to commit oneself to do sg.*
ce panneau	*this sign*
Mince alors!	*Oh, blow!*
les conduites d'eau	*the water pipes*
A moins que ce ne soit	*Unless it is* **à moins que... ne** + Subjunctive
des travaux de réfection de la chaussée	*road repairs*
rebrousser chemin	*to turn back; to retrace one's steps*
tant pis	*it can't be helped* (lit. *so much the worse*) tant mieux *so much the better*
Pourvu que + *Subjunctive*	*Provided that*
Après m'avoir déposé	*After having dropped me* NOTE Après avoir pensé *After having thought* Après être rentré *After having returned* Après m'être promené *After having gone for a walk*
Ne vous faites pas de soucis	*Don't worry* se soucier **de** qc. *to bother about sg.*
le fléau	*the curse*
la conversation spirituelle	*witty conversation* l'esprit *wit, mind, spirit*
en quelque sorte	*as it were*
on n'ose plus jamais rien dire	*one doesn't dare to say anything any more*
copines (*f.*)	*female friends* (coll.) un copain, une copine
J'en ai marre	*I'm fed up with it*
Je vous plains	*I'm sorry for you* plaindre qn. (like craindre) p.p. **plaint** (*irr.*)
Jusqu'à un certain point	*To a certain extent*

| ne s'intéresse | *is only interested in knitting* |
| qu'au tricot | s'intéresser **à** qc.   *to be interested in sg.* |

| Vous en avez de | *You are lucky* |
| la veine | *syn.* Vous avez de la chance |

| Jean Bart | Célèbre marin francaise du dix-septième siècle. |

Vous y serez bien *You'll be comfortable there*

NOTE
Cette chaise est confortable.
This chair is comfortable.
Je suis bien.
I am comfortable.
confortable has the sense of being capable of *providing* comfort.

on ne vous	*you won't be swindled*
volera pas	voler qc. à qn. *to steal sg. from so.*
	swindle rouler (coll.)

Ça vous convient? *Does that suit you?*
convenir (like venir) pp. **convenu** (*irr.*)

| ça va de soi | *it goes without saying* |
| | *syn.* ça va sans dire |

EXERCICES

1

MODÈLE

C'est à M. Legallois, cette voiture?   **Quoi, celle-ci? Mais c'est la sienne, évidemment!**

1. C'est à vous, cette feuille de papier?
2. C'est à M. Legallois, cette auto?
3. C'est à nous, ces cigarettes?
4. C'est à Jeanine, ce rouge à lèvres?
5. C'est à moi, cétte bourse?
6. C'est à moi, ces billets?
7. C'est à eux, ces cartes?
8. C'est à vous, ce livre?
9. C'est à Jeanine, cette machine à écrire?
10. C'est à nous, ces journaux?
11. C'est à ce drôle d'individu, ce parapluie?
12. C'est à cet imbécile, cette mobylette?

2

MODÈLE

Cet imbécile a presque écrasé tante   Cet imbécile a failli écraser tante Mireille.
Mireille.

1. Ce type dans la DS a presque heurté notre voiture.
2. Le chauffard a presque emporté l'aile avant-droite.
3. Pour l'éviter je suis presque montée sur le trottoir.

4. Un passant affolé a presque appelé un agent de police.
5. En faisant marche arrière j'ai presque renversé un cycliste.
6. Le cycliste nous a presque attaqués.
7. Donc la DS a presque provoqué deux accidents et une émeute.
8. Un agent a voulu m'emmener au commissariat.
9. On m'a presque retiré mon permis de conduire.
10. Et j'ai risqué de passer Noël en prison.

3

MODÈLE

trop tard.   **Alors, je passerai chez vous demain — à moins que ce ne soit trop tard, bien entendu.**

1. trop difficile.
2. complètement impossible.
3. une journée trop chargée.
4. peu pratique pour lui.
5. une perte de temps.
6. tout à fait inutile.
7. trop urgent.
8. indiscret.

4

MODÈLE

Je ne le sais pas encore.   **Mais demain, vous le saurez sans doute.**

1. Je ne le vois pas maintenant.
2. Il ne l'a pas encore.
3. Nous ne sommes pas à Paris aujourd'hui.
4. Elle ne peut pas le faire maintenant.
5. Ils ne la reçoivent pas aujourd'hui.
6. Je ne le leur envoie pas aujourd'hui.
7. Ils ne le savent pas encore.
8. Il ne pleut pas aujourd'hui.
9. Il ne faut pas le rencontrer maintenant.
10. Je ne dois pas le faire aujourd'hui.
11. Je ne m'en vais pas maintenant.
12. Il ne le sait pas encore.
13. Ils ne le font pas aujourd'hui.
14. Ils n'y vont pas aujourd'hui.
15. Il ne vient pas aujourd'hui.

5

MODÈLE

Ils ont quitté le bureau.   **Après avoir quitté le bureau, ils sont**
Ils sont montés dans la 4L.   **montés dans la 4L.**

Commencez chaque phrase avec la fin de la phrase précédente. N'oubliez pas que certains verbes se conjuguent avec **être**! (*La fin de la phrase précédente était:* ils sont montés dans la 4L.)

1. Ils ont décidé d'essayer le VIᵉ.

2. Ils ont traversé la Seine.
3. Ils l'ont échappé belle.
4. On a lâché certains mots grossiers.
5. On a parlé du code de la route.
6. Ils ont été bloqués sur place.
7. Ils se sont engagés à gauche.
8. Ils ont été forcés de suivre les indications.
9. Ils sont arrivés devant l'hôtel.
10. Ils sont descendus de la voiture.

6
MODÈLE

Vous devez le faire immédiatement, vous savez.   **Oui, c'est bien vrai. Il faut que je le fasse immédiatement.**

1. Vous devez aller à Paris, vous savez.   (*... que j'...*)
2. Vous devez prendre l'avion de onze heures, vous savez.
3. On doit mettre 3 heures pour y arriver, vous savez.
4. Je dois vous donner tous les renseignements nécessaires, vous savez.
                                                            (*... que vous me...*)
5. Vous devez parler aux chefs de l'entreprise, vous savez.
6. Ils doivent vous recevoir à votre arrivée, vous savez.
7. Vous devez avoir des conversations sérieuses avec eux, vous savez.
8. On doit passer un accord valable cette fois, vous savez.
9. Nous devons leur décrire tous les avantages éventuels, vous savez.
                                                            (*... que nous leur...*)
10. Vous devez éviter de leur donner un prétexte pour rompre les négociations, vous savez.
11. Nous devons en savoir autant que possible sur leurs usines, vous savez.
12. Vous devez me dire tout ce qui se passe là-bas, vous savez.
13. Nous devons être sur nos gardes au moment du contrat, vous savez.
14. Vous devez revenir sans perdre de temps, vous savez.
15. Eh bien, vous devez partir sans délai, vous savez.

EXERCICE DE CONVERSATION—1

Vous allez entendre la voix de J. Legallois qui répète le rôle qu'il vient de jouer dans le dialogue. C'est à vous de prendre le rôle de **M. Edwards.**

Jean Legallois	Oui, c'est bien celle-ci, la gris clair.	
M. Edwards		Une Renault — bien?
Jean Legallois	Oh, pas mal du tout. Ça fait un peu 'boîte à savon', la 4L, mais on peut la garer assez facilement. D'ailleurs, vous allez voir. Prenez place à l'avant.	
M. Edwards		—

Jean Legallois	Non, non, non, non, à droite. Bon, en avant! Partons!	
M. Edwards		— direction —?
Jean Legallois	On pourra d'abord essayer le VIᵉ.	
M. Edwards		?
Jean Legallois	Oui, le sixième arrondissement, du côté de la Sorbonne. Il ne vous est pas inconnu, je crois.	
M. Edwards		Ah — c'est là — une dizaine —
Jean Legallois	Bon, le chemin le plus court, ce serait par la Concorde, mais à mon avis un jour comme aujourd'hui, il est plus prudent de rejoindre directement les Quais.	
M. Edwards		— éviter —
Jean Legallois	Justement. On passera juste devant l'Aérogare des Invalides — vous vous y reconnaîtrez sans peine.	
M. Edwards		— je suis arrivé —
Jean Legallois	(*Un grincement de pneus se fait entendre.*) Oh, le salopard! Et le code — qu'est-ce qu'il en fait, ce drôle d'individu? Ouf, on l'a échappé belle!	
M. Edwards		Il a failli —
Jean Legallois	Oh, la vache! Il aurait pu nous emporter l'aile avant-gauche.	
M. Edwards		— priorité à droite — obligatoire —
Jean Legallois	Bien sûr, on devrait toujours la respecter, mais des chauffards de cette espèce, on en rencontre bien souvent par ici.	
M. Edwards		Dites — la vitre arrière —
Jean Legallois	Priorité au sourire — peuh! C'est de la rigolade. Les gens apposent ça pour se donner bonne conscience. Ça ne les empêche pas de vous engueuler pour autant!	
M. Edwards		Cela —

EXERCICE DE CONVERSATION—2

Et maintenant vous prendrez le rôle de **Jean Legallois.**

M. Edwards	Ah, c'est celle-là, votre voiture?

Jean Legallois   — la gris clair.

M. Edwards   Une Renault, n'est-ce pas? Vous la
                   trouvez bien?

Jean Legallois   — pas mal — boite à savon
                                                           — la garer — vous allez
                                                           voir —à l'avant.

M. Edwards   Merci.

Jean Legallois   Non —

M. Edwards   En direction de... ?

Jean Legallois   — d'abord —

M. Edwards   Le sixième?

Jean Legallois   Oui — la Sorbonne — in-
                                                           connu —

M. Edwards   Ah, je comprends. Eh oui, c'est là
                   où j'étais, ça fait une dizaine d'an-
                   nées déjà.

Jean Legallois   Le chemin — par la Con-
                                                           corde — un jour comme
                                                           aujourd'hui — plus prudent
                                                           — les Quais.

M. Edwards   Pour éviter ces sacrés embout-
                   eillages.

Jean Legallois   Justement — devant —
                                                           Aérogare — sans peine.

M. Edwards   Oh, oui, c'est là en effet que je suis
                   arrivé tout à l'heure. J'y ai... (*Un
                   grincement de pneus se fait entendre.*)

Jean Legallois   Oh, le — code — ouf —
                                                           échappé belle!

M. Edwards   Il a failli nous rentrer dedans.

Jean Legallois   Oh — Il aurait pu —

M. Edwards   Mais la priorité à droite, je croyais
                   que c'était obligatoire en France.

Jean Legallois   — on — la respecter — des
                                                           chauffards — ici.

M. Edwards   Dites, qu'est-ce qu'il avait sur la
                   vitre arrière, priorité au s...

Jean Legallois   Priorité — la rigolade —
                                                           apposent — bonne consci-
                                                           ence — empêche — vous
                                                           engueuler —!

QUESTIONS

1. De quelle couleur est la voiture de Jean?
2. Quel avantage possède-t-elle en particulier, cette voiture?
3. Et comment est-elle au point de vue esthétique?

4. Votre voiture à vous, fait-elle très snob?
5. En s'installant dans la voiture de M. Legallois, M. Edwards se trompe de côté. Pourquoi?
6. Où se trouve le 6e arrondissement?
7. Expliquez pourquoi M. Edwards connaît le quartier universitaire à Paris.
8. Pourquoi était-il plus prudent de rejoindre directement les Quais?
9. Pourquoi est-ce que M. Edwards a reconnu l'Aérogare des Invalides?
10. Expliquez ce qu'est 'le code de la route'. Qu'entendez-vous par 'rouler en code'?
11. 'Priorité à droite' — qu'est-ce que cela veut dire?
12. Au cours du trajet dans la voiture de Jean il a failli se produire un accident — qu'est-ce qui est arrivé? Mettez-vous à la place de M. Edwards.
13. La tour Eiffel — qu'est-ce que vous en savez?
14. En France, qu'est-ce qui correspond à la B.B.C.?
15. Qu'est-ce que c'est, l'O.R.T.F.?
16. De combien de chaînes de T.V. est-ce qu'on dispose en Angleterre, et en France?
17. Les émissions de l'O.R.T.F., sont-elles les seules que l'on capte en France?
18. Qu'est-ce que vous pensez de la qualité des émissions à la télévision chez vous?
19. Tracez la route que M. Legallois a choisie pour arriver à proximité du Luxembourg.
20. Pourquoi y avait-il un panneau 'Déviation à 100 mètres'?
21. Comment se fait-il que M. Legallois ne soit pas pressé de rentrer chez lui ce soir-là?
22. La femme de Jean, comment savait-elle que son mari allait rentrer tard?
23. Pour quelles raisons est-ce que Jean désapprouve le bridge?
24. Est-ce qu'il y a un sport on un jeu que vous détestez spécialement? Lequel et pourquoi?
25. Quant au bridge, est-ce que M. Edwards a le même problème que Jean?
26. Qu'est-ce que cela signifie — 'J'en ai marre'?
27. Qu'est-ce que vous savez sur Dunkerque?
28. Expliquez tout ce qui les a retardés en traversant Paris.
29. M. Legallois se montre fort aimable envers M. Edwards vers la fin de conversation — comment?
30. Qu'est-ce qu'ils feront maintenant, Jean et M. Edwards?

THÈME

As long as dear Jeanine forgets to give me little messages from my boss, inevitably there are going to be irritating misunderstandings like that. And that wasn't the only problem that day either. Not at all! We'd not thought of M. Edwards' luggage and he'd quite a lot. As he didn't know where the hotel was I offered to drive him there. What do you expect, I couldn't simply let him go off on foot or on the underground to find a place to sleep. Besides, I'd been told to help him as far as possible and I find it's not worth while offending people who come to you to discuss mergers and things like that. One has to please them otherwise you would never manage to come to an agreement. What's more serious is that the boss starts to distrust you — his smiles give way to scowls or else he shouts nasty things at you. It's better to avoid all that. Anyhow M. Edwards seemed to me quite a pleasant chap.

17 Impressions sur Paris

Récit dans lequel Monsieur Edwards compare le Paris d'aujourd'hui avec celui de sa jeunesse

---

Me voilà donc enfin à Paris et sur le point de trouver un hôtel. En fin de compte, tout s'est fort bien passé. Au premier abord, je l'avoue, il m'a paru un tant soit peu curieux, ce M. Legallois. Il faut reconnaître qu'il n'en était pas directement responsable, lui. On a ces problèmes-là partout dans le monde. Et maintenant, il m'a pris à son bord et va m'aider à me procurer une chambre. C'est réellement gentil de sa part, je trouve. J'en suis d'autant plus content que j'ai une profonde aversion pour les hôtels français. 'Profonde aversion' — c'est un peu fort quand même. Ce que je veux dire, c'est que je n'ai pas trop confiance en les hôteliers français, et notamment à Paris. On raconte à leur propos des histoires à faire dresser les cheveux sur la tête. Des clients qui se sont fait estamper de toutes les façons possibles et imaginables. On cite le cas de gens qui ont payé plein tarif pour n'avoir qu'une piètre chambre de bonne sous le toit. Sans parler des chambres où le tarif n'était pas affiché, à l'encontre du règlement. Et les chambres 'tout compris' où l'on vous réclame ensuite 15 % pour le service. Tout un catalogue d'horreurs, n'est-ce pas? Mais, sans doute, il y a un peu de légende dans toutes ces histoires. On ne peut pas trop se fier aux récits d'étrangers qui ne connaissent pas la langue. Bah, on verra bien!

Mais, depuis mon dernier séjour à Paris son aspect n'a pas changé autant que celui de Londres. Toujours les mêmes réclames pour apéritifs, les foules de touristes, les bouquinistes le long de la Seine et les agents de police surmenés, à l'air farouche. Autant de jolies Parisiennes aussi, à ce qu'il me semble. Et la tour Eiffel est toujours là, évidemment. Mais heureusement on ne voit pas de tous côtés surgir des buildings géants, des gratte-ciel en verre et en béton armé. Pas encore, tout au moins. Les Parisiens semblent se contenter de leurs édifices historiques et de leurs boulevards du 19ᵉ siècle. On repère plus facilement les monuments historiques depuis qu'ils en ont fait la toilette, et ce ravalement se poursuit un peu partout dans la capitale. Toutefois, j'ai remarqué en survolant Paris plusieurs rangées de vastes immeubles modernes, plus spécialement dans la zone périphérique. On m'a expliqué qu'on les appelle des H.L.M., c'est-à-dire habitations à loyer modéré, pratiques, certes, mais plutôt laides vues de l'extérieur, de toute façon infiniment préférables aux bidonvilles qui, à ce qu'on dit, existent encore en certains endroits.

Quant à la circulation, elle n'a pas changé. Sauf qu'on a interdit l'usage des avertisseurs dans les agglomérations. Le Parisien conduit toujours avec autant d'élan, de courage et de grincements de freins que la dernière fois que j'étais ici. Et en dépit des embouteillages, j'aime mieux voyager dans la voiture de M. Legallois que de m'aventurer à pied pendant les heures d'affluence. D'ailleurs dans deux minutes, je serai confortablement installé dans cet hôtel que M. Legallois m'a si aimablement trouvé. Je crois que je m'étendrai sur le lit pour me reposer un peu. Puis je sortirai prendre un casse-croûte quelque part. Et ce soir ? Eh bien, il faut profiter de mon séjour à Paris. J'aurai le temps, je pense, d'arriver pour la dernière représentation aux Folies Bergère. Là, de toute façon, il n'y a pas de problèmes d'ordre linguistique !

COMMENTAIRE

tout s'est fort bien passé	*everything has turned out very well*
Au premier abord	*At first sight*
un tant soit peu curieux	*somewhat strange*
il m'a pris à son bord	*he has given me a lift*
C'est réellement gentil de sa part	*It's really nice of him*
d'autant plus content que	*especially pleased as, all the more pleased as* d'autant moins... que *all the less... as* e.g. Il est d'autant moins à plaindre qu'il en avait déjà été averti. *He's all the less to be pitied as he'd already been warned.*
c'est un peu fort	*that is a little too strong, a little exaggerated*
à leur propos	*about them*
	à propos *by the way; apposite, relevant*
	mal à propos *inappropriate*
	à tout propos *at every turn*
	hors de propos *out of place, irrelevant*

des histoires à faire dresser les cheveux sur la tête	*stories that would make your hair stand on end*
Des clients qui se sont fait estamper	*Clients who got themselves swindled*
On cite le cas de gens	*One hears of people*

une citation — *a quotation* (from a book)
une cote; un prix; un cours — *a quotation* (i.e. price)

plein tarif	*full rate*
piètre	*wretched, miserable*
bonne (*f.*)	*a maid*
où le tarif n'était pas affiché	*where the prices were not on display* Défense d'afficher. *Stick no bills.*
à l'encontre du règlement	*contrary to regulations*
les chambres 'tout compris'	*rooms with everything included* (in the price)
on vous réclame	*they demand from you*

réclamer qc. **de** qn.
to demand, to require sg. from so.
réclamer **contre** qc.   *to protest against sg.*

trop se fier aux récits d'étrangers	*rely too much on the stories of foreigners*
son aspect	*its appearance*
les foules de touristes, les bouquinistes	*the crowds of tourists, the booksellers*
les agents de police surmenés, à l'air farouche	*the overworked and fierce-looking policemen*
surgir	*to rise up*
des gratte-ciel en verre et en béton armé	*glass and reinforced concrete skyscrapers* Notice the difference in sense between: une table de bois *a wooden **table*** une table en bois *a **wooden** table*
leurs édifices historiques (*m.*)	*their historical buildings* The rendering of the English word ***building*** requires care. Notice the following shades of meaning.

un bâtiment   the general term
un immeuble   suggests size and use for commercial or residential purposes
un building   a large, usually modern *immeuble*
un édifice   impressive, often public

On repère	*One picks out; one distinguishes*
	un point de repère *a landmark*
ce ravalement	*this resurfacing* (of the stonework)
j'ai remarqué en survolant Paris	*I noticed while flying over Paris*
	The present participle of verbs is met with much less frequently than in English.
	Notice the difference in meaning brought about by the use of **en**.
	Étant fort surpris, je me suis retiré.
	Being very surprised I withdrew.
	Je suis parti en regardant derrière moi.
	I went away looking behind me.
	The use of **en** emphasizes that the two actions took place at the same time. It is also used to indicate a manner of motion:
	e.g. descendre **en courant** *to run down*
	and the way a thing is done:
	e.g. Il est entré dans la maison **en grimpant** sur une échelle.
	He got into the house **by** *climbing a ladder.*
dans la zone périphérique	*in the outskirts*
des H.L.M., habitations à loyer modéré	lit. *dwellings at moderate rents*
	(The French equivalent of Council flats.)
laides	*ugly*
	laid; (*f.*) laide
préférables aux bidonvilles	*preferable to the shanty towns*
	(In France often inhabited by North Africans.)
	un bidon *a drum or tin* (for containing liquids); *a waterbottle*
Sauf qu'on a interdit l'usage des avertisseurs	*Except that the use of horns has been prohibited*
	Stationnement interdit. *No parking.*
	un avertisseur un klaxon
	interdire, défendre **à** qn. **de** faire q.c.
dans les agglomérations	*in built-up areas*
autant d'élan, de courage et de grincements de freins	*with as much dash, courage and screeching of brakes*
en dépit de	*in spite of*
les heures d'affluence	*the rush hours*
	syn. les heures de pointe
je m'étendrai	*I shall stretch out*
un casse-croûte	*a snack*
	Casse-croûte à toute heure. *Snacks served at all times.*
quelque part	*somewhere*
	nulle part *nowhere*
	ailleurs *elsewhere*
linguistique	Note that the *u* is pronounced.

EXERCICES

1

MODÈLE

**Quand vous avez survolé Paris, vous avez   C'est ça. J'ai remarqué l'autoroute de
remarqué l'autoroute de l'Ouest, n'est-   l'Ouest en survolant Paris.
ce pas?**

1. Quand ils ont roulé les gens, les hôteliers ont acquis une mauvaise réputation,
   n'est-ce pas?
2. Quand ils affichent le tarif, les hôteliers obéissent au règlement, n'est-ce pas?
3. Quand il vous a aidé à trouver une chambre, il vous a rendu un grand service,
   n'est-ce pas?
4. Quand ils vous font payer cher une chambre misérable, ils vous estampent,
   n'est-ce pas?   (*Ils nous*)
5. Quand on se fie aux récits d'étrangers qui ne connaissent pas la langue, on peut
   se tromper sérieusement, n'est-ce pas?
6. Quand on a construit de vastes immeubles dans la zone périphérique, on a évité
   de détruire le centre de Paris, n'est-ce pas?
7. Quand il s'étendra sur le lit, il se reposera un peu, n'est-ce pas?
8. Quand il se rendra aux Folies Bergère, il dépensera beaucoup d'argent, n'est-ce
   pas?

2

MODÈLE 1

**Les mains de François sont abominable-   Lave-toi, François!
ment sales! Suzanne, dis à François de se
laver, veux-tu?**

MODÈLE 2

**M. Edwards ne comprend pas ce qui se   Ne vous inquiétez pas, M. Edwards!
passe. Jeanine, dites à M. Edwards de ne
pas s'inquiéter, voulez-vous?**

1. Et voici notre chère petite Suzanne qui vient nous embêter encore une fois.
   François, dis à Suzanne de s'en aller, veux-tu?
2. Et voilà Suzanne qui veut sortir avant que je ne lui parle! François, dis à Suzanne
   de ne pas s'en aller, veux-tu?
3. Le pauvre Monsieur aura longtemps à attendre. Jeanine, dites à Monsieur de
   s'asseoir, voulez-vous?
4. On a laissé des épingles sur cette chaise-là, je crois. Il ne faut pas que Mme
   Tisserand s'y asseye! Jeanine, dites à Madame de ne pas s'asseoir, voulez-vous?
5. C'est par ici, je crois. Francine, dites au chauffeur de s'engager à droite, voulez-
   vous?
6. Si j'ai bonne mémoire ce doit être de l'autre côté de la rue. Francine, dites au
   chauffeur de ne pas s'engager à gauche, voulez-vous?

7. Il y aura quelque chose de vraiment horrible à la télévision ce soir. Monique, dis à Suzanne de se coucher immédiatement, veux-tu?
8. Je veux qu'on m'aide un peu à ranger mes affaires. Jean, dis à Suzanne de ne pas se coucher pour le moment, veux-tu?

3

MODÈLE

'Je suis sur le point de trouver un hôtel!' **Oh, il m'a dit qu'il était sur le point de**
'Qu'est-ce qu'il vous a dit?' **trouver un hôtel. C'est tout.**

1. 'J'ai une profonde aversion pour certains hôteliers.'
   'Qu'est-ce qu'il vous a dit?'
2. 'C'est réellement gentil de sa part.'
   'Qu'est-ce qu'il vous a dit?'
3. 'C'est bien cela que je veux dire.'
   'Qu'est-ce qu'il vous a dit?'
4. 'Il y a un peu de légende dans toutes ces histoires.'
   'Qu'est-ce qu'il vous a dit?'
5. 'A Paris on ne voit pas de tous côtés surgir des buildings géants.'
   'Qu'est-ce qu'il vous a dit?'
6. 'On repère plus facilement les monuments historiques.'
   'Qu'est-ce qu'il vous a dit?'
7. 'Dans deux minutes, il sera confortablement installé dans son hôtel.'
   'Qu'est-ce qu'il vous a dit?'
8. 'Il aura besoin d'un peu de repos.'
   'Qu'est-ce qu'il vous a dit?'
9. 'M. Edwards sortira prendre un casse-croûte quelque part.'
   'Qu'est-ce qu'il vous a dit?'
10. 'Je pourrai arriver à temps pour la dernière représentation.'
    'Qu'est-ce qu'il vous a dit?'

4

MODÈLE

'Jean m'a paru un tant soit peu curieux.' **Oh, il m'a dit que Jean lui avait paru un**
'Qu'a-t-il dit?' **tant soit peu curieux.**

1. 'Jean m'a aidé à trouver une chambre.'
   'Qu'a-t-il dit?'
2. 'Jean m'a pris à son bord.'
   'Qu'a-t-il dit?'
3. 'Certains clients se sont procuré des chambres misérables.'
   'Qu'a-t-il dit?'
4. 'Mon cousin s'est fié aux brochure touristiques.'
   'Qu'a-t-il dit?'
5. 'Je suis allé à Paris sans réserver une chambre à l'avance.'
   'Qu'a-t-il dit?'
6. 'Personne n'est venu me rencontrer à l'aéroport.'
   'Qu'a-t-il dit?'
7. 'Nous avons noté que ce ravalement se poursuit un peu partout.'
   'Qu'a-t-il dit?'

8. 'Je l'aurai préparé avant votre départ.'
  'Qu'a-t-il dit?'
9. 'Nous y serons arrivés avant vous.'
  'Qu'a-t-il dit?'
10. 'Dans une minute vous aurez fini ces questions.'
  'Qu'a-t-il dit?'

5

MODÈLE

Est-ce qu'il préfère habiter un bidonville   **Il aime mieux habiter un hôtel de luxe,**
ou un hôtel de luxe?   **évidemment.**

Choisissez toujours la deuxième possibilité.

1. Est-ce que vous préférez envoyer une dépêche ou parler au téléphone?
2. Est-ce que vous préférez y aller à pied ou vous y rendre en voiture?
3. Est-ce que vous préférez arriver à la gare de Lyon ou au Bourget?
4. Est-ce qu'il préfère demeurer en plein Paris ou en banlieue? .
5. Est-ce qu'il préfère descendre dans un hôtel ou chez des amis?
6. Est-ce que vous préférez les édifices historiques ou les gratte-ciel?
7. Est-ce qu'elle préfère travailler dur ou bavarder?
8. Est-ce qu'il préfère voir l'Opéra crasseux ou ravalé?

6

MODÈLE

Il est content — Jean l'a pris à son bord.   **Il est d'autant plus content que Jean l'a**
                                                  pris à son bord.

1. C'est malhonnête — le tarif n'est pas affiché dans les chambres.
2. C'est cher — on vous réclame ensuite 15 % pour le service.
3. Ce carrefour est dangereux — les feux de circulation ne marchent pas.
4. Les agents de police sont surmenés — tout le monde s'est rendu au travail en auto.
5. Les monuments historiques sont faciles à repérer — on vient de les ravaler.
6. La ville est pittoresque — on voit des bouquinistes le long de la Seine.
7. Une visite à l'étranger est agréable — il y a toujours des problèmes d'ordre linguistique.
8. Je suis épuisée — j'ai fait de mon mieux pour donner les bonnes réponses.

QUESTIONS ET RÉPONSES

1. Que signifient les lettres H.L.M.?   Ça signifie habitation à loyer modéré.
2. Où est-ce qu'ils se trouvent, les H.L.M.?   Aux alentours des grandes villes françaises.
3. M. Edwards, quand est-ce qu'il en a remarqué?   Il en a vu à son arrivée à Orly.
4. Qu'est-ce que c'est, Orly?   C'est un des grands aéroports de Paris. L'autre s'appelle Le Bourget.*

  * The increase in air traffic has necessitated the construction of a third airport at Roissy-en-France.

5. M. Legallois, qu'a-t-il fait pour son visiteur anglais? — Il l'a pris à son bord et l'a aidé à trouver un hôtel.

6. M. Edwards, pourquoi était-il d'autant plus content? — Il était d'autant plus content qu'il se méfiait des hôteliers parisiens.

7. Avait-il raison de ne pas avoir trop confiance en les hôteliers parisiens? — Jusqu'à un certain point, mais les choses s'améliorent, paraît-il.

8. De quelle façon un hôtelier peut-il estamper ses clients étrangers? — De toutes les façons possibles et imaginables.

9. Mais nommez une façon de rouler les gens. — On peut vous faire payer plein tarif pour une piètre chambre de bonne sous le toit.

10. L'usage de l'avertisseur, est-il toujours permis à Paris? — Non, il est interdit de s'en servir dans l'agglomération.

QUESTIONS

1. Où en est-il, M. Edwards?
2. Est-il mécontent de tout ce qui est arrivé jusqu'ici?
3. Quelles étaient ses premières impressions sur M. Legallois?
4. C'était vraiment la faute de M. Legallois, tout ça?
5. M. Legallois, qu'est-ce qu'il a fait pour être aimable envers M. Edwards?
6. Celui-ci, pourquoi était-il d'autant plus content?
7. Quelle est l'attitude de M. Edwards à l'égard des hôteliers parisiens?
8. Sur quoi est-ce qu'elle est fondée, cette attitude?
9. Selon les histoires, de quelles façons peut-on estamper les touristes?
10. Un hôtelier, où doit-il afficher le tarif des chambres?
11. Qu'est-ce qui veut qu'un hôtelier fasse cela?
12. Pourquoi est-il permis de douter de certaines de ces histoires?
13. Pendant les années cinquante et soixante, comment est-ce que l'aspect de Paris a changé par rapport à celui de Londres?
14. Qu'a-t-il remarqué en arrivant à Paris par avion?
15. Et qu'a-t-il remarqué en se promenant dans Paris?
16. Expliquez le mot 'bouquiniste'.
17. Les agents de police parisiens, pourquoi étaient-ils surmenés?
18. Depuis quand y a-t-il des boulevards à Paris?
19. Décrivez une grande ville américaine.
20. Est-ce que tous les monuments de Paris paraissent sales?
21. Dans quelle zone de Paris est-on en train de construire de vastes immeubles modernes?
22. Qu'est-ce que c'est qu'un H.L.M.?
23. Y a-t-il des inconvénients à vivre dans un H.L.M.?
24. Quels en sont les avantages?
25. Expliquez le mot 'bidonville'.
26. Comment se fait-il que le bruit de la circulation parisienne soit réduit ces derniers temps?
27. D'après les histoires qu'on vous a sans doute racontées, quelles différences y a-t-il entre la façon dont on conduit une voiture en Angleterre et en France?
28. M. Edwards a été un tant soit peu fatigué par son voyage—comment le savez-vous?
29. Il va se payer un grand dîner?
30. M. Edwards, comment va-t-il se divertir?

THÈME ORAL

Many years ago * I spent several months in Paris * and it is really marvellous * to be here again. * What a town! * It reminds me of my youth. * I could recognize * most of the monuments * and famous buildings * without any difficulty, * in spite of the cleaning-up * which is going on everywhere. * Everyone looks a bit richer * and there are long lines of cars * parked on both sides of the street * in front of the blocks of flats, * which doesn't appear very practical * from the point of view of the traffic. * What's more * the Paris traffic * is more pleasant to the ears * these days * — before, * the screech of brakes * and the noise of car hooters * could be heard * at every traffic light * and every crossroad. * I used to be fed up with it. * Some time ago * the use of horns was prohibited * in the towns, * so now * there's only the screech of brakes. * Sorry, I'm wrong. * The policemen, * God bless them, * still have a passion * for regulating the traffic * with blasts on their whistles * whereas a little patience * is all that is needed. * It goes without saying * that the Parisians * don't worry * and are completely used to it. * It's like advertisements on television * — in the end one doesn't notice them any more. *

18 A l'Hôtel

Dialogue dans lequel sont soulignées les difficultés de trouver une chambre à Paris pendant les jours de grève

---

PERSONNAGES *Jean Legallois*   *La patronne*   SCÈNE *L'épisode se déroule*
                M. Edwards   *Le réceptionniste*   *dans une série d'hôtels*
                Le concierge   *Le liftier*   *parisiens.*

Jean Legallois. Venez, mon ami, c'est par ici. Flûte alors! Personne à la réception!

M. Edwards. Ah, ce n'est pas la peine de sonner. Voilà un monsieur qui arrive.

Le concierge. Vous désirez, Monsieur?

Jean Legallois. Monsieur voudrait une chambre. A un lit pour..., au fait, M. Edwards, combien de jours comptez-vous rester à Paris?

M. Edwards. Euh, on est bien lundi aujourd'hui — je dois être de retour en fin de semaine. Mettons donc, quoi, 5 jours. On pourra toujours le modifier, n'est-ce pas?

Le concierge. C'est pour ce soir? En principe le douze doit être libre. Une chambre au premier étage.

M. Edwards. Excellent! Tant mieux pour mes pauvres jambes.

Le concierge. Mais Monsieur, qu'est-ce que vous croyez? Nous avons l'ascenseur!

M. Edwards. Oh, pardon!

Le concierge. C'est bien tranquille le douze. Ça donne sur la cour intérieure. Vous ne serez pas gêné par la circulation.

M. Edwards. Bon.

Le concierge. Attendez, Monsieur, je vais vérifier.

M. Edwards. Bien, très bien. Voilà ce qu'il me faut.

Le concierge. Oh, nom de nom, j'allais oublier ce Monsieur. Ce matin un de nos meilleurs clients habituels m'a téléphoné pour réserver une chambre et le douze, c'était tout ce qui nous restait.

Jean Legallois. C'est dommage, ça.

Le concierge. Les jours de grève, vous comprenez que les gens aisés tiennent à avoir une chambre, surtout les hommes d'affaires, les gens de la banlieue.

Jean Legallois. Donc, vous n'avez plus de chambre?

Le concierge. Je suis navré, mais essayez donc à côté. Retournez à la rue de Fleurus, c'est... oui, oui, oui, la deuxième sur la droite.

Jean Legallois. Merci, Monsieur. Au revoir. Allons-nous-en!

Le concierge. Au plaisir, Messieurs.

M. Edwards. C'est bien dommage que ce soit complet. Ce type aurait dû afficher un écriteau quand même. Nous n'aurions pas gaspillé notre temps. Mais on y arrive bientôt. Tenez, le voilà. Espérons qu'on aura plus de chance cette fois.

Jean Legallois. Bon, ça y est. Aucun écriteau — c'est bon signe. Après vous, Monsieur.

La patronne. Hé, si c'est pour une chambre, vous tombez mal, Messieurs. Nous sommes débordés — tout est occupé depuis onze heures. On héberge un groupe de trente-cinq étudiantes néerlandaises en excursion avec leur 'prof', et puis, qu'est-ce que vous voulez, il y a la grève par-dessus le marché. Impossible, je regrette, Messieurs.

Jean Legallois. Voilà qui est embêtant.

La patronne. Hé, Félix, accrochez-moi cet écriteau! Au revoir, Messieurs.

M. Edwards. Nous voilà dans de beaux draps! A ce rythme nous en avons pour toute la soirée.

Jean Legallois. Rassurez-vous, les hôtels, ça pullule dans ce coin. On finira bien par la trouver, cette chambre.

M. Edwards. Où est-ce qu'on va maintenant?

Jean Legallois. Je crois que le mieux à faire maintenant serait de rebrousser chemin vers le Luxembourg et...

M. Edwards. Comme vous voudrez. Je vous suis.

Jean Legallois. Comme je suis bête! Il y a toujours l'hôtel des Grands Ducs. C'est là que l'an dernier un de vos compatriotes, de la Compagnie — euh! son nom m'échappe maintenant — a passé quelques nuits.

M. Edwards. Bon. Pourquoi ne pas l'essayer?

Jean Legallois. Il n'a pas semblé mécontent de son sort. Mais c'est peut-être un peu excessif au point de vue prix.

M. Edwards. Ne vous tracassez pas, c'est le budget de la Société qui en pâtira. A moins que ce ne soit un prix exorbitant, naturellement.

Je m'entends assez bien avec notre comptable. Lui saura régler l'affaire pour moi.

Jean Legallois. Vous en avez de la veine, vous. On est un peu gratte-sous chez nous, lorsqu'il s'agit d'accorder les frais de déplacement. Voilà, droit devant vous — l'Hôtel des Grands Ducs.

M. Edwards. Les Grands Ducs? C'étaient les chauffeurs de taxi, des Russes, non?

Jean Legallois. Les Grands Ducs en question étaient plutôt des Allemands. Quant aux Russes, c'est vieux jeu maintenant. Ces aristos de chauffeurs, ils sont tous hors de service. Ça fait des années qu'ils ont pris leur retraite. Mais hâtons-nous! Après toutes ces péripéties aujourd'hui, vous devez être bien fatigué, pas vrai?

M. Edwards. Oh, cela importe peu. Enfin, nous y voilà! Après vous, M. Legallois.

Jean Legallois. Non, je vous en prie, après vous, Monsieur. Oh, oh, ça respire l'opulence ici.

M. Edwards. Quel bel uniforme! Magnifique! Voici le réceptionniste.

Jean Legallois. Bonsoir, Monsieur. Le Monsieur que voici voudrait une chambre pour... euh, cinq nuits, il me semble.

M. Edwards. Oui, oui, cinq. C'est exact.

Le réceptionniste. Monsieur désire une chambre tranquille et confortable, n'est-ce pas? On a juste ce qu'il vous faut. Au deuxième, avec douche et salle de bains, bien entendu, et d'un style... Montez donc, vous allez voir. Vous jugerez par vous-même. Ça va de soi que Monsieur saura en apprécier le confort. (*Au liftier.*) Le vingt-huit. Tenez, la clef!

Le liftier. Entendu, Monsieur, le vingt-huit. Veuillez me suivre, Messieurs.

M. Edwards. Avec plaisir. Ça me conviendra certainement.

Le liftier. Attention à la marche, Messieurs. Ne trébuchez pas!

Jean Legallois. Merci! Nous y ferons attention.

Le liftier. Par ici, Messieurs, à gauche. Vingt-quatre, vingt-six, ah! Nous y voilà, vingt-huit. Si vous voulez bien... Vous voyez, c'est une chambre remarquable — la meilleure de l'hôtel.

M. Edwards. Hmm! C'est superbe ici!

Jean Legallois. Nom d'une pipe!

Le liftier. On a des clients fort illustres, nous. M. le Comte de Bois-champagne et le Baron de la Têtevide descendent toujours chez nous quand ils séjournent à Paris. Pour M. le Comte, c'est régulier. Lui, il exige toujours le vingt-huit. Un fameux gaillard, celui-là, avec ses chevaux de course et les jolies dames qui...

Jean Legallois. Dites, mon ami, vous allez vous sentir chez vous avec ce lustre énorme et ce lit à quatre piliers?

M. Edwards. Ce n'est pas du tout notre genre à Bradford ça, mais...

Jean Legallois. Oh, regardez-moi le chambranle aux incrustations en or — c'est pas du plastique, ça. Bon sang! On se croirait au pays de Cocagne.

Le liftier. Messieurs, notez bien le téléviseur, la radio et l'électrophone haute fidélité stéréophonique. Vous avez des disques pour tous les goûts dans le buffet à côté — Sonates de Beethoven, Edith Piaf, les tout derniers disques anglais. Tout ce que vous voudrez.

Jean Legallois. Les tout derniers disques anglais? Il ne manquait plus que ça!

M. Edwards. Oh, je me passerai parfaitement de musique pour les quelques jours que je serai à Paris.

Le liftier. Vous connaissez Brigida Bardotta — la célèbre vedette italienne?

Jean Legallois. Personnellement, non!

M. Edwards. Ni moi non plus!

Le liftier. Celle qui a tourné 'Amour sous les Tropiques', non?

Jean Legallois. Non.

Le liftier. Eh bien, la première chose qu'elle fait en arrivant ici, c'est de faire passer un de ses propres disques. Elle m'a donné sa photo signée — en bikini, s'il vous plaît.

M. Edwards. Sans blague!

Le liftier. D'ailleurs, je pourrais vous en raconter de belles sur son compte. Un soir elle est rentrée ici avec...

Jean Legallois. Allons, allons, pas de scandale, s'il vous plaît. C'est combien le prix de ce Versailles en miniature?

Le liftier. A la journée, Monsieur? Deux cents francs, tout compris. Je veux dire, avec supplément de 4.50 francs pour chaque bain que vous prenez.

Jean Legallois. C'est ce qu'on appelle bon marché, ça! Vraiment! Et vous n'avez rien d'autre, n'est-ce pas?

Le liftier. Hélas, malheureusement, vous comprenez, Monsieur, les jours de grève... Où que vous alliez, Messieurs, à cette heure de la soirée, ce serait pareil.

Jean Legallois. Mais, ce qu'il vous faut, M. Edwards, c'est une chambre et non un musée, pas vrai? Voilà ce que je propose, moi. Je vais téléphoner à Monique et je lui dirai de vous préparer un lit. Ce ne sera pas aussi luxueux, mais je crois que vous serez plus à l'aise et vous pourrez venir avec moi au bureau en auto demain matin. Ça ira, n'est-ce pas?

M. Edwards. Mais, Monsieur Legallois, ça va vous donner de l'embarras et surtout à Madame votre femme.

Jean Legallois. Ne vous inquiétez pas. C'est vite fait tout ça. D'accord, oui?

M. Edwards. Je me demande bien ce que je devrais faire!

Jean Legallois. N'hésitez pas!

M. Edwards. Eh bien, d'accord. Notre comptable est un de mes copains mais il y a des limites, quand même. Je vous remercie, Monsieur.

Jean Legallois. Pas de quoi! Allez, en route!

COMMENTAIRE

Flûte alors!	A mild expletive une flûte *a flute; a long loaf*
ce n'est pas la peine de sonner	*it's not worth ringing*
je dois être de retour	*I must be back*
modifier	*alter* NOTE altérer *to spoil; to change for the worse*
l'ascenseur (*m.*)	*the lift*
Ça donne sur	*It looks out on to*
Vous ne serez pas gêné	*You won't be troubled*
vérifier	*check*
les gens aisés	*the well-to-do*
Je suis navré	*I'm extremely sorry*
Ce type aurait dû afficher un écriteau	*The fellow should have put up a sign* je devrais *I should; I ought to* j'aurais dû *I should have; I ought to have*
vous tombez mal	*you are out of luck*
Nous sommes débordés	*We are full up*
On héberge	*We are putting up*
par-dessus le marché	*into the bargain*

accrochez-moi   *hang up this sign for me*
cet écriteau

A ce rythme   *At this rate*

Nous voilà dans   *We're in a fine mess!*
de beaux draps!

ça pullule   lit. *it swarms,* i.e. *there are many*

de son sort   *with his fate*

un peu excessif   *a bit exorbitant*

Ne vous   *Don't worry*
tracassez pas

qui en pâtira   *that will suffer*

Lui saura régler   *He'll be able to arrange it for me*
l'affaire pour
moi

gratte-sous   *stingy*
            un sou   *a halfpenny*
            Il n'a pas le sou. *He is penniless.*

les frais de   *travel expenses*
déplacement

c'est vieux jeu   *it's old hat*

Ces aristos   i.e. Ces aristocrates

Après toutes ces   *After all these mishaps*
péripéties

Quel bel   Remember that certain adjectives have a special form for use
uniforme   before masculine nouns starting with a vowel or silent *h*.
            beau **bel**; fou **fol**; mou **mol** (*soft*); vieux **vieil**

Ne trébuchez   *Don't trip up!*
pas!

la meilleure de   *the best* **in** *the hotel*
l'hôtel   le pire de la ville   *the worst* **in** *the town*
            After a superlative ***in*** is translated by **de**.

descendent   *stay*
            descendre à un hôtel   *to stay at a hotel*

ils séjournent   *they stay*

ses chevaux de   *his racehorses*
course

vous allez vous   *you are going to feel at home*
sentir chez vous   Je me sens fatigué.   *I feel tired.*

ce lustre énorme   *this enormous chandelier and this four-poster bed*
et ce lit à quatre
piliers

le chambranle   *the mantlepiece; the frame of a door or window*

Bon sang!   *Dash it!*

au pays de Cocagne	*in the land of milk and honey*
l'électrophone (*m.*)	*record player*
haute fidélité	*hi-fi* la fidélité *faithfulness* fidèle *faithful*
pour tous les goûts	*for all tastes*
le buffet	*the sideboard*
Il ne manquait plus que cela	*That's all we needed*
la célèbre vedette	*the famous film star* une vedette *star* (of a show); *motor launch* **la vedette** is also used when speaking of males, as are **la** dupe, **la** sentinelle, **la** victime
Celle qui a tourné	*The one who made* tourner un film *to make a film*
vous en raconter de belles sur son compte	*tell you some good stories about her*
A la journée	*By the day* à la semaine *by the week* un jour *une journée de perdue* un an *pendant des années* un matin *Quelle matinée!* un soir *toute la soirée* The form ending in **ée** is used to suggest duration. **Année** has almost entirely replaced **an** except in ages, with numbers (il y a dix ans) and in set phrases (le jour de l'an — *New Year's Day*).
Où que vous alliez	*Wherever you go* **où que** + **Subjunctive** Notice also: **qui que** + **Subjunctive** *whoever* Qui qu'il soit, moi, je m'en fiche. *Whoever he may be, I don't care.* **quoi que** + **Subjunctive** *whatever* Quoi que vous fassiez ce serait une perte de temps. *Whatever you do it would be a waste of time.* **quelque** + ***noun*** + **que** + **Subjunctive** *whatever* + *noun* Quelque accord qu'ils fassent ils seront contents. *Whatever agreement they make they'll be happy.*
luxueux	*luxurious* luxurieux *lustful*
vous serez plus à l'aise	*you'll be more comfortable*

vous donner de l'embarras	*put you out; cause you bother*
Pas de quoi!	i.e. Pas de quoi me remercier! *There's nothing to thank me for.*

EXERCICES

1

MODÈLE

Vous croyez qu'on devrait filer directement dans le 6ᵉ?	**Oui, je crois que le mieux à faire maintenant serait de filer directement dans le 6ᵉ.**

1. Vous croyez qu'on devrait partir avant les heures d'affluence?
2. Vous croyez qu'on devrait rebrousser chemin vers le Luxembourg?
3. Vous croyez qu'on devrait s'adresser au concierge?
4. Vous croyez qu'on devrait insister pour voir la chambre?
5. Vous croyez qu'on devrait s'assurer du prix?
6. Vous croyez qu'on devrait éviter de prendre son bain à l'Hôtel des Grands Ducs?
7. Vous croyez qu'on devrait chercher une chambre meilleur marché?
8. Vous croyez qu'on devrait aller ailleurs?

2

MODÈLE

Je n'ai pas de chambre convenable.	**Mais vous devriez avoir une chambre convenable!**

1. On n'a pas ravalé certains monuments à Londres.
2. Il n'est pas content de son sort, lui.
3. Nous ne nous sommes pas hâtés.   (*nous*)
4. Le comptable n'a pas réglé l'affaire pour lui.
5. Tante Mireille ne fait pas attention à la circulation.
6. Ils ne connaissent pas la vedette d' 'Amour sous les Tropiques'.
7. Vous ne vous êtes pas occupée de ses problèmes.   (*je*)
8. Vous n'avez pas appris à parler français aussi bien que M. Legallois.   (*je*)

3

MODÈLE

Vous ne savez pas de quoi il s'agit?	**Non, pas encore, mais je tiens à savoir de quoi il s'agit.**

1. Vous ne savez pas ce dont il rêve?
2. Vous ne savez pas ce qu'il faut faire?
3. Vous ne savez pas ce que vous devriez faire?
4. Vous ne savez pas ce qui l'irrite?
5. Vous ne savez pas l'heure qu'il est?
6. Vous ne savez pas à quoi elle pense?
7. Vous ne savez pas ce qui lui est arrivé?
8. Vous ne savez pas pourquoi nous attendons?

4

MODÈLE

Ce type n'a pas affiché un écriteau.	**Et à mon avis, ce type aurait dû afficher un écriteau.**

1. Jean n'a pas téléphoné pour réserver une chambre à l'avance.
2. Ils n'ont pas quitté le bureau de bonne heure.
3. Le concierge ne savait pas que la chambre n'était plus libre.
4. La patronne ne leur a pas parlé d'un ton poli.

Et maintenant veuillez continuer en employant **pouvoir** *au lieu de* **devoir.**

5. Ces types n'ont pas affiché leur écriteau.
6. Le réceptionniste n'a pas expliqué qu'il s'agissait d'un appartement luxueux.
7. M. Edwards ne s'est pas adressé à un hôtel plus convenable.
8. Jean n'a pas invité M. Edwards à boire du thé.

5

MODÈLE

Dites donc, nous aurions plus de chance si nous allions ailleurs?	**Où que nous allions ça serait pareil maintenant, Monsieur.**

Où que

1. Dites donc, nous aurions plus de chance si nous cherchions dans la rue à côté?
2. Dites donc, ils auraient plus de chance s'ils allaient dans un autre quartier?

Qui que

3. Dites donc, j'aurais plus de chance si j'étais Français?
4. Dites donc, nous aurions plus de chance si nous étions des P.D.G.?

Quoi que

5. Dites donc, j'aurais plus de chance si je faisais autre chose?
6. Dites donc, j'aurais plus de chance si j'essayais quelque chose?

Quelque + *noun* + que

7. Dites donc, j'aurais plus de chance si je demandais à voir une autre chambre?
8. Dites donc, nous aurions plus de chance si nous trouvions un autre hôtel?

6

MODÈLE 1

Mais il doit y avoir d'autres hôtels dans la ville.	**Bien sûr, mais cet hôtel-ci, c'est le meilleur de la ville.**

1. Mais il doit y avoir d'autres restaurants dans la capitale.
2. Mais il doit y avoir d'autres théâtres dans la ville.
3. Mais il doit y avoir d'autres cabarets dans la capitale.
4. Mais il doit y avoir d'autres appartements dans l'immeuble.
5. Mais il doit y avoir d'autres paquebots dans la flotte de la S.N.C.F.

MODÈLE 2

Mais il doit y avoir d'autres mauvais restaurants dans la capitale.	**Bien sûr, mais ce restaurant-ci, c'est le pire de la capitale.**

1. Mais il doit y avoir d'autres mauvaises étudiantes dans la classe.
2. Mais il doit y avoir d'autres mauvais hôtels dans la ville.

3. Mais il doit y avoir d'autres mauvais livres dans la collection.
4. Mais il doit y avoir d'autres mauvaises compagnies dans la branche.
5. Mais il doit y avoir d'autres mauvais représentants dans l'entreprise.

EXERCICE DE CONVERSATION—1

Vous allez entendre la voix de M. Legallois qui répète le rôle qu'il vient de jouer dans le dialogue. C'est à vous de prendre le rôle de **M. Edwards.**

Jean Legallois	Allons-nous-en!
Le concierge	Au plaisir, Messieurs.
M. Edwards	— dommage — afficher — gaspillé notre temps — Espérons —
Jean Legallois	Bon, ça y est. Aucun écriteau — c'est bon signe. Après vous, Monsieur.
La patronne	Hé, si c'est pour une chambre, vous tombez mal, Messieurs. Nous sommes débordés — tout est occupé depuis onze heures. On héberge un groupe de trente-cinq étudiantes néerlandaises en excursion avec leur 'prof', et puis, qu'est-ce que vous voulez, il y a la grève par-dessus le marché. Impossible, je regrette, Messieurs.
Jean Legallois	Voilà qui est embêtant.
La patronne	Hé, Félix, accrochez-moi cet écriteau! Au revoir, Messieurs.
M. Edwards	— beaux draps — ce rythme —
Jean Legallois	Rassurez-vous, les hôtels, ça pullule dans ce coin. On finira bien par la trouver, cette chambre.
M. Edwards	Où?
Jean Legallois	Je crois que le mieux à faire maintenant serait de rebrousser chemin vers le Luxembourg et...
M. Edwards	Comme — suis.
Jean Legallois	Comme je suis bête. Il y a toujours l'Hôtel des Grands Ducs. C'est là que l'an dernier un de vos compatriotes, de la Compagnie — euh, son nom m'échappe maintenant — a passé quelques nuits.
M. Edwards	— Pourquoi?

Jean Legallois	Il n'a pas semblé mécontent de son sort. Mais c'est peut-être un peu excessif au point de vue prix.
M. Edwards	— vous tracassez — le budget — pâtira — exorbitant — notre comptable — régler l'affaire —
Jean Legallois	Vous en avez de la veine, vous. On est un peu gratte-sous chez-nous, lorsqu'il s'agit d'accorder les frais de déplacement. Voilà, droit devant vous — l'Hôtel des Grands Ducs.
M. Edwards	? — chauffeurs de taxi —?
Jean Legallois	Les Grands Ducs en question étaient plutôt des Allemands. Quant aux Russes, c'est vieux jeu maintenant. Ces aristos de chauffeur, ils sont tous hors de service. Ça fait des années qu'ils ont pris leur retraite. Mais hâtons-nous! Après toutes ces péripéties aujourd'hui, vous devez être bien fatigué, pas vrai?
M. Edwards	— importe — A vous —

EXERCICE DE CONVERSATION—2

Et maintenant vous prendrez le rôle de Jean Legallois.

M. Edwards	C'est bien dommage que ce soit complet. Ce type aurait dû afficher un écriteau quand même. Nous n'aurions pas gaspillé notre temps. Mais on y arrive bientôt. Tenez, le voilà. Espérons qu'on aura plus de chance cette fois.
Jean Legallois	Bon — écriteau — Après —
La patronne	Hé, si c'est pour une chambre, vous vous tombez mal, Messieurs. Nous sommes débordés — tout est occupé depuis onze heures. On héberge un groupe de trente-cinq étudiantes néerlandaises en excursion avec leur 'prof', et puis, qu'est-ce que vous voulez, il y a la grève par-dessus le marché. Impossible, je regrette, Messieurs.
Jean Legallois	— embêtant.

La patronne	Hé, Félix, accrochez-moi cet écriteau! Au revoir, Messieurs.
M. Edwards	Nous voilà dans de beaux draps! A ce rythme nous en avons pour toute la soirée.
Jean Legallois	— ça pullule — on finira — chambre.
M. Edwards	Où est-ce qu'on va maintenant?
Jean Legallois	— le mieux à faire — le Luxembourg —
M. Edwards	Comme vous voudrez. Je vous suis.
Jean Legallois	—bête—l'Hôtel des Grands Ducs — l'an dernier — la Compagnie — m'échappe — quelques nuits.
M. Edwards	Bon. Pourquoi pas l'essayer?
Jean Legallois	— mécontent — excessif —
M. Edwards	Ne vous tracassez pas, c'est le budget de la société qui en pâtira. A moins que ce ne soit un prix exorbitant, naturellement. Je m'entends assez bien avec notre comptable. Lui saura régler l'affaire pour moi.
Jean Legallois	— la veine — gratte-sous — accorder — déplacement — droit — Grand Ducs.
M. Edwards	Les Grands Ducs? C'étaient des chauffeurs de taxi, des Russes, non?
Jean Legallois	— en question — vieux jeu — hors de service — années — leur retraite — péripéties — fatigué?
M. Edwards	Oh, cela importe peu. Enfin, nous y voilà! Après vous, M. Legallois.
Jean Legallois	— prie — l'opulence —

QUESTIONS

1. Où est-ce qu'on doit s'adresser d'abord quand on veut descendre à un hôtel?
2. S'il n'y avait personne à la réception comment est-ce que vous feriez venir les gens?
3. Combien de temps M. Edwards compte-t-il séjourner à Paris?
4. En entendant que la chambre numéro douze devait être libre M. Edwards s'est écrié 'Tant mieux pour mes pauvres jambes'. Pourquoi?
5. Comment se fait-il que le douze soit une chambre si tranquille?
6. Qu'est-ce qui a empêché M. Edwards de prendre le douze?
7. Qu'est-ce que vous entendez par 'les gens aisés'?

8. Pourquoi est-ce que le concierge aurait dû afficher un écriteau?
9. Qu'est-ce qu'il aurait indiqué, l'écriteau dont on parle?
10. Pour quelles raisons est-ce que le deuxième hôtel était complet?
11. Est-ce que vous approuvez entièrement la façon dont la patronne les a reçus?
12. Qui est Félix?
13. Après avoir essayé le deuxième hôtel, où se sont-ils rendus?
14. Comment se fait-il que Jean ait entendu parler de l'Hôtel des Grands Ducs?
15. L'Hôtel des Grands Ducs leur a paru au premier abord un peu cher mais M. Edwards était toujours prêt à y chercher une chambre. Pourquoi est-ce que les prix ne l'ont pas effrayé?
16. A la Filalaine est-ce qu'on accorde volontiers des frais de déplacement?
17. D'où vient le nom 'l'Hôtel des Grands Ducs'?
18. En entrant dans cet hôtel, qu'est-ce qui les a frappés au premier abord?
19. Décrivez la chambre qu'on a proposée à M. Edwards.
20. Décrivez la clientèle habituelle de l'Hôtel des Grands Ducs.
21. Expliquez l'expression 'le pays de Cocagne'.
22. Est-ce que M. Edwards s'est laissé impressionner par l'électrophone et les disques?
23. Pourquoi est-ce que le liftier leur a parlé du film 'Amour sous les Tropiques'?
24. Que savez-vous de Brigida Bardotta?
25. Quelle est votre opinion sur le liftier? Expliquez quels indices vous ont permis de juger de son caractère.
26. On vous a dit le prix de cette chambre de luxe. A combien est-ce qu'elle s'élève en argent anglais à l'heure actuelle?
27. Pourquoi est-ce que M. Edwards ne s'est pas décidé à prendre la chambre dans l'Hôtel des Grand Ducs?
28. Jean, qu'a-t-il proposé?
29. Quels seraient les avantages pour M. Edwards de séjourner chez les Legallois?
30. N'avez-vous jamais eu de problèmes, de malentendus, en cherchant une chambre dans un pays étranger?

THÈME

It looks at first sight as though everything has turned out well, except that I'll have to put off my plans for this evening. What I mean is that I won't be able to have a snack in a café somewhere and follow Jim's example by going to a show. Unless I ask M. Legallois and his wife to come with me. It isn't possible! In two hours I shall be comfortably settled in at his house several miles from Paris and then it will be too late. At least I shall be able to rest a little. After crossing Paris by car in the rush hour that's what I need. As for the hotel, for my part I detest hotels as much as anybody. Certainly one can be comfortable in them but the rates are usually exorbitant and they insist on making you pay a service charge of 12 per cent at the very least. In our firm they pay us expenses by the day and what we don't spend is ours. Jim knows how to save money in every possible way — it would make your hair stand on end to hear the stories he tells about expenses. You'd soon find out why our accountant hasn't too much faith in my friend Jim!

19 La Maison de Monsieur Legallois

Récit dans lequel nous apprenons les suites d'un héritage inespéré

Ainsi donc, grâce à l'obligeance de M. Legallois, je n'allais pas passer la nuit dans la rue comme un clochard ni être à la merci d'un hôtelier parisien. Autant de gagné, mais la visite aux Folies Bergère — il fallait évidemment la remettre à un autre jour. Une autre occasion se présentera bientôt sans aucun doute.

Jean n'a pas tardé à quitter Paris. Il n'a mis que vingt minutes à sortir par la Porte de St Cloud. Nous avons traversé la Seine une seconde fois et ensuite tout en roulant sur l'Autoroute de l'Ouest, direction Chartres, il m'a parlé de sa maison, une villa du début du siècle, à Trappes, village pas très loin de Versailles. La maison avait appartenu à un oncle, qui passait pour un homme fort curieux. Il y habitait seul, entouré d'une collection de papillons d'Extrême-Orient, souvenirs de sa jeunesse. Il avait fait, paraît-il, un stage de deux ans en Indochine pour y enseigner l'histoire dans un quelconque collège. Depuis la mort de sa femme le vieillard s'occupait de moins en moins de sa maison. Une épaisse couche de poussière recouvrait les meubles, l'escalier, tout. L'hiver, puisqu'il souffrait du froid, il gardait toujours les rideaux tirés, les portes fermées à clef et ne quittait guère son cabinet de travail. Emmitouflé dans sa robe de chambre, son ancien casque colonial sur la tête pour le protéger des courants d'air, il se vouait de toutes ses forces à la passion de sa jeunesse — l'étude des papillons du Cambodge. A de rares intervalles il se rendait à Paris pour s'ensevelir dans un musée aussi poussiéreux que sa propre demeure, pour examiner des spécimens, consulter un docte ouvrage. Et il ne se plaignait jamais de son sort. Il paraît que Jean Legallois était le seul membre de sa famille avec qui il s'entendait bien, leur service aux colonies ayant crée comme une sorte de lien entre eux.

Un jour M. Legallois reçoit une lettre du notaire annonçant le décès de son oncle. On s'y était attendu d'un mois à l'autre. Mais alors, quelque chose d'inattendu — une aubaine inouïe! Lui, Jean Legallois, allait hériter de tous les biens de son oncle: villa, meubles, petit verger, potager, poiriers en espalier — tout jusqu'au dernier papillon! Et des papillons, il n'en manquait pas! Des milliers de papillons de toutes les couleurs et de toutes les formes possibles et imaginables, joliment épinglés et étiquetés.

Quelques mois plus tard le bail de l'appartement de quatre pièces qu'ils louaient près de la gare Montparnasse avait expiré. Mais avant d'emménager Monique avait insisté pour que son mari entreprenne toutes sortes de réparations et d'améliorations. En premier lieu on s'était débarrassé des boîtes de papillons. Monique y tenait. Elle les avait en horreur, tandis que dans son for intérieur Jean éprouvait pour eux une certaine nostalgie. Donc les papillons au Musée d'Histoire Naturelle et Jean Legallois, chez le marchand de couleurs. Les jours fériés et le week-end, il n'était plus question de faire la grasse matinée, d'excursions au Bois de Vincennes, d'interminables heures passées à écouter les reportages du Tour de France. Oh, ça non! Sous la direction de Monique, la main-d'œuvre familiale avait été organisée d'une façon quasiment militaire. On avait tout nettoyé de la cave au grenier, on avait frotté les planchers, rafistolé et ciré les meubles qu'on avait décidé de garder et liquidé les autres chez le brocanteur. Les rideaux fanés et troués avaient fait place à d'autres, tout neufs et de teintes claires. Puis il s'agissait de choisir du papier peint et de le poser, de remettre en état et de repeindre toutes les boiseries rongées. Suzanne et François avaient eu leur part du travail — non sans rouspéter d'abord, mais s'étant rendu compte qu'ils auraient une chambre pour eux personnellement et qu'ils auraient le droit d'en choisir les tentures et les coloris, ils s'étaient mis à l'ouvrage de bon gré. Les Legallois étaient toujours au stade de la dernière retouche. L'ameublement d'une villa — c'est ruineux! Ça coûte horriblement plus cher que pour un appartement et leurs économies étaient presque envolées.

Pendant qu'il me racontait l'histoire de sa maison, je ne pouvais pas faire attention à la route pour m'orienter. De plus, il faisait nuit noire, mais brusquement, émergeant de l'obscurité, voici la porte de l'écurie aménagée en garage. On était arrivé!

COMMENTAIRE

grâce à l'obligeance de	*thanks to the kindness of*
un clochard	*a tramp*
Autant de gagné	*So much to the good*

Jean n'a pas tardé à	*Jean wasted no time in* **tarder à** *to put off doing something* Il me tarde de le revoir. *I am anxious to see him again.*
Il n'a mis que vingt minutes	*He only took twenty minutes* mettre du temps à faire qc. *to take time doing sg.*
La maison avait appartenu à	*The house had belonged to* appartenir à *to belong to*
qui passait pour un homme fort curieux	*who was considered to be a most strange man*
un stage	A period of instruction or practical experience. **un stagiaire** a person working under the above conditions; *a probationer*
enseigner	*to teach* enseigner à qn. à faire qc. *syn.* apprendre à qn. à faire qc. **apprendre** also has the meaning *to learn*
un quelconque collège	*some college or other* When **quelconque** follows the noun it often has the sense of *mediocre, indifferent*
de moins en moins	*less and less* de plus en plus *more and more*
Une épaisse couche de poussière	*A thick layer of dust* épais (*m.*); épaisse (*f.*)
les rideaux tirés, les portes fermées à clef	*the curtains drawn, the doors locked* la clef (pronounced and often written **clé**) *key; spanner*
ne quittait guère son cabinet de travail	*scarcely left his study*
Emmitouflé	*Muffled up*
son ancien casque colonial	*his old sun helmet* le casque *helmet; head-phones*
des papillons (*m.*)	*butterflies*
pour s'ensevelir dans un musée	*to bury himself in a museum* ensevelir; enterrer *to bury* mort et enterré *dead and buried*
un docte ouvrage	*a learned work*
	NOTE the various renderings of *work*: J'ai du travail à faire. *I've work to do.* C'est un bel ouvrage. *It's a fine piece of work.* (i.e. the result of work) Une œuvre de Racine. *A work by Racine.*

	une corvée *a chore*
il ne se plaignait jamais de	*he never complained about* se plaindre **de** qc. *to complain about sg.*
comme	*as it were*
une sorte de lien	*a kind of bond* lier *to tie, to link* une liaison *a bond or link; a joining*
On s'y était attendu	*It had been expected* s'attendre **à** qc. s'attendre **à ce que** qn. fasse qc.
une aubaine	*a stroke of good fortune*
hériter *de* quelque chose	*to inherit something* l'héritage *the inheritance*
les biens de son oncle	*his uncle's property* biens meubles *personal estate* biens immeubles *real estate*
petit verger, potager (*m.*)	*little orchard, kitchen garden*
joliment épinglés et étiquetés	*prettily pinned and labelled* une épingle *a pin* une aiguille *a needle*
le bail	*the lease* prendre une maison à bail *to lease a house*
qu'ils louaient	*that they rented* à louer *for hire* louer *to hire, to rent; to hire out; to praise* la location *hiring; letting* un locataire *a tenant, a lodger* le loyer *rent*
emménager	*to remove* (i.e. *to move in*) *to remove* (*to move out*) déménager le déménagement *removal* un déménageur *a furniture remover*
Monique avait insisté pour que son mari entreprenne	insister **pour que** + Subjunctive *to insist* (on something being done) insister **sur** qc. *to insist on sg.*
toutes sortes de réparations et d'améliorations	*all sorts of repairs and improvements*
en premier lieu	*in the first instance*
dans son for intérieur	*in his heart of hearts*
chez le marchand de couleurs	*to the paint shop*

Les jours fériés   *On public holidays*

faire la grasse   *to stay in bed all morning*
matinée

les reportages du   *the commentaries on the Tour de France*
Tour de France   (The annual cycle race)

la main-d'œuvre   *the family labour-force*
familiale

quasiment   *almost; to all intents and purposes*

de la cave au   *from cellar to attic*
grenier   the ground floor   *le rez-de-chaussée*
            the first floor   *le premier étage*

on avait frotté   *the floors had been scrubbed*
les planchers   frotter   *to rub*
            le frottement   *rubbing; friction*

rafistolé et ciré   *the furniture had been patched up and polished*
les meubles

liquidé les autres   *the others had been sold off to the secondhand dealer*
chez le
brocanteur

Les rideaux   *The faded and worn through curtains*
fanés et troués

neuf   *new* (in the sense of *unused*)

de teintes claires   *in light shades*

remettre en état   *to recondition; to 'do up'*

les boiseries   *the worm-eaten woodwork*
rongées   ronger   *to gnaw; to eat away*

leur part   *their share*
            une partie   *a part*
            e.g. Une partie de la France est bordée par la Mediterranée.
            un parti   *a party* (political); *a decision; an advantage*
            a party (social)   une partie, une soirée
            a spare part   une pièce de rechange
            for my part   pour ma part

rouspéter   *to protest, to complain* (coll.)

tentures et   *drapes and colour schemes*
coloris

de bon gré   *with a will*

au stade de   *at the stage of*
            le stade   *the stage; the stadium*

la dernière   *the final touches*
retouche

leurs économies	*their savings*
économies faire des	*to save up*
pour m'orienter	*to find my bearings*
l'écurie aménagée en garage	*the stable converted into a garage*

EXERCICES

1

MODÈLE 1

Jean a quitté le centre de la ville très vite. **Jean n'a pas tardé à quitter le centre de la ville.**

MODÈLE 2

Jean a mis beaucoup de temps à quitter le centre de la ville. **Jean a tardé à quitter le centre de la ville.**

1. Il a mis longtemps à trouver le siège social de la Société Filalaine.
2. Jean et lui ont quitté le centre de la ville après y avoir passé plusieurs heures.
3. Les Legallois n'ont pas mis beaucoup de temps à quitter leur ancien appartement.
4. Jean a entrepris toutes sortes de réparations et d'améliorations, après un délai considérable.
5. Ils se sont vite débarrassés des papillons.
6. Les enfants ne se sont pas mis à l'ouvrage bien vite.
7. Ils ont rouspété tout de suite.
8. On a tout nettoyé en très peu de temps.

2

MODÈLE

Et puis il y avait la poussière. **Mais il ne se plaignait jamais de la poussière que je sache.**

1. Et puis il y avait la voix perçante de sa sœur.
2. Et puis il y avait la chaleur.
3. Et puis il y avait le froid.
4. Et puis il y avait le climat de la Seine-Maritime.
5. Et puis il y avait ses voisines.
6. Et puis il y avait la saleté de sa maison.
7. Et puis il y avait le coût de la vie.
8. Et puis il y avait les Legallois.

3

Vous allez entendre une expression telle que **faire la grasse matinée.** *Vous savez maintenant que Jean et Monique ont hérité d'une villa et qu'ils doivent s'y installer. Jugez si pendant cette période d'installation il était question de faire la grasse matinée ou non. Notez donc les modèles:*

MODÈLE 1

faire la grasse matinée **Il n'était plus question de faire la grasse matinée.**

MODÈLE 2

poser le papier peint

Il était donc question de poser le papier peint.

1. se mettre à l'ouvrage.
2. écouter des reportages à la T.V.
3. organiser la main-d'œuvre.
4. faire des excursions au Bois de Boulogne.
5. rendre visite à leurs amis pendant le week-end.
6. rafistoler les meubles.
7. faire la grasse matinée.
8. remettre en état toutes les boiseries rongées.
9. nettoyer la maison de la cave au grenier.
10. garder toutes les boîtes de papillons.

4

MODÈLE

Vous avez entendu quelque chose de nouveau cette semaine?

Hmm, non, je n'ai rien entendu de nouveau depuis la semaine dernière.

1. Vous avez vu quelque chose d'insolite cette semaine?
2. Vous avez mangé quelque chose d'intéressant cette semaine?
3. Vous avez fait quelque chose de nouveau cette semaine?
4. Vous avez remarqué quelque chose de curieux cette semaine?
5. Vous avez trouvé quelque chose d'inattendu cette semaine?
6. Vous avez goûté quelque chose d'appétissant cette semaine?
7. Vous avez entendu quelque chose de spécial cette semaine?
8. Vous avez fait quelque chose d'utile cette semaine?

5

MODÈLE

Vous n'avez rien entendu de nouveau ces derniers jours?

Mais si, j'ai entendu quelque chose de nouveau il y a quelques instants et notamment...

1. Vous n'avez rien vu d'insolite ces derniers jours?
2. Vous n'avez rien mangé d'intéressant ces derniers jours?
3. Vous n'avez rien fait d'intéressant ces derniers jours?
4. Vous n'avez rien remarqué de curieux ces derniers jours?
5. Vous n'avez rien trouvé d'inattendu ces derniers jours?
6. Vous n'avez rien goûté d'appétissant ces derniers jours?
7. Vous n'avez rien entendu de spécial ces derniers jours?
8. Vous n'avez rien fait d'utile ces derniers jours?

6

MODÈLE

Et vous avez bien mangé?

Oui, elle a insisté pour que je mange bien. C'est son genre.

1. Et ils ont déménagé au plus vite?
2. Et Jean a entrepris toutes sortes d'améliorations?
3. Et les enfants se sont mis à l'ouvrage, eux aussi?

4. Et on a remis en état tous ces meubles?
5. Et Jean s'est rendu chez le marchand de couleurs?
6. Et ils ont eu le droit de choisir les coloris?
7. Et Jean a accompli le gros du travail tout seul?
8. Et il a fait tout ceci très vite?

QUESTIONS ET RÉPONSES

1. Comment s'étaient-ils procuré leur maison?	Ils en avaient hérité.
2. A qui est-ce qu'elle appartenait, la villa à Trappes?	Elle appartenait à l'oncle de Jean.
3. Comment était-il, son oncle?	C'était un vieillard fort curieux qui avait fait un stage en Indochine.
4. Où se trouve l'Indochine?	En Extrême-Orient, à plusieurs milliers de kilomètres de Paris. C'est plus ou moins ce qu'on appelle le Vietnam maintenant.
5. Qu'est-ce qu'il y faisait, le vieillard?	Rien, mais jeune, il avait fait un stage là-bas. Il y avait enseigné l'histoire.
6. De quoi est-ce qu'il souffrait pendant sa vieillesse?	Il souffrait du froid.
7. Qu'est-ce qu'il faisait pour se protéger du froid?	Il portait une robe de chambre et gardait toujours les rideaux tirés. De plus il portait son casque colonial.
8. Mais pourquoi?	Pour se protéger des courants d'air, naturellement.
9. Avant d'hériter de la villa, où est-ce qu'ils habitaient?	Ils louaient un appartement de 4 pièces pas loin de la Gare Montparnasse.
10. De quoi s'étaient-ils débarrassés avant de s'installer dans la villa?	Ils s'étaient débarrassés des boîtes de papillons et des vieux meubles.
11. Est-ce qu'ils avaient fini de tout remettre en état?	Presque. Ils étaient toujours au stade de la dernière retouche.
12. Tout cela avait coûté beaucoup?	Hélas, oui! Leurs économies étaient presque envolées.

QUESTIONS

1. Quels dangers est-ce que M. Edwards a évités grâce à l'obligeance de M. Legallois?
2. Qu'est-ce que c'est qu'un 'clochard'?
3. M. Edwards est allé aux Folies Bergère ce soir-là?
4. Quelle route faut-il prendre pour aller chez les Legallois?
5. Est-ce que Jean avait acheté sa maison?
6. L'oncle de Jean, il se passionnait pour quoi?
7. Où avait-il fait un stage, et pourquoi?
8. Qu'est-ce qu'il faisait, l'oncle de Jean, après la mort de sa femme?

9. Que faisait-il pour se protéger du froid?
10. Pour quelles raisons se rendait-il à Paris?
11. Comment expliquez-vous l'amitié entre Jean et son oncle?
12. Comment a-t-il appris la mort de son oncle?
13. La mort de son oncle, était-elle imprévue?
14. Quelle joyeuse nouvelle a-t-on apprise en même temps que le décès de l'oncle de Jean?
15. Enumérez les biens de son oncle tels que vous les connaissez.
16. Jean, était-il le propriétaire de son appartement?
17. Sur quoi est-ce que Monique avait insisté avant le déménagement?
18. Pourquoi est-ce que Jean a dû aller chez le marchand de couleurs?
19. Comment est-ce qu'on s'est débarrassé de tous les papillons?
20. Avant d'avoir hérité de la villa comment est-ce que la famille Legallois s'amusait pendant le week-end?
21. Qui est-ce qui porte le pantalon dans la famille Legallois?
22. Précisez le travail qu'on a fait pour améliorer la maison dont ils avaient hérité.
23. Que fait un brocanteur?
24. Jean était-il le seul à remettre la maison en état?
25. Pourquoi est-ce qu'ils ont rouspété d'abord, Suzanne et François?
26. Qu'est-ce qui les a amenés à aider leurs parents finalement?
27. Quels ont été les effets de tout ceci sur les économies des Legallois? Pourquoi?
28. Qu'était-elle devenue, l'écurie?
29. Avez-vous jamais entrepris la décoration d'une maison? Est-il arrivé quelque chose d'inattendu lors de vos efforts?
30. Décrivez avec autant de détails que possible la maison où vous avez passé votre enfance.

THÈME ORAL

Good heavens, * we're in a fine mess! * A visitor at this time of night * — and a foreigner * into the bargain! * I wonder * what I ought to do. * I don't even know * how many days * he expects to stay with us. * At least * Jean could have told me that! * And he should have phoned me * earlier. * Anyway, * it's a good thing * that my old school friends * have all gone home. * It's a pity * Jean doesn't get on with them too well. * But I can't understand why * this Englishman couldn't have * stayed in a hotel. * Oh, how silly of me! * There is a strike in Paris today. * There must be * thousands of tourists * and businessmen * looking for * accommodation somewhere, * poor things! * Let's see * — he'd be too cramped * in Suzanne's room * in the attic, * so he'll have to make do * with François'. He'll feel * more at home in that one. * Oh, I'd almost forgotten! * It would be better * to make sure that we have * something tasty to eat. * Well, Suzanne can help me * by looking after the meal. * What's that noise? * Oh, that's all it needed * — Jean's back already! * 'Suzanne, come here, * will you! * Find me my lipstick, dear, * and quick!'

20 L'Arrivée chez les Legallois

Dialogue dans lequel Jean et Monique font les honneurs de la maison à leur visiteur anglais

---

PERSONNAGES *Monique Legallois*
Jean Legallois
Monsieur Edwards

SCÈNE *L'action se passe dans la maison des Legallois.*

Monique. Enfin te voilà, Jean. Ah tiens, c'est le monsieur anglais dont tu m'as parlé tout à l'heure?

Jean Legallois. Oui, chérie. Je te présente M. Edwards, de Bradford. M. Edwards, ma femme, Monique.

Monique. Enchantée, Monsieur.

M. Edwards. Enchanté, Madame. J'espère que je ne vous dérange pas trop. C'est très gentil de votre part de m'accueillir ainsi.

Monique. Oh, c'est un plaisir pour nous, Monsieur, croyez-moi. Mais vous êtes bien mal tombé aujourd'hui, au beau milieu d'une grève. Ôtez donc votre pardessus. Tenez, je le prends, vos gants et... votre parapluie également.

M. Edwards. Merci, Madame. Vous deviez jouer au bridge ce soir, à ce qu'on m'a dit, n'est-ce pas?

Monique. Oui, c'est juste. On a joué jusqu'à huit heures moins le quart, puis alors Danielle a dû nous quitter. Il paraît qu'elle était souffrante ces derniers temps — une sorte de grippe, quoi, qui court dans le quartier.

Jean Legallois. J'ose espérer que cela lui aura un peu rabattu le caquet.

Monique. Tu n'as pas honte, Jean? La pauvre! Elle n'est pas tout à fait rétablie encore. Elle avait si mal à la tête que Jacqueline a dû la ramener chez elle. Nous n'étions plus que deux et le bridge à deux, non, ça ne va pas du tout!

Jean Legallois. Mais M. Edwards, asseyez-vous donc là dans ce fauteuil. Un whisky? A moins que vous ne préfériez un apéritif à la française. J'ai du Cinzano, du Pernod, du Martini et une spécialité de l'ouest de la France — un Pineau des Charentes.

M. Edwards. Tiens, je ne le connais pas, ce dernier. C'est fort en alcool?

Jean Legallois. C'est un vin. Le degré d'alcool est assez élevé, 15, 16 degrés peut-être, mais une ou deux mesures, ça ne vous fera pas de mal. C'est plutôt doux — mais goûtez donc vous-même. Et pour toi, chérie?

Monique. Oh, je prends un jus de fruits — un pamplemousse, ou un ananas.

M. Edwards. Hmm. Pas mal. Pas mal. Pas mal du tout.

Jean Legallois. Davantage?

M. Edwards. Avec plaisir!

Monique. Mais vous n'allez pas rester sans manger. Excusez-moi, je vous prie. J'en ai encore pour quelques minutes à la cuisine. Jean, pourras-tu rentrer les bagages et montrer à M. Edwards où il couchera. C'est dans la chambre de François, tu sais.

M. Edwards. Où va donc dormir François? Je ne peux quand même pas le déloger.

Jean Legallois. Ne vous en faites pas, Monsieur. Il se débrouillera lui-même pour installer le lit de camp dans la chambre de débarras.

Monique. Oh, François en a l'habitude. Chaque fois que mémère nous rend visite — la dernière fois c'était à Noël — il doit sortir son sac de couchage. Il sait ce qui l'attend. Je l'ai déjà prévenu. Jean, les bagages!

Jean Legallois. Bon, bon, j'y vais. Je m'en occupe. Restez-là, M. Edwards. Monique, veille à ce que M. Edwards ait de quoi boire. Je suis là dans un instant.

M. Edwards. Mais elle est formidable, votre maison, Madame. Ça a dû être un travail pour arriver au point où vous en êtes, je crois.

Monique. A qui le dites-vous?

M. Edwards. Je vous félicite, Madame.

Monique. Ça n'a pas été sans mal, en effet. Jean, il est bien brave, mais il est dénué de sens pratique. Vous ne devinerez pas le temps que cela lui a pris pour réparer le fauteuil sur lequel vous êtes assis — et ce n'était qu'un brin de colle qu'il fallait.

Jean Legallois. Voilà, voilà! C'est fait, les bagages. Vous disiez?

M. Edwards. Votre femme faisait des compliments sur votre dextérité manuelle.

Jean Legallois. Jamais de la vie! Elle se fiche de ma poire. Les femmes, c'est toujours pareil.

Monique. Mais Jean, M. Edwards doit avoir envie de voir sa chambre.

Jean Legallois. Montons là-haut pendant que Monique trouve de quoi nous régaler.

Monique. Chéri, n'oublie pas de dire à M. Edwards de prendre garde au tapis sur le palier — il pourrait glisser.

Jean Legallois. Oh, ça!

Monique. Vendredi, tu m'as promis que tu allais t'y mettre pendant le week-end. Comme d'habitude tu l'as remis à un autre jour. Deux clous, ça suffirait, c'est tout.

Jean Legallois. Ne t'emballe pas, chérie, laisse-moi le temps de souffler, nom de nom! Après vous, M. Edwards. Ça passera. Attention au tapis, surtout là-haut. D'ailleurs, l'escalier est un peu abrupt.

M. Edwards. Oh, ce n'est rien. Faut pas vous inquiéter.

Jean Legallois. Par ici, à gauche. Juste à côté de la nôtre. Tenez, la salle d'eau avec 'Water'. Vous pourrez vous servir de cette serviette-là, suspendue derrière la porte à ce crochet.

M. Edwards. Je vous remercie, mais il est inutile d'en salir une exprès pour moi. J'ai tout ce qu'il me faut.

Jean Legallois. Alors, comme vous voudrez. Elle sera à votre disposition. Eh bien, voilà votre chambre.

M. Edwards. Oh, il aime les couleurs vives, votre fils, et passionné de bateaux à voile avec ça, à ce que je vois.

Jean Legallois. Oui, c'est un peu criard, ces rideaux jaunes avec le tapis cramoisi, mais il y tenait à tout prix. Ça ne vous empêchera pas de dormir, j'espère.

M. Edwards. Il n'y a pas de risque après une journée comme celle-ci. C'est donc lui qui a construit toutes ces maquettes? Il doit être très habile de ses mains, François, lui aussi. Tel père, tel fils.

Jean Legallois. Il porte beaucoup d'intérêt à tout ce qui concerne les bateaux. Avant que nous emménagions, il passait des heures à rassembler les pièces et les monter.

M. Edwards. C'est pas mal comme violon d'Ingres. J'ai passé par là aussi. Moi, en revanche, ce n'était que les maquettes de voitures miniatures, la Morris, la Rolls Royce, la Vauxhall.

Jean Legallois. Et pour moi, la Citröen, la traction, et la Delahaye. Je parle d'avant-guerre, évidemment. Tenez, si vous voulez lire quelque chose avant de vous endormir, je pourrai vous donner quelques livres.

M. Edwards. Merci bien, Monsieur.

Jean Legallois. Ceux-ci, c'est pas la peine d'y jeter un coup d'œil — ce sont des livres de cowboy ou des livres scolaires.

M. Edwards. Je vois un dictionnaire anglais-français. Ça pourrait m'être utile. Votre fils apprend l'anglais?

Jean Legallois. Oui, il est à sa troisième année mais il n'en sait pas beaucoup plus que moi — c'est trois fois rien. Tenez, je vais débrancher l'électrophone. Passez-moi le fil de la lampe de chevet. Voilà, c'est ça. C'est branché. Vous en serez quitte pour vous lever et éteindre.

M. Edwards. Merci bien. Je pourrai m'en tirer maintenant.

Jean Legallois. Et vos valises sont là. Mettez-vous à l'aise. N'hésitez pas à demander si vous avez besoin de quelque chose. Je dois donner un coup de main à Monique. Bien qu'elle croie que je suis totalement dépourvu de sens pratique, elle est bien contente si je l'aide à la cuisine. Donc, à tout à l'heure, M. Edwards.

M. Edwards. A tout à l'heure...

(*Un fracas terrible se fait entendre.*)

Jean Legallois. Oh, sacré nom de nom! Ce maudit escalier!

M. Edwards. Mais qu'est-ce qui se passe? Vous vous êtes fait mal?

Monique. Eh, qu'est-ce que tu fiches là, mon vieux? Mais lève-toi donc! Ah, je vois!

Jean Legallois. C'est le tapis — j'ai glissé dessus. J'ai failli me casser le cou et tout ce que tu trouves à dire, c'est — 'qu'est-ce que tu fiches là'. Franchement, tu es trop dure pour moi, Monique, je trouve.

Monique. Qu'est-ce que tu veux? Je t'avais prévenu tout à l'heure. Tu comprendras maintenant les risques que tu me fais courir toute la journée.

Jean Legallois. Oh, puisque c'est comme ça, je vais te l'arranger tout de suite. Excusez-moi, M. Edwards. Je suis à vous dans un instant.

Monique. Laissez-le faire, M. Edwards. Le dîner est prêt à servir. On prendra un petit apéritif et Jean sera bientôt des nôtres.

M. Edwards. Encore un apéritif! Volontiers. Vous êtes trop aimable, Madame. A bientôt, M. Legallois!

COMMENTAIRE

le monsieur anglais dont tu m'as parlé	*the English gentleman you spoke about* **dont** *of which; of whom; whose* (as a relative pronoun) C'est une villa dont l'écurie avait été aménagée en garage. *It's a villa whose stable had been turned into a garage.*

Ôtez   *Take off* (of clothing)   ôter
syn. enlever

votre pardessus   *your overcoat*
coat (lady's)   un manteau
raincoat   un imperméable; un imper

vos gants... et   *your gloves and your umbrella*
votre parapluie
(*m.*)

Danielle a dû   *Danielle had to leave us*
nous quitter   **dû** past participle of devoir
Notice the possibility of ambiguity existing in the perfect tense of
devoir: il a dû partir   *he had to go; he must have gone*

elle était   *she was unwell*
souffrante

ces derniers   *lately*
temps

une sorte de   *a sort of 'flu*
grippe (*f.*)

qui court dans   *which is going about*
le quartier

lui aura un peu   *will have stopped her chattering a bit*
rabattu son
caquet

Tu n'as pas   *Shame on you, Jean!*
honte, Jean?   honteux   *ashamed; disgraceful*

tout à fait   *completely recovered*
rétablie

Elle avait si mal   *She had such a bad headache that...*
à la tête que...   avoir mal à la tête = avoir un mal de tête

15, 16 degrés   *15, 16 per cent of alcohol*

ça ne vous fera   *that won't do you any harm*
pas de mal

un pamplemousse *a grapefruit or a pineapple (juice)*
ou un ananas

J'en ai encore   *It will still take me a few minutes*
pour quelques
minutes

rentrer les   *bring in the luggage*
bagages   **rentrer, monter, descendre, sortir** may take an object, in which
case they are conjugated with **avoir** in the perfect tenses.

Il a descendu la malle du grenier.
He has brought down the trunk from the attic.
Elle aura déjà sorti la voiture du garage, n'est-ce pas?
She will have already have taken the car out of the garage, won't she?

le déloger   *throw him out*

Il se débrouillera	*He'll manage* le système D (Débrouille-toi) *resourcefulness,* often with a hint of unscrupulousness se débrouiller = se tirer d'affaire
la chambre de débarras	*the box-room*
mémère	*Granny*
son sac de couchage	*his sleeping bag*
veille à ce que M. Edwards ait de quoi boire	*see to it that M. Edwards has something to drink* veiller **à ce que** + Subjunctive.
Je vous félicite	*I congratulate you* Félicitations! *Congratulations!*
dénué de	*devoid of* *syn.* dépourvu de
un brin de colle (*f.*)	*a bit of glue*
Elle se fiche de ma poire	*She's making fun of me* (coll.)
de quoi nous régaler	i.e. *something to eat* régaler *to entertain; to treat* se régaler *to feast; to enjoy one's food*
prendre garde au tapis sur le palier	*watch out for the carpet on the landing* prendre garde **de** faire qc. *to take care to do sg. and to take care **not** to do sg.*
tu allais t'y mettre	*you were going to get round to it*
Deux clous (*m.*)	*Two nails* *a hammer* un marteau
Ne t'emballe pas	*Calm down!* emballer *to wrap up* un emballage *a packing, wrapping*
souffler	*to breathe* (lit. *to blow*)
abrupt	*steep*
la salle d'eau	= la salle de bain
cette serviette-là	*that towel* une serviette *a towel; a napkin; an attaché case*
suspendue derrière la porte à ce crochet	*hanging **from** that hook behind the door* suspendu **au** mur = accroché **au** mur *hanging **on** the wall*
salir	to dirty
exprès pour moi	specially for me exprès *on purpose, deliberately, intentionally*

à votre disposi- *at your disposal*
tion

les couleurs   *bright colours*
vives   vif   *bright; alive; lively; keen*

criard   *loud* (of colours); *shrill*

cramoisi   *crimson*

il y tenait   *he insisted on it*
                 Il tient de son père.   *He takes after his father.*

ces maquettes   *these models*
                 une maquette   *a model; a 'mock-up'*

Tel père, tel fils   *Like father, like son*

Avant que nous   *Before we moved in*
emménagions   **avant que** + Subjunctive

les monter   *fitting them together*
                 le montage   (*the*) *assembling*

violon d'Ingres *hobby*
                 un dada   *a favourite subject; hobby*

en revanche   *on the other hand*

la traction   i.e. la Citroën à traction avant
                 the front wheel drive Citroën

la lampe de   *the bedside lamp*
chevet

C'est branché   *It's plugged in*

Vous en serez   *There will be no need for you to*
quitte pour

un coup de main *a little help*

Bien qu'elle   *Although she thinks*
croie   **bien que** + Subjunctive
                 syn. **quoique** + Subjunctive

un fracas   *a din*

maudit   *cursed*

Vous vous êtes   *Have you hurt yourself?*
fait mal?   se faire mal   *to hurt oneself*

Qu'est-ce que tu *What are you messing about with there?*
fiches là?

Tu es trop dure *You are too hard on me*
pour moi   dur   *hard; tough*
                 un dur   *a tough guy* (coll.)

Jean sera bientôt *Jean will soon be with us*
des nôtres

EXERCICES

1
MODÈLE

Les couleurs sont très gaies.
Elles plaisent à François.

Si les couleurs sont très gaies, elles plairont à François.

1. Jean débranche l'électrophone.
   M. Edwards peut lire à son aise.
2. M. Edwards a besoin de quelque chose.
   Il s'adresse à son hôte.
3. Vous avez besoin d'une serviette.
   Vous en trouvez une suspendue au crochet.
4. On lui offre à boire.
   Il en boit beaucoup.
5. Ils veulent trouver quelque chose à faire.
   Je peux leur passer de quoi lire.
6. Il arrive un visiteur inattendu.
   François se débrouille pour installer son lit de camp.
7. Jean monte les bagages.
   M. Edwards n'a plus rien à porter.
8. Danielle continue à souffrir de la grippe.
   Elle n'a pas envie de jouer aux cartes.

2
MODÈLE 1

Voici le visiteur anglais!

Ah, c'est lui, le visiteur anglais dont vous m'avez parlé tout à l'heure?

MODÈLE 2

Voici ma nouvelle voiture!

Ah, c'est celle-là, votre nouvelle voiture dont vous m'avez parlé tout à l'heure?

1. Voici le brocanteur!
2. Voici le concierge!
3. Voici le grenier!
4. Voici mon collègue!
5. Voici la prise de courant!
6. Voici le lit de camp!
7. Voici le vieil oncle!
8. Voici l'écurie aménagée en garage!

3
MODÈLE

Les couleurs sont très gaies.
Elles plaisent à François.

Si les couleurs étaient très gaies elles plairaient à François.

1. Jean est habile de ses mains.
   Il fixe le tapis sans délai.
2. M. Edwards n'a pas un faible pour les spécialités.
   Il accepte avec joie un whisky.
3. Monique a un peu de bon sens.
   Elle évite de dénigrer son mari.

4. François ne s'enthousiasme pas pour les maquettes.
Il y a d'avantage de place dans sa chambre.
5. Jeanine fait moins de fautes d'orthographe.
Jean ne proteste pas autant.
6. Il n'y a pas de rideaux.
On souffre des courants d'air.
7. On passe trop de temps à regarder la T.V.
On finit par devenir fou.
8. Vous faites ces exercices sans faire de fautes.
Votre professeur n'en revient pas.   (*je*)

4

MODÈLE

Votre voisin souffre de la gorge, n'est-ce   **Oui, il paraît qu'il a mal à la gorge ces**
pas?   **temps-ci.**

1. Votre voisin s'est fait mal au dos, n'est-ce pas?
2. Son ami Louis souffre du foie, n'est-ce pas?
3. La bonne s'est heurté le genou n'est-ce pas?
4. Le Directeur s'est tordu la cheville, n'est-ce pas?
5. François s'est meurtri le coude, n'est-ce pas?
6. Jean s'est cogné le front, n'est-ce pas?
7. Suzanne s'est fait mal à l'orteil, n'est-ce pas?
8. Votre neveu s'est blessé au bras gauche, n'est-ce pas?
9. Leur fils s'est coupé le doigt, n'est-ce pas?
10. La voisine de Monique s'est foulé le poignet, n'est-ce pas?
11. Votre frère souffre de l'estomac, n'est-ce pas?
12. Jeanine s'est fait mal au pouce, n'est-ce pas?

5

MODÈLE

Les couleurs sont très gaies.   **Si les couleurs avaient été très gaies elles**
Elles ont plu à François.   **auraient plu à François.**

1. La maison appartient à sa tante Fifi.
M. Legallois n'en a pas hérité.
2. Il installe le chauffage central.
Il a moins souffert du froid.
3. Jean est habile de ses mains.
Il a tôt fait de rafistoler le mobilier.
4. L'oncle ne s'intéresse pas aux papillons.
Ils n'ont pas été forcés de se débarrasser de toutes les boîtes.
5. Il réussit à trouver une chambre.
M. Edwards ne loge pas chez les Legallois.
6. Il se lève à sept heures et demie.
Il arrive au bureau avant le Directeur.
7. M. Legallois tombe du haut de l'escalier.
Il se fait mal.
8. Jean fixe le tapis.
Il ne tombe pas.

6

MODÈLE

Attention au feu — il ne faut pas vous brûler!   **Prenez garde de ne pas vous brûler!**

1. Attention à l'escalier — il ne faut pas vous casser le cou!
2. Attention à la marche — il ne faut pas trébucher!
3. Attention au tapis — il ne faut pas glisser!
4. Attention à la flaque d'eau — il ne faut pas mouiller vos chaussures!
5. Attention au brouillard — il ne faut pas vous égarer!
6. Attention au vin — il ne faut pas renverser la bouteille!
7. Attention au parterre — il ne faut pas marcher dessus!
8. Attention au surmenage — il ne faut pas veiller au-delà de minuit!
9. Attention à lui — il ne faut pas froisser votre professeur!
10. Attention à tante Mireille — il ne faut pas l'écraser!

EXERCICE DE CONVERSATION—1

Vous allez entendre la voix de M. Legallois qui répète le rôle qu'il vient de jouer dans le dialogue. C'est à vous de prendre le rôle de **M. Edwards.**

Jean Legallois	Par ici à gauche. Juste à côté de la nôtre. Tenez, la salle d'eau avec 'Water'. Vous pourrez vous servir de cette serviette-là, suspendue derrière la porte à ce crochet.	
M. Edwards		— remercie — salir — moi — j'ai —
Jean Legallois	Alors, comme vous voudrez. Elle sera à votre disposition. Eh bien, voilà votre chambre.	
M. Edwards		— couleurs vives — passionné — je vois.
Jean Legallois	Oui, c'est un peu criard, ces rideaux jaunes avec le tapis 'cramoisi, mais il y tenait à tout prix. Ça ne vous empêchera pas de dormir, j'espère.	
M. Edwards		— journée — construit — ces maquettes — habile — François — Tel —
Jean Legallois	Il porte beaucoup d'intérêt à tout ce qui concerne les bateaux. Avant que nous emménagions, il passait des heures à rassembler les pièces et les monter.	
M. Edwards		violon d'Ingres — par là — en revanche — miniatures — la —

Jean Legallois	Et pour moi la Citroën, la traction, et la Delahaye. Je parle d'avant-guerre évidemment. Tenez, si vous voulez lire quelque chose avant de vous endormir, je pourrai vous donner quelques livres.
M. Edwards	—
Jean Legallois	Ceux-ci, c'est pas la peine d'y jeter un coup d'œil — ce sont des livres de cowboy ou des livres scolaires.
M. Edwards	— dictionnaire — utile — votre fils —?
Jean Legallois	Oui, il est à sa troisième année mais il en n'en sait pas beaucoup plus que moi — c'est trois fois rien. Tenez, je vais débrancher l'électrophone. Passez-moi le fil de la lampe de chevet. Voilà, c'est ça. C'est branché. Vous en serez quitte pour vous lever et éteindre.
M. Edwards	— Je pourrai —

EXERCICE DE CONVERSATION—2

Et maintenant vous prendrez le rôle de **Jean Legallois.**

M. Edwards	Oh, ce n'est rien. Faut pas vous inquiéter.
Jean Legallois	— ici — la salle d'eau — cette serviette-là — suspendue — crochet.
M. Edwards	Je vous remercie, mais il est inutile d'en salir une exprès pour moi. J'ai tout ce qu'il me faut.
Jean Legallois	Alors — à votre disposition — chambre.
M. Edwards	Oh, il aime les couleurs vives, votre fils, et passionné de bateaux à voile avec ça, à ce que je vois.
Jean Legallois	— rideaux — tapis — y tenait — empêchera —
M. Edwards	Il n'y a pas de risque après une journée comme celle-ci. C'est donc lui qui a construit toutes ces maquettes? Il doit être très habile de ses mains, François, lui aussi. Tel père, tel fils.
Jean Legallois	— intérêt — les bateaux — Avant que — heures — pièces —

M. Edwards   C'est pas mal comme violon d'Ingres. J'ai passé par là aussi. Moi, en revanche, ce n'était que les maquettes de voiture miniatures, la Morris, la Rolls Royce, la Vauxhall.

Jean Legallois

— la Citroën — avant-guerre — lire quelque chose — je pourrai —

M. Edwards   Merci bien, Monsieur.

Jean Legallois

Ceux-ci, c'est — un coup d'œil — cowboy — scolaires

M. Edwards   Je vois un dictionnaire anglais-français. Ça pourrait m'être utile. Votre fils apprend l'anglais?

Jean Legallois

— troisième année — beaucoup plus — débrancher — la lampe de chevet — branché — quitte pour — éteindre.

QUESTIONS

1. En rentrant chez lui quelle est la première chose que fait M. Legallois?
2. C'est la première fois que Monique avait entendu parler de M. Edwards?
3. A quoi est-ce qu'elle pense, Monique, quand elle dit que M. Edwards était bien mal tombé ce jour-là?
4. Qu'est-ce qui a interrompu la partie de bridge?
5. De quelle maladie est-ce qu'elle souffrait, Danielle?
6. Expliquez l'expression 'rabattre le caquet'.
7. Qu'est-ce qui est à l'origine de son manque de sympathie à votre avis?
8. Jacqueline, qu'est-ce qu'elle a dû faire?
9. Danielle souffrait-elle du dos?
10. Après toutes ces explications qu'est-ce qu'on a proposé pour M. Edwards?
11. Comment est-elle, la boisson que M. Edwards a choisie?
12. Pourquoi est-ce que Monique dit qu'elle doit quitter les deux messieurs?
13. Où est-ce que M. Edwards va coucher — et François?
14. Comment se fait-il que François se soit habitué à coucher dans la chambre de débarras?
15. De quoi est-ce que Jean s'occupe pendant que M. Edwards et Monique discutent les réparations qu'il a fallu faire?
16. Quel aspect du caractère de M. Edwards est révélé par la réplique 'Votre femme faisait des compliments sur votre dextérité manuelle'?
17. Monique, qu'est-ce qu'elle pense des efforts de Jean pour remettre en état les meubles?
18. De quoi est-ce que Monique avertit son mari?
19. Les deux messieurs, que font-ils au premier étage?
20. Pourquoi est-ce que M. Edwards décide de ne pas se servir de la serviette qui se trouve dans la salle de bains?

21. Décrivez la chambre de François.
22. Expliquez la locution 'un violon d'Ingres'. Vous en avez un, vous?
23. Que fait Jean avec l'électrophone de François — pourquoi?
24. Comment se fait-il que les valises de M. Edwards soient dans la chambre de François?
25. Qui les a montées?
25. A quoi est-ce qu'il s'intéresse, le fils de Jean?
26. Qu'est-ce qui est à l'origine du fracas terrible qui se fait entendre?
27. Comment est-ce que Monique réagit en entendant la chute de son mari dans l'escalier?
28. Qu'est-ce que vous auriez dit si vous aviez été à sa place? — à la place de Monique, bien entendu!
29. Que pensez-vous de la façon dont M. Edwards a été accueilli?
30. Racontez l'histoire d'un accident qui a été causé par votre négligence ou la négligence de quelqu'un que vous connaissez.

THÈME

It didn't take me long to feel perfectly at ease in Jean's house, especially as I was offered three or four apéritifs as soon as I got in. At home, you know, I am considered a rather quiet chap, who scarcely drinks except at Christmas-time. Well, to-night, without a doubt I've had my share — thanks to Jean's wife, who saw to it that I didn't refuse anything good. I am not complaining — in fact, I'm very comfortable, thank you.

What a funny house! If I'd inherited a little villa or if this had belonged to me, I wonder what I'd have done with it. First of all I wouldn't have got rid of all the cases of butterflies. Oh, no! We'd never have sent those nicely labelled butterflies to be buried under thick layers of dust in some museum or other. Think of their poor uncle! He spent years making this collection, devoted all his energies to it and then one fine day... well, it's fate I suppose. And after having received the old man's possessions — everything down to the furniture, and the pear trees in the orchard — they are too self-centred[1] to keep even a single butterfly in the house. Who'd have expected that — they welcomed me in such a pleasant way. Heavens above, I've drunk too much! Goodnight!

[1] *égoïste*

21 Le Lendemain

Récit dans lequel Monsieur Edwards pense avec nostalgie à son repas de la veille et nous révèle plus amplement le pourquoi de sa visite

---

Quelle drôle de famille, les Legallois! Visiblement c'était Monique le chef — et heureusement pour moi, aux deux sens du mot. Certes, au début, sa façon de critiquer son mari et de le faire marcher m'a gêné quelque peu. On se serait cru chez soi. Mais au cours du repas le ton s'est égayé, et Monique s'est révélée aussi habile à raffiner les mets qu'elle l'avait été à ironiser sur le compte de Jean. Mais manifestement il prenait tout du bon côté, s'y étant sans doute habitué durant les longues années de vie conjugale. A vrai dire le repas qu'on m'a servi était parmi les meilleurs que j'aie jamais goûtés. Les Françaises n'ont pas toutes oublié l'art de la cuisine — malgré ce que j'ai appris sur la vogue actuelle des supermarchés. Elles ne sont pas encore arrivées au stade où l'ouvre-boîte est le seul ustensile dont on se serve à la cuisine — ni à celui où les légumes surgelés sont plus prisés que ceux que l'on achète au marché. Pourtant le premier pas est déjà fait. Une bonne proportion des escargots consommés en France se vendent en boîtes, accompagnés de leurs coquilles joliment emballées dans un discret petit sac en plastique. Non que j'en aie mangé hier, des escargots, des cuisses de grenouilles non plus. Je suis trop fraîchement débarqué pour me laisser tenter par ce genre de victuailles. D'ailleurs je n'en ai pas encore eu l'occasion. Monique nous a offert le bifteck traditionnel, bien saignant, cela va sans dire, servi avec des pommes frites toutes croustillantes et précédé de poireaux à la vinaigrette — le tout arrosé d'un Beaujolais à vous monter à la tête. Puis on avait le choix entre du Brie et du chèvre et après, m'endormir n'a pas posé de problèmes, même dans le lit inconfortable de François.

Le lendemain matin on s'est levé de bonne heure. Il fallait évidemment parler affaires — tôt ou tard il le fallait. Donc à 9h. 10 il n'était plus question de bifteck, encore moins de Beaujolais, mais de droits de douane et d'importation en gros des pays du Commonwealth, de primes d'assurance et de T.V.A. En effet le problème n'était pas des plus simples, mais à force de l'étudier sous tous les angles on commençait à y voir clair.

Pour ce qui était du prix d'achat de la laine brute, notre société, c'est-à-dire Woolware de Bradford dans le Yorkshire, bénéficiait de certains avantages vis-à-vis de la maison française, avantages dont le nouveau directeur de Filalaine cherchait à tirer profit. Les opérations de Woolware, se déroulant sur une échelle nettement plus vaste que celles de Filalaine, permettaient à la compagnie anglaise d'acheter de la laine australienne en gros et à des prix inférieurs à ceux pratiqués sur le marché français. Si Filalaine pouvait passer un contrat raisonnable avec Woolware, aux termes duquel Filalaine achèterait à Woolware la laine dont elle avait besoin, cela représenterait des économies fort intéressantes pour la maison française, et par là, un pas de plus vers la rationalisation de l'entreprise. Les dirigeants de Woolware, eux aussi, voyaient le projet d'un œil favorable — et pour cause! Le bénéfice, ou plutôt le pourcentage qui en résulterait pour nous, était loin d'être à dédaigner. Sans doute, avec le temps, Woolware saurait tirer parti de ces essais de collaboration franco-britannique. Par l'augmentation de ses achats aux enchères de la laine, Woolware verrait s'affermir sa position, déjà bien assise, dans l'industrie textile. Et de l'avenir, nul ne peut préjuger.

En me chargeant ainsi de conférer avec M. Legallois et ses collègues, mes directeurs avaient aussi leur petite arrière-pensée. Ils voulaient que j'examine aussi rigoureusement que possible l'organisation, le personnel, l'équipement, la situation financière de Filalaine, afin d'être en mesure d'évaluer le bien-fondé d'une éventuelle coopération. Évidemment, ce à quoi ils visent avant tout, c'est d'empêcher cette fâcheuse situation des exportations d'empirer. Ayant cette idée à l'esprit, mes directeurs m'avaient donné la consigne de ne jamais me montrer trop exigeant lors de mes discussions avec M. Legallois, et le cas échéant, d'accepter pour Woolware un pourcentage qui ne soit pas démesurément élevé. Cela dépendrait, bien sûr, du jugement que je porterais sur le potentiel de Filalaine.

L'occasion de juger de son potentiel m'était très vite donnée — et d'une manière fort inattendue. Au milieu des négociations que j'ai eues avec Jean — négociations, disons-le, qu'il a menées sur un ton ferme et précis où ne manquait ni charme ni tact — son Directeur est entré pour faire ma connaissance. Il était très pressé, devant se rendre aujourd'hui même à Lyon, pour y présider une entrevue avec des candidats pour le poste de directeur de la succursale. Comme il regrettait de ne pas avoir le temps de me parler en détail de l'accord provisoire que Jean et moi avions établi, il a proposé que je fasse le voyage avec lui. Évidemment, j'ai vite fait d'accepter!

COMMENTAIRE

de le faire marcher	*of ordering him about* faire marcher qn. *to order so. about; to pull so.'s leg; to deceive so.*
m'a gêné quelque peu	*somewhat embarrassed me* gêner *to inconvenience; hinder; embarrass*
On se serait cru chez soi	*You would have thought you were at home* Chacun pour soi et le diable pour les autres. *Each man for himself and the devil take the hindmost.* chez soi *in the home* soi-même *oneself* **Soi** after a preposition is used to refer to **on, chacun, tout le monde, personne** as moi refers to je, lui to il, eux to ils, etc.
le ton s'est égayé	*the tone grew more cheerful*
raffiner les mets	*to prepare the food* (lit. *the dishes*) *with great care*
parmi les meilleurs que j'aie jamais goûtés	*among the best I have ever eaten* Notice the use of the Subjunctive in clauses which qualify a *superlative* or such words as **premier, seul, unique, dernier.**
malgré	*in spite of* syn. en dépit de
l'ouvre-boîte (*m.*)	*the tin-opener* *Plural*: des ouvre-boîtes
le seul ustensile dont on se serve	Subjunctive in clauses dependent on **seul**
les légumes surgelés	*deep-frozen vegetables*
prisé	*valued; appreciated* priser *to estimate*
des escargots (*m.*)	*snails*
se vendent en boîtes	*are sold in tins* Reflexive verbs in French often render the sense of the passive in English.
leurs coquilles joliment emballées	*their shells nicely wrapped up*
Non que j'en aie mangé hier	*Not that I ate any yesterday* Subjunctive after **non que** et **non pas que.**
des cuisses de grenouille	*frog's legs* (lit. *frog's thighs*)
bien saignant	*very rare, under-done*
des pommes frites	*chips* (i.e. des pommes de terre frites)

croustillant	*crispy*
poireaux à la vinaigrette	*boiled leeks served cold with oil and vinegar dressing*
arrosé	*washed down* arroser *to water; to sprinkle*
du chèvre	*goat's cheese* (i.e. du fromage de chèvre) une chèvre *a goat*
tôt ou tard	*sooner or later*
droits de douane	*customs duties*
primes d'assurance	*insurance premiums* une prime *a premium; a bonus*
T.V.A.	Taxe à la valeur ajoutée *Value-added tax*
à force de	*by dint of*
sous tous ses angles	*from all angles* sous la pluie, le soleil *in the rain, the sun* sous peu *shortly* sous le règne de Louis IX *in the reign of Louis IX*
Pour ce qui était du prix d'achat	*As to the purchase price*
jouissait de certains avantages	*enjoyed certain advantages* jouir **de** qc. *to enjoy sg.* NOTE to enjoy oneself *s'amuser*
vis-à-vis de	*with respect to; opposite*
une échelle	*a scale; a ladder*
ceux pratiqués sur le marché français	*those prevailing on the French market* pratiquer *to practise; to make (a hole)* pratiquer un trou dans le mur *to make a hole in the wall*
passer un contrat	*make a contract*
aux termes duquel	*under the terms of which* *to express sg. in terms of sg.* exprimer qc. en fonction de qc.
le bénéfice	*the profit*
ces essais	*these attempts*
aux enchères de la laine	*at the wool auctions* une vente aux enchères *an auction* mettre qc. aux enchères *to auction sg.*
s'affermir	Verbs formed from adjectives frequently end in **-ir** and begin with **a.** Those verbs usually indicate a *process*, thus:

ferme	affermir	*to strengthen*
moindre	amoindrir	*to lessen*
faible	affaiblir	*to weaken, to soften*
doux (douce)	adoucir	*to soften; to sweeten*

Nouns formed from these verbs end in **-issement** : affermissement, adoucissement, etc.

déjà bien assise	*already well established*
de l'avenir nul ne peut préjuger	*nobody can tell about the future*
arrière-pensée (*f.*)	*ulterior motive; mental reservation*
en mesure de	*in a position to*
le bien-fondé	*the merits*
ce à quoi ils visent	*what they are aiming at* viser *to aim*
cette fâcheuse situation des exportations	*the annoying state of exports* fâcheux *troublesome, trying, awkward*
Ayant cette idée à l'esprit	*Having this idea in mind*
la consigne	*instructions; the left-luggage office*
exigeant	*demanding*
lors de	*during* (lit. *at the time of*) dès lors *ever since then*
le cas échéant	*if need be* arriver à l'échéance *to fall due* (bill, payment)
un pourcentage qui ne soit pas démesurément élevé	Note the use of the Subjunctive in clauses with an **indefinite antecedent.** We are not talking about a certain precise percentage but about **any** percentage, provided it satisfies the conditions of not being excessive.
devant se rendre ... à Lyon	*having to go to Lyons*
présider	*to take the chair* le président *the chairman*
le poste de directeur	*the post of manager* la poste *the post office* un poste de radio *a wireless set*

EXERCICES

1

MODÈLE

Elle critique les gens sans pitié.   **Ce qui me déplaît le plus en elle, c'est sa façon de critiquer les gens sans pitié.**

1. Elle se juge experte en toute matière.
2. Elle me reproche mon manque d'ordre.
3. Elle se vante de son nouveau réfrigérateur.
4. Elle vous parle toujours d'un ton supérieur.

5. Elle ironise sur le compte de son mari.
6. Elle cherche toujours à tirer profit de ses voisines.
7. Elle essaie d'économiser à tout prix.
8. Elle voit toujours la vie en rose.
9. Elle trouve mes plaisanteries dénuées d'humour.
10. Elle se croit plus intelligente que moi.

2

MODÈLE

Comment se fait-il que vous n'ayez pas   **Qu'est-ce que vous voulez, on n'a pas**
parlé affaires?   **encore eu l'occasion de parler affaires.**

1. Comment se fait-il que vous n'ayez pas goûté des cuisses de grenouille?
2. Comment se fait-il que vous n'ayez pas conféré avec son directeur?
3. Comment se fait-il que vous n'ayez pas tiré profit de cet accord?
4. Comment se fait-il que vous n'ayez pas fini ces négociations?
5. Comment se fait-il que vous n'ayez pas passé un contrat raisonnable?
6. Comment se fait-il que vous n'ayez pas calculé le bénéfice qui en résulterait?
7. Comment se fait-il que vous n'ayez pas examiné leur situation financière?
8. Comment se fait-il que vous n'ayez pas fait une analyse satisfaisante de son potentiel?
9. Comment se fait-il que vous n'y ayez pas pensé?
10. Comment se fait-il que vous n'ayez pas assisté à la représentation?

3

MODÈLE

Vous appréciez les légumes surgelés ou   **Je n'apprécie ni les légumes surgelés ni les**
les légumes en boîtes?   **légumes en boîtes.**

1. Vous avez parlé de la circulation ou du Général de Gaulle?
2. M. Edwards est allé à Nantes ou à Cherbourg?
3. Les Legallois habitent à Issy-les-Moulineaux ou à St. Germain-en-Laye?
4. Vous apprenez le grec ou le polonais?
5. Le Directeur doit présider une entrevue à Roubaix ou à Tourcoing?
6. Ils iront à Lyon en car ou en voiture?
7. Il lui manque du charme ou du tact?
8. Vous avez mangé des escargots ou des cuisses de grenouille?

4

MODÈLE 1

De quoi est-ce qu'on se sert pour ouvrir   **On se sert d'une clef, naturellement.**
cette porte?   **d'une clef**

MODÈLE 2

A quoi ça sert, une clef?   **Ça sert à ouvrir des portes, naturellement.**

Faites attention au temps des verbes à employer dans vos réponses.

1. De quoi vous servez-vous pour écrire cette lettre?   **d'un stylo**
2. A quoi ça sert, un stylo?
3. De quoi s'est-il servi pour déboucher cette bouteille?   **d'un tire-bouchon**
4. A quoi ça sert, un tire-bouchon?

5. De quoi se serviront-ils pour ouvrir cette boîte de sardines ?   **d'un ouvre-boîte**
6. A quoi ça sert, un ouvre-boîte ?
7. De quoi se servirait-il pour monter sur le toit ?   **d'une échelle**
8. A quoi ça sert, une échelle ?
9. De quoi vous êtes-vous servi pour démonter le magnétophone ?   **d'un tournevis**
10. A quoi ça sert, un tournevis ?
11. De quoi se sont-ils servis pour serrer cet écrou ?   **d'une clef anglaise**
12. A quoi ça sert, une clef anglaise ?

5

MODÈLE

Comment, vous n'avez pas le temps de   **Je m'excuse de ne pas avoir le temps de**
me parler ?   **vous parler, mais...**
Je m'excuse...

Faites attention à l'emploi de **jamais.** *On dit* **ne jamais fumer** *mais* **n'avoir jamais fumé.**

1. Comment, vous n'avez pas fait la traversée en bateau cette fois ?   **Je suis fort**
content...
2. Comment, vous n'avez jamais goûté d'escargots ?   **J'ai l'intention...**
3. Comment, vous ne mangerez plus de cuisses de grenouille ?   **J'ai décidé...**
4. Comment, vous n'avez jamais bu de vins d'Alsace ?   **Je regrette...**
5. Comment, vous ne la trouvez pas fort sympathique, Mme Legallois ?
Il était impossible...
6. Comment, vous ne vous montrez jamais exigeant lors des discussions ?
On m'a dit...
7. Comment, vous n'êtes pas sorti hier soir ?   **Je suis heureux...**
8. Comment, vous ne visiterez pas les Folies Bergère ?   **Il n'est pas question...**
9. Comment, vous n'avez pas eu le temps d'y aller ?   **Je suis triste...**
10. Comment, vous n'avez jamais été volé par un hôtelier parisien ?
Je suis heureux...

6

MODÈLE

Ils iront chez eux demain. C'est vous qui   **Mais oui! Je propose qu'ils aillent chez eux**
proposez cela, n'est-ce pas ?   **demain. Pourquoi pas ?**

1. Il le remettra à un autre jour. C'est vous qui exigez cela, n'est-ce pas ?
2. Nous le ferons au plus tôt. Vous insistez, n'est-ce pas ?   (... *pour que vous...*)
3. On vous servira du cognac. Vous préférez cela, n'est-ce pas ?
4. Elle sortira avec lui ce soir. Vous permettez cela, n'est-ce pas ?
5. Nous finirons toutes nos discussions demain. C'est ce que vous voulez, n'est-ce pas ?
6. Il partira dans six jours. Vous l'approuvez, n'est-ce pas ?
7. Nous reviendrons vous voir après-demain. Vous acceptez, n'est-ce pas ?
(... *que vous...*)
8. Nous éviterons tout sujet de désaccord. Vous aimez mieux cela, n'est-ce pas ?
(... *que vous...*)

QUESTIONS ET RÉPONSES

1. Qu'est-ce qui a gêné M. Edwards au début?

La façon dont Monique critiquait son mari.

2. Pourquoi est-ce que Jean prenait tout du bon côté?

Il s'y était habitué.

3. Les escargots dans les supermarchés, comment sont-ils vendus?

Ils se vendent en boîtes, accompagnés de leur coquille dans un petit sac en plastique.

4. Et les légumes?

Beaucoup d'entre eux se vendent surgelés, ou bien en boîtes.

5. Pourquoi s'est-on levé de bonne heure le lendemain matin?

Il fallait parler affaires. C'est pour ça que M. Edwards est là quand même!

6. Comment est-ce qu'on a examiné le problème?

On l'a étudié sous tous ses angles.

7. Comment se fait-il que Woolware puisse se procurer de la laine meilleur marché que Filalaine?

C'est que les opérations de Woolware se déroulent sur une échelle plus vaste.

8. Ce n'est pas clair. Expliquez-vous!

Eh bien, quand on achète un produit en gros, il arrive souvent qu'on vous accorde une sorte de rabais.

9. L'accord en question, quels avantages est-ce que cela représenterait pour la maison française?

Évidemment, si Filalaine pouvait acheter la laine meilleur marché, cela représenterait des économies intéressantes.

10. Et quelle était l'arrière-pensée du Directeur anglais? A quoi est-ce qu'il visait, lui?

Il visait à une éventuelle coopération avec Filalaine, qui lui permettrait d'augmenter l'exportation de ses produits en France.

11. M. Edwards, est-ce qu'il en a parlé à M. Legallois?

Il n'en a pas encore eu l'occasion.

12. Pourquoi est-ce que M. Edwards a décidé d'accompagner le chef de Filalaine à Lyon?

Eh bien, il juge que le voyage lui fournira une occasion favorable pour aborder le sujet des exportations.

QUESTIONS

1. Expliquez les deux sens du mot 'chef'.
2. Qu'est-ce qui a gêné M. Edwards au premier abord?
3. Quelle était la réaction de Jean vis-à-vis des critiques dont il a été l'objet?
4. Expliquez pourquoi il prenait tout en bonne part.
5. On a servi à M. Edwards un repas peu appétissant?
6. Un supermarché—qu'est-ce que c'est?
7. Il y en a actuellement en France?
8. L'art de la cuisine, quels dangers le menace de nos jours?
9. C'est quoi, un ouvre-boîte?
10. Et un tire-bouchon?

11. Les escargots, comment se vendent-ils dans les grands magasins?
12. Comment se fait-il que Monsieur Edwards n'ait pas mangé de cuisses de grenouille hier soir?
13. Pourquoi s'est-il endormi bien vite?
14. Que fallait-il faire le lendemain matin?
15. Comment se fait-il que Filalaine puisse acheter de la laine brute moins cher que Woolware?
16. Qu'est-ce qu'ils ont discuté, Messieurs Legallois et Edwards?
17. Pourquoi les dirigeants de Filalaine cherchaient-ils à passer ce contrat?
18. Examinez les avantages de l'accord pour Woolware.
19. Qu'entendez-vous par 'bénéfice'? Comment appelle-t-on le contraire d'un bénéfice?
20. M. Edwards avait reçu la consigne d'examiner certains aspects de l'activité de Filalaine — lesquels?
21. En vue de quoi?
22. Comment donc est-ce que M. Edwards devrait se comporter au cours des négociations en France?
23. Quel sacrifice le Directeur de Woolware était-il prêt à accepter afin de réaliser son projet?
24. Le voyage à Lyon, quelle occasion offrait-il à M. Edwards?
25. Il a refusé la proposition de M. Tisserand?
26. Quand est-ce que M. Edwards a rencontré le patron de Filalaine?
27. M. Tisserand, qu'avait-il à faire à Lyon?
28. Jean et M. Edwards, ils se sont disputés?
29. Que sont-ils parvenus à faire?
30. Résumez la situation du point de vue commercial.

REPORT WRITING

Les renseignements qui suivent sont des extraits de documents officiels. Rédigez en anglais un rapport sur la situation du marché textile français en 1966.

L'activité de chacune de ces industries a enregistré une nette reprise au cours de l'année 1965. Celle-ci a été due, semble-t-il, moins à un changement de rythme de croissance de la consommation des ménages qu'au rajustement du niveau de l'offre à celui de la demande.

La période de progression rapide s'est prolongée jusqu'au début de l'année 1966; une phase d'expansion de plus en plus ralentie lui a succédé. Cette tendance a été accentuée par la détérioration du commerce extérieur.

L'évolution de la structure des entreprises de l'industrie textile vers une plus grande concentration s'est poursuivie en 1966.

TEXTILES ET HABILLEMENT

L'évolution de la production du textile observée au cours des années 1963 à 1966 a confirmé la tendance de cette industrie à amplifier les mouvements de la demande intérieure. En effet l'activité de la branche a mis trois ans à s'adapter au retour à la normale du rythme de progression de la consommation des ménages, après les achats exceptionnels de l'année 1963. Ce délai peut s'expliquer par les difficultés d'ajustement, aux divers stades de la production, de demandes et d'offres décalées dans le temps.

La vive progression de la production au deuxième semestre 1965 s'est poursuivie à un rythme de plus en plus modéré en 1966. En fin d'année un ralentissement des commandes a été observé, et la production a marqué un palier.

Les stocks, qui s'étaient considérablement réduits en 1965, ont pu se reconstituer progressivement chez les industriels et plus rapidement, semble-t-il, chez les commerçants.

Les difficultés connues par nos partenaires européens, notamment l'Allemagne et la Grande-Bretagne, n'ont pas favorisé l'accroissement de nos exportations. Par ailleurs, la conjoncture intérieure plus favorable qu'en 1965 n'a pas incité les producteurs français à consentir les mêmes sacrifices à l'exportation. Les ventes à l'extérieur n'ont pu se maintenir au niveau acquis en 1965 et ont baissé de 1,5 % en volume.

En revanche, nos fournisseurs étrangers ont bénéficié de la reprise de la demande des commerçants français, et après une faible progression en 1965 les importations se sont accrues de 19 % en 1966.

Les perspectives encore incertaines n'ont pas incité les producteurs de textile (hors l'habillement) à accroître leurs investissements, qui n'ont pas retrouvé le niveau de 1964.

La réduction de nombre de petites entreprises s'est poursuivie en 1966; plus de 400 d'entre elles ont cessé leur activité au cours de l'année. Dans le même temps le mouvement de concentration, déjà observé les années précédentes, a atteint les plus importants groupes français de l'industrie textile.

L'accord de fusion entre les Filatures Prouvost-La Lainière de Roubaix et la Société François Masurel Frères permet au groupe ainsi constitué de prendre place parmi les grands groupes lainiers mondiaux. Ses effectifs approchent 10 500 personnes et, avec un chiffre d'affaires d'environ 700 millions de francs, il assure plus du tiers de la production française de son secteur.

Dans l'industrie du lin, du coton et du jute les regroupements ont été aussi notables. Le groupe Willot s'est associé aux établissements Agache; les effectifs communs représentent près de 10 000 personnes. Dollfus-Mieg a absorbé Descamps-Lainé ainsi que trois autres petites sociétés et Saint-Frères a pris le contrôle du Comptoir Linier. Ces concentrations, qui en général intéressent des entreprises d'un même secteur doivent conduire, au niveau de la production, à la spécialisation des ateliers. Elles sont réalisées entre producteurs et n'intègrent pas les circuits de commercialisation des produits. Le rôle des chaînes dans la distribution s'accroît, tandis qu'elles ont tendance à se regrouper pour utiliser et développer en commun les réseaux existants.

Dans le domaine de l'industrie des textiles synthétiques, déjà fortement intégrée, il convient de noter la mise en service dans les Vosges d'une usine devant produire entre 7 000 et 8 000 tonnes de fibres synthétiques par an. L'installation de cette société (Polyfibres) par la société italienne Chatillon et le groupe américain Firestone représente un investissement d'environ 80 millions de francs.

a. *Coton*

La production a augmenté 8,7 % dans les filatures et de 6,2 % dans les tissages.

Cet accroissement traduit le rajustement de la production à la demande et la reconstitution des stocks, après l'important déstockage de l'année précédente. Il s'est accompagné d'une hausse des importations de 16 % pour le coton brut et respectivement de 30 % et 60 %, pour les quantités, encore faibles, de filés et de tissus. Au contraire les exportations ont diminué (— 7 % pour les filés, — 18 % pour les tissus).

b. *Laine*

La reprise de la production a été particulièrement vive dans les activités du peignage (+ 14 %), de la filature peignée (+ 16,3 %) et du tissage (+ 13,8 %). L'évolution a été un peu moins favorable dans le délainage (+ 6,7 %), la filature cardée (+ 4,3 %) et la tapisserie.

A la fin de l'année, les stocks avaient retrouvé un niveau élevé et la production s'était ralentie.

Le commerce extérieur n'a pas marqué d'inflexions très sensibles, tant en ce qui concerne les importations (+ 3 % pour la laine brute, + 9 % pour les tissus) que les exportations (+ 1,5 % pour la laine peignée, − 7 % pour les filés, + 19 % pour les tissus).

c. *Textiles artificiels et synthétiques*

La crise de croissance que connaissent actuellement les grands producteurs mondiaux de textiles synthétiques s'est manifestée par une concurrence accrue et une diminution importante des prix au cours de l'année 1966: ce contexte permet d'expliquer la modération de la progression de la production nationale de textiles chimiques au cours de l'année, après la vive reprise de 1965. Celle-ci s'est en effet accompagnée d'une forte augmentation des importations, tandis que les exportations se sont peu développées. Il convient de plus de noter que seule la production de textiles synthétiques a crû, au détriment de celle des textiles artificiels dont elle a considérablement réduit les débouchés.

Pour l'ensemble des textiles chimiques, le taux de progression de la production entre 1965 et 1966 est d'environ 11 %.

d. *Bonneterie, habillement*

La reprise de l'activité dans ces deux branches s'est traduite au niveau de la production par un accroissement de 11 % pour la bonneterie et de 8 % pour l'habillement. L'augmentation moins vive du volume des achats de produits de l'habillement par les ménages explique en grande partie cette différence.

Production de l'industrie textile

(Données corrigées des variations saisonnières)

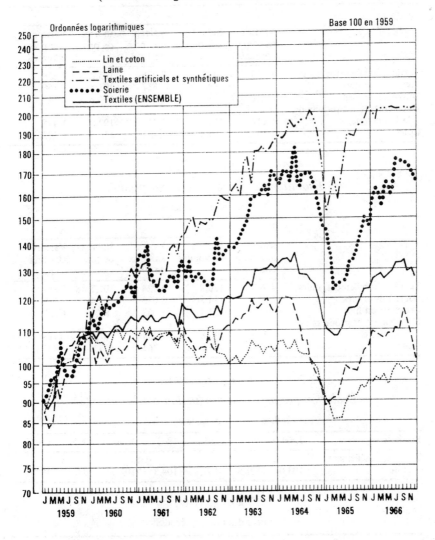

Ordonnées logarithmiques

Base 100 en 1959

Légende :
- .... Lin et coton
- — — — Laine
- .—.—.— Textiles artificiels et synthétiques
- •••••• Soierie
- ——— Textiles (ENSEMBLE)

J M M J S N (1959) J M M J S N (1960) J M M J S N (1961) J M M J S N (1962) J M M J S N (1963) J M M J S N (1964) J M M J S N (1965) J M M J S N (1966)

TABLEAU 27

Évolution des exportations par produit

Millions de F et indices

	1965	1966				
	Valeurs aux prix courants	Indices de volume	Valeurs aux prix de 1965	Indices de prix	Valeurs aux prix courants
Textiles, habillement, cuirs	6 900	101,1	6 976	105,2	7 338
dont: Fils et filés	845	99,1	837	103,5	866
Ouvrages en filés	2 221	92,6	2 057	104,4	2 147
Habillements et produits de la bonneterie	1 242	114,1	1 417	102,0	1 445
Cuirs	1 199	99,4	1 192	113,5	1 353

TABLEAU 28

Évolution des importations par produit

Millions de F et indices

	1965	1966				
	Valeurs aux prix courants	Indices de volume	Valeur aux prix de 1965	Indices de prix	Valeurs aux prix courants
Textiles, habillement, cuirs	4 740	120,8	5 724	101,7	5 819
dont: Fils et filés	2 681	114,5	3 070	101,4	3 112
Ouvrages en filés	862	123,3	1 063	99,4	1 057
Habillement et produits de bonneterie	510	138,8	708	101,1	716
Cuirs	572	133,7	765	105,8	809

TABLEAU 59

Évolution des prix à la production par branche (1)

Indices: année précédente = 100

Produits	1960	1961	1962	1963	1964	1965	1966
Textiles, habillement, cuirs	103,0	101,9	100,7	104,3	102,4	98,0	102,0

TABLEAU 60

Indices des prix par produit

	Consommation en millions de F		Indices de prix: année 1959 = 100						
	1959	1966	1960	1961	1962	1963	1964	1965	1966
Textiles, habillement, cuirs	21·745	37·625	103,8	106,5	109,3	113,3	116,7	119,1	121,1

22 On Parle Affaires

Dialogue dans lequel nous sommes témoins d'un entretien entre Messieurs Tisserand et Edwards à propos de diverses questions commerciales et financières

PERSONNAGES *M. Tisserand*
M. Edwards

SCÈNE Cette conversation a lieu dans le train entre Paris et Lyon.

M. Tisserand. Et l'accord— où en est-il au juste? C'est réglé maintenant? Toute difficulté bien aplanie?

M. Edwards. Réglé? Pas tout à fait. On est en bonne voie. J'en ai parlé en long et en large avec M. Legallois et on a fait tout ce qu'on a pu. Reste la question de la commission pour Woolware — du pourcentage je veux dire.

M. Tisserand. Jean Legallois vous a exposé notre point de vue à ce sujet, n'est-ce pas? 5 % au-dessus du prix, coût, assurance, fret, livré Cherbourg. Cela devrait être un chiffre satisfaisant pour vous — vu l'expansion de nos activités. Mais Jean vous en aura présenté une esquisse ce matin, n'est-ce pas?

M. Edwards. Oui, vos projets m'ont fort impressionné, je l'avoue. Mais le service que nous vous proposons n'est pas des moindres. Pensez-y, Monsieur! Notre expérience du marché qui remonte à plus d'un siècle, le flair de nos acheteurs, nos connaissances approfondies de tout ce qui a trait à la qualité de la laine, en un mot, vous pouvez vous reposer sur nous en toute confiance. Et la confiance — c'est une chose qui ne s'achète pas facilement...

M. Tisserand. Entendu, entendu, mais je trouve que vous vous efforcez de conclure un marché qui, vraiment, vous favorise trop. Woolware n'est pas la seule firme avec laquelle on puisse se mettre en rapport. Avouons-le, quelques-uns de vos concurrents jouissent, eux aussi, d'une réputation solide.

M. Edwards. Mais M. Tisserand, remarquez que c'est Filalaine qui s'est adressée à nous, qui a fait la première démarche, quoi. Je ne cherche pas à vous flatter, mais vous avez effectué, on le sait, des sondages minutieux sur notre compte.

M. Tisserand. Qu'est-ce que vous voulez, on...

M. Edwards. Notre banque nous tient au courant de toute enquête, quelque discrète qu'elle soit. Le fait qu'après avoir fait vos recherches vous ayez ensuite entamé le sujet d'accord, indique fort bien l'impression que vous vous êtes faite sur notre compagnie.

M. Tisserand. Vous êtes des mieux renseignés, nom de nom! C'est bien. C'est bien. Dans le commerce chez vous, les enquêtes confidentielles ne valent pas grand'chose, paraît-il.

M. Edwards. N'oubliez pas non plus, Monsieur, qu'on a ses propres moyens d'information et bien qu'on ait pas mal de compétiteurs, on ne se fait pas la guerre. On se comprend et même de temps en temps on se donne un petit coup de main.

M. Tisserand. Ah, vous agissez donc en 'parfait gentlemen', vous autres Anglais?

M. Edwards. Oh, ce n'est pas toujours la loi de la jungle chez nous non plus — ce serait trop énervant. Mais revenons à nos moutons — enfin, à notre laine. Cette affaire de pourcentage, 8 %, ça vous paraît vraiment trop élevé?

M. Tisserand. Oh oui, vraiment. Vous comprenez la situation. Depuis que j'ai succédé à mon père, Dieu le bénisse, il m'a fallu, coûte que coûte, réduire les dépenses des matières premières, les frais généraux — et tout le bazar. Sinon — comment être à même de moderniser de fond en comble l'entreprise? Ici comme ailleurs, c'est la hausse ininterrompue des prix, même en dépit de la campagne pour la stabilisation de la monnaie. Et puis les charges sociales et l'harmonisation des tarifs dans le cadre du Marché Commun ne sont pas faites pour nous améliorer la situation.

M. Edwards. Ce genre de problèmes ne nous est pas inconnu, croyez-moi. Mais j'entrevois un moyen de vous venir en aide.

M. Tisserand. Mais qu'entendez-vous par là? Ce sacré Legallois ne m'en a pas soufflé mot.

M. Edwards. Et pour cause! Je n'y avais pas encore fait allusion. C'est vous, Monsieur, que ça regarde en premier lieu. Nos directeurs m'ont autorisé à vous faire personnellement la proposition suivante.

M. Tisserand. Un cigare?

M. Edwards. Merci, je préfère la pipe.

M. Tisserand. Comme vous voulez.

M. Edwards. Donc. Vous comprendrez aisément tout l'intérêt que portent mes directeurs au marché européen, étant donné la situation économique actuelle de la Grande-Bretagne. On voit des maisons anglaises, nos concurrents, établir des filiales en Belgique, voire des usines, dans le but de s'implanter dans le Marché Commun. Pour nous c'est exclu — nous n'avons pas assez de fonds disponibles pour nous y risquer. Et le niveau du taux d'escompte nous l'interdit.

M. Tisserand. Ah, ce fameux taux d'escompte! Ça vous donne du fil à retordre, n'est-ce pas!

M. Edwards. Justement. Notre premier objectif est donc de développer d'étroits rapports avec une société textile française, une société dont la réputation est assurée et dont les perspectives de croissance nous paraissent intéressantes.

M. Tisserand. Et vous avez pensé à nous?

M. Edwards. Précisément, Monsieur!

M. Tisserand. Et la proposition?

M. Edwards. La voici. Vous connaissez nos spécialités. Pour débuter nous voulons en lancer deux sur le marché français. On a choisi le cachemire et le tweed. Tous deux sont fort recherchés en ce moment à cause de la vogue de nos modes anglaises.

M. Tisserand. Vos modes anglaises! Ne m'en parlez pas! Avez-vous jamais calculé la perte qui en résulte pour nous, les manufacturiers — des kilomètres d'étoffe chaque année?

M. Edwards. Oh, vous verrez, nous aurons notre revanche. D'ici trois ans, les jupes dépasseront de nouveau les genoux, vous pouvez en être sûr.

M. Tisserand. C'est donc Filalaine que vous avez choisie pour assurer la vente de vos spécialités?

M. Edwards. Voilà! Et on subviendra aux frais de publicité. Vous ferez la réclame de nos produits en même temps que des vôtres. 'Tweed de Woolware, présentation exclusive de Filalaine.' L'idée vous plaît?

M. Tisserand. Hmm. Ça demande réflexion.

M. Edwards. Bien entendu, cela vaudrait également pour la Belgique et la Suisse romande.

M. Tisserand. Hé, doucement, doucement, cher Monsieur. Mais où en est l'avantage pour Filalaine?

M. Edwards. Vous ne le voyez donc pas? D'abord le prestige que vous saurez tirer de votre association avec une compagnie anglaise de tout premier rang.

H

M. Tisserand. Dont les marchandises sont inconnues en France!

M. Edwards. Jusqu'ici oui, plus ou moins. Mais vous verrez! Elles se feront bientôt remarquer, nos marchandises, croyez-moi! Vos représentants auront une gamme plus large à offrir, ce qui ne peut pas vous nuire, et en fin de compte — il y a toujours la question de notre pourcentage pour la laine que nous allons vous procurer. On pourra passer un contrat qui tranchera une fois pour toutes ces deux questions, non?

M. Tisserand. Ben, j'y réfléchirai. Je vous en parlerai plus tard, quand j'y aurai pensé, soyez en sûr.

COMMENTAIRE

où en est-il est au juste?	*how far has it got precisely?*
bien aplanie	*ironed out* aplanir *to flatten, to smooth*
On est en bonne voie	*We're on the right track*
en long et en large	*exhaustively*
coût, assurance, fret	*cost, insurance, freight* C.A.F. = *c.i.f.* F.O.B. = *f.o.b.* (*free on board*)
livré Cherbourg	*delivered free Cherbourg* livrer *to deliver* une livraison *a delivery*
une esquisse	*an outline; a sketch*
m'ont fort impressionné	*have greatly impressed me*
tout ce qui a trait à	*everything pertaining to* avoir trait à *to have reference to, to refer to sg.* *syn.* avoir rapport à *to refer to sg.* (of a person) se reporter à qc.; se référer à qc. Je dois me reporter au dictionnaire. *I must refer to the dictionary.* *to refer so. to sg.* renvoyer qn. à qc.
vous pouvez vous reposer sur nous	= vous pouvez compter sur nous
vous vous efforcez de	*you're doing your best to* s'efforcer **de** faire qc. *to endeavour to do sg.*

conclure un marché	*make a deal; strike a bargain*
qui vraiment vous favorise trop	*which really favours you too much*
la seule firme avec laquelle on puisse se mettre en rapport	*the only firm with which we could get in touch* Subjunctive in a clause dependent on **seul**
vos concurrents	*your competitors*
	competition *la concurrence*
	a competition *un concours*
a fait la première démarche	*took the first step* faire une démarche auprès de quelqu'un = s'adresser à quelqu'un
vous avez effectué	*you have carried out*
	effectif *actual*
	des effectifs *manpower*
	effective efficace
des sondages minutieux	*exhaustive inquiries* un sondage *a sounding; an opinion poll*
quelque discrète qu'elle soit	*however discreet it may be* **quelque + *adjective* + *que* + Subjunctive** Quelque habile que vous soyez... *However clever you may be...*
	Note the word order: Quelque raisonnables que paraissent ses propos... *However reasonable his words may seem...* *syn.* Si raisonnables que paraissent ses propos...
entamé	= abordé
ne valent pas grand'chose	*are not worth much* (valoir)
bien qu'on ait	*although one has* bien que *although* *syn.* quoique
on se donne un petit coup de main	*we give each other a little help*
	un coup de main *a helping hand*
	un coup de pied *a kick*
	un coup d'œil *a glance; a view*
vous agissez	*you act* agir *to act; to take effect* *to act* (as in the theatre) jouer
revenons à nos moutons	*let us get back to the matter in hand*
j'ai succédé à	*I took over from* *to succeed in doing sg.* réussir à faire qc.

Dieu le bénisse	*God bless him!* The Subjunctive is used occasionally in exclamations, indicating a WISH. A Dieu ne plaise! *God forbid!*
Sinon	*Otherwise*
et tout le bazar	= et ainsi de suite
la hausse ininter- rompue des prix	*continuous rise in prices* une baisse de prix *a fall in price* un prix augmente, baisse.
la monnaie	*the currency; small change*
les charges sociales	i.e. *the employers' contributions to Social Security*
ne m'en a pas soufflé mot	*hasn't breathed a word to me* *to breathe* respirer
aisément	= facilement
établir des filiales, voire des usines	*to set up subsidiaries, factories even*
c'est exclu	*it's out of the question* exclure *to exclude* (like conclure) (**irr.**)
assez de fonds disponibles	*enough funds available*
s'implanter	*to gain a footing*
le niveau du taux d'escompte	*the level of bank rate* (lit. *discount rate*)
vous donne du fil à retordre	*gives you plenty to think about*
dont les perspec- tives de croissance	*whose prospective growth* NOTE Une plante pousse. *A plant grows.* Le fermier fait pousser du blé. *The farmer grows wheat.*
lancer	*to launch; to throw* *to throw sg. away* jeter qc. (unaimed) *to throw sg. at so.* lancer qc. sur qn. (aimed)
fort recherchés	*much in demand*
des kilomètres d'étoffe	i.e. *miles of material* une étoffe, un tissu *a fabric*
nous aurons, notre revanche	*we'll get our own back* la revanche *revenge; return match* en revanche *in return; on the other hand*
on subviendra aux frais de publicité	*we'll help with the advertising costs* une subvention *a subsidy*

cela vaudrait également	*it would apply equally to* (valoir)
la Suisse romande	French-speaking Switzerland un Suisse; une Suissesse *a Swiss; a Swiss woman*
de tout premier rang	*of the very first rank*
une gamme plus large	*a wider range*
nuire	*to harm* nuire **à** qn. = faire mal à qn. nuisible *harmful*
qui tranchera une fois pour toutes	*which will settle once and for all*
Je vous en parlerai plus tard, quand j'y aurai pensé	*I shall talk to you about it later when I **have** thought about it.* Notice that French requires the use of a Future tense. Quand **j'arriverai** à Lyon, je prendrai un verre de Beaujolais. *When I **arrive** in Lyons, I'll have a glass of Beaujolais.*

This use of the Future is found after words and expressions such as: **quand, lorque, aussitôt que, dès que, après que, le moment où, à l'instant même où.**

EXERCICES

1

MODÈLE

Voilà des oiseaux. Vous en voyez?   Oui, j'en vois quelques-uns.

1. Voilà des Français. Vous les connaissez?
2. Voilà des livres allemands. Vous en lisez?
3. J'ai des cigarettes. Vous en voulez?
4. Vous avez retrouvé vos lettres?
5. Voilà des saucissons. Vous en prenez?
6. Vous prendrez des chocolats?
7. Vous voyez les autos dans le parking?
8. Vous voyez les soldats dans cette rue?
9. Voici des cartes. Vous les regardez?
10. Voici des exercices. Vous en ferez?

2

MODÈLE

Vous allez penser à ce marché?   Bien sûr, j'y penserai.

1. Vous allez réfléchir à cette affaire?
2. Tu vas penser au problème qu'il t'a posé?
3. Vous allez réussir à le faire?
4. Vous allez parvenir à l'achever?

5. Tu vas revenir aux problèmes de l'assurance?
6. Vous allez subvenir à nos frais de publicité?
7. Tu vas remédier au déficit du budget?
8. Vous allez travailler à l'amélioration des rapports entre nos sociétés?
9. Vous allez vous mettre à rédiger l'exercice annuel?
10. Tu vas arriver à comprendre son explication?
11. Vous allez assister à la conférence demain?
12. Allez-vous résister à la tentation?

3

MODÈLE

Et cela peut se faire tout d'un coup, vous pensez?   **Non! Je ne pense pas que cela puisse se faire tout d'un coup — bien au contraire.**

1. Et cette affaire est déjà réglée, vous prétendez?
2. Et M. Edwards a tout expliqué à Jean lors des premiers pourparlers, vous pensez?
3. Et M. Tisserand fait de son mieux pour conclure ce marché, vous croyez?
4. Et les deux messieurs se sont disputés, vous prétendez?
5. Et ils sont sortis pour s'amuser en ville, vous croyez?
6. Et M. Edwards sait ce qui l'attend, vous pensez?
7. Et il fera des bêtises, vous espérez?
8. Et ces questions sont trop difficiles pour vous, vous croyez?

4

MODÈLE

C'est bien dans ce livre-ci que vous avez cherché des renseignements supplémentaires?   **Oui, c'est bien le livre dans lequel j'ai cherché des renseignements supplémentaires.**

1. C'est bien sous cette machine à écrire que la lettre s'était glissée?
2. C'est bien dans ce classeur-là qu'elle l'a cherchée, la lettre?
3. C'est bien avec ces firmes-là que vous avez établi le contact?
4. C'est bien sur ce bureau-ci que vous avez retrouvé votre stylo?
5. C'est bien avec cet appareil-ci que vous avez pris ces photos?
6. C'est bien dans ce lit-là qu'il a passé la nuit?
7. C'est bien à cette société-là que vous vous êtes adressés, Messieurs?
8. C'est bien dans ces livres-ci que vous avez cherché des renseignements supplémentaires, Messieurs?
9. C'est bien avec ce truc-ci qu'il a mis en marche sa voiture?
10. C'est bien sous cette échelle-là qu'il n'a pas osé passer?

5

MODÈLE

Vous n'y réussirez pas, bien que vous soyez déterminé.   **Quelque déterminé que vous soyez, vous n'y réussirez pas.**

1. Vous devriez vous reposer sur nous, bien que vous soyez expérimenté!
2. Notre Compagnie doit toujours faire des réclames, bien que notre réputation soit solide.

3. Vos projets m'ont fort impressionné, quoiqu'ils paraissent audacieux.
4. Il va faire la première démarche sans plus tarder, bien que ce soit difficile.

Et maintenant veuillez employer **si... que** *au lieu de* **quelque... que.**

5. Il va moderniser de fond en comble l'entreprise, bien que la tâche soit grande.
6. Les concurrents se donnent un coup de main, quoique cela paraisse curieux.
7. Il faut réfléchir avant de placer son argent, bien que les perspectives de croissance paraissent intéressantes.
8. Huit pour cent lui paraît élevé, quoique sa firme soit puissante.

6

MODÈLE

Aussitôt que

Après avoir signé le contrat, on en tirera profit.	**Aussitôt qu'on aura signé le contrat on en tirera profit.**

1. **Quand**
   Après être arrivé à destination, je mangerai un bifteck saignant.
2. **Lorsque**
   Après avoir examiné vos propositions, je vous donnerai ma décision.
3. **Aussitôt que**
   Après avoir conclu ce marché, nous ferons un bénéfice monstre.
4. **Après que**
   Après y avoir pensé plus longuement il finira par accepter.
5. **Du jour où**
   Après avoir calculé la perte des manufacturiers, il n'approuvera plus les mini-jupes.
6. **Dès que**
   Après avoir signé l'accord, il saura tirer profit de cette association.
7. **Quand**
   Après avoir fait les sondages, il relira le rapport plusieurs fois.
8. **Aussitôt que**
   Après avoir fini de manger, il s'étendra sur le lit.
9. **Quand**
   Après avoir été mis au courant, je vous en parlerai plus longuement.
10. **Dès que**
    Après avoir terminé sa conférence, le professeur aimerait prendre un pot.

EXERCICE DE CONVERSATION—1

Vous allez entendre la voix de M. Edwards qui prend le rôle qu'il vient de jouer dans le dialogue. C'est à vous de prendre le rôle de **M. Tisserand.**

M. Edwards	Réglé? Pas tout à fait. On est en bonne voie. J'en ai parlé en long et en large avec M. Legallois et on a fait tout ce qu'on a pu. Reste la question de la commission pour Woolware — du pourcentage, je veux dire.
M. Tisserand	

Jean Legallois — point de vue — 5 % — Cherbourg — un chiffre — l'expansion — Jean — présenté —

M. Edwards	Oui, vos projets m'ont fort impressionné, je l'avoue. Mais le service que nous vous proposons n'est pas des moindres. Pensez-y, Monsieur! Notre expérience du marché qui remonte à plus d'un siècle, le flair de nos acheteurs, nos connaissances approfondies de tout ce qui a trait à la qualité de la laine, en un mot, vous pouvez vous reposer sur nous en toute confiance. Et la confiance — c'est une chose qui ne s'achète pas facilement...
M. Tisserand	

Entendu, — je trouve — conclure — favorise — Woolware — la seule firme — on puisse — rapport. Avouons-le — jouissent —

M. Edwards	Mais M. Tisserand, remarquez que c'est Filalaine qui s'est adressée à nous, qui a fait la première démarche, quoi. Je ne cherche pas à vous flatter, mais vous avez effectué, on le sait, des sondages minutieux sur notre compte.
M. Tisserand	

— vous voulez —

M. Edwards	Notre banque nous tient au courant de toute enquête, quelque discrète qu'elle soit. Le fait qu'après avoir fait vos recherches vous ayez ensuite entamé le sujet d'accord, indique fort bien l'impression que vous vous êtes faite sur notre compagnie.
M. Tisserand	

— des mieux — bien — chez vous — confidentielles — valent —

M. Edwards	N'oubliez pas non plus, Monsieur, qu'on a ses propres moyens d'information et bien qu'on ait pas mal de compétiteurs, on ne se fait pas la guerre. On se comprend, et même de temps en temps on se donne un petit coup de main.
M. Tisserand	— en —

EXERCICE DE CONVERSATION—2

Et maintenant vous prendrez le rôle de **M. Edwards.**

M. Tisserand	Et l'accord — où en est-il au juste? C'est réglé maintenant? Toute difficulté bien aplanie?	
M. Edwards		Réglé — bonne voie — parlé — avec M. Legallois — Reste — commission — pourcentage —
M. Tisserand	Jean Legallois vous a exposé notre point de vue à ce sujet, n'est-ce pas? 5 % au-dessus du prix, coût, assurance, fret, livré Cherbourg. Cela devrait être un chiffre satisfaisant pour vous — vu l'expansion de nos activités. Mais Jean vous en aura présenté une esquisse ce matin, n'est-ce pas?	
M. Edwards		— vos projets — le service — des moindres — notre expérience — un siècle — nos acheteurs — a trait à — laine — vous reposer — confiance. Et — s'achète —
M. Tisserand	Entendu, entendu, mais je trouve que vous vous efforcez de conclure un marché qui, vraiment, vous favorise trop. Woolware n'est pas la seule firme avec laquelle on puisse se mettre en rapport. Avouons-le, quelques-uns de vos concurrents jouissent, eux aussi, d'une réputation solide.	
M. Edwards		Mais — remarquez — à nous — démarche — vous flatter — effectué — des sondages — compte.
M. Tisserand	Qu'est-ce que vous voulez, on...	

M. Edwards   Notre banque — toute en-
                                          quête — discrète — Le fait
                                          — vos recherches — en-
                                          tamé — accord, indique —
                                          vous vous êtes faite —

M. Tisserand   Vous êtes des mieux renseignés, nom
                  de nom! C'est bien. C'est bien. Dans
                  le commerce chez vous, les enquêtes
                  confidentielles ne valent pas grand'-
                  chose, paraît-il.

M. Edwards   N'oubliez pas — moyens
                                          d'information — pas mal —
                                          la guerre — de temps en
                                          temps — main.

QUESTIONS

1. Comment se fait-il que M. Edwards soit en route pour Lyon?
2. Que voulait-il savoir au début, M. Tisserand?
3. M. Edwards, est-il content des discussions qu'il a eues avec M. Legallois?
4. En ce qui concerne le pourcentage, quel est le point de vue de M. Tisserand?
5. Que pense M. Tisserand des activités de Filalaine?
6. M. Edwards vante un peu sa firme en parlant de son expérience, son expertise, *et caetera* — pourquoi dit-il tout cela à votre avis?
7. Pourquoi M. Tisserand dit-il que Woolware n'est pas la seule firme avec laquelle il puisse se mettre en rapport?
8. Quel était le but du sondage dont on a parlé?
9. Comment est-ce qu'on avait su chez Woolware qu'on était en train de faire un sondage sur leur compte?
10. M. Tisserand estime que Woolware est une firme solide et efficace — qu'est-ce qui l'indique?
11. Que veut dire pour vous la phrase 'agir en parfait gentleman'?
12. En matière de pourcentage, que réclame M. Edwards?
13. Depuis que M. Tisserand a pris la direction de la Société Filalaine, qu'a-t-il dû faire?
14. Dans quel but?
15. Quel a été, à votre avis, l'effet de la hausse des prix sur les projets de M. Tisserand?
16. Un certain aspect du Marché Commun a eu un mauvais effet sur la Société Filalaine. Dites lequel et pourquoi.
17. Comment se fait-il que les directeurs de Woolware s'intéressent au marché européen?
18. Qu'est-ce qui les empêche d'établir des filiales sur le continent?
19. Quel était donc le premier objectif de Woolware?
20. Pourquoi est-ce que M. Edwards pensait qu'il n'y aurait pas de difficultés à vendre du cachemire et du tweed en France?
21. Sous quelles conditions Filalaine vendrait-elle les produits de Woolware?
22. Que ferait Woolware en matière de publicité?
23. Pour quels pays cet accord devrait-il être valable?
24. Qu'est-ce que c'est que la Suisse romande?

25. Quelles langues parle-t-on en Suisse?
26. Dans quels pays du monde est-ce qu'on parle le français?
27. Sous quel rapport M. Edwards a-t-il parlé de prestige?
28. Quels seraient les avantages de cette proposition pour le Service des ventes de Filalaine?
29. Pourquoi est-ce que M. Edwards fait encore une fois allusion à la laine après avoir parlé de tweed et de cachemire?
30. A votre avis comment est-ce que M. Tisserand va réagir à la proposition que lui a faite Robert?

RÉDACTION

En vous basant sur les renseignements ci-dessous écrivez une rédaction sur les différences que vous remarquez entre les institutions politiques françaises et anglaises.

Les Institutions politiques de la France (Constitution de 1958, modifiée en 1962)

Le Président de la République   Palais de l'Élysée
1. Élu pour 7 ans au suffrage universel direct.
2. Nomme le Premier Ministre.
3. Préside le Conseil des Ministres.
4. Possède le droit de dissoudre l'Assemblée Nationale si celle-ci siège depuis plus d'un an.
5. Possède le droit de Referendum afin d'obtenir l'opinion du peuple sur certains projets de loi sans passer par l'intermédiaire du Parlement.
6. Peut, grâce à l'article 16 de la Constitution, exercer des pouvoirs exceptionnels, ceci en cas de menace à l'État ou à ses institutions.

Le Premier Ministre   Hôtel Matignon
1. Nomme et révoque les Ministres et les Secrétaires d'État qui constituent le Conseil des Ministres.
2. Dirige l'action du Gouvernement.
3. Est responsable devant l'Assemblée Nationale des actions du Gouvernement.
4. N'est pas membre de l'Assemblée Nationale, ses ministres aussi en étant exclus en vertu de l'incompatibilité entre les fonctions ministérielles et le mandat parlementaire.

L'Assemblée Nationale (les Députés)   Palais Bourbon
1. Élue pour 5 ans au suffrage universel direct.
2. Adopte ou refuse les projets de loi qui lui sont proposés par le Gouvernement.
3. Peut faire tomber le Gouvernement en votant une motion de censure.

Le Sénat   Palais du Luxembourg
1. Élu pour 9 ans au suffrage universel indirect et renouvelable par tiers tous les trois ans.
2. Possède le droit de refuser le passage d'une loi deux fois tout au plus.

Les Préfets
1. Sont nommés par le Conseil des Ministres.

2. Exercent la tutelle administrative et certains pouvoirs exécutifs sur les communes et le Conseil général du département.
3. Dirigent la police et renseignent le Gouvernement.

Les Sous-Préfets

Exercent la tutelle administrative à l'échelon des arrondissements et des communes.

Avis! *Les informations présentées ci-dessus ne peuvent vous donner qu'une impression générale du système politique français.*

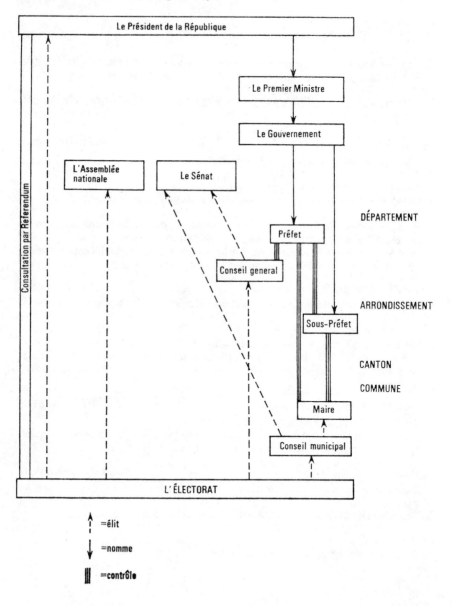

23 Les Problèmes du Directeur

Récit dans lequel M. Tisserand nous confie à cœur ouvert les ennuis d'un grand chef d'entreprise

Alors, c'est là où nous en sommes! Hmm, c'est donc ce qu'il avait sur le cœur, cet Anglais. Je l'emmène à Lyon, à mes frais, ça va sans dire. J'ai promis de lui faire visiter notre succursale. J'ai même, je crois, mentionné la filature de St. Rémy-de-Provence — et le type, vous croyez qu'il m'en sait gré? Mais non. Il vient de me jouer un tour pareil! Car je vois où ils veulent en venir, ces Anglais. 'On pourra rédiger un contrat qui tranchera une fois pour toutes ces deux questions'. Parbleu! C'est du chantage qu'il me fait là! Ce qu'il tente de faire, c'est de lier les deux marchés l'un à l'autre en sorte que l'un dépende de l'autre. C'est ça, le piège qu'il me tend. Je vais la payer cher, cette sacrée laine australienne, nom de nom! Huit pour cent, hein! On verra. 'Le prestige que je saurais tirer de mon association avec Woolware', par exemple! Il ne manquait plus que ça. Les affaires sont les affaires, je veux bien. Pourtant, c'est un peu fort, je trouve.

Mais peuh! Quelle journée! Ce matin je me suis coupé au menton en me rasant. Puisque Laura était partie ça a été toute une histoire pour retrouver une chemise propre. Assurément elle la prend un peu trop au sérieux, sa chère cousine. Faire du ski en plein hiver, l'imbécile! On n'a quand même pas idée! Et voilà qu'elle s'est enrhumée et trouve 'indispensable' que Laura lui rende visite — à la fois pour la consoler et la conseiller. Et Laura qui la plaint, bien sûr. Elle a trop bon cœur, pauvre créature. C'est une question de placements, je n'en doute pas. Sa cousine est tout entichée de ses placements, ces derniers temps. Une poignée d'actions qu'elle a achetées, Dieu sait comment, pour se donner de l'importance et naturellement sans souffler un mot à son pauvre bougre de mari. Félix ne rigolerait pas s'il découvrait combien elle a économisé sur le budget familial en trois ans, lui qui aime se soigner, le ventre en priorité. Rien d'étonnant s'il se plaint du coût de la vie, celui-là!

Et puis il a y eu Francine et cette satanée grève. Hier elle n'est apparue au bureau qu'à 10h. 30, figurez-vous! Encore une matinée de perdue. En temps normal ça n'a rien de tragique mais maintenant j'ai du travail par-dessus la tête avec l'exercice de l'an dernier. Il m'en reste la bonne moitié à rédiger. Tout d'abord il y avait les comptes de Roubaix qu'on a tardé à m'envoyer. Vraiment, il n'est plus à la hauteur, Lagrange. Comptable qu'il se dit! Son compte est bon. Merde alors, je m'amuse à faire des calembours! Mais demain — l'entrevue pour comble de malheur. Quelles lettres de candidature et quelles références! Éblouissantes! Incroyables! On aurait affaire à des génies du commerce si on les prenait au pied de la lettre. Si j'offrais la situation à l'un d'eux, il ne pourrait jamais vivre sans prétendre au même traitement que moi, pour le moins, j'en suis persuadé. Heureusement que c'est Bonville qui va nous loger à Lyon — il s'y connaît, lui, en matière de vins fins. Ce n'est pas du pinard qu'on boit chez lui! Ce que je lui envie, c'est sa cave. Ah, là, là! Ça m'a fait un drôle de choc, sa crise cardiaque. Il ferait bien de se ménager. A son âge, ça risque d'être dangereux. Mon Dieu, on n'est pas seul à avoir des ennuis!

Voilà. On passe à Mâcon. Déjà. Dans moins d'une heure on sera à Lyon. Je vais le laisser encore ronfler pendant un petit quart d'heure. On dirait qu'il s'est complètement épuisé à me vanter l'excellence de sa firme!

COMMENTAIRE

qu'il avait sur le cœur	*that he had on his mind*
Je l'emmène à Lyon	*I take him to Lyons* Verbs formed from **mener** usually refer to *people*. Verbs formed from **porter** refer to *things*.

BRING		TAKE AWAY
amener qn. apporter qc.	⟶ SPEAKER ⟵	emmener qn. emporter qc. BRING BACK ramener qn. rapporter q.c.

e.g. Je suis allé chercher mon ami à la gare. Je l'ai amené au bureau, puis je l'ai emmené au café boire un verre. Ensuite je l'ai ramené chez moi.

J'ai promis de lui faire visiter notre succursale	*I promised to arrange for him to visit our branch* faire faire quelque chose *to have something done* (i.e. by someone else)

Je vais me faire couper les cheveux.
I'm going to have my hair cut.

Compare:

Il va la faire renvoyer.   *He's going to have her dismissed.*
Je lui ferai renvoyer Jeanine.   *I shall make him dismiss Jeanine.*

Where the verb used in conjunction with **faire** takes a DIRECT OBJECT (*Jeanine*) and **faire** also has a DIRECT OBJECT (*him* — i.e. the person who is to dismiss Jeanine) the object of **faire** takes the form of the INDIRECT OBJECT, i.e. **lui, leur.**

Hence Vous ne pourrez jamais le faire dire à des Anglais.
       You'll never be able to make English people say it.

il m'en sait gré	*he is grateful to me* savoir gré à qn. **de** qc., **de** faire qc. être reconnaissant à qn. **de** qc., **de** faire qc. *to be grateful to so. for sg., for doing sg.* la reconnaissance *gratitude; recognition; reconnaissance*
du chantage	*blackmail* faire chanter qn. *to blackmail so.*
où ils veulent en venir	*what they are aiming at* *syn.* ce à quoi ils visent
Parbleu!	*Of course! To be sure!*
il tente de faire	= il essaye de faire une tentative *an attempt* un attentat *a crime; an attempt on someone's life*
en sorte que l'un dépende de l'autre	*in such a way that the one depends on the other* **en sorte que** + **Subjunctive** **de** *or* **en sorte que, de manière que, de façon que** *in such a way that* To indicate PURPOSE use the Subjunctive. To indicate RESULT use the Indicative.

Remember: de manière à, de façon à faire qc.
           in such a way as to do sg.

    NOTE dépendre **de**   *to depend on*

le piège qu'il me tend	*the trap he's setting for me*
je me suis coupé au menton	*I cut my chin* *syn.* Je me suis coupé le menton.
elle la prend un peu trop au sérieux	*she takes her a bit too seriously* prendre quelque chose à la légère *to treat something lightly*
Faire du ski	*Going skiing* faire de la voile *to go sailing* faire de l'équitation *to go riding*

	faire de la natation	*to go swimming*
	faire de l'alpinisme	*to go climbing*
	faire de l'auto-stop	*to hitch-hike*

On n'a quand même pas idée — i.e. *What an idea!*

elle s'est enrhumée — *she has caught a cold*
s'enrhumer   *to catch a cold*
un rhume   *a cold*
du rhum   *rum*

et trouve 'indispensable' que Laura lui rende visite — *and finds it 'imperative' that Laura should visit her*
trouver + *adjective* + **que** + **Subjunctive**
NOTE. In French there is no equivalent of **it**.
Elle trouve ridicule que nous le fassions sans elle.
She finds it ridiculous that we are doing it without her.

visite — rendre visite à qn.   *to visit someone*
visiter implies a professional call (*doctor, inspector*) or a visit to a particular place of interest (*museum, theatre*)
to visit France   aller en France
e.g. Je suis allé en France plusieurs fois pour rendre visite à mes amis et pour visiter le Louvre.

à la fois — *at one and the same time*

conseiller — *to advise*
conseiller à qn. **de** faire qc.

un conseil	*a piece of advice, a council; a board*
le Conseil des ministres	*the Cabinet*
le conseil d'administration	*the board of directors*

placements (*m.*) — *investments*
syn. un investissement

je n'en doute pas — *I don't doubt*
douter de qn.
Je doute de M. un Tel.   *I doubt Mr. So-and-so's word.*
douter que + **Subjunctive**
Je doute qu'il le finisse à temps.   *I doubt that he will finish it on time.*
but Je ne doute pas qu'il **ne** le finisse à temps.   *I don't doubt...*

entichée de — *infatuated with*
syn. fou, folle de

une poignée d'actions — *a handful of shares*
In France shares are generally of a higher individual value than in England.

une poignée	*a handle, a handful*
une poignée de main	*a handshake*

son pauvre bougre de mari — *her poor old husband* (coll. but not vulgar)

coût de la vie — *cost of living* (often simply la vie)
La vie dans le Royaume-Uni devient de plus en plus chère.
The cost of living in the U.K. is becoming increasingly high.

cette satanée grève — *this confounded strike*

j'ai du travail par-dessus la tête — *I'm up to my neck in work*

l'exercice de l'an dernier — *last year's Annual Report* (i.e. le rapport de l'exercice de l'an dernier)
l'exercice   *the financial year*

la bonne moitié — = plus que la moitié
half-dead   à moitié mort; à demi-mort

les comptes (*m.*) — *the accounts*   Son compte est bon! *He's had it!*

il n'est plus à la hauteur — *he's no longer up to it*

Merde alors — A vulgar expletive.

des calembours (*m.*) — *puns*

pour comble de malheur — *to crown it all*

lettres de candidature — *applications*
poser sa candidature à un emploi, solliciter un emploi
to apply for a job

Éblouissantes! — *Dazzling!*
éblouir   *to dazzle*

On aurait affaire à — *One would be dealing with*

si on les prenait au pied de la lettre — *if one took them literally*

prétendre au même traitement — *claiming the same salary*
Je ne prétends pas que cela soit vrai.
I don't claim it to be true.

il s'y connaît — *he knows all about; he is a good judge o*
s'y connaître **à,** *or* **en** qc.

du pinard — *cheap wine*

sa crise cardiaque — *his heart attack*

Il ferait bien de se ménager — *He'd do well to take care of himself*

des ennuis (*m.*) — *worries*
mourir d'ennui   *to die of boredom*

la laisser ronfler — *to let him snore*

vanter — *to praise*
se vanter **de** qc.   *to boast about sg.*

EXERCICES

1

MODÈLE

Ah, c'est donc cela qu'il tente de faire?   **Oui, ce qu'il tente de faire c'est de lier les deux marchés l'un à l'autre.**

1. Ah, c'est donc cela qu'il a essayé de faire?
2. Ah, c'est donc cela qu'il propose de faire?
3. Ah, c'est donc cela qu'il vous conseille de faire?
4. Ah, c'est donc cela qu'il a refusé de faire?
5. Ah, c'est donc cela qu'il a promis de faire?
6. Ah, c'est donc cela qu'il est sur le point de faire?
7. Ah, c'est donc cela qu'il a oublié de faire?
8. Ah, c'est donc cela qu'il est en train de faire?
9. Ah, c'est donc cela qu'il vient de faire?
10. Ah, c'est donc cela qu'il sera obligé de faire?

2

MODÈLE

Si je le fais   **Si vous le faites, lui, il ne le fera pas. Aucun doute là-dessus!**

1. Si je le vois
2. Si j'y vais
3. Si j'en mangeais
4. Si je l'avais fait
5. Si j'y étais allé
6. Si j'y renonçais
7. Si je l'accepte
8. Si je m'en étais occupé
9. Si je m'amuse
10. Si je le regardais
11. Si je m'en allais
12. Si je m'étais amusé
13. Si je m'en occupe
14. Si je l'acceptais
15. Si je me l'étais procuré
16. Si je m'en étais allé

3

MODÈLE

Sa cousine refuse de vendre ses actions, figurez-vous!   **Oh, je crois bien. Personne ne pourrait lui faire vendre ses actions.**

1. M. Tisserand tarde à prendre une décision, figurez-vous!
2. M. Tisserand ne veut pas comprendre tous ces problèmes, figurez-vous!
3. M. Edwards et M. Tisserand n'ont pas l'air de voir les avantages éventuels, figurez-vous!
4. Les gens de Roubaix ne vont pas accepter de coopérer avec nous, figurez-vous!
5. Ce comptable ne veut pas envoyer les comptes aujourd'hui, figurez-vous!

6. La femme de Félix est incapable de réduire ses dépenses, figurez-vous!
7. Les candidats n'accepteront pas le traitement qu'on leur propose, figurez-vous!
8. M. Bonville refuse de ménager ses forces, figurez-vous!

4

MODÈLE

Je crois qu'il veut me voler.   **Mais vous n'allez pas vous laisser voler par lui, j'espère!**

1. Il essaie de me persuader, je pense.
2. Il propose toujours de m'aider, celui-là.
3. Il tâche de me rouler, paraît-il.
4. Celle-là s'efforce de me tromper, j'en suis sûre.
5. Cet imbécile de docteur veut me soigner.   *(lui)*
6. Ils tentent de m'impressionner, ces Messieurs.   *(eux)*
7. Elle s'est mise à m'interroger.
8. Ils essaient de me mettre à la porte.
9. Je crois qu'ils veulent me surprendre.
10. Il cherche à me marcher sur les pieds.

5

MODÈLE

Vous vous êtes fait mal au menton?   **Oui, hélas, je me suis coupé le menton.**
Vous vous êtes coupé, n'est-ce pas?

1. Vous vous êtes fait mal à la jambe? Vous vous êtes écorché, n'est-ce pas?
2. Vous vous êtes fait mal à la langue? Vous vous êtes mordu, n'est-ce pas?
3. Vous vous êtes fait mal à la tête? Vous vous êtes cogné, n'est-ce pas?
4. Vous vous êtes fait mal à la figure? Vous vous êtes égratigné, n'est-ce pas?
5. Vous vous êtes fait mal à l'orteil? Vous vous êtes pincé, n'est-ce pas?
6. Vous vous êtes fait mal au doigt? Vous vous êtes piqué, n'est-ce pas?
7. Vous vous êtes fait mal aux mains? Vous vous êtes brûlé, n'est-ce pas?
8. Vous vous êtes fait mal au poignet? Vous vous l'êtes foulé, n'est-ce pas?

6

MODÈLE

Mais vous vous êtes coupé au menton!   **Oui, effectivement, je me suis coupé le**
C'est quand vous vous êtes rasé?   **menton en me rasant.**

1. Quand est-ce qu'elle s'est cassé la jambe? Quand elle faisait du ski?
2. Comment a-t-elle acheté ses actions? Elle a économisé sur le budget familial, n'est-ce pas?
3. Francine l'a embêté hier? C'est qu'elle est apparue tard au bureau, n'est-ce pas?
4. Comment est-ce que les candidats ont donné l'impression d'être des génies? C'est qu'ils ont présenté de telles références, n'est-ce pas?
5. Le Directeur a perdu du temps ce matin? C'est parce qu'il a cherché une chemise propre, n'est-ce pas?
6. Comment est-ce qu'il se plaint du coût de la vie? Il parle toujours des prix, n'est-ce pas?

7. Quand est-ce que le Directeur a fumé un cigare? Pendant qu'il voyageait par le train?
8. Quand est-ce que M. Edwards a parlé affaires? Pendant qu'il accompagnait M. Tisserand à Lyon?
9. Comment est-ce que M. Tisserand a été aimable envers son visiteur anglais? C'est qu'il lui a fait visiter la succursale, n'est-ce pas?
10. Comment est-ce qu'il vous a joué un tour? C'est qu'il a proposé cet accord?

QUESTIONS ET RÉPONSES

1. Qu'est-ce qu'il a promis, M. Tisserand?

Il a promis à M. Edwards de lui faire visiter la succursale.

2. Est-ce que M. Edwards s'est rendu à Lyon à ses propres frais?

Mais non, il a voyagé aux frais du Directeur.

3. Est-ce que M. Edwards lui en sait gré?

Sans doute, mais M. Tisserand n'en est pas persuadé!

4. Pourquoi ça?

Il n'aime pas la façon dont M. Edwards lui a expliqué son affaire.

5. Mais comment se fait-il qu'il ne l'aime pas?

C'est que M. Edwards veut dresser un contrat qui lie les deux marchés l'un à l'autre.

6. Les affaires sont les affaires! Où est le mal?

M. Tisserand ne s'y attendait pas, voilà tout.

7. Où est-elle actuellement, Mme Tisserand?

Elle rend visite à sa cousine pour la consoler.

8. Pourquoi la consoler?

Elle s'est enrhumée aux sports d'hiver, en faisant du ski.

9. C'est la seule raison de sa visite?

Non, elle veut que Mme Tisserand la conseille au sujet des actions qu'elle a achetées.

10. Pourquoi ne s'adresse-t-elle pas à son mari?

Elle a placé son argent sans souffler mot à son mari.

11. Il vient d'où, cet argent?

Depuis longtemps elle économise sur le budget familial.

12. Il en serait content Félix, son mari, s'il était au courant?

Certainement pas — il ne rigolerait pas du tout, car il aime la bonne chère, celui-là.

QUESTIONS

1. Qu'est-ce qu'il avait sur le cœur, M. Edwards?
2. De quelle façon est-ce que M. Tisserand a été gentil envers son visiteur?
3. Pourquoi est-ce que M. Tisserand s'attend à ce que M. Edwards lui soit reconnaissant?
4. Quel est le 'tour' auquel M. Tisserand fait allusion?

5. Quelle est la réaction du Directeur à idée du prestige qu'il saurait tirer de son association avec Woolware?
6. 'Les affaires sont les affaires' — qu'est-ce que cela veut dire au juste?
7. L'absence de sa femme — quels problèmes en ont découlé?
8. Qu'est-ce qui indique que Laura prend sa cousine un peu trop au sérieux?
9. Qu'est-ce qui est à l'origine des malheurs de la cousine de Laura?
10. Qu'est-ce que vous entendez par la phrase 'placer son argent'?
11. Laura — pourquoi est-ce que sa cousine l'a invitée?
12. Qu'est-ce que vous en déduisez sur le caractère de Laura?
13. Que dirait Félix s'il découvrait la façon dont sa femme dépensait l'argent qu'il avait gagné? Imaginez le dialogue qui en résulterait.
14. Expliquez pourquoi Félix a tendance à se plaindre du coût de la vie?
15. Il y a eu une matinée de perdue pour M. Tisserand la veille de son départ pour Lyon. Qu'est-ce qui en a été responsable?
16. Expliquez ce que c'est que l'exercice de l'an dernier.
17. Où en est-il quant à la rédaction de l'exercice de l'an dernier?
18. Pourquoi est-ce que cette tâche n'a pas encore été achevée?
19. En quoi est-ce que cela consiste, le travail d'un comptable?
20. Qu'est-ce que vous déduisez en ce qui concerne M. Lagrange?
21. Qu'est-ce que c'est qu'un calembour? De quel calembour est-ce que M. Tisserand parle?
22. Que veut dire M. Tisserand en parlant de lettres de candidature et de références éblouissantes?
23. Quels détails est-ce qu'on devrait inclure dans une lettre de candidature?
24. Qu'est-ce qui vous donne l'impression que M. Tisserand ne prend pas toutes les références au pied de la lettre?
25. Le voyage à Lyon offre au Directeur une certaine consolation — laquelle?
26. Devinez pourquoi on doit chercher un nouveau chef à la succursale de Lyon.
27. Où se trouve le Directeur et que fait M. Edwards pendant ce temps?
28. Vous avez entendu M. Tisserand se plaindre de ses ennuis. Qu'est-ce qu'il dirait, votre chef ou votre professeur, s'il se plaignait de la sorte?
29. Quels traits de caractère avez-vous notés chez M. Tisserand au cours de ces leçons?
30. Quels sont vos ennuis? Si vous avez la chance de ne pas en avoir, inventez-en quelques-uns. Vous n'êtes aucunement obligé de dire la vérité!

TRANSLATE INTO FRENCH

Highland Distilleries

The following are salient features from the Annual Report and the Statement by the Chairman, Mr. H. M. Penman, presented to the 82nd Annual General Meeting of The Highland Distilleries Company, Limited held in Glasgow on the 22nd November, 1968.

Year ended 31st August	1968	1967
	£	£
Group Profit before Taxation	1,789,206	1,575,363
Group Profit after Taxation	1,110,206	1,028,667
Ordinary Capital	2,488,750	2,488,750
Dividend Rate	27.945%	27%

Profits for the Year. Trading profits amounted to £1,559,416 (£1,391,539) after charging depreciation of £138,575 (£118,697).

A feature of the year's trading has again been the increased demand for our matured¹ whiskies. While sales of new whiskies did not quite attain last year's peak, the level nevertheless was **very** satisfactory and seems indicative of the continuing high demand for quality malt whiskies.² Total output of whisky was again stepped up, with a higher proportion than hitherto being set aside to augment our maturing³ stocks. Year end stocks amounted to £3,097,651 compared with £2,681,661 a year ago.

Income from investments has increased from £183,824 to £229,790, and this is explained by interest received on realisation of our investment in Edward Fison Limited.

Capital Expenditure. The sum of £266,113 was expended on fixed assets, including £82,477 on buildings and £174,156 on plant. Contracts for capital expenditure not provided for in the Accounts amounted to £235,000 (£190,000).

Prospects. We have recently placed forward contracts for delivery of malted barley in 1969 at advantageous prices in spite of the rather variable harvest this summer, and this should assist in stabilising our production costs. As regards profits it is difficult to make an assessment at such an early stage in the current year, but the position at this writing is satisfactory.

¹ matured	=	vieilli en fût
² malt whisky	=	le whisky de malt
³ maturing	=	en cours de maturation

24 Chez Bonville

*Dialogue dans lequel, en l'absence de M. Tisserand,
Monsieur Edwards et son hôte s'entretiennent sur
l'aménagement du Rhône et l'industrie viticole*

PERSONNAGES *Monsieur Bonville*   SCÈNE *La maison de M. Bonville*
Monsieur Edwards

M. Bonville. Vous vous êtes bien reposé, j'espère, Monsieur? Les poids
lourds ne vous ont pas trop incommodé à l'aube?

M. Edwards. Pas du tout! J'ai été à moitié réveillé par une moto pétara-
dant sous ma fenêtre, vers cinq heures du matin. A part ça, pas de
problèmes.

M. Bonville. Ah oui. Les motos! Je m'y suis habitué à la longue, moi.

M. Edwards. Mais dites donc. Quelle heure est-il au juste? J'ai totalement oublié de remonter ma montre hier soir.

M. Bonville. Il est, voyons, tout juste dix heures et quart.

M. Edwards. Ça par exemple — et M. Tisserand? Il dort toujours?

M. Bonville. Oh, non. Il est déjà au bureau. Il a à dépouiller son courrier. Surtout depuis ma dernière rechute il se voit contraint de s'occuper davantage de la direction de la succursale.

M. Edwards. Et moi qui aurais dû l'accompagner!

M. Bonville. Mais non, bien au contraire. Il a voulu vous laisser récupérer. Vous aurez le temps plus tard.

M. Edwards. Il me gâte vraiment — je ne suis pas ici en touriste quand
même. Je croyais aller au bureau avec lui.

M. Bonville. Il nous a donné rendez-vous à midi et demi. Je vous y
conduis incessamment.

M. Edwards. Où ça donc?

M. Bonville. A quelque 2 kilomètres d'ici — dans un restaurant sur les
rives du Rhône. Il donne sur le fleuve.

M. Edwards. Bien. Ça me fera plaisir.

M. Bonville. Si on tombe au bon moment on risque de voir des péniches.

M. Edwards. Des péniches?

M. Bonville. Oui, des péniches. Pour les matériaux de construction, les produits chimiques, le pétrole, quoi. Dans ce coin du pays les transports fluviaux ont gardé leur importance plus qu'ailleurs, à ce que l'on dit. Ça fait partie de ce que les autorités se plaisent à appeler 'l'aménagement du Rhône'.

M. Edwards. Il me semble que j'en ai déjà entendu parler. Il paraît qu'il y a un ou deux barrages fort impressionnants, n'est-ce pas? Génissiat et Donzelle — ou quelque chose d'approchant.

M. Bonville. Vous vous trompez — vous voulez dire Donzère-Mondragon. D'ailleurs, ce ne sont pas les seuls. Il y a une quantité d'autres centrales électriques en amont comme en aval de Lyon. Elles poussent comme des champignons et le Cinquième Plan en prévoit d'autres.

M. Edwards. Hélas, votre Midi ne sera plus le pays des peintres et des poètes. Il deviendra lui aussi une zone d'implantation industrielle — tout comme le Nord, Dunkerque, ou la région de Lacq. C'est malheureux, je trouve.

M. Bonville. Soyez sans crainte. Vous n'ignorez pas l'ampleur du dépeuplement rural en France. Vos poètes n'auront pas de mal à trouver des fermes délaissées comme refuge, à moins qu'ils ne se mettent à chanter les louanges des turbines ou des réacteurs nucléaires!

M. Edwards. Telle qu'on conçoit la poésie de nos jours tout est possible — même ça. Je regrette mais, moi, j'ai un petit côté traditionnaliste. Certains aspects du progrès me remplissent d'horreur.

M. Bonville. Moi aussi. Les fermes qui s'écroulent, les champs abandonnés aux mauvaises herbes et à la brousse ne sont pas du tout à mon goût. Vous savez, on parle déjà du 'désert français'.

M. Edwards. Mais où est-ce qu'il peut bien être, ce 'désert français'?

M. Bonville. En gros, ce terme désigne cette partie de notre pays au-delà d'une courbe, d'un arc, si vous voulez, joignant Cherbourg à Strasbourg, en passant par Paris, ça va sans dire.

M. Edwards. Mais la région lyonnaise n'a rien d'un désert pour autant que je sache.

M. Bonville. Il ne faut pas le prendre trop littéralement — c'est un terme assez dramatique, ce qui se comprend d'ailleurs. On cherche à attirer l'attention des gens sur l'étendue du problème. Il se trouve évidemment certains centres régionaux — je pense à Marseille, Bordeaux,

Toulouse et Lyon, bien entendu — qui constituent toujours des pôles d'attraction en dehors de ce cercle.

M. Edwards. Mais je croyais qu'ici on s'occupait de telles questions sur le plan gouvernemental, que vous aviez en France des organismes qui veillent à l'aménagement du territoire — cette fameuse planification, n'est-ce pas? On nous la donne en exemple à l'étranger, y compris en Angleterre.

M. Bonville. Détrompez-vous! En définitive il ne suffit pas de mettre en place une foule d'organismes, des comités aux sigles incompréhensibles. Il faudra plus que ça. C'est une question ou les demi-mesures sont inefficaces. Et d'ailleurs, il y aura toujours des gens, des industriels, quoi, pour mettre des bâtons dans les roues au moment où le gouvernement cherche à leur faire faire quelque chose. C'est-à-dire ce qui ne leur paraît pas rentable. Et quoi de plus naturel?

M. Edwards. Précisément. Une offre d'aide financière de la part d'un gouvernement peut être réduite ou même retirée n'importe quand, tandis que les avantages qui découlent du choix heureux de localisation, le bon emplacement d'une usine, ces avantages sont toujours là.

M. Bonville. Eh bien, voilà. Vous avez terminé, Monsieur? Encore un croissant? Du café?

M. Edwards. Merci. Ça suffit. Il faudra nous mettre en route bientôt, pas vrai?

M. Bonville. Oui, tout à l'heure, mais pas pour l'instant. Tenez, je puis vous offrir un petit verre avant de partir. En même temps vous pourrez voir ma cave, si vous en avez envie. Par ici. Suivez-moi. Attention à votre tête. Méfiez-vous de la porte, Monsieur.

M. Edwards. Mon Dieu. Je vous félicite, Monsieur. Ça doit représenter une valeur considérable.

M. Bonville. Ah oui. Je ne me suis jamais mis à calculer combien ça m'a coûté.

M. Edwards. Dites, pourquoi est-ce qu'il manque des étiquettes à ces bouteilles — là, sur les rayons... là, au-dessus du petit tonneau?

M. Bonville. Celles-là? Eh bien, ce sont les bouteilles que j'ai achetées moi-même, directement chez le négociant.

M. Edwards. Chez le négociant? Comment ça?

M. Bonville. Ici dans le coin il y a au moins quatre régions viticoles à notre portée.

M. Edwards. Quatre? Vous êtes tout à côté du pays du Bourgogne, et ensuite?

M. Bonville. Il y a aussi les Côtes du Rhône au sud de Lyon. Non moins célèbres sont les vignobles du Beaujolais et du Mâconnais au nord et à l'ouest. Ceux-ci vous sautent aux yeux en suivant le cours de la Saône.

M. Edwards. Malheureusement on a fait cette partie du trajet la nuit. Tout à fait impossible de distinguer quoi que ce soit.

M. Bonville. Alors, puisque vous devez bientôt rentrer à Paris, n'est-ce pas, vous auriez intérêt à prendre le train de jour, Monsieur. Ça vaut le coup si vous vous intéressez aux bons crus.

M. Edwards. J'y penserai. Et vous achetez votre vin en gros, vous dites ?

M. Bonville. Oui, tous les ans, six mois après les vendanges, je fais de petites tournées exprès en voiture. Ça fait depuis bientôt une trentaine d'années. Je visite les caves, je déguste, j'examine, je me renseigne auprès des propriétaires — et de temps à autre j'achète.

M. Edwards. Et on vous fait des prix intéressants ? Ça doit être meilleur marché comme ça.

M. Bonville. Tenez, ce Fleurie. Je l'ai payé l'année dernière quatre francs vingt-cinq, quatre cent vingt-cinq anciens francs, quoi. Le litre, remarquez bien, pas la bouteille de soixante-quinze centilitres.

M. Edwards. Et si on devait l'acheter maintenant ?

M. Bonville. Oh, il vaudrait dans les six cent cinquante francs la bouteille au minimum. Et dans un restaurant le double ou même le triple.

M. Edwards. Chapeau! C'est un beau coup. Ah, si seulement la vigne poussait en Angleterre!

M. Bonville. Et notez bien que je suis sûr d'avoir du vrai vin, car dans ce commerce-là il peut se produire pas mal de choses qui frisent l'illégalité.

M. Edwards. Vraiment ?

M. Bonville. Mais oui. Prenons le Beaujolais. On en boit beaucoup plus à Paris que l'on n'en produit dans la région. Et il n'est pas inconnu chez vous non plus, paraît-il.

M. Edwards. Il faut être sur ses gardes alors ?

M. Bonville. Oui, il le faut. D'autant plus que l'on emploie des coupages d'Algérie — sans vous en avertir, naturellement. En ce qui concerne les vins mousseux, n'en achetez jamais si la bouteille porte les mots 'cuve close'. Cela indique qu'on a tout simplement ajouté de l'acide carbonique. Si vous voyez 'méthode champenoise', vous saurez du moins qu'on a employé un procédé naturel.

M. Edwards. Chez nous on ne peut que se fier à la renommée de l'importateur. Sans doute est-on volé chaque fois qu'on achète une bouteille.

M. Bonville. Pas forcément. Si c'est marqué 'Mis en bouteille au château', ou... 'par le propriétaire', ou encore 'Appellation Contrôlée', vous ne risquerez rien. Mais goûtez donc.

M. Edwards. Merci bien. Hmm. A votre santé!

M. Bonville. A la vôtre!

M. Edwards. Ah oui, ça c'est remarquable. C'est ce que j'appelle un bon vin, corsé et harmonieux. Eh bien, maintenant je ne lui en veux plus du tout à M. Tisserand de m'avoir laissé dormir.

COMMENTAIRE

les poids lourds	*the heavy lorries* *a lorry* un camion
incommodé	*disturbed*
à l'aube	*at dawn*
pétaradant	*backfiring*
à part ça	*apart from that*
à la longue	*in the end; in the long run*
remonter ma montre	*wind my watch*
Il a à dépouiller son courrier	*He has to go through his letters* dépouiller *to deprive, to strip, to examine*
ma dernière rechute	*my last relapse*
contraint	= obligé contraindre (like craindre) (***irr.***)
Il me gâte	*He's spoiling me* un enfant gâté *a spoilt child*
en touriste	*as a tourist*
Il nous a donné rendez-vous	*He arranged for us to meet him*
incessamment	*in a moment, at once;* also *incessantly*
les rives du Rhône	*the banks of the Rhône*
le fleuve	*the river* (large) *a stream* un ruisseau
des péniches (*f.*)	*barges*
des matériaux de construction	*building materials* le matériel *industrial plant; equipment*

le pétrole   *oil* (i.e. *petroleum, crude oil*)
                        petrol l'essence (*f.*)
                        oil (lubricating and edible)   l'huile (*f.*)

les transports   *river transport*
fluviaux

l'aménagement   *the development of the Rhône valley*
du Rhône   l'aménagement du territoire   *regional planning*

barrages (*m.*)   *dams*

quelque chose   = quelque chose de semblable
d'approchant

centrales   *power stations*
électriques (*f.*)

en amont comme   *both up-river and down-river from Lyons*
en aval de Lyon

des champignons   *mushrooms*
(*m.*)

le Cinquième   *the Fifth Plan provides for others*
Plan en prévoit   Indicative state planning has been a feature of French economic
d'autres   life since 1946 when the first plan to guide economic policies
                        during the period of post-war reconstruction was drawn up. The
                        Fifth Plan covers the period 1966–70.

l'ampleur du   *the extent of rural depopulation*
dépeuplement   l'ampleur (*f.*) = l'étendue (*f.*)
rural

des fermes   *abandoned farms*
délaissées

chanter les   *singing the praises*
louanges (*f.*)   louer   *to praise*

me remplissent   *fill me with horror*
d'horreur   remplir   *to fill; to fulfil*

qui s'écroulent   *which are tumbling down, collapsing*

abandonnées aux   *left to the weeds*
mauvaises herbes

la brousse   *scrub*

En gros   *Roughly*

au delà d'une   *beyond a curve*
courbe

ce qui se   *which is understandable*
comprend

attirer   *to draw; to attract*

y compris   *including*

Détrompez-vous!   *Don't believe it!*

En définitive   *In short*

mettre en place   *to set up*
                        la mise en place   *the setting-up; the establishment*

mettre en marche	*to start*	la mise en marche
mettre en vigueur	*to enforce*	la mise en vigueur
mettre en fourrière	*to impound*	la mise en fourrière

une foule — *a crowd*

mettre des bâtons dans les roues — i.e. *to put spokes in the wheels*

rentable — *profitable*
la rente *unearned income; pension; bond*
un rentier *a man of private means*

retirée — *withdrawn*

qui découlent — *which stem from, follow (from)*
couler *to flow*

le bon emplacement d'une usine — *a good site for a factory*

au-dessus du petit tonneau — *above the little barrel*

le négociant — *the dealer*

à notre portée — *within easy reach*
à portée de la main *at hand*

Ceux-ci vous sautent aux yeux — *It is impossible not to notice the latter*
celui-ci celle-ci *the latter*
ceux-ci celles-ci
celui-là celle-là *the former*
ceux-là celles-là

bons crus — *good wines*
le vin du cru *local wine*

en gros — *wholesale*
retail en détail
a wholesaler un grossiste
a retailer un détaillant

les vendanges — *the wine-harvest*
a wine producer un vigneron
a vineyard un vignoble

de petites tournées — = de petites randonnées

je déguste — *I taste, sample*
a sample un échantillon

auprès des propriétaires — i.e. *from the owners*
auprès de *close by, near; with; compared with*

je l'ai payé... — *I paid... for it*
payer quelque chose *to pay for something*

dans les six cent cinquante francs la bouteille — *approximately 650 francs a bottle*
Note that prices are still often quoted in old francs.
6 F la boîte. *6 francs a tin.*

C'est un beau coup	i.e. *Well done!*
se produire	*to take place, to happen*
qui frisent l'illégalité	*which verge on the illegal*
être sur ses gardes	*to be on the watch*
des coupages d'Algérie	i.e. *Algerian wine is added* (lit. *blends*) couper du vin avec de l'eau *to dilute wine*
les vins mousseux	*sparkling wines*
cuve (*f.*)	*vat*
champenoise	adjective from Champagne
la renommée	*the reputation*
Sans doute est-on volé	Note the inversion of subject and verb after **sans doute**.
A votre santé	*Your health!* Toast to which the reply is 'A la vôtre!'
corsé et harmonieux	*full-bodied and smooth*
je ne lui en veux plus du tout à M. Tisserand	*I no longer bear M. Tisserand the slightest ill will* en vouloir à qn. **de** qc. *to bear so. a grudge for sg.*

QUELQUES SIGLES COURANTS

le C.É.A.	le Commissariat à l'Énergie Atomique.
la C.E.C.A.	la Communauté Européenne du Charbon et de l'Acier.
la C.É.E.	la Communauté Économique Européenne.
la C.G.T.	la Confédération Générale du Travail.
un C.v.	un Cheval vapeur.
l'É.D.F.	l'Électricité de France.
les F.F.I.	les Forces Françaises de l'Intérieur.
la F.G.D.S.	la Fédération de la Gauche Démocratique et Socialiste.
un H.L.M.	une Habitation à Loyer Modéré.
l'O.A.S.	l'Organisation de l'Armée Secrète.
l'O.N.U.	l'Organisation des Nations Unies.
l'O.R.T.F.	l'Office de Radio Télévision Française.
l'O.T.A.N.	l'Organisation du Traité de l'Atlantique Nord.
le P.C.	la Parti Communiste.
le P.M.U.	le Pari Mutuel Urbain.
les P. et T.	les Postes et Télécommunications.
la R.A.T.P.	la Régie Autonome des Transports Parisiens.
la SABENA	la Société Anonyme Belge pour l'Exploitation de la Navigation Aérienne.
le S.M.I.G.	le Salaire Minimum Interprofessionnel Garanti.
la S.N.C.F.	la Société Nationale des Chemins de Fer Français.
l'U.D.R.	l'Union des Démocrates pour la République.

EXERCICES

1

MODÈLE

**Mais qu'est-ce que cela signifie au juste,   L'É.N.S.? Mais cela veut dire 'École
l'É.N.S.?   Normale Supérieure', n'est-ce pas?**

1. Mais qu'est-ce que cela signifie au juste, l'O.R.T.F.?
2. Mais qu'est-ce que cela signifie au juste, le S.M.I.G.?
3. Mais qu'est-ce que cela signifie au juste, un H.L.M.?
4. Mais qu'est-ce que cela signifie au juste, l'O.T.A.N.?
5. Mais qu'est-ce que cela signifie au juste, la C.É.E.?
6. Mais qu'est-ce que cela signifie au juste, la F.G.D.S.?
7. Mais qu'est-ce que cela signifie au juste, le P.C.?
8. Mais qu'est-ce que cela signifie au juste, la C.G.T.?
9. Mais qu'est-ce que cela signifie au juste, la R.A.T.P.?
10. Mais qu'est-ce que cela signifie au juste, l'É.D.F.?
11. Mais qu'est-ce que cela signifie au juste, la C.É.A.?
12. Mais qu'est-ce que cela signifie au juste, les P. et T.?
13. Mais qu'est-ce que cela signifie au juste, la C.E.C.A.?
14. Mais qu'est-ce que cela signifie au juste, l'O.N.U.?
15. Mais qu'est-ce que cela signifie au juste, la S.N.C.F.?

2

MODÈLE

**On va le mettre en service dans deux   Mais non, la mise en service de ce paque-
jours, ce paquebot, n'est-ce pas?   bot est prévue pour demain, Monsieur.**

1. On va le mettre en place dans deux jours, le nouveau Service, n'est-ce pas?
2. On va le mettre en marche dans deux jours, le nouveau métier, n'est-ce pas?
3. On va la mettre en vigueur dans deux jours, cette loi, n'est-ce pas?
4. On va le mettre en pratique dans deux jours, votre projet, n'est-ce pas?
5. On va le mettre en vente dans deux jours, le nouveau produit, n'est-ce pas?
6. On va les mettre aux enchères dans deux jours, ses vieilles affaires, n'est-ce pas?
7. On va le mettre en œuvre dans deux jours, le plan qu'il a préparé, n'est-ce pas?
8. On va le mettre au point dans deux jours, le rapport qu'il est en train de rédiger,
   n'est-ce pas?

3

MODÈLE

**Les poids lourds vous ont réveillé tôt,   Mais non, je n'ai pas été réveillé tôt.
non?**

1. Un ami de M. Bonville vous a rencontrés à la gare, Messieurs, non?
2. L'É.D.F. a construit ces barrages dans les années vingt, non?
3. Ces péniches-ci ont amené les matériaux de construction sur le chantier, non?
4. Le Commissariat au Plan a subventionné cette affaire à plusieurs reprises, non?
5. Les motos ont beaucoup incommodé le visiteur pendant la nuit, non?

6. Les fermiers ont abandonné ces champs aux mauvaises herbes et à la brousse, non?
7. Le Cinquième Plan a prévu la fermeture de cette centrale électrique, non?
8. Un des sous-chefs a choisi l'emplacement pour la nouvelle usine hier, non?

4

MODÈLE

Qu'est-ce qui vous a réveillé? Les motos?   **Oui, c'est ça. J'ai été réveillé par les motos.**

1. Comment est-ce qu'on a transporté les produits chimiques? Par péniche?
2. Qui a construit la centrale? La C.N.R.?
3. Qui est-ce qui a rempli le tonneau? Un négociant de Beaujeu?
4. Qui est-ce qui a étiqueté toutes ces bouteilles? M. Bonville?
5. Comment avez-vous réglé votre séjour à l'hôtel? Par chèque de voyage?
6. C'est le gouvernement qui a subventionné ce projet?
7. Les barrages du Rhône vous ont fort impressionnés, Messieurs?
8. La simplicité de cet exercice vous a frappés, Messieurs?

5

MODÈLE

Vous êtes bien dans la bonne salle, n'est-ce pas?   **Non, malheureusement. Il paraît que je me suis trompé de salle.**

1. Vous avez le bon numéro, n'est-ce pas?
2. Vous êtes sûrs que c'est ici la bonne adresse, Messieurs?
3. Ils ont pris le bon autobus pour se rendre chez leurs amis?
4. Elle a écrit les bons chiffres, non?
5. On vous a délivré le bon télégramme, n'est-ce pas?
6. C'est la bonne clef que vous avez sur vous? Vous en êtes sûr?
7. A-t-elle passé la bonne vitesse?
8. Avez-vous donné la bonne réponse à ces questions?

6

Répondez aux questions en employant les comparaisons suivantes. A vous de choisir la bonne!

sourd comme un pot; boire comme un trou; fumer comme un sapeur; entêté comme un bourricot; sérieux comme un pape; bête comme ses pieds; jurer comme un charretier; parler le français comme une vache espagnole; pousser comme un champignon; mentir comme un arracheur de dents.

MODÈLE

Il parle toujours d'une façon très polie, vous croyez?   **Mais non, il jure comme un charretier, celui-là!**

1. Il se laisse persuader facilement, vous croyez?
2. Il est toujours gai, vous croyez?
3. Il entend bien, vous croyez?
4. Il ne fume que deux ou trois cigarettes par jour, vous croyez?

5. Il ne boit pas, vous croyez?
6. Il dit toujours la vérité, vous croyez?
7. Il est intelligent, vous croyez?
8. Il parle bien le français, vous croyez?

EXERCICE DE CONVERSATION—1

Vous allez entendre la voix de M. Bonville qui répète le rôle qu'il vient de jouer dans le dialogue. C'est à vous de prendre le rôle de **M. Edwards.**

M. Bonville   Vous vous trompez — vous voulez dire Donzère-Mondragon. D'ailleurs, ce ne sont pas les seuls. Il y a une quantité d'autres centrales électriques en amont comme en aval de Lyon. Elles poussent comme des champignons et le Cinquième Plan en prévoit d'autres.

M. Edwards   — votre Midi — le pays — Il deviendra — tout comme — la région — malheureux —

M. Bonville   Soyez sans crainte. Vous n'ignorez pas l'ampleur du dépeuplement rural en France. Vos poètes n'auront pas de mal à trouver des fermes délaissées comme refuge, à moins qu'ils ne se mettent à chanter les louanges des turbines ou des réacteurs nucléaires!

M. Edwards   Telle — la poésie — possible — même — Je regrette — traditionnaliste. Certain aspects — d'horreur.

M. Bonville   Moi aussi. Les fermes qui s'écroulent, les champs abandonnés aux mauvaises herbes et à la brousse ne sont pas du tout à mon goût. Vous savez, on parle déjà du 'désert français.'

M. Edwards   Mais — désert—?

M. Bonville   En gros, ce terme désigne cette partie de notre pays au-delà d'une courbe, d'un arc, si vous voulez, joignant Cherbourg à Strasbourg, en passant par Paris, ça va sans dire.

M. Edwards   Mais — lyonnaise — sache.

M. Bonville   Il ne faut pas le prendre trop littéralement — c'est un terme assez dramatique, ce qui se comprend d'ailleurs. On cherche à attirer l'attention des gens sur l'étendue du problème. Il se trouve évidemment certains centres régionaux — je pense à Marseille, Bordeaux, Toulouse et Lyon, bien entendu — qui constituent toujours des pôles d'attraction en dehors de ce cercle.

M. Edwards

— je croyais — telles questions — le plan — vous aviez — veillent — territoire — planification — donne en exemple — y compris —

M. Bonville

Détrompez-vous! En définitive il ne suffit pas de mettre en place une foule d'organismes, des comités aux sigles incompréhensibles. Il faudra plus que ça. C'est une question où les demi-mesures sont inefficaces. Et d'ailleurs, il y aura toujours des gens, des industriels, quoi, pour mettre des bâtons dans les roues au moment où le gouvernement cherche à leur faire faire quelque chose. C'est-à-dire ce qui ne leur paraît pas rentable. Et quoi de plus naturel?

M. Edwards

— Une offre — de la part — réduite retirée — tandis que — découlent — localisation — emplacement — toujours là.

EXERCICE DE CONVERSATION—2

Et maintenant vous prendrez le rôle de **M. Bonville.**

M. Edwards   Hélas, votre Midi ne sera plus le pays des peintres et des poètes. Il deviendra lui aussi une zone d'implantation industrielle — tout comme le Nord, Dunkerque, ou la région de Lacq. C'est malheureux, je trouve.

M. Bonville

— sans crainte. Vous n'ignorez pas — rural — Vos poètes — fermes — refuge, à moins qu'ils ne — turbines — réacteurs —

M. Edwards   Telle qu'on conçoit la poésie de nos jours tout est possible — même ça. Je regrette mais, moi, j'ai un petit côté traditionnaliste. Certains aspects du progrès me remplissent d'horreur.

M. Bonville	— s'écroulent — mauvaises herbes — mon goût — 'désert français'.
M. Edwards	Mais où est-ce qu'il peut bien être, ce 'désert français'?
M. Bonville	En gros — cette partie — au-delà d'une — joignant — en passant par —
M. Edwards	Mais la région lyonnaise n'a rien d'un désert pour autant que je sache.
M. Bonville	— faut pas — littéralement — dramatique — se comprend — à attirer l'attention — problème — centres régionaux — Marseille — constituent — pôles — cercle.
M. Edwards	Mais je croyais qu'ici on s'occupait de telles questions sur le plan gouvernemental, que vous aviez en France des organismes qui veillent à l'aménagement du territoire — cette fameuse planification, n'est-ce pas? On nous la donne en exemple à l'étranger, y compris en Angleterre.
M. Bonville	Détrompez-vous! — il ne suffit pas — organismes — comités — Il faudra — demi-mesures — il y aura toujours — mettre des bâtons — gouvernement — leur faire faire — rentable — naturel?

QUESTIONS

1. M. Edwards a-t-il bien dormi pendant la nuit?
2. Est-ce que les motos ont dérangé M. Bonville?
3. Comment se fait-il que M. Edwards ne sache pas l'heure qu'il est?
4. Que faisait M. Tisserand sur ces entrefaites?
5. Pourquoi est-ce que le Directeur est allé tout seul au bureau?
6. Qu'est-ce qui allait arriver à midi et demi?
7. A quoi servent les péniches?
8. Expliquez le terme 'l'aménagement du Rhône'.
9. Pour quoi est-elle connue, la vallée du Rhône?
10. Il y a des centrales électriques uniquement au sud de Lyon?
11. Le Midi est en train de se transformer — comment?
12. Quels sont les effets du dépeuplement rural en France?
13. Quels aspects du progrès vous remplissent d'horreur?
14. Quels sont à votre avis les principaux avantages du progrès technique?

15. Qu'est-ce qu'on entend par l'expression 'désert français'?
16. Pourquoi se sert-on d'une formule si dramatique?
17. Comment se fait-il que M. Edwards ait entendu parler de la planification française?
18. Le gouvernement ne s'intéresse pas à ces problèmes?
19. Il y a des désaccords vis-à-vis de certains des projets gouvernementaux dans le cadre de l'aménagement du territoire — quelle en est l'origine?
20. Nommez un moyen dont disposent les organismes gouvernementaux pour faire sentir leur influence.
21. Quels sont ces 'comités aux sigles incompréhensibles' auxquels on fait allusion dans le texte?
22. Avant de se mettre en route que font-ils, les deux messieurs?
23. Lyon se trouve loin des régions viticoles?
24. Quels vignobles peut-on voir en faisant le trajet Paris-Lyon par le train?
25. Comment est-ce qu'il achète son vin, M. Bonville?
26. Pourquoi est-ce qu'il l'achète ainsi?
27. A quels risques s'expose-t-on en achetant une bouteille de vin chez un marchand douteux?
28. Pour avoir un bon vin mousseux à quoi faut-il faire attention?
29. Expliquez les mots 'Appellation contrôlée'.
30. Que dit-on en France avant de boire son vin?

RÉDACTION

En vous basant sur le texte répondez en quelque 200 mots à la question suivante:

Comment la planification française se différencie-t-elle de la planification impérative proprement dite?

Les plans impératifs pourraient se définir suivant l'expression de M. Bobrowski comme de 'vaste étendue et de grande intensité'.

Les plans impératifs intéressent non seulement tous les secteurs, mais aussi de nombreux aspects de la vie économique: quantités, prix, localisation, emploi. Si toutes les décisions de gestion courantes n'y sont pas analysées, le comportement des firmes y est étroitement soumis. On peut, à la limite, dire que la Nation se comporte alors comme une seule entreprise qui dirige ses divers établissements.

Ils se caractérisent par ailleurs par un certain mode d'élaboration des perspectives. Les plans ont tendance à déterminer la demande finale, consommation et investissements à partir des objectifs prioritaires de production plus qu'à observer les comportements spontanés des agents.

Le mode d'exécution des objectifs est également original. L'exécution du plan repose, au moins en principe, sur des ordres; elle est contrôlée par le bureau de planification central, les organisations financières et surtout l'autorité politique. L'ensemble du système s'appuie sur une foi déterministe dans la réalisation d'un avenir bien défini par des lois. Toutefois, à la lumière de l'expérience qui a montré la nécessité de limiter les ordres pour en éviter la dégradation, se généralise le recours aux mécanismes du marché et à l'incitation financière: on fait appel à la concurrence, à la rentabilité.

Cette forme de planification est commandée par une situation et des structures propres à la Russie. Si elle a une vaste étendue, c'est que la propriété collective des moyens de production a supprimé le guide traditionnel de la politique des entreprises que constituait le profit capitaliste. Faute d'autres critères décentralisés de choix que l'on entrevoit mal même aujourd'hui, les décisions sont plus centralisées que dans nos économies. Par ailleurs, les cadres politiques et le principe du 'centralisme démocratique' qui les inspire ont marqué les institutions économiques.

Les structures sociales éclairent aussi la planification soviétique et notamment l'élaboration des objectifs. Si la consommation des particuliers est pour le planificateur moins une donnée objective qu'une conséquence des objectifs prioritaires de production, c'est que des particuliers qui, longtemps, n'eurent que des revenus modestes, ne pouvaient guère exercer de choix large entre divers achats et suivaient avec une certaine docilité les volontés du gouvernement.

Les changements observés aujourd'hui dans le système soviétique, le souci d'une analyse plus fine des consommations des particuliers, la recherche d'incitations financières correspondent précisément à des modifications de la structure sociale et politique de la Russie.

Les plans souples ont pour prototype le système français. La querelle de vocabulaire montre bien la difficulté de les caractériser. L'expression 'plan indicatif' est remise en cause au nom des objectifs pratiques, essentiels à toute planification. Nous nous en tiendrons pour notre part à l'expression traditionnelle de 'plan souple'. Il ne couvre à l'intérieur d'une perspective générale de croissance qu'un nombre limité d'objectifs qui sont fixés plus souvent par secteur que par firme, laissant aux entrepreneurs une grande liberté d'action. Ces objectifs sont impératifs pour les secteurs de base le plus souvent nationalisés et seulement indicatifs pour la plus grande partie des industries de transformation. L'avenir n'est pas, comme dans un plan impératif, prédéterminé avec rigueur, mais simplement prévu dans ses grandes lignes. L'action journalière et les mécanismes automatiques permettent l'adaptation nécessaire à l'imprévisible et l'expression de préférences dont le planificateur se refuse à être le juge. Il s'agit bien de vrais plans dans la mesure où il y a une perspective cohérente et à terme des moyens de coercition.

La planification souple répond bien à la définition qu'en donne la loi du 23 juillet 1962 (J.O., 7 août 1962) dans son article premier: 'Cadre des programmes d'investissement pour la période 1962–1965, et instrument d'orientation de l'expansion économique et du progrès social.'

L'élaboration du plan présente, comme nous le verrons à la lumière de l'expérience française, des caractères particuliers. L'existence d'un large secteur de production privé oblige les Pouvoirs publics à ne pas se tenir pour seuls responsables. Des confrontations économiques entre les divers agents au sein de commissions permettent d'élaborer un plan que les particuliers adoptent d'autant plus facilement qu'ils y ont participé. Cette élaboration consiste à recueillir et à synthétiser les projets des firmes et les tendances spontanées des consommateurs plus qu'à des objectifs à priori.

Enfin l'exécution se réalise davantage par des indications financières que par des contraintes et des interdictions. Sans doute pour une partie au moins du secteur public, la tutelle financière sous laquelle le ministère des Finances tient les firmes est probablement aussi 'impérative' que les moyens d'exécution employés dans le cadre de la planification soviétique. Mais dans le reste de l'économie, les instruments d'exécution: subventions, crédit, fiscalité, commandes publiques, sont indirects et ressortissent davantage à l'incitation. Surtout la persuasion, l'appel à l'intérêt qu'il y a à suivre l'image du développement que constitue le plan, jouent un grand rôle. De nombreux chefs d'entreprise en sont aujourd'hui convaincus en France. Les groupements de salariés adopteraient la même attitude si des réformes institutionnelles leur permettaient de ne plus considérer la lutte comme la seule voie de progrès et les faisaient participer plus étroitement aux décisions qui engagent leur avenir.

Ces caractères des plans souples répondent bien à la structure particulière d'un pays comme la France. L'existence des centres de décision relativement autonomes que constituent les entreprises privées, la limitation des pouvoirs de l'État, la liberté de choix dont disposent au moins certaines catégories de consommateurs munis de revenus dépassant leurs besoins élémentaires, expliquent cette souplesse.

Sans doute faudrait-il distinguer de ces deux catégories de plans ceux de pays sous-développés où les structures sociales appellent des instruments économiques originaux. Mais ils ne sauraient trouver leur place dans cette étude.

Malgré ces différences, l'essence des divers plans est la même puisqu'ils expriment une volonté collective d'orienter l'économie en fonction du progrès prévu. Ces plans marquent dans le domaine économique le passage, rendu nécessaire par le progrès technique et les changements de comportement, d'une ère darwinienne où le progrès est commandé par la survie résultant d'une sélection naturelle, à une ère lamarckienne de 'supervie par invention calculée'. Ce progrès se nourrit moins de la lutte que de l'effort en commun tourné vers l'avenir. La naissance lente et progressive du plan français montre que nous sommes encore à l'aube de ce monde nouveau.

L'expérience des plans français nous montre toutefois que quels qu'en soient leur mérites, ils soulèvent des problèmes politiques et techniques qui obligent à une recherche incessante.

25 Le Budget Familial

Récit dans lequel Monique nous rappelle que joindre les deux bouts n'est pas toujours chose facile

Nous voici bientôt à la fin du mois et il va donc falloir que je jette un coup d'œil sur les finances. Laissez-moi vous expliquer comment je m'y prends.

Dans notre ménage c'est moi qui m'occupe de tous les problèmes financiers, du budget familial, vous comprenez. Non que Jean s'en désintéresse, mais sa pauvre tête à lui est toute bourrée de statistiques et de procédés administratifs qui sans doute sont valables pour la gestion d'une entreprise de quelque 500 personnes mais qui ne tiennent pas debout dans notre situation bien plus modeste. Si je le prenais au mot, mon drôle de mari, ou plutôt si je suivais ses conseils, il m'embrouillerait complètement. Et ce serait moi qui aurais besoin d'une secrétaire. Grand livre, journal, comptabilité en partie double et un tas de dossiers — tout y passerait. Non, non, trois fois non. Je m'y refuse formellement. Ma comptabilité à moi est d'une simplicité enfantine. Bref, je chipe un carnet à François. Un carnet quadrillé de préférence. Sur le plan théorique je réduis également tout au minimum. Donc, ce que je fais, c'est utiliser une double page pour chaque mois. Sur la feuille de gauche je note chacune des dépenses au fur et à mesure qu'elles interviennent. Sur la feuille de droite le salaire, le traitement, je devrais dire, de Jean et toute autre rémunération, indemnités, heures supplémentaires, allocations familiales. Compris? Il nous arrive que, comme dans la plupart des ménages que je connais, les dépenses l'emportent sur les revenus, en nombre et, hélas, en importance. N'allez pas croire que je reproche à Jean de ne pas me rapporter assez — je sais qu'il fait de son mieux, mais en fin de compte c'est à moi qu'il incombe de joindre les deux bouts, de dresser le bilan comme il dit.

Voyons donc, je ne peux plus gaspiller de temps en bavardages qui n'aboutissent à rien. Il importe d'avoir quelque chose noir sur blanc et alors je pourrai repasser les chemises de François. Ah, quelle corvée!

Peut-être qu'un de ces beaux jours Suzanne le fera pour moi. Oh, douces illusions! Non! Bon, suffit! Commençons par la droite — c'est moins déprimant. Traitement mensuel à l'ordinaire. Pas une grosse somme. Indemnités, heures supplémentaires — aucunes. Treizième mois? Bon sang, je dois être dans la lune — on est au mois de mars! Allocations familiales? Ah, voilà enfin quelque chose qui en vaut la peine. Vraiment, l'augmentation des allocations familiales me remonte un peu le moral. De quoi se payer une jolie petite robe à col de fourrure, dans le genre de celle de Ginette. Allons, je sais très bien que les allocations familiales sont réservées pour les colonies de vacances et pour habiller les enfants. Voyons un peu. Plus de recettes. Somme globale? Oh, là, là, là, là, là, là!

La page de gauche — le cauchemar commence. Oh, mon Dieu, tant que ça! Ce gribouillage de chiffres l'a presque couverte déjà, cette page, et je n'y ai rien ajouté depuis plus d'une semaine. Notes de boucherie. Pas d'économies de ce côté-là! Monsieur n'aime que le filet de bœuf, le ragoût lui donne des nausées, soi-disant. Peuh! Les légumes de saison coûtent diablement cher dans la région parisienne, même les poireaux et les bettes. Si on habitait Saint-Rémy-de-Provence ou encore mieux, si la firme envoyait Jean en Bretagne! Là-bas les exploitants agricoles n'arrivent même pas à être récompensés de leur travail. Ils flanquent leurs artichauts sur la route nationale. Enfin! Tapis. Tapis? Oh, je m'en souviens — le versement mensuel. Quand maman viendra à Pâques elle ne manquera pas de s'en prendre à moi pour avoir persuadé Jean de me l'acheter, le tapis du palier. Je l'entends déjà. 'Acheter un tapis à crédit. Ça alors! Ah, toi, tu n'es pas sérieuse, ma fille. Je te connais, tu es trop dépensière, tu as la folie des grandeurs — oui, c'est ça, la folie des grandeurs. Ton père et moi, on ne s'est jamais mis dans les dettes jusqu'au cou. Mais voyons, Monique, pense à tes enfants, à la petite qui aura besoin d'un trousseau au lieu de tout dépenser avant de le gagner.' Suzanne n'a que dix ans! Pauvre maman! J'ai honte de l'admettre, mais je la trouve un peu arriérée. C'est sa génération — le confort, c'est le dernier de ses soucis. Et Dieu sait ce qu'elle devient susceptible sur ses vieux jours.

Bon, maintenant, l'argent de poche des gosses et l'argent de poche de Jean — ses cigarettes, ses journaux de sport, ses petits coups au bistro et son sacré tiercé. Pour ce qu'il y gagne! Alors, frais de garage, la révision de l'embrayage et l'essence. Oh, j'allais oublier le maillot pour François. Lui, les sports, c'est sa vie évidemment, le costaud. Ce n'est pas de l'argent jeté par la fenêtre si ça lui développe les poumons, son cyclisme. Du moment qu'il ne s'y exténue pas.

Mais quelle écriture indéchiffrable! Com... quelque chose? Ah! Comprimés! Comprimés et comment... ? Deux visites du docteur? La maladie de Suzanne. Mais ça, c'est excellent! Épatant! J'ai droit au remboursement de la Sécurité sociale. Mais quel ennui avec tous ces questionnaires et ces formulaires à remplir! En principe je suis remboursée à 80 %, mais avec leur système à eux, on ne sait jamais trop à l'avance. Demain après avoir touché ce qu'on me doit, je ferai le total. Et puisque l'on ne nous a pas encore envoyé la redevance d'électricité, je crois, oui, ma foi, je crois que nous aurons la possibilité de nous en tirer, encore ce mois-ci.

Enfin, à l'ouvrage! Fer à repasser, chemises — oh, mon Dieu!

COMMENTAIRE

comment je m'y prends	*how I go about it*
bourrée de statistiques	*stuffed with statistics*
la gestion	*the management, the running* gérer *to manage* le gérant *the manager*
qui ne tiennent pas debout	*don't hold water* (lit. *don't stand up*)
Si je le prenais au mot	*If I took him at his word*
il m'embrouillerait complètement	*he would get me completely confused.* brouiller *to mix up; to shuffle* (playing cards) s'embrouiller *to get confused*
Grand livre, journal, comptabilité en partie double	*ledger, day book, double entry book-keeping*
tout y passerait	*we'd have the lot!*
je chipe un carnet à François	*I pinch a notebook from François*
quadrillé	*squared* *a square* un carré *two square metres* deux mètres carrés
je réduis	*I reduce .* réduire p.p. **réduit** (like conduire) (**irr.**)
au fur et à mesure qu'elles interviennent	*as they occur* intervenir *to intervene; to happen*
le salaire, le traitement	*the wages, the salary* les salariés *wage-earners*
indemnités, heures supplémentaires	*allowances, overtime*

allocations familiales	*family allowances*
les dépenses l'emportent sur les revenus en nombre	*expenses outnumber items of income*
je reproche à Jean de	*I reproach Jean with*
c'est à moi qu'il incombe de	*it falls to me to*
joindre les deux bouts	*to make ends meet*
dresser le bilan	*to strike the balance*

qui n'aboutissent *which don't lead anywhere*
à rien   ne pas aboutir   *to fall through, to fail*
             faire aboutir qc.   *to bring sg. to a successful conclusion*

Il importe de	*It is important to*

repasser les   *iron François' shirts*
chemises de   *an iron*   un fer à repasser
François

quelle corvée!	*what a chore!*

Peut-être que   Remember that when a sentence starts with **peut-être, à peine, aussi** (meaning *so, therefore*), **en vain, sans doute, toujours,** and **encore** (*nevertheless*), there is inversion of the subject and verb.
e.g. Peut-être va-t-il chanter.   *Perhaps he's going to sing.*
In the case of **peut-être** and **sans doute** inversion may be avoided by the use of **peut-être que** with normal word order.
      Peut-être qu'il va chanter.

déprimant   *depressing*
          déprimer   *depress*
          imprimer   *print*
          réprimer   *repress*

Treizième mois	an annual bonus payment
être dans le lune	*to be dreaming*

me remonte un   *cheers me up a bit*
peu le moral   le moral   *state of mind, morale*
          la morale   *morals, ethics; the moral of a story*

une jolie petite robe à col de fourrure	*a pretty little dress with a fur collar*

les colonies de   *holiday camps*
vacances   Holiday camps for children organized by firms, trade unions, and local authorities are a widespread French institution.

Plus de recettes. Somme globale?	*No more receipts. Total?*
le cauchemar	*the nightmare*
Ce gribouillage	*This scribble*
le ragoût lui donne des nausées	*stew makes him sick*
les bettes	*spinach beet*
les exploitants agricoles	*the farmers*
ils flanquent leurs artichauts	*chuck their artichokes*
le versement mensuel	*the monthly instalment* verser *to pay, to deposit; to pour*
s'en prendre à moi	*to attack, blame me*
Acheter un tapis à crédit!	*Buying a carpet on hire purchase!*
un trousseau	*a bride's bottom drawer*
arriérée	*behind the times*
le dernier de ses soucis	*the least of her worries*
Dieu sait ce qu'elle devient susceptible	*Heaven knows she's getting touchy*
sur ses vieux jours	*in her old age*
ses petits coups au bistro	*his drinks at the 'pub'*
son sacré tiercé	*his cursed betting* (a form of State organized betting on horse races)
le maillot	*running vest; jersey*
le costaud	a strong, strapping person
les poumons	*the lungs*
Du moment qu'il ne s'y exténue pas	*As long as he's not wearing himself out with it*
indéchiffrable	*undecipherable, illegible*
Comprimés (*m.*)	*Pills*
Épatant!	*Wonderful!* épater qn. *to impress so.*
J'ai droit au remboursement	*I'm entitled to repayment*
la Sécurité sociale	the State organisation responsible for health insurance

formulaires (*m.*)	*forms*
	syn. une formule
après avoir touché ce qu'on me doit	*after having received what they owe me* toucher un chèque *to draw a cheque*
la redevance d'électricité	*the electricity bill* Garçon, la note s'il vous plait! *Waiter, the bill, please!* *syn.* l'addition
ma foi	*Good gracious!* (lit. *my faith*)
de nous en tirer, ce mois-ci	*of our managing for this month* se tirer de qc. *to extricate oneself from sg.* se tirer d'affaire *to get out of trouble*

EXERCICES

1

MODÈLE

Il importe de le noter sur le carnet.   **Il va donc falloir que je le note sur le carnet. Et alors?**

1. Vous êtes obligés de jeter un coup d'œil sur les finances, Messieurs.   (*que nous*)
2. Vous devez vous procurer un nouveau carnet, mon ami.
3. Il importe de gagner un peu plus d'argent.
4. Vous serez forcé de réduire les dépenses au minimum.
5. Vous ne pouvez pas éviter de manger du ragoût.
6. Vous serez obligé de demander une augmentation de salaire.
7. Vous devriez vendre votre voiture et acheter un vélo.
8. Il importe de faire de votre mieux pour vous en tirer.

2

MODÈLE 1

Qui est-ce qui doit s'occuper du budget familial? Vous, Madame?   **Oui, c'est bien moi qui dois m'occuper du budget familial.**

MODÈLE 2

Qui est-ce qui doit s'occuper du budget familial? Vous, Messieurs?   **Oui, c'est bien nous qui devons nous occuper du budget familial.**

1. Qui est-ce qui est obligé de noter la moindre petite chose? Vous, Madame?
2. Qui est-ce qui doit gagner l'argent du ménage? Vous, Messieurs?
3. Qui est-ce qui est complètement confus? Vous, Messieurs?
4. Qui est-ce qui s'est mis dans les dettes jusqu'au cou? Vous, Madame?
5. Qui est-ce qui a refusé de manger du ragoût? Vous, Messieurs?
6. Qui est-ce qui va dresser le bilan? Vous, Madame?
7. Qui est-ce qui s'est souvenu des versements mensuels? Vous, Madame?
8. Qui est-ce qui a enfin réussi à joindre les deux bouts? Vous, Mesdames?

3

MODÈLE

Il se peut qu'il vienne demain.   **Peut-être bien qu'il viendra demain.**

1. Il se peut qu'il ait besoin d'argent.
2. Il est possible que sa femme lui demande d'exiger une augmentation de salaire.
3. Peut-être se sentira-t-il un tout petit peu nerveux.
4. Il se peut que son chef sache à l'avance le pourquoi de sa visite.
5. Il est possible qu'il voie vite la stupidité de sa tentative.
6. Peut-être recevra-t-il une réponse tout à fait négative.
7. Il se peut que sa femme lui en veuille de ne pas avoir réussi.
8. Il est possible qu'il doive boire un petit coup pour se remonter le moral.

4

MODÈLE

Et à votre vieille mère? Vous lui dites   **N'allez pas croire que je dise à ma mère de**
de se taire?   **se taire! Jamais de la vie!**

1. Et à votre pauvre mari? Vous lui défendez d'aller au bistro?
2. Et à votre mari? Vous lui permettez de ne pas s'intéresser aux finances?
3. Et à votre fils sportif? Vous lui conseillez de prendre des risques?
4. Et à votre petite fille? Vous lui pardonnez de rentrer tard le samedi?
5. Et à vos charmants enfants? Vous leur permettez d'acheter tout ce qu'ils veulent?
6. Et à votre mari? Vous lui ordonnez de faire les réparations tout seul?
7. Et à vos amies? Vous leur dites de venir jouer aux cartes tous les soirs?
8. Et à vous-même? Vous vous reprochez d'être trop sévère envers vos enfants?

5

Joignez les deux phrases de la façon suivante:

MODÈLE

Il a gaspillé tout son salaire.   **Elle l'a blâmé d'avoir gaspillé tout son**
Elle l'a blâmé.   **salaire.**

1. Il n'a pas gagné gros ce mois-ci.
   Elle l'a grondé.
2. Il a beaucoup dépensé au bistro.
   Elle l'a soupçonné.
3. Il ne l'a pas aidée à poser le tapis.
   Elle l'a blâmé.
4. Il n'a pas réparé le fauteuil comme il le fallait.
   Elle l'a accusé.
5. Il a promis de faire de son mieux à l'avenir.
   Elle l'a remercié.
6. Elle n'a pas été très gentille envers lui.
   Il l'a enfin excusée.
7. Il est redevenu un mari raisonnable.
   Elle l'a complimenté.
8. Il a fait tout ce qu'elle lui avait demandé.
   Elle l'a félicité.

6

MODÈLE

Comment? Elle est arriérée, vous dites?   Hélas, j'ai honte de l'admettre, mais je la trouve un peu arriérée.

1. Comment? Vous prétendez qu'il est malhonnête?
2. Comment? Ils sont dépourvus de sens pratique, vous dites?
3. Comment? Elle est moqueuse, vous dites?
4. Comment? Ils sont vraiment bêtes, vous dites?
5. Comment? Vous prétendez qu'elles sont peu intéressantes?
6. Comment? Vous prétendez qu'il est vaniteux?
7. Comment? Elle est bavarde, vous dites?
8. Comment? Vous prétendez que je suis négligente?

QUESTIONS ET RÉPONSES

1. Quand est-ce que Jean jette un coup d'œil sur les finances?

Mais, ce n'est pas Jean, c'est Monique qui s'en occupe.

2. Pourquoi Monique n'est-elle pas prête à suivre les conseils de son mari en matière de finances?

Il lui conseillerait d'employer un système bien trop compliqué.

3. Comment cela?

Alors, il serait question de grand livre, journal, comptabilité en partie double et tout le bazar.

4. Et son système à elle donc? Comment est-il?

Elle se sert d'un carnet d'écolier. C'est d'une simplicité enfantine.

5. Jean, est-ce qu'il gagne gros?

Pas exactement. Il fait de son mieux tout de même.

6. Monique est-elle exigeante en ce qui concerne le traitement de Jean?

Comme ci comme ça.

7. Qu'est-ce que vous entendez par ça?

Eh bien, elle ne lui reproche jamais de ne pas assez lui rapporter. Pourtant...

8. Pourtant quoi?

C'est elle qui contrôle le montant de son argent de poche.

9. Comment est-ce qu'il dépense son argent de poche?

Alors, il y a le tiercé, les coups au bistro, les journaux sportifs et les Gitanes.

10. Est-il facile de faire des économies dans leur ménage?

Mais non, évidemment. Les Legallois sont comme tout le monde. D'ailleurs ils aiment bien manger, ce qui revient cher.

QUESTIONS

1. Monique, qu'est-ce qu'elle est obligée de faire à la fin de chaque mois?
2. Dans quel but?
3. Comment se fait-il que Jean ne s'occupe pas du budget?
4. En quels procédés administratifs Jean est-il expert?

5. A quoi servent le grand livre et l'agenda?
6. Monique, qu'est-ce qu'elle refuse de faire? Pour quelles raisons?
7. Où est-ce qu'elle s'est procuré un carnet?
8. Qu'est-ce qu'elle note sur la feuille de gauche?
9. Et sur celle de droite?
10. Faites la distinction entre les mots 'salaire' et 'traitement'.
11. Quand est-ce que Monique note ses dépenses dans son petit carnet?
12. Quel rapport devrait-il y avoir entre le total de gauche et celui de droite?
13. Et qu'est-ce qui arrive de temps à autre dans la plupart des ménages qu'elle connaît? Qu'est-ce que cela indique?
14. Monique, est-ce une femme exigeante à votre avis? Sur quoi basez-vous votre opinion?
15. Pourquoi la feuille de droite est-elle moins déprimante pour Monique que celle de gauche?
16. Expliquez: indemnités; heures supplémentaires; treizième mois.
17. Qu'est-ce que vous savez sur les allocations familiales françaises par rapport aux allocations familiales anglaises?
18. Pourquoi est-ce que Monique ne pourrait jamais faire des économies en ce qui concerne la viande?
19. Vivre en Provence ou en Bretagne, quels avantages est-ce que cela pourrait offrir à une ménagère?
20. La mère de Monique, comment se fait-il qu'elle ait tendance à critiquer sa fille?
21. Trouvez-vous que ses critiques soient bien fondées?
22. Expliquez le mot 'trousseau'.
23. Comment dépense-t-il son argent de poche, Jean?
24. Et vous?
25. Qu'est-ce qu'on fait pour contrôler les dépenses dans votre famille?
26. François, pourquoi lui faut-il un maillot?
27. Pourquoi est-ce que Monique a dit 'épatant' en se rappelant la maladie de sa fille?
28. Comment doit-on s'y prendre pour se faire rembourser les frais médicaux?
29. Qu'est-ce qu'une redevance d'électricité?
30. Résumez les problèmes financiers des Legallois tels que vous les connaissez grâce à vos lectures jusqu'ici.

RÉDACTION

En vous basant sur le document qui suit et sur tout autre renseignement à votre disposition, rédigez une dissertation en français expliquant la façon dont opère la Sécurité Sociale française en ce qui concerne les remboursements des frais médicaux. Il est à retenir qu'à l'heure actuelle (1970) ce système ne s'applique qu'aux résidents des pays membres de la C.É.E. Par conséquent il ne concerne pas un touriste anglais qui tombe malade en France tandis qu'un stagiaire ou un étudiant qui suit des cours prolongés a le droit d'y participer.

SOUS PEINE DE PERDRE VOS DROITS
AUX PRESTATIONS

1° En cas d'arrêt de travail, envoyez l'avis d'interruption de travail, signé par votre médecin, dans les deux jours qui suivent la date à laquelle vous vous êtes arrêté de travailler.

2° Ne quittez pas la circonscription de votre Caisse sans autorisation préalable du contrôle médical, notamment pour repos à la campagne.

3° Faites remplir le bulletin d'information ou la demande d'entente préalable par votre médecin traitant le cas échéant.

4° Si vous devez être hospitalisé (en clinique privée, en maison de repos, en sanatorium, etc.,) vous devez vous assurer auprès de votre Centre de paiement, avant l'hospitalisation, que l'établissement est agréé.

5° Avant l'admission dans un établissement (hôpital, clinique, etc.,) qui recouvre directement sur la Sécurité sociale les frais de séjour, munissez-vous, sauf dans les cas d'urgence, d'une prise en charge auprès de votre Centre de paiement.

6° **En cas de chômage,** ou si vous ne reprenez pas votre travail après une période de maladie, faites-vous inscrire sans délai comme demandeur d'emploi à un bureau de main-d'œuvre, si vous voulez conserver vos droits aux remboursements.

DANS TOUTE CORRESPONDANCE AVEC VOTRE CAISSE N'OMETTEZ PAS DE MENTIONNER TRES LISIBLEMENT VOTRE NUMERO D'IMMATRICULATION

VOTRE DOSSIER DOIT COMPRENDRE

— La ou les feuilles de maladie remplies par le médecin et le pharmacien.

— **Les bulletins des dernières paies perçues avant le premier acte médical figurant sur chaque feuille de soins.**

— A défaut, attestation de chômage délivrée par le service de la main-d'œuvre (S. 3000) où extrait d'inscription au registre des pensions, rentes ou allocations (S. 5703 ou S. 5742).

— En cas d'arrêt de travail, une déclaration établie par votre employeur et comportant le détail des paies échues avant l'arrêt de travail (imprimé S. 3201).

— Les ordonnances médicales tarifées par le pharmacien et éventuellement les vignettes.

— En cas d'hospitalisation, un bulletin de séjour à l'hôpital ou à la clinique et éventuellement un bulletin de convalescence.

— Pour une maladie du conjoint : si la justification n'a pas été produite récemment, présentez une déclaration de non salariat du conjoint (imprimé réf. 188).

— Pour une maladie d'un enfant (âge limite 20 ans) : si la justification n'a pas été produite récemment et si l'enfant est âgé de plus de seize ans, joignez un certificat de scolarité ou d'apprentissage.

VOUS POUVEZ ETRE PAYE
AUX GUICHETS DE VOTRE CENTRE DE PAIEMENT
(présenter la carte d'immatriculation à la Sécurité sociale)
PAR MANDAT SECURITE SOCIALE
PAR VIREMENT A VOTRE COMPTE COURANT POSTAL OU BANCAIRE
PAR L'INTERMEDIAIRE D'UN CORRESPONDANT

FEUILLE DE MALADIE Valable 15 jours

Cette feuille correctement remplie, doit être signée **obligatoirement par l'assuré** et doit être remise ou envoyée à la Caisse, dans le mois qui suit le point de départ de sa validité.

▬ RENSEIGNEMENTS CONCERNANT L'ASSURE ▬

Numéro d'immatriculation
copié sur la carte de l'assuré

NOM (en capitales)
(Pour les femmes mariées, divorcées ou veuves, indiquer le nom de jeune fille suivi de épouse X., Divorcée X., Veuve X.)

Prénoms

Adresse

Né le _____ à _____

Etes-vous actuellement salarié ?

SI OUI, précisez ici ➤
le cas échéant si vous êtes
FONCTIONNAIRE - AGENT DE L'E. D. F. - G. D. F.
AGENT DES COLLECTIVITES LOCALES.

SI NON, précisez ici ➤
le cas échéant si vous êtes
CHÔMEUR - ETUDIANT - PENSIONNE - AS. VOLONTAIRE

Si vous êtes salarié ou chômeur, indiquez (d'après les renseignements copiés sur votre dernier bulletin de salaire) :

Le nom, l'adresse de votre employeur actuel ou de votre dernier employeur :

Son numéro d'identification...

L'Organisme où sont versées les cotisations

▬ RENSEIGNEMENTS CONCERNANT LE MALADE ▬

Si le malade **est l'assuré,** indiquez :	Si le malade **n'est pas l'assuré,** indiquez:
Nombre d'enfants à charge	NOM ⎧
	et prénoms ⎨
Nombre d'ascend^ts à charge	du malade ⎩
S'agit-il d'un accident ?	Date de naissance
Etes-vous pensionné de guerre ?	Degré de parenté avec l'assuré
Si OUI, les soins portés sur la présente	S'agit-il d'un accident ?
feuille ont-ils un rapport avec l'affection	Activité professionnelle habituelle du malade :
pour laquelle vous êtes pension. ?	

▬ A REMPLIR EVENTUELLEMENT ▬

Règlement à effectuer par virement à mon C.C.P. ☐   à mon compte bancaire ☐

intitulé complet et n° du compte : M., Mᵐᵉ ou Mˡˡᵉ

L'assuré soussigné déclare sur l'honneur l'exactitude des renseignements portés ci-dessus.

IMPORTANT. Art. L. 409 du Code de la Sécurité sociale : est passible d'une amende de 360 à 7 200 F quiconque se rend coupable de fraude ou de fausse déclaration pour obtenir, faire obtenir, ou tenter de faire obtenir des prestations qui ne sont pas dues, sans préjudice des peines résultant de l'application d'autres lois s'il y échet. **Art. 150 du Code pénal.** Tout individu qui aura commis un faux en écriture privée sera puni de réclusion.

CERTIFIE EXACT
Signature de l'assuré

CERFA 60/01668 ✲ ✲ ✲ ✲ CPCAM 11-67 **1**

26 L'Entrevue

Dialogue dans lequel l'on assiste à la sélection d'un chef pour la succursale de Lyon

PERSONNAGES *M. Tisserand*   SCÈNE *A la terrasse d'un café*
M. Bonville
Le garçon
*Une vendeuse de billets de la
Loterie Nationale*

M. Tisserand. Et voilà, cher collègue, il ne reste plus qu'à prendre une décision.

M. Bonville. Eh, oui, M. le Directeur!

M. Tisserand. Vous avez l'habitude de prendre un porto avant de dîner, non? Garçon, un porto et un demi à la pression.

Garçon. Entendu, Monsieur. Un porto, un demi pression.

M. Tisserand. Eh bien, lequel de ces trois messieurs choisiriez-vous comme votre successeur, pour prendre la relève, hein?

M. Bonville. Mais, Monsieur, c'est à vous qu'il incombe de décider.

M. Tisserand. Oui, oui, oui, oui, je sais. Mais enfin, vous avez tout de même une opinion. Tenez, je vais régler les consommations. Voilà, gardez la monnaie!

Garçon. Merci bien, Monsieur.

M. Bonville. Que voulez-vous que je dise? De toute façon le plus jeune ne m'a pas paru trop convenable pour une maison comme la nôtre. Avez-vous remarqué sa façon de s'habiller? Un complet d'une coupe pareille...

M. Tisserand. Vous voulez parler du type qui s'est présenté le premier, n'est-ce pas? Celui qui cherchait à se faire valoir tout le temps?

M. Bonville. Oui, c'est bien lui. Le candidat qui vous a interrompu à plusieurs reprises pour vous épater avec ses connaissances.

M. Tisserand. Il tenait à faire preuve de dynamisme, sans doute.

M. Bonville. Pour moi, il n'a fait preuve que d'un manque total de savoir-vivre.

M. Tisserand. Soit! Pour ce qui est du choix de l'habillement on pourrait toujours lui en souffler un mot par la suite. Je vous fais confiance pour ça, M. Bonville.

M. Bonville. Mais je dois insister sur le fait que ce candidat ne m'a pas favorablement impressionné.

M. Tisserand. Pourtant il m'a paru fort énergique. Vous vous rappelez ce qu'il disait sur la firme où il travaille en ce moment? Tenez...

M. Bonville. Oui, il parlait de piétiner. Les possibilités de gravir l'échelon lui seraient infimes ou quelque chose dans ce genre. Peuh, ce type-là, il avait un je ne sais quoi de, de, comment dirais-je, de suffisance qui m'a tapé sur les nerfs.

M. Tisserand. Précisément. Vous avez mis le doigt dessus — c'est ce que j'ai éprouvé aussi. Puis, il s'est trop plaint de sa situation à mon goût.

M. Bonville. Et les détails sur le personnel, bien qu'assez drôles, n'inspirent nullement confiance, vous ne trouvez pas, Monsieur?

M. Tisserand. En effet. Il a dû se faire pas mal d'ennemis là-bas. Dans ses références on n'a fait aucune allusion à sa franchise, ni à ses capacités en tant que collaborateur. D'ailleurs, on pourrait toujours donner un coup de fil pour se renseigner, mais je ne crois pas que ça en vaille la peine.

M. Bonville. Ni moi non plus. Dans les références il n'est pas tellement difficile de lire entre les lignes.

M. Tisserand. Évidemment, mon vieux. Ce qu'on tait, c'est-à-dire les lacunes, y sont très souvent bien plus importantes que les hautes qualités dont on fait les louanges. Mais passons! Au numéro deux maintenant.

M. Bonville. Ho, ce n'est pas du tout le même genre. Il présente mieux, celui-là. Sous ce rapport tous deux se différenciaient nettement de M. Dubois.

M. Tisserand. Alors, vous n'avez rien à leur reprocher du côté tenue, mon ami?

M. Bonville. Monsieur, vous vous plaisez à vous moquer de moi, je le sais bien. Je n'ignore pas que bien des choses sont en voie de transformation ces derniers temps, qu'on ne peut trop exiger de son personnel, qu'en somme cela n'a pas d'importance si un représentant porte des chaussures marron avec un complet bleu. Pourtant pour une personne de ma génération il est dur de s'adapter, d'accepter de bon cœur le mauvais goût, la vulgarité de l'époque où nous vivons. Je me permets de vous signaler, Monsieur, puisque nous parlons ainsi à cœur ouvert, que certaines des récentes créations de notre maison me semblent, elles aussi, offenser des principes pour lesquels j'ai lutté toute ma vie.

M. Tisserand. Ah, Monsieur Bonville, je vous comprends. Croyez bien que je partage vos inquiétudes. Mais dans un commerce comme le nôtre nous sommes en quelque sorte emportés par le flot de la demande, les exigences du public. Si nous ne nous efforçons pas de satisfaire les exigences de la demande, même de prévoir son évolution, sous peu on verra s'effondrer notre entreprise. Que les dernières années où mon pauvre père gérait encore la Filalaine vous servent d'exemple, et d'avertissement! Ces années-là, il faut le dire, on était au bord de la faillite et précisément parce qu'on négligeait l'essentiel en confondant nos notions de ce qui était bien avec la demande du public, qui justement évolue sans cesse, et qui subit des influences de tout côté. C'est au marché de masse qu'il faut s'attaquer pour survivre dès lors dans notre branche, mon cher collègue, quelque regrettable que ce soit. Eh bien, voyons donc! Revenons à nos candidats!

M. Bonville. Indiscutablement vous avez entièrement raison, Monsieur, mais je ne peux pas vous cacher que cette évolution-là me chagrine. Bon, il y avait Messieurs Bertrand et...

M. Tisserand. Et Leblanc.

M. Bonville. Voilà, Leblanc. Ils ont tous deux pas mal d'années d'expérience — ils approchent la quarantaine, si j'ai bonne mémoire.

M. Tisserand. Considérons-les séparément. Bertrand d'abord.

M. Bonville. Ah, Bertrand, Bertrand. Deux ans de Collège Technique, brevet d'études commerciales, un stage de six mois à... oh, je ne sais plus... Tourcoing, n'est-ce pas?

M. Tisserand. Non, à Roubaix. Alors, lui, il saurait toujours s'entendre avec les clients sans se heurter à leur susceptibilité. Il est assez diplomate, ne trouvez-vous pas?

M. Bonville. Oh, bien sûr. Il a su garder son sang-froid en répondant à vos questions les plus directes. Et il a su éviter les pièges, il me semble.

M. Tisserand. D'accord. Il m'est arrivé d'être un tant soit peu brutal, peut-être, mais il est important de voir la façon dont ils réagissent quand on s'en prend à eux. Avec certains de vos représentants il faut être sur ses gardes, pas vrai?

M. Bonville. Ah, oui! Monsieur, que pensez-vous de sa réplique quand vous lui avez demandé pourquoi il sollicitait un nouvel emploi, vu qu'il prétendait être si ravi de sa présente situation?

M. Tisserand. Eh bien, ce n'était pas mal comme réponse. Ambition n'est pas vice, évidemment. Et de toute façon il nous a fait l'honneur de se documenter sur la firme.

M. Bonville. Hé oui. Cela se voyait.

M. Tisserand. Pour moi ce qui est le plus marrant lors d'une entrevue, c'est d'avoir affaire à un garçon qui ne s'est même pas donné la peine de prendre des renseignements sur nous. C'est le comble! Cela révèle un certain manque d'égards ou une niaiserie que je ne saurais jamais pardonner.

M. Bonville. Leblanc aussi était bien informé en ce qui concerne nos activités. On dirait qu'il s'était entretenu avec un de nos représentants quelque part.

M. Tisserand. Tant mieux. En voilà un de peu ordinaire. De plus il a également passé son diplôme d'études commerciales... et dans un collège réputé. Dans quelques-unes de ses répliques il m'a rappelé un de ses anciens profs dont j'ai fait la connaissance l'année passée à un congrès de P.D.G.

M. Bonville. Comment?

M. Tisserand. Oui, j'ai assisté à une de ses conférences au sujet des ventes. Il a fait ressortir très clairement qu'un cadre devrait à tout moment être conscient du pourcentage de bénéfice d'une marchandise. A quoi bon s'éreinter à faire écouler un produit qui ne vous rapporte que très peu? En un mot le volume des ventes est bien moins important que la rentabilité de vos efforts. D'ailleurs, cela saute aux yeux.

M. Bonville. Et il leur a fallu un congrès pour se rendre compte de cela?

M. Tisserand. Vous savez, le niveau des connaissances professionnelles du patronat... Certains d'entre eux sont bien moins éveillés que vous ne le pensez. Bon, Monsieur Leblanc.

M. Bonville. Alors sur le plan théorique il me paraît très calé. Bertrand aussi, d'ailleurs.

M. Tisserand. C'est juste. Diable, ça se complique! Résumons!

M. Bonville. Alors, M. Dubois. Célibataire quoique assez beau garçon, plus jeune que les autres, sûr de lui, fort ambitieux, hâbleur, un peu brusque. Au premier abord pas trop sérieux, loquace, avec un sens de l'humour remarquable, n'a occupé sa présente situation qu'un an et demi, deux ans de service en Algérie, connaissances théoriques limitées bien qu'il suive des cours de promotion sociale.

M. Tisserand. Très bien. M. Bertrand. Marié, père de famille avec deux filles et un fils. Posé, fin psychologue, astucieux, capable d'adaptation, calculateur, expérimenté dans les finances aussi bien que dans les ventes, occupe déjà une situation qui paraît lui avoir donné le goût de la responsabilité. Pourtant je lui trouve une certaine froideur, j'allais dire qu'il manquait d'humilité, comme s'il était trop imbu de sa personne. Enfin, Leblanc.

M. Bonville. Hé, M. Leblanc. Type fort convenable lui aussi, présente bien, vie bien rangée, s'intéresse surtout aux aspects théoriques, bien averti de l'évolution récente des techniques commerciales à l'étranger, un esprit clair et méthodique, versé dans les enquêtes statistiques.

M. Tisserand. D'accord, mais il m'a paru un peu tatillon, pouvant se perdre dans les détails. Je ne sais pas, ce n'est qu'une impression.

M. Bonville. Cet aspect-là ne m'avait pas du tout frappé.

M. Tisserand. Voilà. Il faut trancher une fois pour toutes et retrouver M. Edwards. Si seulement il y avait eu un polytechnicien ou un H.É.C.! Bien qu'ils aient tendance à être prétentieux, eux aussi, n'est-ce pas? Eh bien, je ne sais pas si vous allez m'approuver, mon ami, mais si le gars accepte le traitement que je vais lui proposer et qu'il soit capable de s'adapter à la ville des Soyeux, je crois que, sans l'ombre d'un doute, l'homme qui fera notre affaire c'est bien Monsieur...

Vendeuse de billets de la Loterie Nationale. Tentez votre chance, Messieurs! Gagnez le Gros Lot! Tirage ce soir! Un dixième pour Monsieur ... et pour Monsieur?

M. Tisserand. Peuh! Pourquoi pas? Hé, Bonville, qui sait si nous n'avons pas la main heureuse aujourd'hui?

COMMENTAIRE

un demi à la pression	*a glass of draught beer*
prendre la relève	*to take over your duties; to relieve you* *to relieve* (a pain, etc.) soulager
les consommations	*the drinks*
d'une coupe pareille	*in a style like that* (lit. *cut*)
se faire valoir	*to show off*
à plusieurs reprises	*on several occasions*
faire preuve de	*to give proof of*
Je vous fais confiance	*I have confidence in you*
piétiner	*to mark time; to stamp, to trample*

Les possibilités   *The chances of climbing the ladder* (of promotion)
de gravir
l'échelon

lui seraient   *were infinitesimal, he claimed*
infimes   The Conditional is used to indicate an alleged fact.
L'année dernière on aurait vu un coucou à Londres au mois de
janvier.
It is reported that last year a cuckoo was seen in London in January.

suffisance (*f.*)   *conceit*

sa franchise   *his honesty* (in the sense of being straightforward)

en tant que   *as; in the capacity of*

Ce qu'on tait   i.e. *what is not talked about*
taire qc.   *to keep silent about, to hush up sg.*
se taire   *to be silent*

les lacunes (*f.*)   *the gaps, the blanks*

Il présente mieux   *He creates a better impression*

tenue (*f.*)   *dress*

en voie de   *in the process of*
les pays en voie de développement   *the developing countries*

des chaussures   *tan shoes*
marron

signaler   *to point out*

j'ai lutté   *I have fought*
lutter   *to struggle; to wrestle*

en quelque sorte   = pour ainsi dire

le flot de la   *the wave of demand*
demande   L'offre et la demande   *Supply and demand*

sous peu   *before long*

s'effondrer   *to collapse; to slump*

Que les dernières   *Let the last years... be an example to you*
années... vous   **que + Subjunctive**
servent   Que cela soit fait demain!   *Let it be done tomorrow!*
d'exemple

qui subit des   *which is subjected to influences from every side*
influences de   subir   *to undergo; to suffer*
tout côté

ils approchent   *they are nearly in their forties*
la quarantaine   *middle-aged*   d'âge mûr
le moyen âge   *the Middle Ages*

brevet (*m.*)   *diploma, certificate*
un brevet d'invention   *a patent*
breveté   *patented*

se heurter à leur susceptibilité	i.e. *rubbing them up the wrong way* se heurter à qc. *to come up against sg.* heurter qc. *to knock into sg.* un heurt *a knock, a bump*
garder son sang-froid	*preserve his equanimity*
ce qui est le plus marrant	*the funniest thing* (coll.)
manque d'égards	*lack of consideration*
une niaiserie	*a silliness, a foolishness*
il a également passé son diplôme	*he has also taken his diploma* passer un examen *to sit an examination* être reçu à, réussir à un examen *to pass an examination* être recalé à, échouer à un examen *to fail an examination*
un congrès	*a conference* une conférence *a lecture, a conference*
Il a fait ressortir	*He pointed out*
un cadre	*a manager, an executive*
être conscient de	*to be aware of*
s'éreinter	*to break one's back; to wear oneself out*
faire écouler un produit	*to sell a product*
le patronat	*the employers*
bien moins éveillés que vous ne le pensez	*much less bright than you think* Il est plus diplomate que vous **ne** le pensez. When used in clauses which follow **plus** or **moins** + **adjective** + **que, ne** has no negative force. Likewise after **il y a** and **voilà** in sentences such as: Il y a longtemps que je **n**'en ai mangé. *It is a long time since I ate any.*
calé	*well informed* (coll.) être calé **dans** qc.
Célibataire	*A bachelor; a spinster*
hâbleur	*a boaster*
des cours de promotion sociale	*evening classes*
Posé, fin psychologue, astucieux	*A steady chap, a good pyschologist, astute* The French equivalent of the ending **-logist** is often **-logue.** e.g. un archéologue, un ornithologue, un philologue, un sociologue.
comme s'il était trop imbu de sa personne	*as though he were too full of his own importance*
vie bien rangée	*a well-ordered life* rangé *tidy* ranger ses affaires *to tidy up one's things*

averti de	*well-informed about; experienced in*
un esprit	*a mind*
versé dans	*conversant with*
tatillon	*finicky; fussy*
Bien qu'ils aient tendance à	*Although they have a tendency to* avoir tendance à *to tend to*
un polytechnicien ou un H.É.C.	Former students of two of the famous 'Grandes Écoles', L'École Polytechnique and L'École des Hautes Études Commerciales.

si le gars
accepte... et
qu'il soit

When there are two conditional clauses dependent on **si**, **que** + **subjunctive** is often used to introduce the second clause instead of repeating **si**.

Similarly when two clauses are introduced by a conjunction containing **que**, in the second clause **que** alone is used.

e.g. Pourvu que votre frère soit au courant et que nous ayons assez de temps pour le faire, moi, je vous donnerai un coup de main.

les Soyeux	inhabitants of Lyon (a town famous for its silk) la soie *silk* soyeux *silky*
qui fera notre affaire	*who'll fit the bill*
le Gros Lot	the big prize in the National Lottery
Tirage ce soir!	i.e. *The prizes are to be drawn this evening*
si nous n'avons pas la main heureuse	*if we haven't luck on our side*

EXERCICES

1

MODÈLE

Il voudrait que cela nous serve d'avertissement.   **Et pour cause! Que cela nous serve d'avertissement à l'avenir!**

1. Il voudrait que cela lui serve d'exemple.
2. Il voudrait que cela leur apprenne à parler de la sorte.
3. Il voudrait que cela lui remonte le moral.
4. Il voudrait que cela la mette un peu sur ses gardes.
5. Il voudrait que cela nous fasse réfléchir.
6. Il voudrait que cela l'encourage à redoubler ses efforts.
7. Il voudrait que cela nous empêche de faire des gaffes.
8. Il voudrait que cela le fasse penser d'une façon plus logique.

2

MODÈLE

Des candidats intelligents se présentent.	**Si des candidats intelligents se présentent**
Ils ont l'air compétent. **Si**	**et qu'ils aient l'air compétent, M. Tisserand sera fort content.**

1. Ils parviennent à choisir le bon candidat.   **Si**
 Celui-ci s'entend avec les clients.
2. Il s'entend avec les clients.
 Il ne se fait pas d'ennemis parmi le personnel.   **Pourvu que**
3. Il ne se fait pas d'ennemis parmi le personnel.   **A condition que**
 Il pense toujours à la rentabilité de ses efforts.
4. Il pense toujours à la rentabilité de ses efforts.   **A supposer que**
 Il réduit les frais généraux.
5. Il réduit les frais généraux.   **En admettant que**
 Il garnit les murs de son bureau de toutes sortes de graphiques.
6. Il garnit les murs de son bureau de toutes sortes de graphiques.   **Pourvu que**
 Les graphiques indiquent une évolution favorable des ventes.
7. Les graphiques indiquent une évolution favorable des ventes.   **A condition que**
 Le nouveau directeur sait s'adapter aux petites manies de son chef.
8. Le nouveau directeur sait s'adapter aux petites manies de son chef.   **Si**
 Il ne demande pas toujours des augmentations de traitement.

3

MODÈLE

On n'a fait aucune allusion à sa franchise.	**Mais mon ami, je n'ignore pas qu'on n'a fait aucune allusion à sa franchise, pourtant...**

1. Il a fait preuve d'un manque total de savoir-vivre.
2. Il cherchait à se faire valoir à tout moment.
3. Il vous a interrompu à plusieurs reprises.
4. Ils approchent tous deux la quarantaine.
5. Il a su garder son sang-froid en dépit de toutes vos questions.
6. Il a passé son diplôme d'études commerciales.
7. Il est bien averti de l'évolution récente des techniques commerciales.
8. Il est expérimenté dans les finances aussi bien que dans les ventes.
9. On n'a pas la moindre chance de gagner le Gros Lot.
10. L'avenir nous dira si nous avons bien agi.

4

MODÈLE

C'était lui qui était chargé de contrôler les dépenses. Cela a dû lui donner le goût des responsabilités.	**Ah oui! Cela paraît lui avoir donné le goût des responsabilités — ce qui se comprend, d'ailleurs.**

1. M. Tisserand a été fort ému en apprenant la nouvelle de la crise cardiaque de son collègue. Cela a dû lui faire un choc.
2. Robert a été bien surpris quand on lui a proposé la visite à Lyon. Cela a dû lui faire plaisir.

3. Et puis une fois à Lyon personne ne l'a invité à assister à l'entrevue. Cela a dû l'offenser un tout petit peu.

4. Dans les références d'un des candidats on n'a fait aucune allusion à ses capacités en tant que collaborateur. Cela a dû les mettre sur leurs gardes.

5. Le professeur avait tenu une conférence qui traitait d'un sujet que M. Tisserand connaissait déjà à fond. Cela a dû l'ennuyer ferme.

6. Le père du Directeur actuel ne comprenait pas grand'chose à l'évolution de la demande, à ce que l'on dit. Cela a dû les mener au bord de la faillite.

7. Les récentes créations de la Filalaine ont été inspirées par les modes anglaises. Cela a dû choquer M. Bonville.

8. Les deux messieurs discutaient la gestion de la succursale quand la vendeuse de billets de la Loterie nationale a parlé du Gros Lot. Cela a dû les amener à penser à autre chose.

5

MODÈLE

C'est aussi simple qu'il l'imaginait, non?   **Oh, c'est bien moins simple qu'il ne l'imaginait.**

Si on dit **oui** *à la fin de la phrase répondez en vous servant de* **plus que.** *Là où on dit* **non,** *employez* **moins... que.**

1. C'est aussi difficile qu'il le disait, oui?
2. C'est aussi intéressant qu'elle le pense, non?
3. Il est aussi calé qu'il le prétend, non?
4. Elle est aussi bête que nous le pensons, oui?
5. Ils sont aussi expérimentés qu'ils le disent, non?
6. Il est aussi heureux que son frère, non?
7. Elles sont aussi capables que je le croyais, oui?
8. Il a autant de chance qu'il le croit, non?

6

MODÈLE

Vous n'avez plus vos gants. Vous les avez laissés au café?   **Ah, oui! J'ai dû les laisser au café sans doute.**

1. Dubois n'est pas très diplomate. S'est-il fait des ennemis là-bas?
2. Leblanc est bien informé en ce qui concerne leurs activités. S'est-il entretenu avec un de leurs représentants quelque part?
3. Bertrand a sollicité un nouvel emploi bien qu'il prétende être satisfait de sa présente situation. L'a-t-il sollicité uniquement par ambition?
4. Sous le régime de l'ancien P.D.G. les ventes ont baissé d'une façon effrayante. A-t-il géré l'entreprise d'une manière trop traditionnelle?
5. M. Tisserand et M. Bonville ont réfléchi fort longtemps. Ont-ils fini par choisir le bon candidat?
6. M. Tisserand a acheté un billet de la Loterie nationale, ce qui n'est pas du tout son genre. A-t-il pensé avoir la main heureuse ce jour-là?
7. M. Edwards n'a pas assisté à la sélection du nouveau chef de succursale. S'est-il ennuyé sur ces entrefaites?
8. Robert est rentré à Paris tout seul. Est-il parti de Lyon avant M. Tisserand?

EXERCICE DE CONVERSATION—1

Vous allez entendre la voix de M. Tisserand qui répète le rôle qu'il vient de jouer dans le dialogue. C'est à vous de prendre le rôle de **M. Bonville.**

M. Tisserand	Considérons-les séparément. Bertrand d'abord.	
M. Bonville		Ah, Bertrand — Collège Technique — études — six mois —?
M. Tisserand	Non, à Roubaix. Alors, lui, il saurait toujours s'entendre avec les clients sans se heurter à leur susceptibilité. Il est assez diplomate, ne trouvez-vous pas?	
M. Bonville		Oh — son sang-froid — vos questions — éviter — semble.
M. Tisserand	D'accord. Il m'est arrivé d'être un tant soit peu brutal, peut-être, mais il est important de voir la façon dont ils réagissent quand on s'en prend à eux. Avec certains de vos représentants il faut être sur ses gardes, pas vrai?	
M. Bonville		— sa réplique — pourquoi — emploi, vu — ravi — situation.
M. Tisserand	Eh bien, ce n'était pas mal comme réponse. Ambition n'est pas vice, évidemment. Et de toute façon il nous a fait l'honneur de se documenter sur la firme.	
M. Bonville		— Cela.
M. Tisserand	Pour moi ce qui est le plus marrant lors d'une entrevue c'est d'avoir affaire à un garçon qui ne s'est même pas donné la peine de prendre des renseignements sur nous. C'est le comble! Cela révèle un certain manque d'égards ou une niaiserie que je ne saurais jamais pardonner.	
M. Bonville		Leblanc aussi — informé — activités — on dirait — quelque part.
M. Tisserand	Tant mieux. En voilà un de peu ordinaire. De plus il a également passé son diplôme d'études commerciales... et dans un collège réputé. Dans quelques-unes de ses répliques il m'a rappelé un de ses anciens profs dont	

	j'ai fait la connaissance l'année passée à un congrès de P.D.G.	
M. Bonville		?
M. Tisserand	Oui, j'ai assisté à une de ses conférences au sujet des ventes. Il a fait ressortir très clairement qu'un cadre devrait à tout moment être conscient du pourcentage de bénéfice d'une marchandise. A quoi bon s'éreinter à faire écouler un produit qui ne vous rapporte que très peu ? En un mot le volume des ventes est bien moins important que la rentabilité de vos efforts. D'ailleurs, cela saute aux yeux.	
M. Bonville		— congrès — ?

EXERCICE DE CONVERSATION—2

Et maintenant vous prendrez le rôle de **M. Tisserand.**

M. Bonville	Voilà, Leblanc. Ils ont tous deux pas mal d'années d'expérience — ils approchent la quarantaine, si j'ai bonne mémoire.	
M. Tisserand		— séparément. Bertrand—
M. Bonville	Ah, Bertrand, Bertrand. Deux ans de Collège Technique, brevet d'études commerciales, un stage de six mois à... oh, je ne sais plus... Tourcoing, n'est-ce pas ?	
M. Tisserand		Non — s'entendre — avec — se heurter — diplomate — ?
M. Bonville	Oh, bien sûr. Il a su garder son sang-froid en répondant à vos questions les plus directes. Et il a su éviter les pièges, il me semble.	
M. Tisserand		— un tant soit peu — réagissent — à eux — vos représentants — sur ses gardes — ?
M. Bonville	Ah, oui ! Monsieur, que pensez-vous de sa réplique quand vous lui avez demandé pourquoi il sollicitait un nouvel emploi, vu qu'il prétendait être si ravi de sa présente situation ?	
M. Tisserand		— pas mal — Ambition — l'honneur — firme.
M. Bonville	Hé oui. Cela se voyait.	

M. Tisserand

— marrant — un garçon — renseignements — un certain — une niaiserie — pardonner.

M. Bonville   Leblanc aussi était bien informé en ce qui concerne nos activités. On dirait qu'il s'était entretenu avec un de nos représentants quelque part.

M. Tisserand

Tant — peu ordinaire — son diplôme — réputé — ses répliques — profs — la connaissance — congrès —

M. Bonville   Comment?
M. Tisserand

— j'ai assisté — des ventes — fait ressortir — un cadre — être conscient — une marchandise. A quoi bon — un produit — rapporte — peu — moins important — la rentabilité — d'ailleurs — aux yeux.

M. Bonville   Et il leur a fallu un congrès pour se rendre compte de cela?

M. Tisserand

— le niveau — professionnelles — Certains — éveillés — pensez —

QUESTIONS

1. Robert, comment s'est-il distrait sur ces entrefaites?
2. Comment se fait-il qu'il n'ait pas assisté à la sélection du nouveau chef pour la succursale?
3. Messieurs Bonville et Tisserand, où en étaient-ils arrivés lors du commencement du dialogue?
4. Le choix du candidat, à qui en incombe la responsabilité en définitive?
5. Expliquez pourquoi M. Bonville n'a pas été favorablement impressionné par M. Dubois.
6. Partagez-vous les préjugés de M. Bonville à propos de l'habillement?
7. Quant à M. Dubois, quelques-unes de ses qualités paraissent peu convenables pour une situation pareille — lesquelles?
8. Mais il en possède certaines qui seraient d'une grande valeur, n'est-ce pas?
9. M. Bonville s'est plaint des récentes créations de Filalaine. A quel sujet? A quoi est-ce qu'il pensait, à votre avis?
10. Que pensez-vous de la façon dont M. Tisserand a répondu à ces critiques? Qu'est-ce que cela indique quant à son caractère?
11. On a fait allusion à la situation critique où se trouvait Filalaine sous la gestion du père du chef actuel. Résumez cette situation et décrivez-en les causes.
12. Quelle est votre attitude envers l'évolution du marché de masse dont M. Tisserand a fait l'exposé?
13. Quelles branches de l'industrie sont touchées par cette évolution?

d'accord sur les prix et les pourcentages, les deux Services des achats sauront à quoi s'en tenir, je vous en réponds. Dès qu'on aura signé le contrat définitif, je passerai à Robert des commandes importantes. De ce côté-là, pas de problèmes! Pourvu qu'il soit enfin conclu, ce sacré accord!

En ce moment Robert s'est absenté pour tenir son chef au courant par téléphone, et, il est permis de supposer, pour le consulter. Rien d'étonnant qu'il veuille des conseils. Il devait aussi les avertir qu'il compte retourner chez lui demain soir, car, sauf contre-ordre, il s'y est décidé. A quoi bon traîner plus longtemps dans cette baraque, me disait-il, pas précisément cela, mais d'une manière encore moins polie. 'Si occupé que puisse l'être votre sacré M. Tisserand, demain matin je l'obligerai à se prononcer enfin une fois pour toutes, que ce soit oui ou que ce soit non.' Voilà. C'est ce qu'il se propose de faire. Espérons qu'il mènera cette affaire à bonne fin car depuis que Robert est chez nous, on s'est lié d'amitié pour ainsi dire du premier coup. Il a même aidé Monique à laver la vaisselle, nom d'une pipe! C'est bizarre, je trouve, mais Monique est devenue un tant soit peu moins ronchonneuse. Bref, on s'est entendu à merveille — on a en plus fait des projets pour les vacances. Robert a un fils de 14 ans, Bill, Guillaume, quoi, qui a grand besoin d'un coup de main pour ses études de français. C'est pour son bac, ou l'équivalent anglais. Je ne me rappelle plus qui l'a proposé le premier, cet échange pour l'été prochain. Quoi qu'il en soit, cette perspective passionne François, Monique et moi l'approuvons et Guillaume, paraît-il, ne demande pas mieux que de s'échapper un peu de chez ses parents. Ce qu'on a prévu en principe, c'est que François irait d'abord chez eux. Ça coûtera moins que le séjour habituel en colonie de vacances. Après avoir passé huit jours ou peu s'en faut à Bradford, ils feront une petite balade en vélo dans les landes du Nord de la Grande-Bretagne. Puis quand ils seront de retour, Guillaume nous accompagnera chez ma belle-mère. Pour goûter la vie de la campagne française, quoi. Personne n'y voit d'inconvénients, pas même Suzanne, ce que je trouve remarquable car elle est à l'âge où l'opposition aux vœux de ses parents s'impose comme de rigueur. Il n'y a que tante Mireille qui n'est plus dans sa première jeunesse. Ils auront une bien drôle d'impression l'un sur l'autre, j'en suis persuadé!

Bon, voilà Robert. Oh, la tête qu'il fait! Monsieur Tisserand, gare à vous!

COMMENTAIRE

déçu	*disappointed*
	décevoir *to disappoint* (like recevoir) (*irr.*)
	une déception *a disappointment*
	to deceive tromper
être dans sa peau	*to be in his shoes* (lit. *in his skin*)
n'a pas pris une tournure très reluisante	i.e. *hasn't turned out too well at all* reluisant *shining*
réussi son coup	*pulled it off*
le temps s'écoule	*time is slipping by* s'écouler *to run out; to pass* (of time)
Ce n'est pas qu'on ait	Subjunctive in a clause dependent on an expression indicating NEGATION.
rompu les discussions	*broken off the discussions* Note the various renderings of *break*: **casser** une jambe usually literally of physical objects **rompre** un accord often used figuratively **briser** un verre *shatter* (i.e. into pieces)
rien de la sorte	*nothing of the kind*
elles restent encore dans le vague	*they are still in suspense*
Robert l'ayant devancé de quelques heures	*Robert having preceded him by several hours*
il s'est enfermé dans son bureau	*he shut himself up in his office*
comme si de rien n'était	*as if nothing was the matter*
il n'y est pour personne	*he's not seeing anybody*
a mis la patience de Robert à rude épreuve	*has sorely tried Robert's patience*
Il n'est plus dans son assiette	*He's out of sorts*
flâner	*to idle around; to saunter*
lui ne veut pas en démordre	*he won't give up* mordre *to bite*
Il y va de son amour-propre professionnel	*His professional pride is at stake*
jouer serré	*to play his cards close to his chest*

d'après	*from* (in the sense of *according to*)
constater	*to ascertain, to establish* (a fact); *to record* Je ne critique pas, je constate. *I'm not criticizing, just stating a fact.*
Histoire de le fléchir	*It's a matter of wearing him down* fléchir *to sag, to bend, to move* (to pity); *to give way*
à la guerre comme à la guerre	*one must take the rough with the smooth*
On n'a pas chômé	*We've not been idle* le chômage *unemployment* les chômeurs *the unemployed*
entrer en vigueur	*come into effect*
sauront à quoi s'en tenir	*will know where they stand*
je vous en réponds	*I assure you*
Rien d'étonnant qu'il veuille	*It's not surprising that he wants to* Subjunctive after an expression indicating an EMOTION. *syn.* Rien d'étonnant s'il veut.
sauf contre- ordre	*unless he hears to the contrary*
traîner plus longtemps dans cette baraque	*hang around any longer in this hole* (lit. *hut*)
d'une manière encore moins polie	*even less politely* English adverbs are often rendered by an adverbial phrase. réagir d'une façon (d'une manière) stupide *to react stupidly* parler d'un ton sévère *to speak harshly* marcher d'un pas rapide *to walk quickly* répondre d'un air négligent *to answer carelessly* regarder qn. d'un œil méfiant *to look at so. suspiciously*
que ce soit oui ou que ce soit non	*be it yes or be it no* que + Subjunctive = *if*
il se propose de	*he means to* se proposer de faire qc. *to mean, to intend to do sg.*
on s'est lié d'amitié	*we became friends* Il se lie facilement. *He makes friends easily.*
du premier coup	*straight away*
ronchonneuse	*given to grumbling*
à merveille	*marvellously*
son bac	*his Baccalauréat* (roughly equivalent to G.C.E.)
Quoi qu'il en soit	*Be that as it may*
Monique et moi l'approuvons	*Monique and I approve of it* approuver qc. *to approve of sg.*

ne demande pas mieux que de	*will be delighted to*

s'échapper un peu de chez ses parents	*get away from his parents*		
	Il s'est évadé de prison.	*He escaped from prison.*
	Il a échappé à la mort.	*He escaped death.*

ou peu s'en faut	*or thereabouts*

une petite balade	*a little trip* (coll.)
	se balader　*to stroll; to knock about*

les landes	*the moors*

ma belle-mère	*my mother-in-law*	
	un beau-père	*a father-in-law*
	un beau-frère	*a brother-in-law*
	une belle-sœur	*a sister-in-law*
	un gendre	*a son-in-law*
	une belle-fille, une bru	*a daughter-in-law*

l'opposition aux vœux de ses parents	*opposition to parental wishes*
	un vœu　*a vow; a wish*

s'impose	*is indispensable*
	s'imposer　*to assert oneself; to be essential*
	La prudence s'impose.　*Caution is imperative.*

de rigueur	*obligatory, compulsory*
	à la rigueur　*if really necessary; at a pinch*

la tête qu'il fait!	*what a face!*

gare à vous!	*watch out!*

EXERCICES

1

MODÈLE

Il a complètement rompu les discussions, n'est-ce pas?　Oh, ce n'est pas qu'il ait complètement rompu les discussions, rien de la sorte, je dirais plutôt que...

1. Il se réjouit à l'idée de rentrer en Angleterre, n'est-ce pas?
2. M. Tisserand lui dit des bêtises, n'est-ce pas?
3. Il est resté bien longtemps à Lyon, n'est-ce pas?
4. Il a refusé de préciser son attitude, n'est-ce pas?
5. Il fait cela pour irriter M. Edwards, n'est-ce pas?
6. Jean et Robert n'ont pas chômé, n'est-ce pas?
7. Leurs projets doivent bientôt entrer en vigueur, n'est-ce pas?
8. Il est fort malheureux, votre pauvre ami, n'est-ce pas?

2

Vous allez entendre deux phrases que vous joindrez en employant soit **pourvu que** *soit* **bien que** *selon le sens.*

MODÈLE

| Je trouve tante Mireille très gentille. Elle n'est plus dans sa première jeunesse. | Je trouve tante Mireille très gentille bien qu'elle ne soit plus dans sa première jeunesse. |

1. Nous avons repris nos entretiens.
   Le contrat définitif n'est pas encore signé.
2. Je lui passerai des commandes importantes.
   On me dit que l'affaire est réglée.
3. Le P.D.G. s'est enfermé dans son bureau.
   Robert l'attend pour apprendre sa décision.
4. Nous n'avons pas chômé, lui et moi.
   Robert n'est plus dans son assiette.
5. Il compte obliger M. Tisserand à se prononcer demain.
   Il a l'occasion de lui parler.
6. Guillaume ira les voir en été.
   Personne n'y voit d'inconvénients.
7. François se réjouit à l'idée d'aller à l'étranger.
   C'est la première fois qu'il quitte la France.
8. Suzanne approuve le projet.
   D'ordinaire elle a tendance à s'opposer aux souhaits de ses parents.

3

MODÈLE

| M. Edwards ne veut pas traîner plus longtemps dans cette baraque. | Cela se comprend! A quoi bon traîner plus longtemps dans cette baraque? |

1. M. Tisserand ne veut pas préciser les détails pour le moment.
2. M. Edwards ne veut pas renoncer à ses idées.
3. Robert ne veut pas rentrer chez lui sans avoir passé un contrat quelconque.
4. M. Edwards ne veut pas flâner un ou deux jours de plus à Paris.
5. Robert ne veut pas gaspiller son temps d'une façon pareille.
6. Jean ne veut pas aider Monique à laver la vaisselle.
7. Guillaume ne veut pas passer les grandes vacances chez ses parents.
8. Guillaume ne veut pas passer son examen sans savoir parler français.

4

MODÈLE

| Je ne sais pas encore s'il va y réussir. | Espérons qu'il y réussira! Il faudra bien qu'il y réussisse, quand même. |

1. Je ne sais pas encore s'il va y penser.
2. Je ne sais pas encore s'il va l'examiner.
3. Je ne sais pas encore s'il va résoudre ses problèmes.
4. Je ne sais pas encore s'il va y faire attention.
5. Je ne sais pas encore s'il va se prononcer.
6. Je ne sais pas encore s'il va s'échapper.
7. Je ne sais pas encore s'il va y résister.
8. Je ne sais pas encore s'il va être heureux.

5

MODÈLE

Vous voudriez vous en aller, alors?   **Bien sûr! Je ne demande pas mieux que de m'en aller.**

1. Vous voudriez vous promener dans Paris, alors?
2. Vous voudriez vous rendre aux Folies Bergère, n'est-ce pas, Messieurs?
   (Nous)
3. Vous voudriez vous expliquer avec le Directeur, alors?
4. Vous voudriez vous occuper de tout cela, n'est-ce pas, Messieurs?   *(Nous)*
5. Vous voudriez vous y habituer, alors?
6. Vous voudriez vous absenter, n'est-ce pas, Messieurs?   *(Nous)*
7. Vous voudriez vous reposer, alors?
8. Vous voudriez vous échapper, n'est-ce pas, Messieurs?   *(Nous)*

6

MODÈLE

C'est à Paris ou à Londres?   **Que ce soit à Paris ou que se soit à Londres, ça m'est bien égal! L'important c'est que...**

1. C'est à lui ou à elle?
2. C'est demain ou après-demain?
3. C'est le mien ou le vôtre?
4. C'est vrai ou faux?
5. C'est bon ou mauvais?
6. C'est anglais ou français?
7. C'est clair ou foncé?
8. C'est doux ou sec?

QUESTIONS ET RÉPONSES

1. Pourquoi la situation de Robert est-elle délicate?   C'est que son affaire à lui n'a pas encore conduit à quoi que ce soit.
2. Comment?   Et bien, rien n'a encore été décidé et le temps passe.
3. Donc il n'en est pas fort content, Robert?   Justement. Il est très déçu et déprimé.
4. Déçu?

   Oui, déçu. Il comptait réussir son coup au cours d'une journée ou deux au maximum.
5. Mais qui donc en est responsable, de cet échec?   M. Tisserand, évidemment. Il a énormément à faire et en plus il n'est pas tellement pressé de se décider.
6. Mais je le croyais un type dynamique et décidé!   Bien sûr, mais il s'agit maintenant d'un peu de pression psychologique.
7. De quel genre?   Pour tâcher de fléchir Robert en lui faisant gaspiller son temps. Il espère qu'il lui fera rabattre certaines de ses exigences.

8. Qu'entendez-vous par 'rabattre certaines de ses exigences'?

Robert pourrait toujours accepter un pourcentage moins élevé pour la laine que Woolware va leur fournir.

9. Bien! Et qu'est-ce qui va arriver, à votre avis?

Je ne pourrais pas vous le dire. On verra par la suite.

10. De toute façon il est clair que Jean et Robert s'entendent bien.

C'est ça. Il paraît qu'ils se sont liés d'amitié du premier coup.

11. Donc le voyage à Paris a eu ses côtés positifs?

Oh, mais certainement. Il est permis de supposer que Robert s'est bien renseigné sur le marché français.

12. Mais Robert ne s'occupe que des Achats.

Mais de tels renseignements sont toujours utiles. D'ailleurs il en parlera à Jim, j'en suis persuadé.

QUESTIONS

1. Robert se sent-il satisfait des projets qu'il a faits?
2. Pourquoi Jean dit-il qu'il ne voudrait pas être dans la peau de son ami?
3. Qu'est-ce qui est arrivé aux négociations qu'on avait entamées pendant le voyage à Lyon?
4. Qu'avait-il promis, M. Tisserand?
5. L'entrevue, quels effets a-t-elle eus sur la conduite des discussions?
6. M. Tisserand et M. Edwards sont rentrés ensemble à Paris?
7. A leur retour, ils ont repris leurs pourparlers immédiatement?
8. M. Tisserand, comment s'est-il comporté depuis son retour?
9. Robert, quels conseils a-t-il reçus de son ami Jean?
10. Il les a suivis, ces conseils?
11. Expliquez l'expression 'il ne veut pas en démordre'.
12. Pourquoi Robert ne veut-il pas en démordre?
13. Jean, quelles constatations a-t-il faites sur la façon dont M. Tisserand traite les représentants à qui il a affaire?
14. A quoi vise-t-il donc, M. Tisserand?
15. A quoi est-ce qu'ils ont consacré leur temps, Jean et Robert?
16. Les Services de Jean et Robert seront pris au dépourvu si l'accord est signé?
17. Que ferait Jean après la signature d'un accord définitif?
18. Robert, qui est-ce qu'il a consulté et pourquoi?
19. Quels projets a-t-il faits, Robert, pour son retour en Angleterre?
20. Robert va-t-il rentrer chez lui sans avoir rien décidé?
21. Comment savez-vous que Robert et Jean s'entendent bien?
22. L'échange proposé entre Guillaume et François, quels en seront les avantages? N'oubliez pas le plan financier!
23. Guillaume aime-t-il passer ses vacances chez ses parents?
24. Comment vont-ils se divertir en Angleterre, ces deux jeunes gens?
25. Et de retour en France, qu'est-ce qui est prévu pour eux?
26. Il y a des obstacles à ces projets?
27. Comment se fait-il que Suzanne ait tendance à s'opposer à ses parents?
28. Qu'est-ce que vous avez déduit de l'attitude du chef de Robert à son égard?
29. Robert est-il prêt à céder maintenant?
30. Dans les exercices, vous avez entendu parler bien des fois de tante Mireille. Comment est-elle au juste?

EXERCICE D'INTERPRÉTATION

INCIDENT DANS LA ZONE BLEUE

Au cours d'une promenade dans Paris M. Edwards tombe sur un de ses compatriotes, un automobiliste, et un agent de police parisien en train de se disputer. Ceux-ci n'arrivent pas très bien à se faire comprendre et M. Edwards se propose comme interprète. Mettez-vous à la place de M. Edwards et tâchez de traduire aussi rapidement que possible l'essentiel des répliques de chacune des parties. Écoutez les premières phrases qui vous serviront de modèle, puis au signal **** commencez à traduire vous-même.

Automobiliste anglais	What have I done wrong?
M. Edwards	Qu'est-ce qu'il a fait de mal?
Agent de police	La voiture de Monsieur est ici depuis onze heures du matin. Ça fait presque trois heures et demie.
M. Edwards	Your car has been here since eleven this morning. That's almost three and a half hours.

****

Automobiliste anglais	Why can't I park my car here?
M. Edwards	
L'agent	Sa voiture est en pleine Zone bleue ce qui veut dire que le stationnement des voitures est réglementé.
M. Edwards	
Automobiliste anglais	How could I have known that?
M. Edwards	
L'agent	Monsieur a garé sa voiture directement devant le panneau qui indique qu'on est dans la Zone bleue.
M. Edwards	
Automobiliste anglais	If that means that nobody is allowed to park here, why are there all these cars on both sides of the street?
M. Edwards	
L'agent	Pour avoir le droit de stationner une voiture ici ou ailleurs dans la Zone bleue elle doit être munie d'un disque de stationnement. Le règlement s'applique non seulement à toute voiture française mais aussi bien aux voitures immatriculées à l'étranger. Les autorités municipales ont aménagé une Zone bleue dans pas mal des plus importantes villes de France.
M. Edwards	
Automobiliste anglais	Where can I get one of these 'parking discs'? I'm not going to be in Paris long. Anyway I've not much money left and I don't suppose they're free.
M. Edwards	
L'agent	Monsieur peut s'en procurer un pour une somme très modique soit dans un poste de police, soit dans un Syndicat d'Initiative.
M. Edwards	
Automobiliste anglais	And when I've got my parking disc — what do I do with it?
M. Edwards	

L'agent	Regardez cette voiture-ci. Voilà le disque de stationnement. On l'appose sur le pare-brise ou près de la vitre arrière de façon qu'il soit visible de l'extérieur.
M. Edwards *Automobiliste anglais*	What are all these figures?
M. Edwards *L'agent*	Vous voyez qu'il y a deux fenêtres sur la carte. Avant de quitter votre voiture vous indiquez l'heure où le stationnement commence sur celle de gauche. Puis sur celle de droite apparaît l'heure maximale de stationnement permis.
M. Edwards *Automobiliste anglais*	So one gets a parking disc from a police station, puts it somewhere where it will be easily seen and adjusts it until the time you're leaving appears at the left hand hole.
M. Edwards *L'agent*	C'est ça. Faites attention car ceux qui dépassent l'heure autorisée s'exposent à une amende ou à la mise en fourrière de leur véhicule. Procurez-vous votre disque dès aujourd'hui, Monsieur!
M. Edwards *Automobiliste anglais* *M. Edwards* *L'agent*	But I'm leaving Paris early tomorrow morning. To spend a few days with friends in Normandy, near Rouen. Si vous allez à Rouen en voiture, Monsieur, il faut absolument vous arrêter au Relais des Trois Cygnes, les tripes à la mode de Caen y sont excellentes. C'est sur la Nationale 14 à environ 30 kilomètres de votre destination. Rappelez-moi au bon souvenir de Mme Suzanne. Sa cuisine est magnifique, croyez-moi, Monsieur!

28 Entente Cordiale

Dialogue dans lequel le lecteur verra encore une fois que les affaires sont les affaires

---

PERSONNAGES *M. Tisserand*
Jim
M. Edwards
Francine
Jean Legallois

SCÈNE *Les locaux de Filalaine*

M. Tisserand. Topez-là! On est tout à fait d'accord sur tous les points!

Jim. Tous! Marché conclu! Woolware se fera un plaisir de vous approvisionner en laine brute australienne moyennant une commission de 7 % sur les premières 200 000 livres qu'on vous fournira, 6 % sur le reste. A vous de nous donner vos indications quant à la quantité, la qualité *et cætera*. Normalement on vous l'expédiera C.A.F. Cherbourg.

M. Tisserand. Parfait. Legallois s'occupera des menus détails.

Jim. Bien. Pour ce que vous allez vendre pour nous, vous savez, 7 % jusqu'à la valeur de 45 000 livres sterling, basé sur le prix de revient.

M. Tisserand. Sur le prix de revient?

Jim. Pardon, je m'excuse. Sur le prix de vente, naturellement. Je me trompe toujours. Ensuite 6 %.

M. Tisserand. Entendu, entendu. L'accord vaudra en premier lieu pour deux ans avec prolongation automatique par la suite, sujette à révision par chacun des partenaires sur demande.

Jim. C'est ça — comme convenu.

M. Tisserand. Et nous tiendrons la représentation exclusive pour le Québec aussi bien que pour la France, la Belgique, la Suisse romande.

Jim. Oui. A vous le marché du Canada francophone. Libre à vous de prendre l'agence pour la Martinique et la Guadeloupe.

M. Tisserand. Rien à faire! Vendre des tricots là où la température ne tombe guère au-dessous de trente degrés — à vous le plaisir, mon ami! Mais au Québec! Ces 'quelques arpents de neige' peuvent bien enfin nous rapporter quelque chose. Les Québécois, des Français en somme, sont des gens qui savent apprécier la qualité, sans se voir obligés de regarder à la dépense.

Jim. Ce n'est pas sans intérêt pour nous non plus.

M. Tisserand. Un accord comme celui-ci, ça s'arrose!

Jim. Ça va sans dire! Un instant. Vous pouvez me faire faire un compte rendu de nos discussions, de ce que nous avons décidé, n'est-ce pas?

M. Tisserand. Mais bien sûr. Holà! Francine!

Francine. Vous désirez, Monsieur?

M. Tisserand. Une copie du compte rendu pour Monsieur.

Francine. La voici, Monsieur.

Jim. Comment, déjà? Merci mille fois, Mademoiselle. Je vous félicite.

M. Tisserand. Ce n'est pas seulement pour égayer les locaux qu'elle est là, voyez-vous.

Jim. Elle y réussit à merveille.

Francine. Flattée, Monsieur.

Jim. A propos. Robert Edwards — il y a longtemps que je ne l'ai vu. Je devrais lui parler. Il pourrait m'en vouloir un tout petit peu d'avoir tout fait de mon propre chef. C'est un collègue, vous comprenez, je dois le ménager un peu. Je serai à vous dans un instant, Monsieur.

M. Tisserand. Parfait. Monsieur Edwards et Legallois s'entretiennent sur les fluctuations du marché sans doute. Cela passionne toujours les gens des Achats. Vous prenez deux glaçons, n'est-ce pas?

Jim. Vous n'oubliez rien. A tout à l'heure. *(Il sort.)*

Au bureau de M. Legallois.

M. Edwards. Nom de nom! Je ne m'attendais pas à vous voir ici, Jim! Je vous croyais à Moscou!

Jim. Me voici, mon vieux. Excusez-moi, je ne pouvais pas rester en dehors du coup. Pour peu que l'on s'absente de Bradford, on se trouve pour ainsi dire dépouillé de ses fonctions. Mais, ce Monsieur est sans doute M. Legallois?

M. Edwards. Excusez-moi, Jean. Je vous présente Jim Shepherd, notre chef des Ventes.

Jean Legallois. Je m'en étais rendu compte. Enchanté, Monsieur.

Jim. Enchanté.

M. Edwards. Vous voudriez discuter cette affaire avec M. Tisserand, naturellement. Jean, pourriez-vous nous arranger une entrevue avec lui ? Tenez, Jim, je vous expliquerai où nous en sommes. Asseyez-vous donc.

Jim. Ce n'est guère la peine, mon vieux. Je sors à l'instant de son bureau. L'affaire est réglée et, si j'ose dire, d'une manière fort satisfaisante pour tout le monde.

M. Edwards. Comment ? J'étais loin de me douter que... Ainsi, moi, j'ai perdu mon temps !

Jim. Mais non, au contraire. Sans vos discussions et votre coup de téléphone à Bradford on serait resté dans le vague.

M. Edwards. Il me semble que la plupart du temps j'ai fait antichambre en attendant que M. Tisserand consente à me voir. Et puis vous venez m'annoncer que... Eh ben, c'est du joli !

Jim. Mais vous avez eu toutefois des conversations avec M. Legallois qui seront très utiles quand ce plan se réalisera.

Jean Legallois. Oui, oui, sans aucun doute. Qu'en dites-vous, Robert ?

M. Edwards. Oh, oui, bien sûr. Mais vous, Jim, je vous croyais à Moscou. Je n'en reviens pas.

Jim. Eh bien, écoutez. Je suis rentré avant-hier et le patron m'a mis au courant. Vous me connaissez, je ne refuse jamais deux jours à Paris.

M. Edwards. Et le chef l'a approuvé tout en sachant que j'étais déjà en train de conduire les négociations ?

Jim. Oui, aussitôt que je lui ai laissé entrevoir une certaine idée que j'avais dans la tête.

M. Edwards. Et quelle était votre fameuse idée ?

Jim. Vous l'apprendrez par la suite. D'après votre rapport au téléphone les discussions allaient d'un train assez peu encourageant pour tout dire.

M. Edwards. A qui le dites-vous ?

Jean Legallois. Oui, l'affaire traînait.

Jim. Précisément. Alors, le moment était venu de donner une autre tournure à la chose, d'introduire un nouvel élément.

M. Edwards. Un nouvel élément ? Mais vous parlez par énigmes, Jim. Je ne saisis pas.

Jim. Écoutez, mon ami. J'ai fait des recherches et j'ai consulté quelques-uns de mes anciens camarades français. En un mot je me suis permis de révéler à M. Tisserand que Woolware n'avait plus du tout intérêt à signer quelque accord que ce soit avec Filalaine, que j'étais en rapport avec un de ses concurrents et que...

M. Edwards. Vous avez donc découvert une autre firme prête à assumer les charges de notre agence en France ?

Jim. Contre une commission de 6½ %. C'est une firme qui donne du fil à retordre à M. Tisserand depuis quelques mois. Lui, s'acharne à avoir le dessus.

M. Edwards Et c'est comme ça que...?

Jim. Oui, mon vieux. Un peu de diplomatie, c'est tout ce qu'il fallait. Par surcroît j'ai proposé une petite combinaison pour les ventes au Québec.

Jean Legallois. Au Québec?

Jim. Oui. Filalaine obtiendra les commandes — le lien linguistique vous y aidera, puis nous, à Bradford, les exécuterons. De cette façon nous profiterons de la préférence impériale et Filalaine aura une commission qui ne sera pas à mépriser. Bref, mon vieux, l'affaire est dans le sac.

Jean Legallois. Et pour ce qui est de nos achats de laine brute, Monsieur?

Jim. C'est arrangé, Monsieur. Commission, livraison, tout!

M. Edwards. Jim?

Jim. Oui, Robert.

M. Edwards. Dites-moi, comment est-ce qu'elle s'appelle, cette firme qui était si impatiente de vendre nos tricots?

Jim. Mais, mon vieux, vous qui alliez préparer un rapport sur les dix premières sociétés dans la branche, vous devriez être assez au courant pour deviner laquelle. D'ailleurs, je vous le dit carrément, cela n'a aucune espèce d'importance, n'est-ce pas, M. Legallois?

Jean Legallois. Non, étant donné que cela ne regarde pas Filalaine. Pourtant je serais fort curieux d'étudier les détails de ce que vous avez convenu avec M. Tisserand, surtout à l'égard de...

M. Edwards. Excusez-moi, Jean, voulez-vous. Jim. Je n'ai pas eu le temps de faire une étude très poussée, voyez-vous, mais je parie que c'est la Societé...

Jim. Passons à autre chose, mon vieux. N'en parlons plus. Monsieur Legallois, excusez-nous. Il ne faut pas que je révèle tous mes petits secrets même à mon cher collègue, Robert, n'est-ce pas?

M. Edwards. Mais Jim, qu'est-ce qui vous prend, puisque vous ne...? Oh, je vois! Votre firme n'exi... C'est ça que vous entendez par 'un peu de diplomatie'? Peuh, vraiment! Ce n'est pas très catholique, mon ami.

Jim. Ne vous froissez pas, mon vieux. Qu'est-ce que vous voulez? Les affaires sont les affaires!

Jean Legallois. Messieurs, cela me dépasse. Excusez-moi. Entrez! Oui, Mademoiselle, qu'est-ce qu'il y a?

Francine. M. Tisserand vous attend ainsi que nos visiteurs anglais dans son bureau.

Jean Legallois. Merci, Francine. Nous arrivons.

Jim. Oui, il nous offre un petit verre et ensuite il faut faire nos adieux. Dites, Robert, c'est à quelle heure les représentations aux Folies Bergère? J'ai promis à la petite... Tenez, comment est-ce qu'elle s'appelle? ah, oui, Francine, de l'y emmener ce soir. Histoire de fêter l'accord. Je ne suis pas tellement pressé de retourner à Bradford, vous savez.

M. Edwards. Ah, ça par exemple! Pour vous, je vois bien, Jim, les affaires sont les affaires!

COMMENTAIRE

Topez-là!	*Done!*
vos indications	*your instructions*
on vous l'expédiera	*it will be dispatched to you*
le prix de revient	*the cost price*
le prix de vente	*the selling price* *the retail price* le prix de détail
par la suite	*subsequently; thereafter*
Libre à vous de prendre	*You are free to take*
Rien à faire!	*Nothing doing!; There are no two ways about it*
Ces 'quelques arpents de neige'	*These few acres of snow* The phrase with which Voltaire dismissed the importance of Canada during the Seven Years War. Surface area is now measured: 1 **are** = 119·6 *sq. yards* 100 **ares** = 1 **hectare** (2·471 *acres*)
ça s'arrose!	*it calls for a drink!*
un compte rendu	*a report; a book review*
égayer les locaux	*to make the place beautiful*
il y a longtemps que je ne l'ai vu	*it's a long time since I saw him*
de mon propre chef	*on my own initiative; off my own bat*
deux glaçons (*m.*)	*two lumps of ice*
Juste ciel!	*Good Heavens!*

rester en dehors du coup	*remain out of it*
Pour peu que l'on s'absente de Bradford	*If ever one goes away from Bradford* **Pour peu que** + **Subjunctive** *if only; if ever*
dépouillé de ses fonctions	*stripped of one's functions* i.e. *out of a job*

j'étais loin de me douter que	i.e. *I never suspected that*
	se douter de qc. *to suspect sg., to surmise*
	Je m'en doutais! *I thought as much!*
	Compare: Je me doute qu'il est avec Jean.
	   I suspect he is with Jean.
	   Je doute qu'il soit avec Jean.
	   I doubt that he's with Jean.

c'est du joli	*it's a fine state of affairs!*
j'ai fait antichambre	*I've been kicking my heels*
en attendant que (+ Subjunctive)	*till, until*
quand ce plan se réalisera	*when this plan is put into effect* Remember this use of the future tense. la réalisation *the application; the implementation; the carrying out (of a project, etc.)*
Je n'en reviens pas	*I can't get over it*
allaient d'un train assez peu encourageant	*were progressing at a not very encouraging rate*
pour tout dire	*to say the least of it*
donner une autre tournure à la chose	*to put a new face on the matter*
Vous parlez par énigmes	*You're talking in riddles*
assumer les charges	*take on the responsibilities* une charge *a load, a burden* *a charge* un prix
Lui s'acharne à avoir le dessus	*He is dead set on being top dog, getting the upper hand* acharné *eager; desperate*
Par surcroît	*In addition, into the bargain*
une petite combinaison	*a little arrangement* une combinaison *a scheme; a combination; overalls*
mépriser	*to scorn*
carrément	*clearly; straightforwardly*

une étude très poussée	*a very deep study*
je parie	*I bet*
	un pari *a wager*
qu'est-ce qui vous prend	= qu'est-ce que vous avez
Ce n'est pas très catholique	*It sounds a bit suspicious* (coll.)
Cela me dépasse	*It's beyond me*

EXERCICES

1

MODÈLE

Et maintenant il s'agit de lui souhaiter 'bon voyage'.   **Le moment est venu de lui souhaiter 'bon voyage'.**

1. Et maintenant il s'agit d'avoir une copie du compte rendu.
2. Et maintenant il s'agit de mettre en vigueur notre combinaison.
3. Et maintenant il s'agit de ménager un peu mon collègue.
4. Et maintenant il s'agit de dire au revoir à M. Legallois.
5. Et maintenant il s'agit de penser à autre chose.
6. Et maintenant il s'agit de prendre un casse-croûte quelque part.
7. Et maintenant il s'agit d'emmener Francine aux Folies Bergère.
8. Et maintenant il s'agit de faire un autre exercice.

2

MODÈLE

Mais vous n'avez pas parlé affaires tout de même?   **Mais si! Il me semble que j'ai parlé affaires la plupart du temps.**

1. Mais vous n'avez pas fait antichambre tout de même?
2. Mais vous n'êtes pas resté à Paris tout de même?
3. Mais vous n'avez pas dû attendre qu'il se décide tout de même?
4. Mais vous n'êtes pas rentré tard le soir tout de même?
5. Mais vous n'avez pas agi en 'parfait gentleman' tout de même?
6. Mais vous n'avez pas mangé aux frais de la firme tout de même?
7. Mais vous n'avez pas parlé français tout de même?
8. Mais vous vous êtes bien amusé tout de même?

3

MODÈLE

Ces messieurs ne l'ont pas fait?   **Si. D'après eux ils l'ont fait il y a deux jours.**

1. Il n'en a pas parlé?
2. Jeanine y a répondu?
3. Elles n'y ont pas pensé?

4. Francine s'en est occupée?
5. Jean ne l'a pas vérifié?
6. M. Tisserand s'en est chargé?
7. Jim ne l'a pas réglé?
8. Robert n'en a pas entendu parler?

4

Répondez aux questions suivantes en employant des pronoms.

MODÈLE

Vous avez bu du Pernod récemment?   Oh, il y a longtemps que je n'en ai bu, croyez-moi bien.

1. Vous avez vu Jim récemment?
2. Vous avez parlé avec votre grand'mère récemment?
3. Vous êtes allée au théâtre récemment?
4. Vous avez mangé chez vos amis allemands récemment?
5. Vous avez goûté des tripes à la mode de Caen récemment?
6. Vous avez prêté de l'argent à votre sœur récemment?
7. Vous êtes sorti avec votre secrétaire récemment?
8. Vous avez pensé récemment au travail qui vous attend?

5

MODÈLE

Si ce plan se réalise, M. Edwards re-   Mais je sais que M. Edwards reviendra
viendra en France.   en France quand le plan se réalisera.

1. Si l'accord réduit les frais, M. Tisserand sera ravi.
2. S'ils tombent d'accord, les deux partenaires gagneront gros.
3. Si leur projet entre en vigueur, on n'aura plus de problèmes.
4. S'il sort ce soir, Jim s'amusera bien.
5. S'il vient en France, Guillaume apprendra bien des expressions françaises.
6. S'il rentre en Angleterre en avion, Robert se sentira épuisé.
7. S'il rentre sans avoir acheté de cadeaux, sa femme lui en voudra.
8. Si vous relisez ces exercices, vous aurez moins de difficultés à les faire.

6

MODÈLE

Vous avez revu Jim aujourd'hui — vous   Mais non. J'étais loin de me douter que
vous y attendiez?   j'aurais revu Jim aujourd'hui.

1. Jim est apparu à Paris — vous vous y attendiez?
2. Votre Directeur lui a permis de venir ici — vous vous y attendiez?
3. Votre Directeur a approuvé son astuce — vous vous y attendiez?
4. Jim a tout fait de son propre chef — vous vous y attendiez?
5. Jim a entamé des discussions sans vous consulter — vous vous y attendiez?
6. M. Tisserand lui a parlé sans vous en prévenir — vous vous y attendiez?
7. Jim a tout simplement inventé l'histoire d'une autre firme — vous vous y attendiez?
8. L'affaire a été conclue de cette façon-là — vous vous y attendiez?

EXERCICE DE CONVERSATION—1

Vous allez entendre la voix de Monsieur Tisserand qui répète le rôle qu'il vient de jouer dans le dialogue. C'est à vous de prendre le rôle de **Jim.**

M. Tisserand	Topez-là! On est tout à fait d'accord sur tous les points.	
Jim		— conclu — un plaisir — en laine — moyennant — 7 % — premières — vous fournira — le reste — A vous — indications — Normalement — CAF —
M. Tisserand	Parfait. Legallois s'occupera des menus détails.	
Jim		— Pour ce que — 7 % jusqu'à — basé sur —
M. Tisserand	Sur le prix de revient?	
Jim		— vente — toujours — Ensuite —
M. Tisserand	Entendu, entendu. L'accord vaudra en premier lieu pour deux ans avec prolongation automatique par la suite, sujette à révision par chacun des partenaires sur demande.	
Jim		— comme —
M. Tisserand	Et nous tiendrons la représentation exclusive pour le Québec aussi bien que pour la France, la Belgique, la Suisse romande.	
Jim		— francophone. Libre à — l'agence —
M. Tisserand	Rien à faire! Vendre des tricots là où la température ne tombe guère au-dessous de trente degrés — à vous le plaisir, mon ami! Mais au Québec! Ces 'quelques arpents de neige' peuvent bien enfin nous rapporter quelque chose. Les Québécois, des Français en somme, sont des gens qui savent apprécier la qualité, sans se voir obligés de regarder à la dépense.	
Jim		— sans intérêt —
M. Tisserand	Un accord comme celui-ci, ça s'arrose!	
Jim		— instant — faire faire — nos discussions — décidé —

EXERCICE DE CONVERSATION—2

Et maintenant vous prendrez le rôle de **M. Tisserand.**

Jim.	Tous! Marché conclu! Woolware se fera un plaisir de vous approvisionner en laine brute australienne moyennant une commission de 7 % sur les premières 200 000 livres qu'on vous fournira, 6 % sur le reste. A vous de nous donner vos indications quant à la quantité, la qualité et cætera. Normalement on vous l'expédiera C.A.F. Cherbourg.	
M. Tisserand		Parfait — détails.
Jim	Bien. Pour ce que vous allez vendre pour nous, vous savez, 7 % jusqu'à la valeur de 45 000 livres sterling basé sur le prix de revient.	
M. Tisserand		?
Jim	Pardon, je m'excuse. Sur le prix de vente, naturellement. Je me trompe toujours. Ensuite 6 %.	
M. Tisserand		— deux ans — automatique — révision — chacun —
Jim	C'est ça — comme convenu.	
M. Tisserand		— nous tiendrons — aussi bien que —
Jim	Oui. A vous le marché du Canada francophone. Libre à vous de prendre l'agence pour la Martinique et la Guadeloupe.	
M. Tisserand		Rien — Vendre — la température — au-dessous — le plaisir. Mais — arpents de neige — rapporter — Les Québecois — des gens — apprécier — obligés — la dépense.
Jim	Ce n'est pas sans intérêt pour nous plus.	
M. Tisserand		Un accord —

QUESTIONS

1. M. Tisserand, qu'est-ce qu'il annonce tout à fait au début du dialogue?
2. La firme Woolware, à quoi s'est-elle engagée en acceptant l'accord?
3. Qui est-ce qui décidera de la quantité de laine dont il est question?
4. Et des conditions de livraison?
5. Faites la distinction entre 'prix de revient' et 'prix de vente'.
6. Filalaine s'engage à vendre les produits de Woolware au Québec — pourquoi est-ce que cette combinaison fait plaisir aux deux partenaires?
7. Expliquez pourquoi M. Tisserand ne s'intéresse pas du tout au marché antillais.
8. A votre avis pourquoi est-ce que Jim demande qu'on lui donne un compte rendu de leurs discussions?
9. Jim félicite Francine — pour quelles raisons?
10. Expliquez ce qui amène Jim à passer dans le bureau de M. Legallois.
11. Comment savez-vous que Jean avait deviné que le nouveau venu était bien Jim?
12. Quels sont les motifs de la brusque apparition de Jim à Paris?
13. Quelles recherches prétend-il avoir faites?
14. Quelle était l'attitude de M. Tisserand à l'égard de l'autre firme à laquelle Jim fait allusion?
15. Comment se fait-il que Filalaine puisse obtenir des commandes au Québec plus facilement que Woolware?
16. M. Edwards ne savait rien du tout sur la firme dont Jim a parlé — pourquoi?
17. Que pensez-vous de la tactique employée par Jim pour conclure le marché, de sa 'diplomatie'?
18. De quelle façon Jim compte-t-il fêter cet accord?
19. Où sera M. Edwards sur ces entrefaites?
20. Résumez le rôle de M. Edwards au cours de l'histoire entière — a-t-il fait un bon travail?
21. Que dirait la femme de Jim si elle apprenait que son mari avait remis son retour à Bradford pour emmener Francine aux Folies Bergère?
22. Que penserait M. Tisserand s'il constatait que Jim n'avait jamais été en rapport avec ses concurrents?
23. Mettez-vous à la place de Jean qui raconte les événements de cette journée à Monique.
24. Imaginez la conversation qui aurait pu avoir lieu entre M. Tisserand et M. Edwards, si Jim n'était pas venu à Paris.
25. Imaginez la conversation qui aura lieu entre M. Edwards et M. Legallois au déjeuner quand ils feront leurs adieux.
26. Que diront Jim et son chef quand ils se reverront à Bradford? Il est à supposer que celui-là ne reste pas trop longtemps à Paris!
27. De quelle façon M. Edwards sera-t-il accueilli par son chef quand il rentrera à Bradford?
28. Francine raconte à Jeanine comment elle a passé la soirée. Que dira-t-elle?
29. Que pense Robert de Jim?
30. Est-ce que Robert et Jean se ressemblent?

THÈME

Provisional Agreement between Société Filalaine, Paris, and the Woolware Co. of Bradford, United Kingdom.

Report of discussions between Mr. J. Shepherd, Head of the Sales Department, Woolware Co., and M. G. Tisserand, Managing Director, Société Filalaine, held in Paris, 3 April 1969.

Subject to the approval of the Board of Directors of the Woolware Company it has been agreed as follows:

1. The Purchasing Department of the Woolware Company will execute orders to purchase raw wool on behalf of Société Filalaine.

2. Such orders will be transmitted directly to the Purchasing Department of the Woolware Company by the Purchasing Department of Société Filalaine.

3. In the absence of instructions to the contrary, orders will be executed within a reasonable period of time and at current market prices. It is understood, however, that the Purchasing Department of the Woolware Company will make every effort to effect these purchases on the most favourable terms available.

4. The Purchasing Department of the Woolware Company will be responsible for ensuring delivery in accordance with instructions from Société Filalaine. The responsibility of the Woolware Company will extend to insurance, Customs formalities, and export documents.

5. A commission of seven per cent, based on c.i.f. French port price, will be paid to the Woolware Company by Société Filalaine on wool supplied up to the quantity of 200,000 lb. in the course of any one year calculated from the date of signature. On subsequent purchases a commission of six per cent will be payable. Commission to be paid within thirty days of delivery.

6. Société Filalaine will act as sole agents for the products of the Woolware Company in France, Belgium, French-speaking Switzerland and the province of Quebec.

7. It is expected that Tweed and Cashmere products will normally constitute at least sixty per cent of the total value of goods referred to in Para. 6.

8. Commission due to Société Filalaine will be at the rate of seven per cent of sales price on goods to the value of £45,000, subsequently at the rate of six per cent.

9. Details of a joint advertising campaign in countries referred to in Para. 6 will be discussed at a later date.

10. It will be a condition of any agreement that it will be valid for two years in the first instance. Unless either party gives 3 months' notice of his desire to terminate the agreement it will remain in force.

11. A document embodying the above-mentioned provisions will be prepared by the Legal Department of Société Filalaine and submitted to the Board of the Woolware Company within three weeks.

Indications Grammaticales

CONJUGATION OF *AVOIR* AND *ÊTRE*

AVOIR

Present Participle	ayant *Past Participle* eu
Present	j'ai, tu as, il a, nous avons, vous avez, ils ont
Imperfect	j'avais, tu avais, il avait, nous avions, vous aviez, ils avaient
Future	j'aurai, tu auras, il aura, nous aurons, vous aurez, ils auront
Conditional	j'aurais, tu aurais, il aurait, nous aurions, vous auriez, ils auraient
Perfect	j'ai eu, tu as eu, il a eu, nous avons eu, vous avez eu, ils ont eu
Pluperfect	j'avais eu *etc.*
Future Perfect	j'aurai eu *etc.*
Conditional Perfect	j'aurais eu *etc.*
Present Subjunctive	j'aie, tu aies, il ait, nous ayons, vous ayez, ils aient
Past Historic	j'eus, tu eus, il eut, nous eûmes, vous eûtes, ils eurent
Imperative	aie, ayons, ayez

ÊTRE

Present Participle	étant *Past Participle* été
Present	je suis, tu es, il est, nous sommes, vous êtes, ils sont
Imperfect	j'étais, tu étais, il était, nous étions, vous étiez, ils étaient
Future	je serai, tu seras, il sera, nous serons, vous serez, ils seront
Conditional	je serais, tu serais, il serait, nous serions, vous seriez, ils seraient
Perfect	j'ai été, tu as été, il a été, nous avons été, vous avez été, ils ont été
Pluperfect	j'avais été *etc.*
Future Perfect	j'aurai été *etc.*
Conditional Perfect	j'aurais été *etc.*
Present Subjunctive	je sois, tu sois, il soit, nous soyons, vous soyez, ils soient
Past Historic	je fus, tu fus, il fut, nous fûmes, vous fûtes, ils furent
Imperative	sois, soyons, soyez

CONJUGATION OF REGULAR VERBS

Infinitives end in:

	-er **DONNER**	-ir **FINIR**	-re **ATTENDRE**
Past Participle	donné	fini	attendu
Present Participle	donnant	finissant	attendant
Present	je donne tu donnes il donne nous donnons vous donnez ils donnent	je finis tu finis il finit nous finissons vous finissez ils finissent	j'attends tu attends il attend nous attendons vous attendez ils attendent
Imperfect	je donnais tu donnais il donnait nous donnions vous donniez ils donnaient	je finissais tu finissais il finissait nous finissions vous finissiez ils finissaient	j'attendais tu attendais il attendait nous attendions vous attendiez ils attendaient
Future	je donnerai tu donneras il donnera nous donnerons vous donnerez ils donneront	je finirai tu finiras il finira nous finirons vous finirez ils finiront	j'attendrai tu attendras il attendra nous attendrons vous attendrez ils attendront
Conditional	je donnerais tu donnerais il donnerait nous donnerions vous donneriez ils donneraient	je finirais tu finirais il finirait nous finirions vous finiriez ils finiraient	j'attendrais tu attendrais il attendrait nous attendrions vous attendriez ils attendraient
Past Historic (*See page* 300)	je donnai tu donnas il donna nous donnâmes vous donnâtes ils donnèrent	je finis tu finis il finit nous finîmes vous finîtes ils finirent	j'attendis tu attendis il attendit nous attendîmes vous attendîtes ils attendirent
Perfect	j'ai donné *etc.*	j'ai fini *etc.*	j'ai attendu *etc.*
Pluperfect	j'avais donné *etc.*	j'avais fini *etc.*	j'avais attendu *etc.*
Future Perfect	j'aurai donné *etc.*	j'aurai fini *etc.*	j'aurai attendu *etc.*
Conditional Perfect	j'aurais donné *etc.*	j'aurais fini *etc.*	j'aurais attendu *etc.*
Present Subjunctive	que je donne que tu donnes qu'il donne que nous donnions que vous donniez qu'ils donnent	que je finisse que tu finisses qu'il finisse que nous finissions que vous finissiez qu'ils finissent	que j'attende que tu attendes qu'il attende que nous attendions que vous attendiez qu'ils attendent
Imperative	donne donnons donnez	finis finissons finissez	attends attendons attendez

Notice the following peculiarities of spelling of some -er verbs.

Infinitive	Present Tense (nous and vous) Present Subj.	Present Tense (je, tu, il, elle, ils, elles) Present Subj.	Future and Conditional
lever	e	è	è
jeter	t	tt	tt
appeler	l	ll	ll
répéter	é	è	é
nettoyer essuyer	y	i	i
payer	y	y *or* i	y *or* i

Verbs conjugated like **lever :** acheter, geler (*to freeze*), mener, peser, semer (*to sow*), etc.

Verbs conjugated like **jeter :** épousseter (*to dust*), cacheter (*to seal*), etc.

Verbs conjugated like **appeler :** épeler, étinceler (*to sparkle*), renouveler, etc.

Verbs conjugated like **répéter :** accélérer, céder, considérer, espérer, exagérer, préférer, protéger, révéler, sécher, *etc.*

Remember that verbs ending in -cer require ç before a and o. je commence *but* nous commençons, je commençais, etc.

Similarly verbs ending in -ger require the addition of e before a and o. je mange *but* nous mangeons, je mangeais, etc.

Infinitive	Present Participle	Past Participle	Present
acquérir (*to acquire*)	acquérant	acquis	j'acquiers, il acquiert, nous acquérons, ils acquièrent
aller (*to go*)	allant	allé (with **être**)	je vais, tu vas, il va, nous allons, ils vont
apercevoir (*to perceive*)	apercevant	aperçu	j'aperçois, il aperçoit, nous apercevons, ils aperçoivent
s'asseoir (*to sit down*)	asseyant	assis	je m'assieds, il s'assied, nous nous asseyons, ils s'asseyent
atteindre (*to reach*)	atteignant	atteint	j'atteins, il atteint, nous atteignons, ils atteignent
battre (*to beat*) Regular except as indicated.			je bats, tu bats, il bat
boire (*to drink*)	buvant	bu	je bois, il boit, nous buvons, ils boivent
bouillir (*to boil*)	bouillant	bouilli	je bous, il bout, nous bouillons, ils bouillent
conclure (*to conclude*)	concluant	conclu	je conclus, il conclut, nous concluons, ils concluent
conduire (*to drive*)	conduisant	conduit	je conduis, il conduit, nous conduisons, ils conduisent
connaître (*to know*)	connaissant	connu	je connais, il connaît, nous connaissons, ils connaissent
coudre (*to sew*)	cousant	cousu	je couds, il coud, nous cousons, ils cousent
courir (*to run*)	courant	couru	je cours, il court, nous courons, ils courent
couvrir (*to cover*)	couvrant	couvert	je couvre, il couvre, nous couvrons, ils couvrent
craindre (*to fear*)	craignant	craint	je crains, il craint, nous craignons, ils craignent
croire (*to believe*)	croyant	cru	je crois, il croit, nous croyons, ils croient
croître (*to grow*)	croissant	crû, crue	je croîs, il croît, nous croissons, ils croissent
cueillir (*to gather*)	cueillant	cueilli	je cueille, il cueille, nous cueillons, ils cueillent
devoir (*to owe; to have to*)	devant	dû, due	je dois, il doit, nous devons, ils doivent
dire (*to say*)	disant	dit	je dis, il dit, nous disons, ils disent

VERBS

Future	Present Subjunctive	Past Historic	Similar Verbs
j'acquerrai	que j'acquière	j'acquis	conquérir
j'irai	que j'aille que nous allions qu'ils aillent	j'allai	
j'apercevrai	que j'aperçoive	j'aperçus	concevoir, décevoir, recevoir
je m'assiérai	que je m'asseye	je m'assis	
j'atteindrai	que j'atteigne	j'atteignis	éteindre, feindre, peindre, restreindre, teindre combattre, rabattre
je boirai	que je boive	je bus	
je bouillirai	que je bouille	je bouillis	
je conclurai	que je conclue	je conclus	exclure, inclure (Past Part. inclus)
je conduirai	que je conduise	je conduisis	construire, cuire, déduire, détruire, instruire, introduire, produire, réduire, nuire (Past Part. nui), luire (Past Part. lui)
je connaîtrai	que je connaisse	je connus	paraître
je coudrai	que je couse	je cousis	
je courrai	que je coure	je courus	accourir, concourir, parcourir, secourir
je couvrirai	que je couvre	je couvris	découvrir, offrir, ouvrir, souffrir
je craindrai	que je craigne	je craignis	contraindre, plaindre
je croirai	que je croie	je crus	
je croîtrai	que je croisse	je crûs	accroître (Past Part. accru), décroître (Past Part. décru)
je cueillerai	que je cueille	je cueillis	accueillir
je devrai	que je doive	je dus	
je dirai	que je dise	je dis	

Infinitive	Present Participle	Past Participle	Present
dormir (*to sleep*)	dormant	dormi	je dors, il dort, nous dormons, ils dorment
échoir (*to fall due*) Used only in 3rd person.	échéant	échu	il échet, ils échéent
écrire (*to write*)	écrivant	écrit	j'écris, il écrit, nous écrivons, ils écrivent
envoyer (*to send*) Regular except as indicated.			
faillir (*to miss*)	—	failli	—
faire (*to make, to do*)	faisant	fait	je fais, il fait, nous faisons, vous faites, ils font
falloir (*to be necessary*) Impersonal.	—	il a fallu	il faut
fuir (*to flee*)	fuyant	fui	je fuis, il fuit, nous fuyons, ils fuient
haïr (*to hate*)	haïssant	haï	je hais, il hait, nous haïssons, ils haïssent
joindre (*to join*)	joignant	joint	je joins, il joint, nous joignons, ils joignent
lire (*to read*)	lisant	lu	je lis, il lit, nous lisons, ils lisent
mettre (*to put*)	mettant	mis	je mets, il met, nous mettons, ils mettent
mourir (*to die*)	mourant	mort (with **être**)	je meurs, il meurt, nous mourons, ils meurent
naître (*to be born*)	naissant	né (with **être**)	je nais, il naît, nous naissons, ils naissent
plaire (*to please*)	plaisant	plu	je plais, il plaît, nous plaisons, ils plaisent
pleuvoir (*to rain*) Impersonal	pleuvant	il a plu	il pleut
pouvoir (*to be able to*)	pouvant	pu	je peux, il peut, nous pouvons, ils peuvent
prendre (*to take*)	prenant	pris	je prends, il prend, nous prenons, ils prennent
résoudre (*to resolve*)	résolvant	résolu	je résous, il résout, nous résolvons, ils résolvent

Future	Present Subjunctive	Past Historic	Similar Verbs
je dormirai	que je dorme	je dormis	mentir, partir, se repentir, sentir, servir, sortir
il écherra		il échut	
j'écrirai	que j'écrive	j'écrivis	décrire, inscrire
j'enverrai			
—	—	je faillis	
je ferai	que je fasse	je fis	satisfaire
il faudra	qu'il faille	il fallut	
je fuirai	que je fuie	je fuis	
je haïrai	que je haïsse	je haïs	
je joindrai	que je joigne	je joignis	
je lirai	que je lise	je lus	
je mettrai	que je mette	je mis	admettre, omettre, remettre
je mourrai	que je meure que nous mourions qu'ils meurent	je mourus	
je naîtrai	que je naisse	je naquis	
je plairai	que je plaise	je plus	taire (present tense **il tait**)
il pleuvra	qu'il pleuve	il plut	
je pourrai	que je puisse	je pus	
je prendrai	que je prenne que nous prenions qu'ils prennent	je pris	apprendre
je résoudrai	que je résolve	je résolus	

Infinitive	Present Participle	Past Participle	Present
rire (*to laugh*)	riant	ri	je ris, il rit, nous rions, ils rient
rompre (*to break*) Regular except as indicated.			il rompt
savoir (*to know*)	sachant	su	je sais, il sait, nous savons, ils savent
suffire (*to suffice*)	suffisant	suffi	je suffis, il suffit, nous suffisons, ils suffisent
suivre (*to follow*)	suivant	suivi	je suis, il suit, nous suivons, ils suivent
vaincre (*to conquer*)	vainquant	vaincu	je vaincs, il vainc, nous vainquons, ils vainquent
valoir (*to be worth*)	valant	valu	je vaux, il vaut, nous valons, ils valent
venir (*to come*)	venant	venu	je viens, il vient, nous venons, ils viennent
vivre (*to live*)	vivant	vécu	je vis, il vit, nous vivons, ils vivent
voir (*to see*)	voyant	vu	je vois, il voit, nous voyons, ils voient
vouloir (*to want*)	voulant	voulu	je veux, il veut, nous voulons, ils veulent

As well as the verbs listed above there are many formed by the addition of a prefix, **ad-, dé-, par-, re-, sur-,** etc.

Thus **décrire** is conjugated like **écrire, parvenir** like **venir**, *etc.*

Note also:

concevoir (*to conceive*)	is conjugated like		apercevoir
construire (*to construct*)	„	„ „	conduire
contraindre (*to compel*)	„	„ „	craindre
conquérir (*to conquer*)	„	„ „	acquérir
cuire (*to cook*)	„	„ „	conduire
décevoir (*to disappoint, to deceive*)	„	„ „	apercevoir
déduire (*to deduce*)	„	„ „	conduire
détruire (*to destroy*)	„	„ „	conduire
éteindre (*to extinguish*)	„	„ „	atteindre
exclure (*to exclude*)	„	„ „	conclure
feindre (*to pretend*)	„	„ „	atteindre
inclure (*to include*)	„	„ „	conclure
inscrire (*to inscribe*)	„	„ „	écrire
instruire (*to instruct*)	„	„ „	conduire
introduire (*to introduce*)	„	„ „	conduire
mentir (*to lie*)	„	„ „	dormir
nuire (*to harm*)	„	„ „	conduire

Future	Present Subjunctive	Past Historic	Similar Verbs
je rirai	que je rie que nous rions	je ris	sourire
je saurai	que je sache que nous sachions	je sus	
je suffirai	que je suffise	je suffis	
je suivrai	que je suive	je suivis	s'ensuivre, poursuivre
je vaincrai	que je vainque	je vainquis	
je vaudrai	que je vaille	je valus	
je viendrai	que je vienne	je vins	tenir
je vivrai	que je vive	je vécus	
je verrai	que je voie	je vis	
je voudrai	que je veuille	je voulus	

offrir (*to offer*)	is conjugated like		couvrir
ouvrir (*to open*)	,,	,, ,,	couvrir
paraître (*to appear*)	,,	,, ,,	connaître
partir (*to depart*)	,,	,, ,,	dormir
peindre (*to paint*)	,,	,, ,,	atteindre
plaindre (*to pity*)	,,	,, ,,	craindre
recevoir (*to receive*)	,,	,, ,,	apercevoir
réduire (*to reduce*)	,,	,, ,,	conduire
se repentir (*to repent*)	,,	,, ,,	dormir
restreindre (*to restrain*)	,,	,, ,,	atteindre
sentir (*to feel*)	,,	,, ,,	dormir
servir (*to serve*)	,,	,, ,,	dormir
sortir (*to go out*)	,,	,, ,,	dormir
souffrir (*to suffer*)	,,	,, ,,	couvrir
se taire (*to be silent*)	,,	,, ,,	plaire
teindre (*to dye*)	,,	,, ,,	atteindre
tenir (*to hold*)	,,	,, ,,	venir
traduire (*to translate*)	,,	,, ,,	conduire

NORMAL WORD ORDER

je								guère					
tu								jamais					
il	me						Verb	pas					
elle	te							point					
on	ne se	le	lui	y		en		plus	Adv.	——	personne	Adv.	Adv.
ce	nous	la	leur				Auxiliary	point	(a)	Past		(b)	(c)
nous	vous	les					Verb	rien		Part.			
vous	se							tout					
ils													
elles													

Adv. (a) Adverbs which are quite short, e.g. **bien, mieux, mal, trop, peu.**
Adv. (b) Adverbs of several syllables, e.g. **complètement, quelquefois.**
Adv. (c) Adverbs of time and place, e.g. **hier, aujourd'hui, demain, ici, là, tard, tôt, aussitôt.**

THE PAST HISTORIC (Preterite *or* Passé Simple)

There are no examples of this tense in the preceding text as it is hardly ever used in conversation. It is used in literary style in place of the perfect tense (passé composé) to indicate completed actions. Thus:

M. Legallois naquit à Paris en 19—. A l'âge de 5 ans il commença l'école. Six ans plus tard il entra au lycée où il resta sept ans pour préparer son Bac. Pendant son service militaire il choisit de servir dans l'Armée de terre où il fut vite promu sergent. On envoya son régiment en Indochine où il ne s'amusa pas tellement. De retour en France il se maria puis il suivit des cours dans un collège commercial et finit par entrer à la Société Filalaine.

Formation of the Past Historic

je parlai	je finis	j'attendis
tu parlas	tu finis	tu attendis
il parla	il finit	il attendit
nous parlâmes	nous finîmes	nous attendîmes
vous parlâtes	vous finîtes	vous attendîtes
ils parlèrent	ils finirent	ils attendirent

Often irregular verbs in the Past Historic may be identified owing to similarity between the stem of the Past Historic and the Past Participle.

e.g. boire	Past Participle	**bu**	Past Historic	**il but**
mettre	Past Participle	**mis**	Past Historic	**il mit**

However note especially:

avoir	il **eut**	être	il **fut**
faire	il **fit**	écrire	il **écrivit**
naître	il **naquit**	venir	il **vint**

LETTER WRITING

1. Pour commencer une lettre d'affaires on écrit **Monsieur**, tout simplement. On n'écrit **Cher...** qu'en s'addressant à des personnes que l'on connaît très bien.

2. Pour terminer une lettre on dispose de toute une gamme de formules de politesse. Notez entre autres ces deux formules passe-partout:

Veuillez agréer, Monsieur, l'expression de mes sentiments les meilleurs.

Veuillez agréer, Monsieur, l'expression de mes sentiments distingués.

En écrivant à une personne de rang élevé, par exemple quand on a essayé de solliciter une faveur de sa part, on pourrait utiliser:

Je vous prie de croire, Monsieur, à ma plus haute considération.

Entre amis:

Bien à vous,
Bien cordialement à vous,
Amitiés.

3. Notez aussi les formules utiles:

J'accuse réception de...
I acknowledge receipt of...
Veuillez me rappeler au bon souvenir de Monsieur Un Tel.
Remember me to Mr. So-and-so.

THE USE OF THE SUBJUNCTIVE

A. The Subjunctive is used in subordinate clauses introduced by verbs and expressions indicating the following ideas:

1. A DESIRE THAT AN ACTION BE PERFORMED

WISHING   vouloir que, désirer que, souhaiter que

PREFERRING   aimer mieux que, préférer que

STRIVING   tâcher que, avoir soin que, s'appliquer à ce que, s'attendre à ce que, veiller à ce que, s'opposer à ce que

PREVENTING   empêcher que, éviter que

NECESSITY   il faut que, il est nécessaire que, il est inévitable que

REQUESTING   demander que, prier que, proposer que

REQUIRING   exiger que, insister pour que, entendre que (*intend*)

COMMANDING commander que, ordonner que, dire que

PERMITTING   permettre que, consentir que, approuver que, trouver bon (mauvais) que

PROHIBITING défendre que

2. A SUBJECTIVE REACTION TO AN EVENT

JOY   être ravi (content, heureux, enchanté, satisfait) que

SURPRISE   s'étonner que, être surpris que, c'est un miracle que, c'est étonnant que

REGRET	regretter que, c'est dommage que, quel malheur que, il est triste que
ANGER	être fâché que, être furieux que *etc.*
EXPECTANCY	s'attendre à ce que, il est temps que
FEAR	craindre* que, avoir peur* que

*Used affirmatively these verbs require the insertion of a meaningless **ne** before the dependent verb.*

3. AN IMPLICATION OF UNCERTAINTY

DOUBT	douter que, ne pas se douter que (*not to suspect*), il est douteux que
POSSIBILITY	il est possible que, il se peut que, il semble que, il est impossible que, comment se fait-il que?, est-il vrai que?
CONCESSION	admettre que, concevoir que
DENIAL	nier que, contester que
IGNORANCE	ignorer que (affirmative only)

NOTE. The above ideas are also expressed by many quite common verbs:

penser, croire, savoir, dire, espérer, voir

when used NEGATIVELY or INTERROGATIVELY. In such cases the Subjunctive is required.

B. The Subjunctive is used **after the following conjunctions**:

PURPOSE	pour que, afin que, de peur que... ne..., de crainte que... ne..., en (de) sorte que, de façon que, de manière que
CONDITION	à condition que, pourvu que, supposé que, au cas que, sans que, à moins que... ne...
CONCESSION	bien que, quoique, (soit) que... (soit) que... , où que, pour peu que, malgré que
TIME	avant que... ne, jusqu'à ce que, en attendant que
NEGATION	non que, pas que, non pas que, loin que.

C. The Subjunctive is used in **relative** clauses:

1. where the relative clause depends on something unique, i.e. a superlative or the words **premier, dernier, seul, unique.**
2. where the relative clause refers to an **Indefinite Antecedent.**

   Compare: Il faut trouver un homme qui puisse le réparer. (i.e. *any man* capable of repairing it)
   Mais je connais un homme qui peut le réparer. (i.e. *one particular man*)

D. The Subjunctive is used in **concessive** clauses:

1. *after* qui que, quoi que. e.g. Qui que vous soyez. *Whoever you are.*
2. *after* quel que, quelle que *etc.* e.g. Quelles que soient leurs excuses... *Whatever their excuses may be...*
3. quelque + noun + qui, quelque + noun + que. e.g. Quelques excuses qu'ils fassent... *Whatever excuses they make...*
4. quelque + adjective + que, si + adjective + que. e.g. Quelque intelligentes que soient leurs excuses... *However intelligent their excuses may be...*

E. The Subjunctive is used in **main** clauses:

1. to express a wish. e.g. Vive la Révolution!
2. to give orders to third persons. e.g. Qu'ils le fassent tout de suite! *Let them do it immediately!*

NOTE *In informal speech the Indicative is often encountered in sentences where the Subjunctive might have been expected. The reader will doubtless have noticed examples in the preceding pages.*

Vocabulaire

abandonner, *to abandon.*
abîmer, *to spoil, to damage.*
un abord: d'abord, *at first; in the first place.*
au premier abord, *at first sight.*
aborder, *to approach; to tackle, to broach (a subject).*
aboutir à qc., *to lead to sg.* ne pas aboutir, *to fall through.*
un abruti, *an idiot.*
absolu, *absolute.*
absolument, *absolutely.*
accélérer, *to accelerate* (j'accélère, nous accélérons).
un accent tonique, *stress.*
un accord, *an agreement.* D'accord! *Agreed!* se mettre d'accord, *to come to an agreement.* passer un accord, *to make an agreement.*
accorder, *to grant.*
un accrochage, *a minor collision.*
accrocher, *to hang up.*
un accroissement, *an increase.*
accroître (accru) (*irr.*), *to increase (like* croître).
un accueil, *a welcome.*
accueillir (*irr.*), *to receive, to welcome (like* cueillir).
accuser, *to accuse.*
un achat, *a purchase.* le Service des achats, *the Purchasing Dept.*
acheter, *to buy* (j'achète, nous achetons).
un acheteur, *a buyer.*
achever, *to finish off, to conclude* (j'achève, nous achevons).
l'acier (*m.*), *steel.*
acquérir (acquis) (*irr.*), *to acquire.*
un acteur, *an actor.*
une action, *a share; an action.*
une actrice, *an actress.*
actuel, actuelle, *of the present time; existing.*
admettre (admis) (*irr.*), *to admit (like* mettre).
adoucir, *to soften; to sweeten.*

une adresse, *an address; a skill.*
s'adresser à qn., *to apply to so.; to speak to so.*
aérien, aérienne, *air, aerial* (Adj.).
un aéroglisseur, *a hovercraft.*
un aéroport, *an airport.*
une affaire, *a business; a deal; an affair.* un homme d'affaires, *a business man.* parler affaires, *to talk business.* faire l'affaire de qn., *to answer so.'s purpose.* (pl.) *belongings.*
affermir, *to strengthen; to consolidate.*
une affiche, *a poster.*
afficher, *to stick up (a sign).*
une affluence, *an abundance.* les heures d'affluence, *the rush-hours.*
affolé, *crazy.*
afin de faire qc., *in order to do sg.* afin que + Subj., *in order that.*
une agence, *an agency.*
un agent, *an agent.* un agent de police, *a policeman.*
une agglomération, *a built-up area.*
agir, *to act.*
s'agir (impersonal): il s'agit de, *it is a question of; it concerns; it is a matter of.*
agiter, *to wave; to excite.*
agréable, *pleasant.*
agréer, *to accept; to agree to.*
l'agrégation, *the competitive examination opening the way to the best posts in secondary education.*
aider qn. à faire qc., *to help so. to do sg.*
une aile, *a wing; a mudguard.*
ailleurs, *elsewhere.* d'ailleurs, *besides, moreover.*
aimable, *kind.*
aimablement, *kindly.*
aimer, *to like; to love.* aimer (aimer à) faire qc.
aîné, *elder; eldest.*
un aîné, *an eldest son.*
ainsi, *thus, so, in this way.*

un air, *an air, manner; appearance.* avoir l'air déprimé, *to look depressed.*

l'aise (*f.*) *ease,* à son aise, *at ease.*

aisément, *easily.*

ajouter, *to add.*

l'alcool (*m.*), *alcohol; spirit.*

les alentours (*m.*), *the surroundings.* aux alentours de Paris, *in the area around Paris.*

aller (*Aux.* être) (*irr.*), *to go.*

s'en aller, *to go away.*

une allocation, *an allowance.*

s'allonger, *to stretch out; to grow longer.*

une allusion, *an allusion.*

alors, *then; well then.*

une altercation, *a dispute, a squabble.*

l'amabilité (*f.*), *kindness.*

une amélioration, *an improvement.*

améliorer, *to improve.*

un aménagement, *an arrangement.* l'aménagement du territoire, *regional planning.*

aménager, *to arrange; to fit up; to convert.*

amener, *to bring; to lead (towards the speaker); to bring about* (j'amène, nous amenons).

l'ameublement (*m.*), *the furnishing; furniture.*

en amont, *upstream.*

l'amour (*m.*), *love.*

l'amour-propre (*m.*), *self-respect.*

amplement, *fully.*

s'amuser, *to enjoy oneself.* s'amuser à faire qc.

un an, *a year.*

analogue, *analogous, of a similar type.*

ancien, *old; ancient; former.* un ancien ami, *a former friend.* une ville ancienne, *an ancient city.*

un angle, *an angle; a corner.*

une année, *a year.*

un anniversaire, *a birthday; an anniversary.*

annuel, *yearly.*

anonyme, *anonymous.* une société anonyme, *a limited company.*

une antenne, *an aerial.*

une antichambre, *an anteroom.* faire antichambre, *to kick one's heels.*

août (*m.*), *August.*

apercevoir (aperçu) (*irr.*), *to notice; to see; to catch sight of; to perceive (with the eyes).*

s'apercevoir de qc., *to realize; to become aware of; to perceive (with the mind).*

un aperçu, *a glimpse; an outline.*

un apéritif, *an appetizer.*

aplanir, *to smooth out; to flatten.*

apparaître (apparu) (*irr.*), *to appear; to come into sight (like* connaître).

un appareil, *an apparatus; a camera.*

une apparition, *an appearance.*

un appartement, *a flat; a suite of rooms.*

appartenir à qn. (appartenu) (*irr.*), *to belong to so.* (*like* venir).

une appellation, *a name.*

appeler, *to call* (j'appelle, nous appelons).

s'appeler, *to be called.*

appétissant, *tasty.*

apporter, *to bring.*

apposer, *to stick on.*

apprendre, *to learn; to teach.* apprendre qc. à qn., *to teach so. sg.* apprendre à qn. à faire qc., *to teach so. to do sg.* apprendre à faire qc., *to learn to do sg.*

approchant, *similar.*

approcher, *to bring near to sg.; to come near.*

s'approcher de qc., *to draw near to sg.*

un approvisionnement, *a supply.*

approvisionner qn. en qc., *to supply so. with sg.*

s'appuyer sur qc., *to rest on sg.*

l'argent (*m.*), *money; silver.*

armer, *to arm, to strengthen.*

arracher, *to tear off (out).*

un arracheur, *a puller.* mentir comme un arracheur de dents, *to be an inveterate liar.*

un arrêt, *a stop.* un arrêt d'autobus, *a bus stop.*

arrêter qc., *to stop sg.*

s'arrêter, *to stop.* s'arrêter de faire qc. *to stop doing sg.*

arrière, *behind; rear.*

arriéré, *behind the times.*

arriver (*Aux.* être), *to arrive; to happen.* arriver à faire qc., *to manage to do sg.*

un arrondissement, *an administrative and postal district of Paris.*

arroser, *to water.* Ça s'arrose! *That calls for a drink!*

un arpent, *an acre.*

un artichaut, *an artichoke.*

un, une artiste, *an artist.*

un aspect, *sight; appearance.*

s'asseoir (assis) (*irr.*), *to sit down (i.e. the action of sitting down.)*

assez, *enough.*

assis, *seated; sitting down.* être assis, *to be seated (i.e. the state of sitting).*

une assiette, *a plate.* Il n'est plus dans son assiette, *He's out of sorts.*

assister à qc., *to be present at sg.*

une association, *an association.*

une assurance, *an insurance; self-confidence.*

assurer, *to ensure; to insure; to assure.*

s'assurer que, de qc., *to make sure that, of sg.*

l'astuce (*f.*), *craftiness.*

astucieux, -euse, *wily, cunning.*

atomique, *atomic.*
une attaque, *an attack.*
s'attaquer à qc., *to come to grips with sg.*
atteindre (atteint) (*irr.*), *to attain; to reach.*
attendre qc., *to wait for sg.; to expect.*
　attendre que + Subj., *to wait for (sg. to be done).*
s'attendre à qc., *to expect sg.* s'attendre à ce que + Subj., *to expect that.*
attention (*f.*), *attention, care;* Attention! *Look out!* faire attention à qc., *to pay attention to sg.*
atterrir, *to land.*
un atterrissage, *a landing.*
attirer, *to attract.*
attrayant, *attractive.*
une aubaine, *a windfall.*
l'aube (*f.*), *dawn.*
une auberge, *an inn.* une auberge de la jeunesse, *a Youth Hostel.*
un, une aubergiste, *an inn-keeper.* le père aubergiste, *the Warden of a Youth Hostel.*
aucun, aucune, *anyone; no one; any.* ne... aucun, *no.* Je n'ai aucune idée.
audacieux, audacieuse, *bold.*
une augmentation, *an increase.*
augmenter, *to increase.*
aujourd'hui, *today.* aujourd'hui en huit, *in a week's time.*
auprès de, *beside, near, with.*
aussitôt, *immediately.* aussitôt que, *as soon as.*
autant, *so much, so many, as much, as many.* autant que, *as much as, as many as.* d'autant plus content que, *all the more happy as; especially happy as.* d'autant plus que, *especially as.* pour autant, *just for that reason.*
une auto, *a car.* en auto, *by car.*
un autobus, *a bus.* en autobus, *by bus.*
autonome, *independent.*
autoriser, *to authorize.*
une autorité, *an authority.*
une autoroute, *a motorway.*
l'auto-stop (*m.*), *hitch-hiking.* faire de l'auto-stop, *to go hitch-hiking.*
autrefois, *formerly, in the past.*
autrement, *otherwise; particularly.*
en aval, *downstream.*
une avance, *an advance.* à l'avance, *in advance.*
avant, *before.* en avant, *forward.* avant de faire qc., *before doing sg.*
un avantage, *an advantage.*
avantageux, -euse, *advantageous.*
l'avenir (*m.*), *the future.* à l'avenir, *in the future.*
s'aventurer, *to venture.*

une aversion pour qc., *an aversion to sg.; a dislike of sg.*
averti, *well-informed; wide-awake; experienced.*
avertir, *to warn.*
un avertissement, *a warning.*
un avertisseur, *a horn (car).*
un avion, *an aeroplane.* par avion, en avion, *by plane.*
un avis, *an opinion; a notice; a notification.* à mon avis, *in my opinion.*
aviser, *to notify.*
un avocat, *a barrister.*
avouer, *to admit.*

le bac (le baccalauréat), *the baccalaureate (Secondary school-leaving examination; G.C.E. equivalent).*
des bagages (*m.*), *luggage.*
une bagatelle, *a triviality.*
une bagnole, *a car* (coll.).
se baigner, *to bathe.*
un bail (baux), *a lease.*
une baisse, *a drop; a fall; a reduction.*
une balade, *an excursion; a trip* (coll.).
balbutier, *to stammer.*
une balle, *a ball; a franc* (coll.).
bancaire, *bank* (Adj.); *relating to banking.*
une bande, *a tape; a gang.*
la banlieue, *the suburbs; the outskirts of a town.*
une banque, *a bank.*
une baraque, *a hut.*
un barrage, *a dam.*
barrer, *to block; to obstruct.*
bas, basse, *low.* en bas, *below; downstairs.*
un bateau, *a boat.*
un bâton, *a stick.*
se battre (battu) (*irr.*), *to fight.* se battre avec qn.
un bavardage, *a chatter(ing).*
bavarder, *to chatter; to gossip.*
un bazar, *a bazaar.* et tout le bazar, *the whole blooming lot* (coll.).
beau, bel, belle, *beautiful, fine.*
beaucoup, *much; greatly.* beaucoup **de** quelque chose, *a lot of something.*
une belle-mère, *a mother-in-law.*
ben, *Well!* (coll.).
un bénéfice, *a profit.*
bénir, *to bless.*
un besoin, *a need.* avoir besoin de qc., *to need sg.*
bête, *silly.*
une bête, *a beast.*
le béton, *concrete.* le béton armé, *reinforced concrete.*

une bette, *a beet.* des bettes, *the leaves of spinach beet.*

un bidonville, *a shanty town.*

bien que + Subj., *although.*

le bien, *the good.* les biens, *the wealth, the property, the assets.*

le bien-fondé, *the merits.*

bientôt, *soon.*

une bienvenue, *a welcome.*

une bière, *a beer.*

un bifteck, *a steak.*

un billet, *a ticket.*

un bistro, un bistrot, *a pub.*

une blague, *a joke.* Sans blague! *You're not kidding! Really!*

blesser, *to wound.*

un bloc-notes, *a pad.*

bloquer, *to obstruct; to stop.*

boire (bu) (*irr.*), *to drink.*

le bois, *wood.*

la boiserie, *woodwork.*

une boîte, *a box, a tin, a can.* une boîte de nuit, *a night-club.*

bon, bonne, *good.*

un bonbon, *a sweet, a toffee.*

la bonneterie, *hosiery.*

la bonté, *the kindness.* avoir la bonté de faire qc., *to be so good as to do sg.*

le bord, *the edge, the brink.* au bord de, *at the side of, close to.* à bord, *aboard, on board.*

une boucherie, *a butcher's shop.*

un bouchon, *a cork, a stopper.*

un bougre, *a chap* (coll.).

le boulot, *work* (coll.).

un bouquiniste, *a second-hand bookseller.*

bourgeois, *middle-class,* un hôtel bourgeois, *a comfortable hotel.*

bourrer, *to stuff, to cram.*

un bourricot, *a donkey.*

une bourse, *a purse; a scholarship.* la Bourse, *the Stock Exchange.*

un bout, *an end.* au bout de, *at the end of.* joindre les deux bouts, *to make both ends meet.*

une bouteille, *a bottle.*

une branche, *a branch; a sector.*

un bras, *an arm.*

brave, *honest, worthy, decent; courageous.*

bref, *in short.*

bref, brève, *brief.*

un brevet, *a diploma.*

le bridge, *the game of bridge.*

briller, *to shine.*

un brin, *a bit; a blade (of grass).*

un brocanteur, *a second-hand dealer.*

un brouillard, *a fog.* il fait du brouillard; il y a du brouillard, *it is foggy.*

brouiller, *to confuse; to shuffle (cards); to mix up.*

la brousse, *scrub.*

un bruit, *a noise; a rumour.*

brûler, *to burn.*

brun, *brown.*

brusquement, *suddenly.*

brut, *raw; unmanufactured.*

un buffet, *a sideboard.*

un bureau (-eaux), *an office.*

un but, *an aim, an objective,* dans le but de, *with the intention of.*

un cabinet, *a small room.* un cabinet de travail, *a study.* les cabinets, *the W.C.*

le cachemire, *Cashmere.*

cacher, *to hide, to conceal.*

un cadeau (-eaux), *a present.*

un cadre, *a framework; a manager.* dans le cadre de, *within the limits of.*

calculateur, *calculating.*

calé, *well-informed, clever.*

un caleçon, *a pair of underpants.*

un calembour, *a pun.*

un, une camarade, *a friend, comrade.*

un camp, *a camp.* un lit de camp, *a camp bed.*

la campagne, *the country; the campaign.* à la campagne, *in the country.*

un candidat, *a candidate.*

une candidature, *a candidacy.* poser sa candidature à un poste, *to apply for a job.*

un canoë, *a canoe.* en canoë, *by canoe.*

capter, *to pick up (broadcasts); to capture.*

car, *for.*

un car, *a coach.* en car, *by coach.*

carbonique, *carbonic.*

cardiaque, *cardiac.* une crise cardiaque, *a heart attack.*

un carnet, *a note-book.*

un carrefour, *a cross-roads.*

carré, *square.*

carrément, *straightforwardly.*

une carrière, *a career; a quarry.*

une carte, *a card; a map.* jouer aux cartes, *to play cards.*

un cas, *a case.* en cas de, *in case of.*

un casque, *a helmet; head-phones.* un casque colonial, *a sun helmet.*

casser, *to break.*

catholique: ce n'est pas catholique, *it's a bit suspicious.*

un cauchemar, *a nightmare.*

une cause, *a cause.* être en cause, *to be involved.* à cause de, *because of.* mettre en cause, *to call into question.*

causer, *to cause; to chat.*

une cave, *a cellar.*

céder, *to give up; to surrender* (je cède, nous cédons).

une ceinture, *a belt.*

célèbre, *famous.*

un, une célibataire, *a bachelor; a spinster.*

celui (ceux), celle (celles), *the one; those.* celui-ci, *etc., this one; the latter.* celui-là, *etc., that one; the former.*

censé, *supposed; considered.*

une centrale électrique, *a power station.*

un centre, *a centre.* au centre de, *in the centre of.*

cependant, *however.*

un cercle, *a circle; a group (of friends).*

certes, *to be sure.*

cesser de faire qc., *to stop doing sg.*

chagriner, *to grieve; to annoy.*

une chaîne, *a chain; a channel (TV).*

la chaleur, *heat.*

un chambranle, *door, window, or fireplace surround.*

un champ, *a field.*

un champignon, *a mushroom.*

la chance, *good fortune; luck; the chance.*

changer, *to change.* changer qc. contre qc., *to change sg. for sg.* changer de qc., *to change sg. (clothes, etc.).* changer qc. en qc., *to change sg. into sg.*

le chantage, *blackmail.*

chanter, *to sing.* faire chanter qn., *to blackmail so.*

un chantier, *a construction site.*

un chapeau, *a hat.* Chapeau (bas)! *Hats off!* (an expression indicating admiration).

un chapitre, *a chapter.*

chaque, *each.*

le charbon, *coal.*

une charge, *a responsibility; a load; an expense.* prendre en charge, *to take over.*

se charger de qc., *to look after; to undertake sg.*

un charme, *a charm.*

un charretier, *a carter.*

un château, *a castle; a country house.*

le chauffage, *heating.*

un chauffard, *a road hog.*

un chauffeur, *a driver.*

une chaussée, *road.*

une chaussure, *a shoe.*

un chef, *a leader; a head (of firm, etc.).* de son propre chef, *on his own initiative.*

un chemin, *a way; a road.* un chemin de fer, *a railway.*

un cheminot, *a railway worker.*

une chemise, *a shirt; a folder.*

un chèque, *a cheque.* un chèque de voyage, *a traveller's cheque.*

cher, chère, *dear; expensive.*

chercher, *to look for, to seek.* aller chercher qn., *to look for so.*

la chère, *fare.* la bonne chère, *good living.*

chéri, chérie, *darling.*

un cheval, *a horse.* à cheval, *on horseback.*

le chevet, *the bed-head.* une lampe de chevet, *a bedside lamp.*

un cheveu (-eux,) *a hair.*

une cheville, *an ankle.*

une chèvre, *a goat.* du chèvre, *goat's cheese.*

chez, *at the house of; in the case of.*

chic, *smart.*

un chiffre, *a figure.*

chimique, *chemical.* un produit chimique, *a chemical.*

chiper, *to pinch, to steal* (coll.). chiper qc. à qn., *to pinch sg. from so.*

un choc, *a shock; an impact.*

choisir, *to choose.*

le choix, *the choice.*

chômer, *to be idle; to be out of work; to be unemployed.*

un chou, *a cabbage.* mon petit chou, *my darling.*

chouette, *fine, wonderful* (coll.).

le ciel (les cieux), *the sky.*

une circonscription, *an electoral district; area.*

la circulation, *the traffic.*

cirer, *to wax, to polish.*

un citoyen, une citoyenne, *a citizen.*

clair, *clear; obvious; light.* bleu clair, *pale blue.*

claquer, *slam; clap.*

un classeur, *a file; a filing cabinet.*

classer, *to file; to classify.*

une clef, une clé, *a key.* une clef anglaise, *a spanner.*

la clientèle, *the customers.*

le climat, *the climate.*

un clochard, *a tramp.*

clos, *closed* (p.p. clore (*irr.*)).

un clou, *a nail.*

un code, *a code.* le code de la route, *the Highway Code.* rouler en code, *to drive with dipped headlights.*

la coercition, *coercion.*

un coffre, *a boot (car); a trunk.*

un cœur, *a heart.* si le cœur vous en dit, *if you feel like it.* avoir qc. sur le cœur, *to have sg. on one's mind.* parler à cœur ouvert, *to talk freely.* avoir bon cœur, *to be kindhearted.*

cogner, *to knock; to bump.*

un coin, *a corner.*

coincer, *to trap.*
un col, *a collar.*
une collation, *a snack.*
une collectivité, *an organization; a body.*
coller, *to glue; to stick.*
colonial (-aux), *colonial.* un casque colonial, *a sun helmet.*
une colonie, *a colony.* une colonie de vacances, *a holiday camp (for schoolchildren).*
un colorant, *a dyestuff.*
le coloris, *the colouring.*
le comble, *the top; the peak,* de fond en comble, *from top to bottom.*
un comité, *a committee.*
une commande, *an order; a command.* passer une commande à qn., *to place an order with so.*
un commandant, *a commanding officer.*
commander, *to order, command.* commander à qn. de faire qc., *to order so. to do sg.*
commencer, *to begin; to start.* commencer à faire qc., *to start to do sg.* commencer par faire qc., *to begin by doing sg.*
le commérage, *gossip.*
le commerce, *commerce; trade.*
un commissariat de police, *a police station.*
une commission, *a commission; an errand.*
une communauté, *a community.*
communiquer, *to communicate, to transmit (a message).*
un complet, *a suit.*
complet, -ète, *full; complete.*
le comportement, *the behaviour.*
se comporter, *to behave; to act.*
se composer de qc., *to be composed of sg., to be made up of.*
comprendre (compris) (*irr.*), *to understand; to comprehend; to include; to comprise (like* prendre).
un comprimé, *a pill.*
un comptable, *an accountant.*
un compte, *an account.* un compte courant, *a current account.* tenir compte de qc., *to take sg. into account.* un compte rendu, *a report.* Son compte est bon! *I'll sort him out!* en fin de compte, *all things considered.*
compter, *to count; to expect, to intend.* compter faire qc., *to intend to do sg.*
concerner, *to concern.* en ce qui concerne, *concerning, as for.*
concevoir (conçu) (*irr.*), *to conceive (like* apercevoir).
un, une concierge, *a door-keeper; a caretaker.*
un concurrent, *a competitor.*
concourir (concouru) (*irr.*), *to compete; to coincide; to combine (like* courir).

conduire (conduit) (*irr.*), *to drive; to conduct; to lead.*
la conduite, *the conduct; management; control.*
une conférence, *a conference; a lecture.*
la confiance, *confidence.* faire des confidences à qn., *to confide in so.*
confondre, *to confuse; mistake.*
le confort, *comfort.*
confus, *confused.*
un congrès, *a conference; a congress.*
un conjoint, *a spouse.*
conjugal (-aux), *marital.*
la connaissance, *knowledge.* vos connaissances du français, *your knowledge of French.*
connaître (connu) (*irr.*), *to know; to be acquainted with.* s'y connaître en qc., *to know all about sg.*
consacrer qc. à qc. ou qn., *to devote sg. to sg. or so.*
la conscience, *conscience; awareness.*
conscient, *aware.* être conscient de qc., *to be aware of sg.*
un conseil, *a piece of advice; a council.*
conseiller, *to advise.* conseiller à qn. de faire qc., *to advise so. to do sg.* conseiller qc. à qn., *to recommend sg. to so.*
conservateur, -trice, *conservative.*
considérable, *considerable; extensive.*
une consigne, *an instruction; an order; a left luggage office.*
une consommation, *a drink (in a café).*
consommer, *to consume.*
constater, *to establish; to ascertain; to state.*
construire (construit) (*irr.*), *to build (like* conduire).
le contact, *contact; touch.*
se contenter de qc., *to make do with sg.*
continuer, *to continue.* continuer à, de faire qc., *to keep on doing sg.*
le contraire, *the contrary.* au contraire, *on the contrary.*
contrarier qn., *to cross so.*
un contrat, *a contract.*
une contravention, *a minor offence.*
contre, *against.* par contre, *on the other hand.*
un contre-ordre, *a counter-order.* sauf contre-ordre, *unless something is heard to the contrary.*
un contrôle, *a check; a verification; a supervision.*
contrôler, *to examine; to check; to audit; to inspect; to control.*
convaincre (convaincu) (*irr.*), *to convince (like* vaincre).

convenable, *suitable, fitting, proper.*

convenir (convenu) (*irr.*) (*Aux.* avoir), *to suit, to fit; to agree* (*like* venir). convenir à qn., *to be suitable to so.* il convient de..., *it is right to...*

un copain, une copine, *a friend* (coll.).

une coquille, *a shell* (*of snail, etc.*).

une correspondance, *a correspondence; a connection, i.e. change of trains.*

corsé, *full-bodied* (*wine*).

cossu, *wealthy* (coll.).

un costaud, *a hefty, strapping person.*

une cote, *a quota; a quotation* (*i.e. price*).

une côte, *a hillside; a rib.*

un côté, *a side.* à côté, *near by.*

une cotisation, *a contribution; a subscription.*

le cou, *the neck.*

couchage (un sac de), *a sleeping bag.*

une couche, *a layer.*

coucher, *to sleep; to lay.*

se coucher, *to go to bed.*

un coude, *an elbow; a bend in a wall, pipe, etc.*

un coup, *a blow; a stroke; a shot; an attempt.* tout à coup, *suddenly.* un coup de fil, un coup de téléphone, *a phone call.* un coup de main, *a helping hand.* du premier coup, *at the first attempt.* un coup d'œil, *a glance.* réussir son coup, *to pull sg. off.* être en dehors du coup, *to be left out.*

le coupage, *the blending of wine.*

couper, *to cut; to dilute* (*wine*). Ne coupez pas! *Don't ring off!*

la coupe, *the cut* (*of a suit*).

une cour, *a yard; a courtyard.*

un courant, *a current.* être au courant de qc., *to know all about sg.* mettre qn. au courant de qc., *to inform so. about sg.*

courant, *current, present; usual.*

une courbe, *a curve; a graph.*

courir (couru) (*irr.*), *to run.*

le courrier, *the mail.*

un cours. *a course.* au cours de, *in the course of.*

court, *short.*

le coût, *the cost.* le coût de la vie, *the cost of living.*

coûter, *to cost.* coûte que coûte, *at whatever price, at all costs.*

la crainte, *fear.*

cramoisi, *crimson.*

crasseux, -euse, *filthy.*

créer, *to create.*

criard, *loud; noisy; gaudy.*

une crise, *a crisis.* une crise cardiaque, *a heart attack.*

crisper, *to contract; to clench;* crisper les nerfs, *to set one's teeth on edge.*

une critique, *a criticism.*

un crochet, *a hook.*

croire (cru) (*irr.*), *to believe.*

la croissance, *growth.*

un croissant, *a roll.*

croître (crû) (*irr.*), *to grow.*

un croûlant, *an old fogey.*

croustillant, *crispy.*

une croûte, *a crust.*

un cru, crû, *a growth* (*wine*); *a wine growing area.*

le cuir, *leather.*

une cuisine, *a kitchen; cooking.*

une cuisse, *a thigh.* une cuisse de grenouille, *a frog's leg.*

une cuve, *a vat.*

un, une dactylo, *a typist.*

davantage, *more; more so* (Adv.).

débarquer, *to disembark; to arrive.*

le débarras, *riddance.* Bon débarras! *Good riddance!* la chambre de débarras, *the junkroom.*

se débarrasser de qc., *to get rid of sg.*

déborder, *to overflow.*

un débouché, *an outlet.*

debout, *upright, standing.*

débrancher, *to unplug.*

se débrouiller, *to shift for oneself; to 'manage'.*

le début, *the beginning.* au début, *initially.*

décalé, *staggered; spaced-out.*

décevoir (déçu) (*irr.*), *to disappoint* (*like* apercevoir).

une déception, *a disappointment.*

un décès, *a death.*

décider de faire qc., *to decide to do sg.*

se décider à faire qc., *to make one's mind up to do sg.*

déclencher, *to trigger off.*

déconcerter, *to disconcert; to put out.*

découler (de), *to proceed from; to follow from.*

découvrir, *to discover.*

dédaigner, *to scorn.*

le dédain, *scorn, disdain, disregard.*

dedans, *inside* (Adv.).

défendre, *to defend.* défendre à qn. de faire qc., *to forbid so. to do sg.*

un défenseur, *a defender.*

un déficit, *a deficit.*

en définitive, *in a word.*

la dégradation, *weakening.*

un degré, *degree.* le degré d'alcool, *the % of alcohol.*

déguster, *to taste; to sample.*

dehors, *outside* (Adv.).

déjà, *already.*

au delà, *beyond.* au delà de, *beyond.*

un délai, *a delay; the time allowed (for a job, etc.).* dans le plus court délai, sans délai, *as soon as possible.*

délaissé, *deserted, abandoned.*

délivrer, *to deliver.*

déloger, *to drive out; to displace.*

demain, *tomorrow.*

une demande, *a request; an inquiry; an application.*

demander qc., *to ask for sg.* demander à qn. de faire qc., *to ask so. to do sg.*

une démarche, *an approach, gait, walk.*

déménager, *to move house, to remove.*

démesurément, *disproportionately.*

une demeure, *an abode, a dwelling-place.*

demeurer (*Aux.* avoir), *to live.* (*Aux.* être) *to remain, to stay.*

demi, *half.* une demi-heure, *half an hour.* une heure et demie, *half past one; an hour and a half.* à demi, *half; by half.*

une demoiselle, *a young lady.*

un démon, *a demon.*

démonter, *to dismantle.*

en démordre, *to give up (an opinion; an attempt). Used with a negative.*

dénigrer, *to disparage, to run down.*

une dent, *a tooth.*

dénué de, *devoid of.*

un départ, *a departure.*

dépasser (de), *to go beyond, to exceed (by).*

se dépêcher, *to hurry.* se dépêcher de faire qc., *to hasten to do sg.*

dépendre de qc., *to depend on sg.*

une dépense, *an expense.*

dépenser, *to spend (money).*

dépensier, *extravagant, thriftless.*

le dépeuplement, *depopulation.*

le dépit, *spite.* en dépit de, *in spite of.*

un déplacement, *a journey.* les frais de déplacement, *travelling expenses.*

se déplacer, *to move about; to travel.*

déplaire (déplu) (*irr.*), *to displease (like plaire).* déplaire à qn., *to displease so.*

déposer, *to drop someone (after a ride); to deposit, to lodge.*

dépouiller, *to deprive; to strip; to analyse.* dépouiller son courrier, *to go through one's mail.*

dépourvu de, *devoid of.* être pris au dépourvu, *to be caught off one's guard.*

déprimer, *to depress.*

depuis, *since; for; afterwards.* depuis combien de temps...? *How long?*

un député, *a member of the Assemblée Nationale.*

déranger, *to disturb; to trouble.*

dernier, dernière, *last; latest.* le mois dernier, *last month (last of a series).* au dernier moment, *at the last moment (i.e. the final moment).*

dernièrement, *not long ago, lately.*

derrière, *behind.*

dès, *from (of time).* dès aujourd'hui, *from today.*

dès que, *as soon as.*

descendre (*Aux.* être), *to come down; to get off (a bus).* descendre à un hôtel, *to put up at a hotel.* (*Aux.* avoir), *to bring down.*

la descente, *the descent.*

se désintéresser de qc., *to take no interest in sg.*

dessous, *underneath* (Adv.).

dessus, *above* (Adv.).

un détail (-ails), *a detail.*

déterminer, *to determine; to bring about.*

un détour, *a detour.*

se détromper, *to undeceive oneself.*

devant, *in front of; before (of place).*

devenir (devenu) (*irr.*) (*Aux.* être), *to become (like* venir). Qu'est-ce qu'il est devenu? *What has become of him?*

dévier, *to deviate.*

deviner, *to guess.*

dévisser, *to unscrew.*

des devises (*f.*), *currency.*

devoir (dû, due) (*irr.*), *must, ought, should* (je dois, *I must; I am to*). je devais, *I was to, I was supposed to.* je devrais, *I ought to, I should.* j'ai dû, *I must have; I had to.*

le diable, *the devil.*

dicter, *to dictate.*

Dieu (*m.*), *God.*

se différencier (de), *to differentiate os. from.*

digne, *worthy.*

dimanche, *Sunday.*

dire (dit) (*irr.*), *to say, to tell.* dire à qn. de faire qc. *to tel so. to do sg.*

un directeur, *a director; a manager; a headmaster; a leader.* Président-Directeur général, *managing director.*

la direction, *the direction; the management; the control; the board of directors.*

un dirigeant, *a leader; a ruler.*

diriger, *to direct; to run; to manage.*

un discours, *a speech.*

discret, discrète, *discreet.*

une discussion, *a discussion; a debate; an argument.*

disponible, *available; at one's disposal.*

disposer de qc., *to have sg. at one's disposal.*

une dispute, *a quarrel; an argument.*

se disputer, *to argue; to quarrel.*
un disque, *a gramophone record.* faire passer
    un disque, *to play a record.*
divers, *various; different.*
une dizaine, *about ten.*
docte, *learned.*
se documenter sur qc., *to read up about sg.*
un doigt, *a finger.* un doigt de pied, *a toe.*
le dommage, *damage; injury.* Quel dom-
    mage! *What a pity!* C'est dommage que
    + Subj. *It is a pity that...*
donc, *therefore, so, consequently.*
donner, *to give, to provide.* donner sur, *to
    overlook (of a building).*
dont, *of which; of whom; whence.* la façon
    dont, *the way in which.* C'est un projet
    dont l'importance est énorme, *It's a plan
    of enormous importance.* ce dont, *what.*
    Ce dont il parle est..., *What he's talking
    about is...*
une donzelle, *a wench.*
dormir (dormi) (*irr.*), *to sleep.*
le dos, *the back.*
un dossier, *a file.*
la douane, *the Customs.*
un douanier, *a Customs officer.*
doubler, *to overtake.*
doucement, *gently, softly.*
une douche, *a shower.*
un doute, *a doubt.* sans doute, *doubtless.*
doux, douce, *sweet; soft.*
une dramatique, *a play (on TV or radio).*
un drap, *a sheet.* être dans de beaux draps,
    to be in a fine mess.
dresser, *to set up.* à faire dresser les cheveux
    sur la tête, *enough to make one's hair
    stand on end.*
un droit, *a right; a law.* avoir droit à, *to
    have a right to.*
la droite, *the right.*
drôle, *funny.*
duquel, de laquelle, desquels, desquelles, *of
    which; of whom; whose.*
dur, *hard, harsh, tough.*
durer, *to last.*

éblouissant, *dazzling.*
échapper, *to escape.* l'échapper belle, *to have
    a narrow escape.*
échéant, *falling due.* le cas échéant, *should
    the occasion arise.*
une échelle, *a ladder; a scale.* sur l'échelle
    internationale, *on the international plane.*
un échelon, *a rung.* monter l'échelon, *to
    obtain advancement.*
échoir (échu) (*Aux.* être) (*irr.*), *to fall due;
    to fall to one's lot.*

éclairer, *to light up, to illuminate.*
un écolier, *a schoolboy.*
des économies (*f.*), *savings.*
économique, *economic; economical.*
économiser, *to save; to economize.*
écorcher, *to graze, to rub off skin.*
écouler: écouler un produit, *to sell (off), to
    get rid of a product.*
s'écouler, *to slip by, to pass (time).*
l'écoute (*f.*), *reception.* Restez à l'écoute!
    Hold on! Don't ring off!
écouter qc., *to listen to sg.*
écraser, *to crush.* se faire écraser, *to get run
    over.*
écrire (écrit) (*irr.*), *to write.*
un écriteau, *a placard, a notice.*
un écrou, *a nut.*
s'écrouler, *to fall into ruin; to collapse.*
une écurie, *a stable.*
un édifice, *a building (often public).*
effectuer, *to carry out.*
un effet, *an effect.* en effet, *indeed, as a
    matter of fact.*
l'efficacité (*f.*), *efficiency, effectiveness.*
s'efforcer de faire qc., *to strive to do sg.*
effroi (*m.*), *fear, terror.*
effroyable, *frightful.*
également, *likewise, equally.*
un égard, *a respect.* à l'égard de, *in respect
    of, with regard to.* à cet égard, *in this
    connection.* des égards, *respect, considera-
    tion.*
s'égarer, *to lose one's way.*
une église, *a church.*
égratigner, *to scratch.*
élaborer, *to elaborate; to work out.*
élargir, *to widen.*
l'élan (*m.*), *dash.*
un électrophone, *a gramophone.*
un, une élève, *a pupil.*
une élocution, *a speech.*
emballer, *to wrap up.* Ne vous emballez pas!
    Take it easy! (coll.).
embellir, *to beautify.*
embêter, *to annoy.*
un embouteillage, *a traffic jam.*
un embrayage, *a clutch.*
une émeute, *a riot.*
une émission, *a broadcast.*
emménager, *to move into a new house.*
emmener, *to take away.*
emmitoufler, *to muffle (so.) up.*
empêcher, *to prevent.* empêcher qn. de faire
    qc., *to stop so. doing sg.; to prevent so.
    from doing sg.*
un empereur, *an emperor.*
empirer, *to worsen.*

un emplacement, *a location, a site.*
un emploi, *a job.*
un employé, une employée, *an employee.*
employer, *to use; to employ.*
emporter, *to carry away.* l'emporter sur qn.,
  qc. en qc., *to surpass so., sg. in sg.*
emprunter, *to borrow.* à, *from.*
enchanté, *delighted.*
une enchère, *a bid.* une vente aux enchères,
  an auction.
encombrer, *to congest; to block.*
à l'encontre de, *in opposition to; in defiance
  of.*
encore, *still; again; moreover; yet; more.*
s'endormir, *to fall asleep.*
un endroit, *a place.*
l'énergie (*f.*), *energy.*
énervant, *irritating; enervating.*
énerver qn., *to get on so.'s nerves.*
s'enfermer, *to lock oneself up.*
enfin, *finally; in a word.*
engager, *to involve; to start; to pledge; to
  engage.*
s'engager à faire qc., *to undertake to do sg.*
  s'engager à gauche, *to go to the left.*
(s')engueuler, *to shout insults* (coll.).
un ennui, *a worry.*
ennuyeux, -euse, *boring; tiresome.*
une enquête, *an inquiry.*
un enregistrement, *a recording.*
enregistrer, *to record.*
s'enrhumer, *to catch a cold.*
l'enseignement (*m.*), *education; teaching.*
enseigner, *to teach.* enseigner qc. à qn., *to
  teach so. sg.* enseigner à qn. à faire qc., *to
  teach so. to do sg.*
ensemble, *together.*
ensevelir, *to bury.*
ensuite, *afterwards; then.*
s'ensuivre (*irr.*) (used only impersonally),
  ensue (*like* suivre).
entamer, *to begin, to start.*
entendre, *to hear; to understand; to intend.*
  s'entendre avec qn., *to get on well with so.*
une entente, *an agreement; an understanding.*
entêté, *obstinate.*
s'enticher de, *to become infatuated with.*
entourer, *to surround.*
entre, *among; between.*
entreprendre, *to undertake.*
une entreprise, *an enterprise; a company.*
entrer (*Aux.* être), *to enter.* entrer dans une
  pièce, *to go into a room.*
entrevoir (entrevu) (*irr.*), *to glimpse* (*like*
  voir). laisser entrevoir qc. à qn., *to drop
  a hint of sg. to so.*
une entrevue, *an interview.*

envers, *towards.*
une envie, *a desire.* avoir envie de faire qc.
  to want to do sg.
l'envol (*m.*), *the take-off.*
s'envoler, *to fly away.*
environ, *about.*
épais, épaisse, *thick, dense.*
l'épargne (*f.*), *saving, thrift.* une caisse
  d'épargne, *a savings-bank.*
épargner, *to save* (*time, money, energy*).
épatant, *wonderful* (coll.).
épater, *to amaze.*
une épingle, *a pin.*
une époque, *age; era.* à cette époque, *at
  that time.*
une épreuve, *a test; a hardship.*
éprouver, *to feel* (*sensation, emotion.*)
épuiser, *to exhaust.*
l'équipement (*m.*), *equipment.*
s'éreinter à faire qc., *to break one's back
  doing sg.*
une erreur, *a mistake.*
une escale, *a stop, a port of call.*
un escalier, *a staircase, a flight of stairs.*
un escargot, *a snail.*
un escompte, *a discount.* le taux d'escompte,
  the Bank rate.
une espèce, *a kind, a sort.* Espèce d'idiot!
  You — idiot!
espérer, *to hope.*
un esprit, *a mind.*
une esquisse, *an outline; a sketch.*
un essai, *an attempt; a trial.*
essayer, *to try.* essayer de faire qc., *to try to
  do sg.*
l'essence (*f.*), *petrol.*
l'essor (*m.*), *great progress.*
l'est, *the East.*
estamper, *to swindle* (coll.).
un estomac, *a stomach.*
établir, *to establish.*
un établissement, *an establishment.*
un étage, *floor.* au premier étage, *on the first
  floor.*
étaler, *to display.*
un état, *a state.* l'état civil, *civil status.*
un été, *a summer.*
éteindre (éteint) (*irr.*), *to extinguish; to put
  out* (*light*) (*like* atteindre).
s'étendre, *to stretch out.*
l'étendue (*f.*), *the extent, scale, scope.*
étiqueter, *to label* (j'étiquète).
une étiquette, *a label.*
une étoffe, *a material.*
une étoile, *a star.*
étonnant, *surprising.*
étonner, *to surprise, to astonish.*

s'étonner (que + Subj.), *to be surprised (that...).*

étourderie (*f.*), *thoughtlessness, inadvertence.*

étrange, *strange, curious.*

un étranger, une étrangère, *a foreigner; a stranger.*

étranger, étrangère, *foreign.* à l'étranger, *abroad.*

étroit, *narrow.* être à l'étroit, *to be cramped.*

une étude, *a study.*

un étudiant, une étudiante, *a student.*

étudier, *to study.*

évaluer, *to evaluate.*

éveiller, *to waken.*

éveillé, *awake; alert.*

un événement, *an event.*

éventuel, *possible.*

évidemment, *obviously; certainly; of course.*

éviter, *to avoid.*

évoluer, *to develop, to evolve; to perform a manœuvre.*

une évolution, *a development.*

exact, *accurate, correct.*

un examen, *an examination.*

exclure (exclu) (*irr.*), *to exclude* (*like* conclure). C'est exclu! *It's out of the question!*

une excuse, *an excuse; an apology.* Mes excuses! *Apologies!*

un exemple, *an example.* Ça par exemple! *You don't say!*

exercer, *to exercise.*

un exercice, *an exercise; a financial year.*

exiger, *to demand.*

exigeant, *demanding.*

expédier, *to dispatch.*

une expérience, *an experience; an experiment.*

expérimenté, *experienced.*

une explication, *an explanation.*

un exploitant agricole, *a farmer.*

l'exploitation (*f.*), *exploiting; making use of.*

l'exportation (*f.*), *exporting.* les exportations, *exports.*

exposer, *to explain; to set forth; to exhibit.*

une exposition, *an exhibition; a statement.*

exprès, *deliberately.*

s'exténuer, *to wear oneself out.*

extérieur, *outside.*

extrême, *extreme.* l'extrême Orient, *the Far East.*

la face, *the face.* en face de, *opposite.* la maison (d')en face, *the house opposite.*

se fâcher, *to grow angry.* se fâcher avec, contre qn., *to lose one's temper with so.*

fâcheux, -euse, *annoying, tiresome.*

facile, *easy.*

une façon, *a way, a manner* (*of doing sg.*)

une façon de faire, *a way of doing things.*

faire qc. d'une façon intelligente, *to do sg. intelligently.*

faible, *feeble, weak; unimportant.*

faillir (failli) (*irr.*), *to fail.* faillir faire qc., *nearly to do sg.*

la faillite, *bankruptcy.* faire faillite, *to go bankrupt.*

un fait, *a fact.* au fait, *after all.*

falloir (fallu) (*irr.*) (impersonal), *to be necessary.* il faut + Inf., il faut que + Subj.

fameux, -euse, *well-known;* (coll.) *marvellous.*

familial, *family* (Adj.).

faner, *to fade.*

farouche, *wild; fierce.*

une faute, *a fault, a mistake.*

un faux, *a forgery.*

faux, fausse, *false, wrong.*

favoriser, *to favour.*

une fédération, *a federation.*

féliciter qn. de qc., *to congratulate so. on sg.*

le fer, *iron.* un fer à repasser, *an iron.*

un jour férié, *a holiday* (*public*).

une ferme, *a farm.*

un fermier, *a farmer.*

fêter, *to celebrate.*

une fête, *a birthday; a name day.*

un feu (-x), *a fire.* les feux de circulation, *traffic lights.*

feu: feu Mlle X., *the late Miss X.*

une feuille, *a sheet* (*of paper*)*; a leaf.*

une fiche, *a form; a plug.*

se ficher de, *not to care a hang about.*

la fidélité, *fidelity; faithfulness.*

se fier à, *to rely upon.*

se figurer qc., *to imagine sg.*

un fil, *a thread.* le fil de sa pensée, *one's train of thought.* donner du fil à retordre à qn., *to give so. trouble.*

une filature, *a spinning-mill.*

un filé, *a thread.*

filer, *to run along; to spin* (*thread*). Filez! *Buzz off!* (coll.).

une filiale, *a subsidiary company.*

filtrer, *to filter.*

la fin, *the end.* mener qc. à bonne fin, *to bring sg. to a successful conclusion.*

fin, *fine; shrewd.*

final (-als), *final.*

financier, financière, *financial.*

finir, *to finish, to end.* finir de faire qc., *to finish doing sg.* finir par faire qc., *to end up doing sg.*

le fisc, *the Inland Revenue.*

la fiscalité, *the financial system.*

un fiston, *a son, youngster* (coll.).

un flair, *a flair*.
flâner, *to idle about; to stroll*.
flanquer, *to throw; to chuck* (coll.).
une flaque, *a puddle*.
flatter, *to flatter; to stroke*.
un fléau, *a curse*.
fléchir, *to bend; to yield, to give way*.
le flegme, *imperturbability*.
un fleuve, *a river* (*large*).
un flic, *a policeman* (coll.).
un flot, *a wave; a flood*.
une flûte, *a flute; a champagne glass*. Flûte!
   Oh, blow!
fluvial (-aux), *river* (Adj.).
une fois, *a time; an occasion*. deux fois,
   twice.
un fonctionnaire, *an official; a civil servant*.
une fonction, *a function; an office*. ses fonctions, *one's duties*.
le fond, *the bottom*. au fond de, *at the bottom
   of*.
fonder, *to found*.
des fonds (*m.*), *capital*.
le for intérieur, *the conscience*. dans son for
   intérieur, *in his heart of hearts*.
la force, *the strength*. être forcé de faire qc.,
   to be forced to do sg. forcer qn. à faire qc.,
   to force so. to do sg.
forcément, *inevitably*.
la formation, *training*.
une forme, *a form*. sous forme de, *in the
   form of*.
formidable, *formidable;* (coll.) *tremendous*.
formellement, *absolutely, expressly, strictly;
   formally*.
une formule, *a formula; a form*.
un formulaire, *a form*.
fort, *strong*. fort en qc., *good at, in sg*.
   C'est un peu fort! *It's a bit much!*
fou, fol, folle, *mad*.
une foule, *a crowd*.
se fouler le poignet, *to sprain one's wrist*.
une fourgonnette, *a van*.
fournir, *to supply*.
un fournisseur, *a supplier*.
fourrière (la mise en), *impounding*.
une fourrure, *a fur*.
un fracas, *a din, a row*.
fraîchement, *freshly*.
frais, fraîche, *fresh; cold*.
la franchise, *frankness, candour*.
franco à bord, *free on board* (F.O.B.)
un frein, *a brake*.
freiner, *to brake*.
frénétique, *frantic*.
fréquenter qn., *to associate with so*.
le fret, *freight*.

friser, *to border on*.
des frites (*f.*), des pommes frites, *chips*.
froid, *cold*.
une froideur, *a coldness*.
froisser, *to offend*. se froisser, *to take offence*.
frotter, *to rub*.
fructueux, -euse, *fruitful*.
fumer, *to smoke*.
le fur, *the rate*. au fur et à mesure, (*in proportion*) *as; progressively*.
une fusion, *a fusion*. une fusion d'intérêts,
   a merger.

gagner, *to earn; to win; to reach*.
gai, *cheerful*.
un gaillard, *a jolly, vigorous character*.
une gamme, *a range; a series*.
un gant, *a glove*.
une garantie, *a guarantee*.
garantir, *to guarantee*.
garder, *to keep, to preserve, to retain*.
une garde-robe, *a wardrobe*.
gare à, *look out for!*
garer, *to garage; to park* (*car*).
garni de, *decorated with; provided with*.
un gars, *a lad* (coll.).
gaspiller, *to waste*.
gâter, *to spoil*.
gauche, *left*.
le gaz, *gas*.
géant, *gigantic*.
la gêne, *embarrassment*.
général (-aux), *general*.
un génie, *a genius*.
le genou (-x), *the knee*.
un genre, *a kind, a sort; a manner*. C'est
   son genre, *That's typical of him*.
les gens (*m.*), *people*. (Adjectives are feminine
   before gens and masculine after it.) des
   jeunes gens, *young men*.
gentil, gentille, *nice, pleasing; kind*.
gentiment, *nicely, prettily*.
gérer, *to manage, to administer*.
la gestion, *the management*.
un glaçon, *a lump of ice*.
glisser, *to slip, to slide, to skid*.
global (-aux), *total, aggregate*.
la gloire, *glory*.
la gorge, *the throat*.
un, une gosse, *a youngster, a kid* (coll.).
un goût, *a taste*.
le goûter, *an afternoon snack*.
goûter, *to taste*.
une goutte, *a drop*.
grâce à, *thanks to*.
grandir, *to grow up; to increase*.
grandeur, *greatness; size*.

un graphique, *a graph.*
gras, grasse, *fat.*
gratte-sous, *mean, miserly.*
gratuit, *free, without charge.*
gré, *liking; taste.* à mon gré, *to my liking, to my taste.* savoir gré à qn. de faire qc., *to be grateful to so. for doing sg.*
un grenier, *an attic.*
une grenouille, *a frog.*
une grève, *a strike.*
un gréviste, *a striker.*
un gribouillage, *a scribble, a scrawl.*
un grincement, *a screech, a grating noise.*
la grippe, *influenza.*
gros, grosse, *big, bulky.* en gros, *wholesale; on the whole.*
grossier, -ière, *coarse, rude.*
grossir, *to put on weight; to grow bigger.*
un groupe, *a group.*
guère: ne... guère, *scarcely, hardly.*
une guerre, *a war.* A la guerre comme à la guerre, *One must take the rough with the smooth.*
un guichet, *a ticket office; a pay-desk.*

habile, *clever.* habile de ses mains, *clever with his hands.*
un habillement, *dress.*
s'habiller, *to dress oneself.*
une habitation, *a dwelling, a residence.*
une habitude, *a habit.*
s'habituer à qc., *to get used to sg.*
hâbleur, -euse, *boastful.*
harmonieux, -euse, *harmonious; smooth.*
l'harmonisation (*f.*), *bringing into line.*
le hasard, *chance, luck.* par hasard, *by chance, by accident.*
se hâter, *to hurry.* se hâter de faire qc., *to lose no time in doing sg.*
une hausse, *an increase.*
haut, *high.*
la hauteur, *the height.* être à la hauteur, *to be up to scratch* (coll.).
héberger, *to lodge.*
hein?, *eh? what?*
l'herbe (*f.*), *grass.* les mauvaises herbes, *weeds.*
hériter de qc., *to inherit sg.*
hésiter, *to hesitate.* hésiter à faire qc., *to hesitate to do sg.*
l'heure, *the time; the hour.* tout à l'heure, *a few minutes ago; in a few minutes.*
heurter, *to knock, (against sg.).* se heurter à qc., qn., *to run into sg., so.*
hier, *yesterday.*
une histoire, *a story; a history.* histoire de..., *it's a question of...* (coll.).

l'hiver, *winter.* en hiver, *in winter.*
un H.L.M., *a council flat* (une habitation à loyer modéré, *a dwelling at a modest rent*).
une horreur, *a horror.* avoir qc. en horreur, *to detest sg.*
hors de, *out of.*
un hôte, une hôtesse, *a host, hostess; a guest.*
un hôtelier, *a hotel-keeper.*
une huître, *an oyster.*
une humeur, *a mood; a temper.* être de bonne, mauvaise humeur, *to be in a good, bad mood.*
l'humour (*m.*), *humour.*
hurler, *to howl, to yell.*

ignorer, *to be ignorant of, not to know.*
une île, *an island.*
l'illégalité (*f.*), *illegality.*
s'imaginer, *to suppose; to fancy.*
imbu: être imbu de sa personne, *to be full of one's own importance.*
l'immatriculation (*f.*), *registration.*
un immeuble, *a building.*
l'implantation, *securing a position.*
s'implanter, *to establish a foothold.*
important, *important; considerable.*
une importation, *an import.*
importer, *to be of importance, to matter; to import.* n'importe, *never mind.* n'importe qui, *anyone (at all), no matter who.* n'importe quoi, *anything, no matter what.* n'importe où, quand, comment, lequel, *no matter where, when, how, which.*
importuner, *to bother, to inconvenience.*
s'imposer, *to make os., itself, felt.*
impressionnable, *excitable; impressionable.*
impressionnant, *impressive.*
impressionner, *to impress; to make an impression on.*
imprévisible, *unforseeable.*
inattendu, *unexpected.*
inattention (*f.*), *carelessness, inattention.*
incessamment, *unceasingly; immediately.*
incessant, *unceasing.*
incomber à qn., *to be incumbent on so.*
incommode, *inconvenient, awkward.*
inconnu, *unknown.*
un inconvénient, *a disadvantage, a drawback.*
incroyable, *unbelievable.*
une incrustation, *inlaid work.*
indéchiffrable, *undecipherable, illegible.*
une indication, *an indication; a piece of information; an instruction.*
indiquer, *to point out, to show; to indicate.*
indiscret, -ète, *indiscreet.*
un industriel, *an industrialist.*
inefficace, *ineffective; inefficient.*

inespéré, *unhoped for.*
infâme, *notorious; infamous.*
inférieur, -eure, *inferior; lower.* inférieur à, *inferior to.*
infime, *minute.*
infiniment, *infinitely.*
l'informatique, *information retrieval.*
ininterrompu, *unbroken.*
inouï, *unheard of.*
inquiétant, *disturbing; disquieting.*
s'inquiéter de qc., *to worry about sg.*
une inquiétude, *an anxiety.*
inscrire (inscrit) (*irr.*), *to inscribe (like écrire).*
insensé, *senseless.*
insister, *to insist.* insister à, pour faire qc., *to insist on doing sg.* insister sur qc., *to stand out for sg., to stress sg.*
insolite, *unusual.*
s'installer, *to install os.; to settle down.*
un instituteur, *a primary school teacher.*
à l'insu de qn., *without the knowledge of so.* à mon insu, *unknown to me.*
insupportable, *unbearable.*
les intempéries (*f.*), *bad weather.*
interdire, *to forbid; to prohibit.* interdire à qn. de faire qc., *to forbid so. to do sg.*
intéresser, *to interest; to affect; to be interesting to.*
s'intéresser à qc., *to be interested in sg.*
un intérêt, *an interest; a share; interest (financial).*
intérieur, -eure, *interior, internal.* à l'intérieur, *inside.* le Ministère de l'Intérieur, *the Home Office (equivalent).*
un intermédiaire, *an intermediary, an agent; a middleman.* par l'intermédiaire de qn., *through so.*
interrompre (interrompu) (*irr.*), *to interrupt (like* rompre).
un intervalle, *an interval; a period (of time).*
intervenir (intervenu) (*irr.*) (*Aux.* être), *to happen; to occur (like* venir).
un intitulé, *a title, a heading.*
introduire (introduit) (*irr.*), *to introduce (like conduire).*
inutile, *useless, pointless, fruitless.*
inutilement, *pointlessly.*
inviter qn. à faire qc., *to invite so. to do sg.*
ironiser, *to speak ironically.*

jamais, *ever.* ne... jamais, *never.*
une jambe, *a leg.*
jaune, *yellow.*
jeter, *to throw* (je jette, nous jetons).
un jeu, *a game.*
jeudi, *Thursday.*

la jeunesse, *youth; the young.*
joindre (joint) (*irr.*), *to join.* joindre les deux bouts, *to make ends meet.*
joli, *pretty, nice.*
joliment, *prettily.*
la joue, *the cheek.*
jouer, *to play.* jouer serré, *to play a cautious game.*
jouir de qc., *to enjoy sg. (a privilege).*
un journal (-aux), *a newspaper; a Day-book (book-keeping).*
une journée, *a day, day-time.* toute la journée, *all day.*
un jour, *a day.* huit jours, *a week.* quinze jours, *a fortnight.*
un jumeau, une jumelle, *a twin.* une maison jumelle, *a semi-detached house.*
une jupe, *a skirt.*
jurer, *to swear.*
jusque, jusqu'à, *up to, till, until.* jusqu'à ce que + Subj., *until.* jusqu'ici, *till now.*
au juste, *exactly, precisely.*
justement, *precisely, exactly; just.*
la justice, *justice.*

un képi, *a kepi (a peaked pill-box cap).*

une lacune, *a gap, a blank.*
laid, *ugly.*
la laine, *wool.*
laisser, *to allow, to permit, to let; to leave.* laisser tomber, *to drop.*
le lait, *milk.*
lancer, *to throw.*
une langue, *a language; a tongue.* les langues vivantes, *modern languages.*
large, *wide, broad.*
léger, légère, *light; slight.*
un légume, *a vegetable.*
le lendemain, *the next day.*
lequel, laquelle, lesquels, lesquelles, *which; who; whom.*
se lever, *to get up* (je me lève, nous nous levons).
la lèvre, *the lip.* un rouge à lèvres, *a lipstick.*
libre, *free; unoccupied.* libre à vous de faire qc., *you are free to do sg.*
un lien, *a link, a bond, a tie.*
se lier (d'amitié) avec qn., *to form a friendship with so.*
un lieu (-x), *a place.* au lieu de, *instead of.* avoir lieu, *to take place.*
un liftier, *a lift-man.*
une ligne, *a line.*
limitrophe, *bordering.*
liquider, *to sell off, to realize.*

lire (lu) (*irr.*), *to read.*
lisiblement, *legibly.*
un lit, *a bed.*
littéralement, *literally.*
un livre, *a book.* grand livre, *ledger.*
une livre, *a pound* (£)*; a pound* (*weight*).
la location, *renting; booking.*
le logement, *accommodation, housing.*
loger, *to accommodate; to house.*
une loi, *a law.*
loin, *far.*
long, longue, *long.* à la longue, *in the long run.*
longuement, *at length.*
la longueur, *the length.*
loquace, *talkative.*
lors de, *at the time of.*
lorsque, *when.*
une loterie, *a lottery.*
louer, *to rent; to praise.*
louange, *praise.*
lourd, *heavy.*
un loyer, *a rent.*
la lune (être dans), *to be dreaming.*
un lustre, *a chandelier.*
lutter, *to struggle.*
un luxe, *a luxury.*
luxueux, -euse, *luxurious.*
un lycée, *a grammar school* (*equivalent*).

un magasin, *a shop, a store.*
un magnétophone, *a tape recorder.*
maigrir, *to slim.*
un maillot, *a singlet; a bathing costume.*
la main, *the hand.* en venir aux mains, *to come to blows.*
la main -d'œuvre, *the labour force.*
une maison, *a house; a firm.*
un mal (maux), *an evil; an illness.* le mal de mer, de l'air, *seasickness, airsickness.* avoir mal à la tête, *to have a headache.*
mal, *badly.* pas mal de qc., *a lot of sg.*
la malchance, *bad luck.* jouer de malchance, *to have bad luck.*
un malentendu, *misunderstanding.*
malgré, *in spite of; despite.*
un malheur, *a misfortune.* Oh, malheur! *Oh, woe!*
malheureusement, *unfortunately.*
malheureux, *unfortunate, unhappy.*
maltraiter, *to ill treat.*
la Manche, *the English Channel.* un manche, *a handle, a shaft.* une manche, *a sleeve.*
un mandat, *a mandate; a money-order.*
manger, *to eat* (nous mangeons).
une manie, *a mania; a craze.*
manier, *to handle; to manipulate.*

une manière, *a way; a manner.* d'une manière inattendue, *unexpectedly.*
une manivelle, *a starting handle, a handle.*
un manœuvre, *an unskilled worker.*
un manque, *a lack.*
manquer, *to miss* (*a train*)*; to be lacking.* manquer de qc., *to lack sg.*
manuel, *manual.*
un manufacturier, *a manufacturer.*
une maquette, *a model; a mock-up.*
se maquiller, *to put on make-up.*
un marchand, *a merchant; a tradesman.*
une marchandise, *a ware, a product.*
un marché, *a deal; a market.* par-dessus le marché, *into the bargain.*
marcher, *to walk.* faire marcher qn., *to boss so. about.* marcher sur les pieds de qn., *to tread on so.'s toes.*
une marche, *a step; running* (*of motor*). faire marche arrière, *to reverse.*
un mari, *a husband.*
un marin, *a sailor.*
une marque, *a trade-mark.*
marrant, *funny* (coll.).
marre, avoir marre, *to be fed up* (coll.).
marron, *brown, chestnut.*
des matériaux, *material.*
le matériel, *plant; stock; equipment.*
une matière, *a matter; material; subject.* en matière de, *concerning.* matières premières, *raw materials.*
la matinée, *morning.*
une matraque, *a truncheon.*
maudire (maudit) (*irr.*), *to curse* (*like* dire).
mauvais, *bad.*
méchant, *naughty; evil, nasty.*
mécontent, *discontented, unhappy.*
la Méditerranée, *the Mediterranean.* méditerranéen, *Mediterranean.*
se méfier de qc., qn., *to be on one's guard against sg., so.; to mistrust.*
meilleur, meilleure, *better.* le meilleur, *the best.*
même, *even.* quand même, *all the same.* tout de même, *all the same.* être à même de, *to be able to.*
mémère (*f.*), *Granny* (coll.).
la mémoire, *memory.*
un mémoire, *a memorandum.*
un ménage, *a household.*
ménager, *to deal tactfully with* (*so.*)*; to save; to treat with consideration.*
une ménagère, *a housewife.*
mener, *to lead* (je mène, nous menons).
mensuel, -elle, *monthly.*
mentir (menti) (*irr.*), *to tell lies* (*like* dormir).
le menton, *the chin.*

menu, *tiny*. les menus détails, *trivial details*.

la mer, *the sea*.

merde, *a vulgar oath indicating anger, refusal, admiration*.

mériter, *to deserve*.

une merveille, *a marvel*. à merveille, *wonderfully*.

merveilleux, -euse, *marvellous*.

une mesure, *a measure*. à mesure que, au fur et à mesure que, *as*. être en mesure de, *to be in a position to*.

un métier, *a trade, profession; a loom*.

le Métro, *the Underground*.

un mets, *a dish (of food)*.

mettre (mis) (*irr*.), *to put, to place*. mettre une heure à faire qc., *to take an hour to do sg*.

se mettre: se mettre à faire qc., *to start to do sg., to set about doing sg*.

un meuble, *a piece of furniture*.

meurtrir, *to bruise*.

un microsillon, *a long-playing record*.

le Midi, *the South of France*.

mieux, *better*. aimer mieux, *to prefer*.

le milieu, *the middle*. au milieu de, *in the middle of*.

mille, *a thousand*.

un millier, *about a thousand*.

mince, *thin, slim*. Mince alors! *Well, I never!*

minuit (*m*.), *midnight*.

minuscule, *tiny*.

minutieux, *scrupulous, close, thorough*.

la mise, *the putting; placing; setting;* la mise en marche, *the starting-up (of an engine)*.

une mitraillette, *a sub-machine gun*.

le mobilier, *the furniture*.

une mobylette, *a moped*.

un mode, *a method*.

une mode, *a fashion*.

un modèle, *a model*.

modéré, *moderate*.

le, la moindre, *the slightest, the smallest, the least*.

moins, *less*.

un mois, *a month*.

une moitié, *a half*.

le monde, *the world*. tout le monde, *everybody*.

mondial, *world-wide*.

la monnaie, *change; currency*.

monstre, *colossal, huge*.

le montant, *the total*.

monter (*Aux*. être), *to go up; to climb up*. monter à bicyclette, *to ride a bicycle*. (*Aux*. avoir), *to carry up; to bring up*.

une montre, *a watch*.

montrer, *to show*.

se moquer de, *to laugh at; to make fun of*.

le moral, *the morale*.

mordre, *to bite*.

mort, *dead*.

un mot, *a word*.

un motard, *a gendarme (on a motor cycle)*.

une moto, *a motor-cycle*.

mouiller, *to wet*. se mouiller, *to get wet*.

mousseux, *sparkling; frothy*.

un mouton, *a sheep*. Revenons à nos moutons! *Let's get back to the matter in hand!*

moyen, -enne, *middle; average*.

une moyenne, *an average (speed, etc.)*.

un moyen, *a means*.

moyennant, *in return for, in consideration of*.

munir de qc., *to equip with, to provide with sg*.

une municipalité, *a municipality; a town council*.

un mur, *a wall*.

un musée, *a museum*.

mutuel, -elle, *mutual*.

la naissance, *birth*.

naître (né) (*Aux*. être) (*irr*.), *to be born*.

nager, *to swim*.

naturellement, *naturally; of course*.

la nausée, *nausea*. donner des nausées à qn., *to nauseate so*.

nautique, *nautical*.

navré, *dreadfully sorry*.

un négociant, *a dealer*.

net, nette, *clear; precise*.

nettement, *clearly*.

nettoyer, *to clean* (je nettoie; nous nettoyons).

neuf, neuve, *new*.

un neveu, *a nephew*.

le nez, *the nose*.

ni (used with **ne** before the verb), *nor; or*. Ni moi non plus, *Neither do I*.

la niaiserie, *silliness, foolishness*.

ni... ni... ne + verb, *neither... nor + verb*.

un niveau, *a level*.

le nom, *the name*.

nombreux, -euse, *numerous*.

nommer, *to name; to appoint*.

le nord, *the North*.

un notaire, *a notary*.

notamment, *especially*.

le, la nôtre; les nôtres, *ours*.

nourrir, *to feed*.

nouveau, nouvel, nouvelle, *new*.

un nuage, *a cloud*.

nuire à qn., qc. (nui) (*irr*.), *to harm so., sg*. (*like* conduire).

nul, nulle (*used with* ne *before the verb*), *no one, nobody; not one; no.*
nullement, *in no way.*

obliger qn. à faire qc., *to force so. to do sg.*
être obligé de faire qc., *to be forced to do sg.*
l'obscurité (*f.*), *the darkness.*
obtenir (obtenu) (*irr.*), *to obtain* (*like* venir).
une occasion, *a chance; an opportunity; a bargain.* une voiture d'occasion, *a second-hand car.*
un œil (yeux), *an eye.*
une œuvre, *a work.*
offenser qn., *to offend so.*
une offre, *an offer.*
offrir (offert) (*irr.*), *to offer.* offrir de faire qc., *to offer to do sg.*
un oiseau, *a bird.*
une ombre, *a shadow.*
omettre (omis) (*irr.*), *to omit; to leave out* (*like* mettre). omettre de faire qc., *to fail, neglect to do sg.* (*like* couvrir).
une onde, *a wave.* être sur la même longueur d'onde, *to be on the same wave-length.*
onze, *eleven.* (*Note the absence of apostrophe:* le onze, le onzième.)
or, *now.*
un ordinateur, *a computer.*
une oreille, *an ear.*
un organisme, *a body.*
orienter, *to guide, to direct.*
s'orienter, *to find one's bearings.*
un orteil, *a toe.*
l'orthographe (*f.*), *spelling.* une faute d'orthographe, *a spelling mistake.*
oser, *to dare.* oser faire qc., *to dare to do sg.*
ôter, *to take off* (*clothes*); *to remove, to take away.*
oublier, *to forget.* oublier de faire qc., *to forget to do sg.*
l'ouest (*m.*), *the West.*
outre, *in addition to, apart from.* outre cela, en outre, *moreover; besides.*
ouvrable: un jour ouvrable, *a working day.*
un ouvrage, *a work.*
un ouvrier, *a workman.*
ouvrir (ouvert) (*irr.*), *to open* (*like* couvrir).

un palais, *a palace.*
le palier, *the landing.*
une panne, *a breakdown.* avoir une panne, être en panne, *to break down* (*car, etc.*)
la paperasse, *paper-work.*
un panneau, *a board; a panel.*
le papier, *paper.* le papier peint, *wall-paper.*
un papillon, *a butterfly.*

un paquebot, *a steamer; a liner.*
paraître (paru) (*irr.*), *to appear; to seem* (*like* connaître). il paraît que, *it seems that.*
un parapluie, *an umbrella.*
Parbleu!, *Why, of course! Oh, blow!*
parce que, *because.*
un pardessus, *an overcoat.*
par-dessus, *above.*
Pardon, *Excuse me.*
pardonner, *to excuse, to forgive.* pardonner qc. à qn., *to forgive so. for sg.* pardonner à qn. de faire qc., *to forgive so. for doing sg.*
pareil, pareille, *like that; such; similar.*
le pare-brise, *the windscreen.*
un parent, *a parent; a relative.*
parfait, *perfect.*
parfaitement, *perfectly.*
un parfum, *a scent.*
un pari, *a bet.*
un parking, *a parking lot.*
un parler, *a way of speaking; a language.*
parler, *to speak.* entendre parler de qc., *to hear about sg.* parler affaires, *to talk business.* parler boutique, *to talk shop.* sans parler de, *to say nothing of.*
parmi, *among.*
une part, *a share, part, portion.* pour ma part, *as far as I'm concerned.* faire part à qn. de qc., *to inform so. of sg.* prendre qc. en bonne, mauvaise part, *to take sg. in good, bad part.* nulle part, *nowhere.* de part et d'autre, *on both sides.* d'autre part, *on the other hand.* à part, *separately; apart from.*
partager, *to share.*
un, une partenaire, *a partner.*
un parterre, *a flower-bed; pit* (*theatre*).
un parti, *a party* (*political*); *a decision.* prendre le parti de faire qc., *to take the decision to do sg.* tirer parti de qc., *to take advantage of sg.*
un particulier, *a private individual.*
une partie, *a part; a game; a party* (*social*); *a party to a dispute.* La comptabilité en partie double, *double-entry book-keeping.*
partout, *everywhere.*
parvenir (parvenu) (*irr.*) (*Aux.* être), *to attain, to reach* (*like* venir). parvenir à faire qc., *to succeed in doing sg.*
un passage clouté, *a pedestrian crossing.*
un passant, *a passer-by.*
le passé, *the past.*
un passeport, *a passport.* le contrôle des passeports, *passport examination.*
passer, *to pass; to go past.* passer pour riche, *to be considered rich.* passer un examen,

passer (*cont.*):
>   *to take an examination.* passer un accord, *to conclude an agreement.* passer son temps à faire qc., *to spend one's time doing sg.* passer chez qn., *to call on so.* J'ai passé par là, *I've gone through it.*
se passer, *to happen.* se passer de qc., *to do without sg.*
passible, *liable.*
passionnant, *exciting.*
se passionner de, pour, qc., *to be passionately fond of sg.*
un patin, *a skate.*
pâtir, *to suffer.*
le patron, *the head (of a firm); the boss.*
pauvre, *poor.* un pauvre homme, *an unfortunate man.* un homme pauvre, *a poor man (i.e. impecunious).*
payer, *to pay; to pay for.*
un pays, *a country.*
la peau, *the skin.* être dans la peau de qn., *to be in so.'s shoes.*
le peignage, *combing; carding.*
peigner, *to comb; to card.*
la peine, *sorrow; difficulty.* Ça ne vaut pas la peine, *It is not worth the bother.* à peine, *scarcely, hardly.*
un peintre, *a painter.*
pendant, *during.*
pénible, *painful.*
une péniche, *a barge.*
une pensée, *a thought.*
penser, *to think.* penser à qc., *to think about sg.* penser de qc., *to have an opinion about sg.* Je pense à lui, *I'm thinking about him.* Que pensez-vous de lui? *What do you think of him?*
perçant, *piercing.*
perdre, *to lose.*
perfectionner, *to perfect.*
une période, *a period.*
des péripéties (*f.*), *mishaps.*
périphérique, *outlying.*
permettre à qn. de faire qc., *to allow, to permit so. to do sg.*
une personne, *a person.* une jeune personne, *a young lady.* ne... personne, *nobody.*
le personnel, *the staff.*
une perspective, *a prospect.*
persuader qn., *to persuade so.* persuader à qn. de faire qc., *to persuade so. to do sg.* persuader qc. à qn., *to persuade so. of sg.*
une perte, *a loss.*
pertinemment, *full well, certainly.*
peser, *to weigh* (je pèse, nous pesons).
pétarader, *to back-fire (engine).*
le pétrole, *oil (mineral).*

peu, *few.* ou peu s'en faut, *or thereabouts.* sous peu, *shortly.*
la peur, *fear.* avoir peur de qc., *to be afraid of sg.* avoir peur que... ne + Subj., *to be afraid that...*
une photo (= une photographie), *a photograph.*
une phrase, *a sentence.*
le piano, jouer du piano, *to play the piano.*
une pièce, *a room; a play (dramatic); a piece.* être aux pièces, *to be on piece-work.*
un pied, *a foot.* à pied, *on foot.*
un piège, *a trap.* tendre un piège à qn., *to set a trap for so.*
piétiner, *to mark time; to stamp.*
un piéton, *a pedestrian.*
piètre, *wretched* (coll.).
un pilier, *a post.*
le pinard, *cheap wine* (coll.).
une pipe, *a pipe.* Nom d'une pipe! *Heavens above!*
piquer, *to sting (of insect).*
pire, *worse.* le pire, *the worst* (Adj.).
pis, *worse.* le pis, *the worst* (Adv.). Tant pis, *So much the worse.*
une place, *a square.* sur place, *on the spot.*
un placement, *an investment.*
placer, *to place; to invest.*
plaider, *to plead (a legal case).*
plaindre (plaint) (*irr.*), *to be sorry for.* Je vous plains, *I'm sorry for you.*
se plaindre de qc., *to complain about sg.*
plaire (plu) (*irr.*), *to be pleasing.* plaire à qn., *to please so.* se plaire à faire qc., *to take pleasure in doing sg.*
une plaisanterie, *a joke.*
un plaisir, *a pleasure.* Au plaisir! *Hope to see you later!*
un plan, *a plane; a plan.* sur le plan financier, *on the financial plane.*
un plancher, *a floor.*
la planification, *planning.*
plein, *full.* faire le plein, *to fill up (with petrol).*
pleuvoir (plu) (*irr.*), *to rain (impersonal).* il pleut, *it is raining.*
la pluie, *rain.*
la plupart, *the majority, most.*
plus, *more.* Plus de travail! *No more work;* ne... plus, *no more; no longer.*
plusieurs, *several.*
plutôt, *rather.*
un pneu, *a tyre.*
un poète, *a poet.*
un poignet, *a wrist.*
un point, *a point.* mettre au point, *to perfect; to knock into shape.*

une poire, *a pear.* Elle se fiche de ma poire, *She makes fun of me.*

un poireau (-eaux), *a leek.*

un pôle, *a pole.* le pôle nord, *the North Pole.*

poli, *polite.*

un polytechnicien, *a pupil or ex-pupil of the École Polytechnique.*

une pomme, *an apple.* des pommes frit(es), *chipped potatoes.*

un pompier, *a fireman.*

un pont, *a bridge.*

la portée, *the range.*

porter, *to carry; to bear; to wear.*

le porto, *port (wine).*

posé, *steady.*

poser, *to put; to place.* poser une question, *to ask a question.* poser sa candidature, *to apply (for a job).*

posséder, *to possess* (je possède, nous possédons).

un poste, *a set (radio, TV.); a place, a position; an item.*

un pouce, *a thumb.*

un poumon, *a lung.*

pour que + Subj., *in order that.*

un pourcentage, *a percentage.*

des pourparlers, *negotiations; discussions.*

le pourquoi de, *the reason for.*

poursuivre (poursuivi) (*irr.*), *to pursue; to continue (like* suivre).

pourtant, *however.*

pourvu que + Subj., *provided that.*

pousser, *to push; to grow.* faire pousser qc., *to grow (a crop, etc.).*

la poussière, *dust.*

poussiéreux, -euse, *dusty.*

pouvoir (pu) (*irr.*), *to be able to.*

un pré, *a meadow.*

préalable, *previous.*

précéder, *to precede* (je précède, nous précédons).

précédent, *previous.*

précisément, *precisely.*

préférer, *to prefer* (je préfère, nous préférons).

préjuger, *to judge beforehand.*

premier, -ière, *first.*

prendre, *to take.* s'en prendre à qn., *to attack so., to blame so.* s'y prendre *to tackle sg.*

un préparatif, *a preparation.*

près (de), *near.*

présent, *present.* par la présente, *hereby.*

une présentation, *a presentation; an introduction.*

présenter, *to present; to introduce (so.).* Il présente bien, *He creates a good impression.*

se présenter, *to present os., itself; to introduce os.*

un président, *a chairman; a president.* un Président-Directeur général, *a managing director.*

présider(à), *to take the chair (at).*

presque, *nearly.*

pressé, *in a hurry.*

presser, *to hurry; to press.*

la pression, *pressure.* à la pression, *draught (beer).*

une prestation, *a benefit; an allowance.*

prétendre, *to claim; to require; to maintain.* prétendre à qc., *to lay claim to sg.* prétendre que + Subj., *to claim that...*

prêter, *to lend.*

prévenir (prévenu) (*irr.*) (*Aux.* avoir), *to inform; to forewarn; to anticipate; to avert (like* venir).

prévoir (prévu) (*irr.*), *to foresee; to forecast (like* voir).

prier, *to pray; to ask, to request.* prier qn. de faire qc., *to ask so. to do sg.*

une prime, *a premium; a bonus; a subsidy.*

un principe, *a principle.* en principe, *in theory.*

privé, *private.*

un prix, *a price.* le prix de revient, *the cost price.* le prix de vente, *the selling price.*

procéder, *to proceed* (je procède, nous procédons).

un procédé, *a process.*

un procès, *a trial.*

prochain, *next; impending (when* prochain *follows the noun).*

prochainement, *shortly.*

se procurer qc., *to obtain, to get sg.*

prodigieux, -ieuse, *stupendous, prodigious.*

produire (produit) (*irr.*), *to produce (like* conduire).

un produit, *a product.*

un prof = un professeur, *a teacher; a professor.*

profiter de qc., *to take advantage of.*

profond, *deep; profound.* peu profond, *shallow.*

le progrès, *progress.*

un projet, *a plan; a project.*

une promenade, *a walk, an outing.* une promenade en bateau, en auto, *a boat, car ride.*

promettre (promis) (*irr.*), *to promise.* promettre qc. à qn., *to promise so. sg.* promettre à qn. de faire qc., *to promise so. to do sg. (like* mettre).

la promotion, *promotion.* des cours de promotion sociale, *evening classes.*

promouvoir (promu), *to promote.*

un pronom, *a pronoun.*

un propos, *a subject; a matter; a remark.* à propos, *by the way; to the point.*

proposer, *to propose, to suggest.*

se proposer, *to come forward.* se proposer de faire qc., *to intend to do sg.*

une proposition, *a proposal.*

propre, *proper, clean; own.* sa propre main, *his own hand.* sa main propre, *his clean hand.*

un, une propriétaire, *an owner.*

la propriété, *the property; ownership.*

protéger, *to protect* (je protège, nous protégeons).

une province, *a province.* en province, *in the provinces.*

une provision, *a provision, a store, a supply.*

provisoire, *provisional.*

provoquer, *to cause, to give rise to; to provoke.*

la proximité, *the proximity.*

un psychologue, *a psychologist.*

publier, *to publish.*

public, publique, *public.*

la publicité, *advertising.*

puis, *then; next.*

puisque, *since.*

pulluler, *to abound, to swarm.*

un quai, *a quay; a platform.*

quant à, *as to, as for, with regard to.*

un quart, *a quarter.* les trois quarts de qc., $\frac{3}{4}$ *of sg.*

un quartier, *a district.*

quasiment, *almost; as it were.*

que de, *what a lot of.*

quel, quelle, quels, quelles, *which, what.* quelle que soit son opinion..., *whatever his opinion (may be)...*

quelconque, *some... or other.* une chambre quelconque, *some room or other.*

quelque, *some.* quelque + adj. + que + Subj., *however + adj., ...* quelque charmante qu'elle soit..., *however charming she may be...* quelque + noun + que + Subj., *whatever + noun...* quelques lettres que vous lisiez..., *whatever letters you read...*

quelque part, *somewhere.*

quelque chose (*m.*), *something.* quelque chose de nouveau, *something new.*

une question, *a question.* il est question de, *it is a matter of.*

une quinzaine, *about fifteen; a fortnight.*

quitte de, *rid of; free to.*

quoi, *what.* De quoi parlez-vous? *What are you talking about?* A quoi pensez-vous? *What are you thinking about?* quoi que + Subj., *whatever + verb.* quoi que vous fassiez..., *whatever you do...*

quoique, *although.* quoique + Subj. quoique vous le sachiez déjà... *although you know it already...*

un rabais, *a discount.*

rabattre, *to lessen, to reduce; to bring down.*

une radio, *a wireless.* à la radio, *on the wireless.*

une rafale, *a gust of wind.*

raffiner qc., *to do sg. with great care.*

rafistoler, *to do up sg., to repair* (coll.).

un ragoût, *a stew.*

une raison, *a reason.* avoir raison, *to be right.* en raison de, *owing to.* la raison pour laquelle, *the reason why.*

un rajustement, *a readjustment.*

ralentir, *to slow down.*

ramener, *to bring back; to lead back* (je ramène, nous ramenons).

une randonnée, *a trip, an excursion.*

un rang, *a rank; a row, a line.*

une rangée, *a row, a line.*

ranger, *to arrange, to tidy.*

rappeler, *to remind; to recall* (je rappelle, nous rappelons).

se rappeler qc., *to remember sg.*

un rapport, *a report; a relation, a connection.* avoir rapport à qc., *to relate to sg.* par rapport à, *with regard to, in connection with.* être en rapport avec, *to be in contact with.*

se raser, *to shave.*

rassembler, *to assemble; to gather together.*

se rassurer, *to feel reassured.* Rassurez-vous! *Don't worry!*

ravaler, *to resurface* (stonework).

le ravalement de Paris, *the programme of cleaning and restoring buildings in the centre of Paris.*

ravi, *delighted.*

un rayon, *a shelf; a department of a shop.*

un réacteur, *a jet engine; a reactor.*

réagir, *to react.*

réaliser, *to put into effect; to carry out; to bring into being, to work out* (a plan).

rebobiner, *to rewind.*

rebrousser chemin, *to turn back; to retrace one's steps.*

récemment, *recently, of late.*

la réception, *the reception* (hotel); *receipt* (of letter).

recevoir (reçu) (irr.), *to receive* (like apercevoir.).

recherché, *in demand, sought-after; choice* (Adj).

la recherche, *research, the search.*
une rechute, *a relapse.*
un récit, *an account.*
une réclame, *an advertisement.* faire la réclame de qc., faire de la réclame pour qc., *to advertise sg.*
la réclusion, *imprisonment with hard labour.*
récompenser, *to reward.* récompenser qn. de qc., *to reward so. for sg.*
reconnaître (reconnu) (*irr.*), *to recognize; to acknowledge* (*like* connaître). reconnaître qn. à qc., *to recognize so. by sg.*
recourir (à qc.) (recouru) (*irr.*), *to have recourse to; to apply to* (*like* courir).
recouvrir (recouvert) (*irr.*), *to cover; to hide* (*like* couvrir).
recueillir (recueilli) (*irr.*), *to gather; to collect* (*like* cueillir).
récupérer, *to recover, to retrieve* (je récupère, nous récupérons).
la rédaction, *drafting* (*article*); *composition; editorial board.*
une redevance, *a bill.*
rédiger, *to draft, to write* (*letter, article*); *to edit.*
réduire (réduit) (*irr.*), *to reduce* (*like* conduire).
la réfection, *repairing, remaking.*
réfléchir, *to think, to consider.* réfléchir à qc., *to think about sg.*
refuser, *to refuse.* refuser de faire qc., *to refuse to do sg.*
se régaler, *to entertain, to feast.*
regarder, *to look at, to consider; to concern, to regard.*
une régie, *a state-controlled organization.*
réglable, *adjustable.*
une règle, *a rule; a ruler.*
un règlement, *a regulation.*
régler, *to adjust; to regulate; to settle.*
regretter, *to regret.* regretter de faire qc., *to regret doing sg.*
rejoindre (rejoint) (*irr.*), *to join; to catch up with* (*like* joindre).
se réjouir de qc., *to be delighted at sg.*
relier, *to connect, to join.*
relire (relu) (*irr.*), *to re-read* (*like* lire).
un remaniement, *an alteration.*
une remarque, *a remark, an observation.*
remarquer, *to notice.*
un remboursement, *a repayment, a refund.*
rembourser, *to repay, to refund.*
remédier à qc., *to remedy sg.*
remercier, *to thank.* remercier qn. pour, de qc., *to thank so. for sg.*
remettre, *to put back.* remettre en état, *to repair.*

se remettre, *to recover from an illness.* se remettre à faire qc., *to start to do sg. again.*
une remise, *a discount; a restarting.*
remonter (*Aux.* être), *to go up again.* (*Aux.* avoir), *to take up again, to wind* (*a watch*).
remplacer, *to replace, to take the place of.*
remplir, *to fill.*
une rémunération, *a payment.*
rencontrer, *to meet.*
rendre, *to give back, to return* (*sg.*); *to give up.* rendre qn. heureux, malheureux, *to make so. happy, miserable.*
se rendre, *to go.*
un renfort, *a reinforcement.* à grand renfort de..., *supported by a lot of...*
renoncer à qc., *to give up sg.* renoncer à faire qc., *to drop the idea of doing sg.*
la renommée, *the reputation.*
renouveler, *to renew* (je renouvelle, nous renouvelons).
un renseignement, *a piece of information.*
se renseigner sur qc., *to find out about sg.; to ask about sg.*
rentable, *profitable.*
la rentabilité, *profitability.*
rentrer (*Aux.* être), *to come again, to return; to return home.* (*Aux.* avoir), *to take in; to bring in.*
renverser, *to knock over; to overthrow; to reverse; to invert.*
une réparation, *a repair.*
repartir (reparti) (*irr.*) (*Aux.* être), *to set off again* (*like* dormir.)
répartir (réparti) (*irr.*) (*Aux.* avoir), *to divide up, to distribute, to share out* (*like* dormir).
la répartition, *the allocation, the distribution; the division.*
un repas, *a meal.*
repasser, *to iron.* un fer à repasser, *an iron.*
repeindre (repeint) (*irr.*), *to repaint* (*like* atteindre).
repérer, *to find one's bearings.*
une réplique, *a reply, a retort.*
répliquer, *to reply.*
répondre, *to reply, to answer.* répondre à une question, *to answer a question.* répondre de qc., *to answer for sg.* répondre à qc., *to comply with sg.; to respond to sg.*
un reportage, *a running commentary* (*radio, TV.*); *a report* (*journalism.*)
se reposer, *to rest.* se reposer sur qn., *to rely on so.*
un représentant, *a representative.*
une représentation, *a performance.*
une reprise, *a resumption.* à plusieurs reprises, *repeatedly.*

réputé, *well-known.*
un réseau, *a network, a system.*
résister, *to resist.* résister à qc., *to resist sg.*
résoudre (résolu) (*irr.*), *to resolve; to solve (a problem).*
respirer, *to breathe.*
responsable, *responsible.* être responsable de qc., *to be responsible for sg.*
ressembler à qn., à qc., *to look like so., sg.*
ressortir (ressorti) (*irr.*) (*Aux.* être), *to go, come out again.* faire ressortir, *to emphasize.* (*Aux.* avoir), ressortir à qc., *to be amenable to* (*like* dormir).
le reste, *the rest, the remainder.*
rester (*Aux.* être), *to remain.*
retarder, *to delay; to lose time.*
un retard, *a delay.*
retirer, *to withdraw.*
retordre, *to twist (thread).* donner du fil à retordre à qn., *to give so. trouble.*
une retouche, *a slight alteration.*
le retour, *the return.*
retourner (*Aux.* être), *to go back; to return.*
la retraite, *retirement; withdrawal.*
un retraité, *a pensioner.*
retrouver, *to find (again).*
un rétroviseur, *a mirror (car).*
réussir, *to succeed.* réussir dans qc., *to succeed in sg.* réussir à faire qc., *to succeed in doing sg.*
une revanche, *a revenge; a return match.* en revanche, *in return; on the other hand.*
réveiller qn., *to wake up so.*
se réveiller, *to wake up.*
révéler, *to reveal* (je révèle, nous révélons).
revenir (revenu) (*irr.*) (*Aux.* être.), *to return, to come back.* Je n'en reviens pas, *I can't get over it* (*like* venir).
la rêverie, *dreaming, musing.*
le revient (prix de revient), *the cost price.*
une révision, *inspection; testing.*
revoir (revu) (*irr.*), *to see again; to re-examine* (*like* voir).
un rideau (-eaux), *a curtain.*
rien, *nothing, anything.* Il ne dit rien, *He says nothing.* rien de nouveau, *nothing new.* comme si de rien n'était, *as if nothing had happened.*
la rigolade, *a huge joke* (coll.).
rigoler, *to laugh* (coll.).
rigoureusement, *rigorously.*
la rigueur, *rigour.* à la rigueur, *if need be.* de rigueur, *compulsory, obligatory.*
une rincette, *a nip; a drop (of a drink)* (coll.).
un risque, *a risk.* courir un risque, *to run a risk.*
risquer de faire qc., *to be in danger of doing sg.*

une rive, *a bank.*
une robe, *a dress.*
un rôle, *a part, a role.*
rompre (rompu) (*irr.*), *to break.*
ronfler, *to snore.*
ronger, *to gnaw.*
une roue, *a wheel.*
rouler, *to roll; to travel; to swindle.*
rouspéter, *to protest* (coll.).
une route, *a road, a route.* faire fausse route, *to be on the wrong track.*
un rythme, *a rhythm.*

un sac, *a bag.* L'affaire est dans le sac, *It's in the bag* (coll.).
sacré, *damned* (coll.).
saignant, *bleeding; rare (of a steak).*
saisir, *to seize; to understand.*
un salaire, *a wage.*
sale, *dirty.*
un salopard, *a swine* (coll.).
saluer, *to greet.*
le sang-froid, *coolness, presence of mind.* perdre son sang-froid, *to lose one's temper; to panic.*
la santé, *health.*
satané, *confounded; devilish.*
satisfaire (satisfait) (*irr.*), *to satisfy* (*like* faire).
un saucisson, *a sausage.*
sauf, *except.*
sauter, *to jump; to blow up.* Cela saute aux yeux! *It's obvious!*
savoir, *to know.* savoir gré à qn., *to be grateful to so.* je ne sais quoi, *something or other.*
le savon, *the soap.*
un scandale, *a scandal.*
scolaire, *school* (Adj.).
la scolarité, *attendance at school.*
sec, sèche, *dry.*
secret, secrète, *secret.*
le sein, *the breast.* au sein de, *within.*
séjourner, *to stay.*
selon, *according to.*
une semaine, *a week.*
un semestre, *a half-year.*
semblable, *similar.*
le sens, *the meaning; the direction.* à mon sens, *in my opinion.* un sens unique, *a one-way street.*
sensiblement, *perceptibly.*
sentir (senti) (*irr.*), *to feel; to smell* (*like* dormir).
se sentir, *to feel (of people).* Il se sent mal à l'aise, *He feels uneasy* (*like* dormir).
serrer, *to squeeze; to tighten.* serrer à droite, *to keep to the right.*

serré, *tight*. jouer serré, *to play a cautious game*.

un service, *a service; a department*.

une serviette, *a towel; a napkin; a document case*.

servir (servi) (*irr.*), *to serve* (*like* dormir). servir à qc., *to be used for sg*.

se servir de qc., *to make use of sg*.

seul, *only*.

seulement, *only*.

si, *if*. si + que + Subj., *however*... si impatient qu'il soit..., *however impatient he may be*...

un siècle, *a century*.

un siège, *a seat*. le siège social d'une entreprise, *the head office of a firm*.

le sien, la sienne, *his, hers, its*.

un sifflet, *a whistle*.

un sigle, *a symbol; an abbreviation*.

signaler, *to point out*.

un signe, *a sign, an indication*.

signifier, *to mean*.

sinon, *unless*.

une situation, *a situation; a job*.

le ski, *skiing*. faire du ski, *to go skiing*.

snob, *snobbish*.

social (-aux), *social*. le siège social d'une entreprise, *the head office of a firm*.

une société, *a society, a company*. une société anonyme, *a limited company*.

soi-disant, (*invariable*), *as it were; so-called*.

la soierie, *silk goods*.

soigner, *to look after*.

une soirée, *an evening; a party*.

soit... soit, *either... or*. Soit! *So be it!*

le sol, *the ground, earth*.

la somme, *the sum*. en somme, *on the whole*.

un sondage, *a sounding; an opinion poll*.

sonner, *to ring; to sound*.

le sort, *fate*.

une sorte, *a sort, a kind*.

une sortie, *an exit*.

sortir (sorti) (*irr.*) (*Aux.* être), *to go out*. (*Aux.* avoir), *to bring out; to take out* (*like* dormir).

un souci, *a care; a worry*.

se soucier de qc., *to care, worry about sg*.

un souffle, *a breath*.

souffler, *to blow*. souffler un mot, *to breathe a word*.

souffrant, *suffering; unwell*.

souffrir (souffert) (*irr.*), *to suffer* (*like* couvrir.)

souhaiter, *to wish*.

soulever, *to raise; to bring up*.

souligner, *to underline; to emphasize*.

soumettre (soumis) (*irr.*), *to submit* (*like* mettre).

souple, *flexible*.

la souplesse, *flexibility*.

sourd, *deaf*.

un sourire, *a smile*.

sourire (souri) (*irr.*), *to smile* (*like* rire).

une souris, *a mouse*.

sous, *under, underneath*.

se souvenir (souvenu) (*irr.*), *to remember*. se souvenir de qc., qn., *to remember sg., so.* (*like* venir).

souvent, *often*.

soyeux, *silky*. un Soyeux, *an inhabitant of Lyons*.

un spectacle, *a show*.

spirituel, spirituelle, *witty; spiritual*.

un stade, *a stage; a period; a stadium*.

un stage, *a period of training or practical experience*.

le standing, *standing* (*social*).

une station, *a station* (*métro*). une station service, *a service station, a garage*.

un, une sténo-dactylo, *a shorthand typist*.

un stylo, *a pen*.

subir, *to undergo; to suffer*.

subvenir (subvenu) (*Aux.* avoir): subvenir à qc., *to subsidize sg.* (*like* venir).

subventionner, *to subsidize*.

sucer, *to suck*.

succéder à qn., *to succeed so.* (je succède, nous succédons).

une succursale, *a branch office*.

le sud, *the South*.

suffire (suffi) (*irr.*), *to suffice*. suffire à qc., *to be sufficient for sg*. Suffit! *Enough of that!*

la suffisance, *complacency; conceit*.

une suite, *a consequence*.

suivant, *next, following*. par la suite, *subsequently*.

suivre (suivi) (*irr.*), *to follow*.

un sujet, *a subject*. au sujet de, *about*.

la superficie, *the area*.

supérieur, *upper*.

un supermarché, *a supermarket*.

un supplément, *a supplement; an excess charge*.

supporter, *to bear, to put up with, to tolerate*.

supprimer, *to cancel; to suppress*.

sûr, *sure, certain; safe*.

un surcroît, *an addition*. par surcroît, *into the bargain*.

surgelé, *deep-frozen*.

surgir, *to rise up*.

sur-le-champ, *there and then, at once*.

le surlendemain, *the next day but one*.

le surmenage, *overwork*.

surmené, *overworked.*

surprendre (surpris) (*irr.*), *to surprise* (*like* prendre).

surtout, *especially.*

la survie, *survival.*

survoler, *to fly over.*

susceptible, *susceptible; touchy.* susceptible de qc., *capable of sg., liable to sg.*

suspendre, *to hang.*

un syndicat, *a syndicate; a trade union.* un Syndicat d'Initiative, *a tourist information bureau.*

synthétiser, *to synthesize.*

une tache, *a stain.*

une tâche, *a task.*

tâcher de faire qc., *to endeavour to do sg.*

la taille, *height (of a room); waist; cutting.*

taire qc. (tu) (*irr.*), *to be silent about sg.* (*like* plaire).

se taire (tu) (*irr.*), *to be silent; to be quiet* (*like* plaire).

tandis que, *whereas.*

tant, *so much.* un tant soit peu, *just a little.* Tant mieux! *So much the better! Good!* Tant pis! *So much the worse! Hard luck!* en tant que, *in the capacity of, as.* tant ici qu'ailleurs, *both here and elsewhere.*

tantôt, *soon, in a moment; a moment ago.*

tapageur, -euse, *noisy.*

taper, *to type; to tap; to hit.*

un tapis, *a carpet.*

tard, *late.*

tarder, *to delay.* tarder à faire qc., *to be long in doing sg; to put off doing sg.* Il me tarde de, *I am anxious to.*

un tarif, *a scale of charges.*

un tas, *a heap, a pile; lots of* (coll.).

tatillon, *finicky.*

un taux, *a rate.*

une taxe, *a tax, a duty.*

une teinte, *a shade.*

une teinturerie, *a dye-works.*

une tenture, *a wall-hanging; a wall-paper.*

tel, telle, *such, like.* tel que, *like, such as.* un tel homme, *such a man.* Monsieur un Tel, *Mr. So-and-so.* Tel père, tel fils, *Like father, like son.*

un télégramme, *a telegram.*

un téléphone, *a telephone.*

un téléviseur, *a television set.*

le temps, *the time; the weather.* de temps en temps, de temps à autre, *from time to time, occasionally.* à temps, *on time.*

tendre, *to hold out, to extend; to tend.* tendre un piège, *to set a trap.* tendre à qc., *to tend, to lead to sg.*

tenir (tenu) (*irr.*), *to hold.* tenir à qc., à faire qc., *to insist on sg., on doing sg.* Tenez! Tiens! *Look here! Wait a moment!* (*like* venir).

s'en tenir à qc., *to confine os. to sg.* Je ne sais pas à quoi m'en tenir, *I don't know where I stand.*

une tentative, *an attempt.*

tenter, *to tempt; to attempt, to try.* tenter de faire qc., *to try to do sg.*

la tenue, *dress.*

le terme, *a term; the end (of a period of time).* à terme, *long term.*

la terre, *the earth.*

le territoire, *the territory.* l'aménagement du territoire, *regional planning.*

une tête, *a head; a facial expression.* se mettre dans la tête de faire qc., *to take it into one's head to do sg.* faire une tête, *to look miserable* (coll.).

théorique, *theoretical.*

Tiens! *Hullo!; Well!; Indeed?*

le tiercé, *a form of betting on horses.*

tirer, *to pull, to draw; to fire (a gun).*

un tiroir, *a drawer.*

le tissage, *weaving.*

un tissu, *a textile; a fabric.*

un toit, *a roof.*

tomber (*Aux.* être), *to fall.* être mal tombé, *to come at the wrong time.* laisser tomber qc., *to drop sg.*

un tombeau, *a tomb.*

tonique, *accented.* l'accent tonique, *stress.*

un tonneau, *a barrel.*

tordre, *to twist.*

un tort, *a wrong.* avoir tort, *to be wrong.*

tôt, *soon.*

un tour, *a turn; a tour; a trip; a walk; a trick.* à mon tour, *in my turn.*

une tour, *a tower.*

une tournée, *a trip.*

un tournevis, *a screwdriver.*

une tournure, *a turn (of phrase).*

tout, *completely; quite.*

toutefois, *nevertheless, however.*

se tracasser, *to worry.*

la traction (avant), *a car with front-wheel drive (esp. the pre-war Citroën).*

traduire (traduit), *to translate, to render* (*like* conduire).

un train, *a train; a rate.* être en train de faire qc., *to be in the middle of doing sg.*

traîner, *to hang around; to drag; be protracted.*

un trait, *a stroke; a feature.* avoir trait à qc., *to refer to, to be relevant to sg.*

un traitement, *a salary; a treatment.*

traiter, *to treat*. traiter de qc., *to be about sg.*
traiter qn.d'imbécile, *to call so. a fool.*

traître, *treacherous.*

un trajet, *a journey.*

tranquille, *quiet.*

transformer qc. en qc., *to change sg. into sg.*

un transistor, *a transistor radio.*

travailliste, *labour* (Adj.) (*political*).

à travers, *through.*

une traversée, *a crossing.*

trébucher, *to stumble, to trip up.*

une trêve, *a truce*. Trêve de plaisanteries!
No more joking!

le tricot, *knitting; the jumper, jersey.*

triste, *sad.*

tromper, *to deceive.*

se tromper, *to be mistaken; to be wrong*. se
tromper de qc., *to get the wrong thing.*

trop, *too much*. Il est trop tard pour lui
rendre visite, *It is too late to visit him.*

trotter, *to trot.*

un trottoir, *a pavement.*

un trou, *a hole.*

un trousseau, *a bride's bottom drawer; a
bunch* (*of keys*).

se trouver, *to be situated.*

un truc, *a device; 'a thingumajig'; a gadget*
(coll.).

la tutelle, *guardianship.*

un type, *a type; a chap* (coll.).

une unification, *a unification; an amalgama-
tion; a consolidation.*

unique, *sole, only, single*. une rue à sens
unique, *a one-way street.*

urbain, *urban.*

un usage, *a use.*

une usine, *a factory.*

un ustensile, *a utensil.*

utile, *useful.*

utiliser, *to use.*

la vaisselle, *crockery*. laver la vaisselle, faire
la vaisselle, *to wash up.*

valable, *valid.*

une valeur, *a value*. qc. de valeur, *sg. valuable.*

une valise, *a suit-case*. faire sa valise, *to
pack one's case.*

valoir, *to be worth*. il vaut mieux faire qc.,
it is better to do sg. il vaut mieux que
+ Subj., *it is better that...* il ne vaut pas
la peine, *it is not worthwhile*. se faire valoir,
to push os. forward, to show off.

vaniteux, -euse, *vain.*

vanter, *to praise, to speak highly of.*

se vanter de qc., *to boast, to brag of sg.*

une vedette, *a motor launch; a film star.*

la veille, *the previous day; the eve.*

veiller, *to stay up; to keep watch*. veiller à
ce que + Subj., *to see to it that...*

la veine, *good luck* (coll.).

un vélo, *a bicycle.*

un vendeur, une vendeuse, *a shop assistant.*

vendre, *to sell.*

venir (venu) (irr.) (Aux. être), *to come*. Je
viens de le faire, *I've just done it*. Je venais
de le faire, *I had just done it.*

le vent, *the wind*. être dans le vent, *to be up
to date, to be 'with it'.*

une vente, *a sale.*

le ventre, *the belly.*

un verger, *an orchard.*

le verglas, *frost; ice* (*on road*).

véritable, *real, true.*

vers, *in the direction of; approximately.*

versé dans qc., *well-versed in sg.*

un versement, *a payment.*

la vertu, *virtue*. en vertu de, *by virtue of.*

la victuaille, *food* (coll.).

un vieillard, *an old man.*

la vieillesse, *old age.*

vieux, vieil, vieille, *old.*

vif, vive, *keen, lively; bright.*

la vigueur, *vigour*. entrer en vigueur, *to
come into force*. mettre en vigueur, *to
enforce.*

une vigne, *a vine.*

une vignette, *an official stamp.*

un vignoble, *a vineyard.*

à la vinaigrette, *with an oil and vinegar dres-
sing.*

un violon d'Ingres, *a hobby.*

un virage, *a bend* (*in a road*).

un virement, *a money transfer.*

vis-à-vis, *opposite*. vis-à-vis de qn., *opposite
so., with regard to, in relation to so., sg.*

viser à qc., *to aim at sg.*

une visite, *a visit, a call; an inspection*.
rendre visite à qn., *to visit so.*

visiter, *to visit* (*of doctor*); *to pay a call at;
to visit* (*a particular place of interest*).

un visiteur, une visiteuse, *a visitor.*

la vitesse, *speed; a gear*. en deuxième
vitesse, *in second gear*. une boîte de
vitesses, *a gear-box.*

viticole, *viticultural.*

une vitre, *a window, a pane of glass.*

Vive M. Un Tel! *Long live Mr. So-and-so!*

vivre (vécu) (irr.), *to live.*

en vogue (*f.*), *in fashion.*

une voie, *a route; a way*. être en bonne voie,
to be on the right lines. en voie de, *in the
process of.*

une voile, *a sail.* faire de la voile, *to go sailing.*
voir (vu) (*irr.*), *to see.*
voire, *even.*
un voisin, une voisine, *a neighbour.*
voisin, *neighbouring.*
une voiture, *a car.*
une voix, *a voice.*
un volant, *a steering-wheel.*
voler, *to fly; to steal.* voler qc. à qn., *to steal sg. from. so.*
volontiers, *willingly, with pleasure.*

vouer, *to devote.* vouer sa vie à qc., *to devote one's life to sg.*
vouloir (voulu) (*irr.*), *to wish, to want.* en vouloir à qn., *to bear so. a grudge.* veuillez..., *be so good as to...* je voudrais..., *I should like to...*
vrai, *true.*
vraiment, *truly, really.*
vu (prep.), *considering.*
une vue, *a view.* en vue de, *with a view to.*

un water, *a W.C.*